El voluntario

Jack Fairweather ha sido reportero de guerra en Irak y en Afganistán, jefe de *The Daily Telegraph* en Bagdad y reportero gráfico para *The Washington Post* en Afganistán. Su trabajo periodístico le ha valido el British Press Award y una nominación al Overseas Press Club. Autor de obras como *A War of Choice* y *The Good War*, con *El voluntario* ha sido reconocido con el Costa Award 2019.

El voluntario

La verdadera historia del héroe de la resistencia
que se infiltró en Auschwitz

Jack Fairweather

Traducción de María Enguix Tercero

rocabolsillo

Título original: *The Volunteer: One Man's Mission
to Lead an Underground Army Inside Auschwitz and Stop the Holocaust*

Primera edición en Rocabolsillo: abril de 2025

© 2019, Jack Fairweather
Gráficos: John Gilkes
© 2020, 2025, Roca Editorial de Libros, S.L.U.
Travessera de Gràcia, 47-49. 08021 Barcelona
© 2020, María Enguix Tercero, por la traducción
Diseño de la cubierta: Adaptación de la cubierta internacional de Two Associates
para Penguin UK / Penguin Random House Grupo Editorial

Roca Editorial de Libros, S. L. U., es una compañía de Penguin Random House Grupo Editorial
que apoya la protección de la propiedad intelectual. La propiedad intelectual estimula la creatividad,
defiende la diversidad en el ámbito de las ideas y el conocimiento, promueve la libre expresión y favorece una
cultura viva. Gracias por comprar una edición autorizada de este libro y por respetar las leyes de propiedad
intelectual al no reproducir ni distribuir ninguna parte de esta obra por ningún medio sin permiso. Al hacerlo
está respaldando a los autores y permitiendo que PRHGE continúe publicando libros para todos los lectores.
De conformidad con lo dispuesto en el artículo 67.3 del Real Decreto Ley 24/2021, de 2 de noviembre, PRHGE
se reserva expresamente los derechos de reproducción y de uso de esta obra y de todos sus elementos mediante
medios de lectura mecánica y otros medios adecuados a tal fin. Diríjase a CEDRO (Centro Español de
Derechos Reprográficos, http://www.cedro.org) si necesita reproducir algún fragmento de esta obra.
En caso de necesidad, contacte con: seguridadproductos@penguinrandomhouse.com

Printed in Spain – Impreso en España

ISBN: 978-84-17821-59-3
Depósito legal: B-2.681-2025

Impreso en Novoprint
Sant Andreu de la Barca (Barcelona)

RB 21593

A Philip y Lynn Asquith por su apoyo,
y a mis abuelos Stella y Frank Ford

Mucho hace quien mucho ama.
Mucho hace quien hace bien lo que hace.
Bien hace quien sirve a la comunidad
antes que a su voluntad.

TOMÁS DE KEMPIS

Índice

INTRODUCCIÓN 13
Nota sobre el texto 19
Lista de mapas 21

PRIMERA PARTE
Capítulo 1: Invasión 25
Capítulo 2: Ocupación 45
Capítulo 3: Llegada 71
Capítulo 4: Supervivientes 91
Capítulo 5: Resistencia 105
Capítulo 6: Comando de Bombarderos 131

SEGUNDA PARTE
Capítulo 7: Radio 147
Capítulo 8: Experimentos 167
Capítulo 9: Cambios 191
Capítulo 10: Paraíso 199
Capítulo 11: Napoleon 233

TERCERA PARTE
Capítulo 12: Plazo 247
Capítulo 13: Papeleo 265
Capítulo 14: Fiebre 277
Capítulo 15: Declaración 293
Capítulo 16: Fracaso 301

CUARTA PARTE
Capítulo 17: Impacto 319

Capítulo 18: Fuga 329
Capítulo 19: Solo 357
Capítulo 20: Levantamiento 369
Capítulo 21: Regreso 387

EPÍLOGO 409

Agradecimientos 413
Personajes 417
Notas 431
Lista de abreviaturas 483
Bibliografía selecta 485
Índice onomástico 509

INTRODUCCIÓN

*L*os camiones se detienen fuera con estruendo. Los gritos y los disparos se suceden. El portero del edificio llama a la puerta.

—¡Los alemanes están aquí! —grita—. Escóndase en el sótano o salga por el jardín de atrás.[1]

El hombre no se mueve de su sitio.

Es 19 de septiembre de 1940 y está amaneciendo en la Varsovia ocupada por los nazis. Los alemanes han invadido Polonia hace un año, sumiendo a Europa en la Segunda Guerra Mundial. Hitler todavía no ha formulado sus planes para aniquilar a los judíos. De momento tiene la intención de destruir Polonia eliminando a su clase profesional. El país está sufriendo un reinado de terror brutal. Miles de polacos —médicos, profesores, escritores, abogados, judíos y católicos— son arrancados de las calles para terminar acribillados a balazos o presos. En junio, los alemanes abren un nuevo campo de concentración donde recluyen a algunos prisioneros. Se llama Auschwitz. Poco se sabe de lo que ocurre dentro.

El hombre que está en el piso sabía de antemano que esa mañana habría una redada y que los detenidos serían enviados con seguridad a ese campo. Por eso está ahí. Su misión clandestina es infiltrarse en el campo, forjar células de resistencia y recabar pruebas de los crímenes nazis.

El portal se abre con estrépito y se oye ruido de botas en las escaleras. El hombre se está poniendo el abrigo cuando, en la habitación de enfrente, ve al niño de tres años que se ha puesto de pie en su cuna, con los ojos abiertos de par en par. El osito de peluche se le ha caído al suelo. Los puños empiezan a aporrear la puerta. El hombre recoge rápidamente el oso y se lo da al niño mientras la madre deja entrar a los alemanes.

—Hasta pronto —le susurra el hombre al niño. Luego, contra el instinto que hubiera debido tener, se entrega al cautiverio.[2]

Witold Pilecki se ofreció voluntario para que lo encarcelaran en Auschwitz. Este somero bosquejo de una historia me embarcó en una búsqueda de cinco años para volver sobre los pasos de Witold Pilecki, que de ser un hacendado en la Polonia rural pasó a agente clandestino en la Varsovia ocupada, a mercancía humana en un vagón de ganado con destino al campo de concentración y luego a espía en el epicentro del peor de los infiernos nazis. He llegado a conocer bien a Witold. Y, sin embargo, me veo regresando a esta sencilla frase y al momento en que se quedó esperando a que los alemanes irrumpieran en su piso, mientras reflexiono en lo que su historia promete contarnos sobre nuestro propio tiempo.

La primera persona que me habló de la historia de Witold fue mi amigo Matt McAllester en un restaurante de Long Island en otoño de 2011. Matt y yo habíamos informado juntos de las guerras en Oriente Próximo y nos devanábamos los sesos para entender lo que habíamos presenciado. Con el arrojo que lo caracterizaba, Matt había viajado a Auschwitz para enfrentarse al peor de los males de la historia y allí supo de la existencia del grupo de combatientes de la resistencia que Witold encabezó en el campo de concentración. La idea de un puñado de almas alzándose contra los nazis nos reconfortó a ambos esa noche. Pero a mí me asombró igualmente lo poco que se sabía de la misión de Witold para alertar a Occidente de los crímenes nazis y crear un ejército clandestino que destruyera el campo.

Una parte de la imagen cobró nitidez un año más tarde, cuando el informe más extenso de Witold sobre el campo de concentración se tradujo al inglés. La historia de la aparición del informe era destacable en sí misma. El historiador polaco Józef Garliński logró acceder a un documento de la década de

1960 y descubrió que Witold había escrito en su informe todos los nombres en clave. Garliński consiguió descifrar fragmentos largos gracias a conjeturas y entrevistas con supervivientes y publicó la primera historia del movimiento de resistencia en el campo de concentración. Después, en 1991, Adam Cyra, investigador en el Museo Estatal de Auschwitz-Birkenau, descubrió las memorias inéditas de Witold, un segundo informe y otros escritos dispersos que llevaban guardados en los archivos de Polonia desde 1948. Este material fue la clave para que se identificara a algunos de los colegas conspiradores de Witold.

El informe que leí en 2012 mostraba a Witold como un cronista exigente de su experiencia en Auschwitz, que escribía con una prosa cruda e imperiosa. Pero esto solo era un testimonio fragmentario y a veces distorsionado. No dejó por escrito episodios críticos por miedo a exponer a sus colegas al arresto, ocultó observaciones devastadoras y encuadró esmeradamente los acontecimientos para que se adecuaran a su público militar. Quedaron muchas preguntas en el tintero, a cual más crítica y esquiva: ¿Qué fue de las informaciones que recabó y por las cuales arriesgó su vida en Auschwitz? ¿Brindó información sobre el Holocausto a británicos y norteamericanos mucho antes de que estos reconocieran públicamente la importancia del campo? Si fue así, ¿por qué ocultaron sus informes? ¿Cuántas vidas habrían podido salvarse si sus advertencias no hubieran caído en saco roto?

Además, la historia suponía un reto personal para mí: yo tenía la misma edad que Witold cuando empezó la guerra y también una familia joven y un hogar. ¿Por qué lo arriesgaría todo Witold a una misión así? ¿Y por qué su altruismo me interpelaba tan poderosamente? Reconocí en Witold el mismo desasosiego que me había llevado a mí a la guerra y me turbaba desde entonces. ¿Qué podía enseñarme Witold sobre mi lucha personal por conectar?

Volé a Varsovia en enero de 2016 para empezar a responder a estas preguntas. La primera persona a la que quise ver fue al hijo de Witold, Andrzej. Estaba nervioso antes de la reunión. A fin de cuentas, ¿quién era yo para arrojar luz sobre la historia de su padre? Andrzej era poco más que un niño cuando ejecutaron a Witold. Durante cincuenta años le habían dicho que su padre era un enemigo del Estado y, aunque él jamás lo creyera, solo descubrió todos los detalles de la misión de su padre en la década de 1990, cuando los archivos comunistas se desclasificaron.

Por supuesto, mis temores eran infundados. Andrzej era una persona encantadora y comprometida, aunque me advirtió: «No estoy seguro de qué más encontrará o por dónde debería empezar a buscar».

De manera que se lo dije: por usted.

Como se sabía tan poco del hombre, supe que cualquier detalle que Andrzej pudiera darme era importante. No podía describir los pensamientos de Witold más allá de lo que él había escrito —y de lo que personas como Andrzej pudieran contarme de su forma de pensar—. Me quedé sorprendido cuando descubrí la cantidad de gente que había conocido a Witold que seguía viva. Algunos no habían compartido nunca sus recuerdos con nadie, bien porque no se habían atrevido bajo el comunismo, bien porque nadie les había preguntado, sencillamente.

Aparte de recoger testimonios vivos, también quería recrear el viaje de Witold. La guerra había destruido muchos lugares, pero algunos seguían existiendo; ninguno era más importante para mí que el apartamento donde lo arrestaron. Ver estos lugares con mis propios ojos me ayudaría a describir las escenas. Pero lo mejor fue cuando pude compartir la experiencia con testigos. Resultó que el niño de tres años del piso seguía vivo. Su nombre era Marek. Él y su madre, la cuñada de Witold, habían sobrevivido a la guerra, pero los comunistas terminaron expulsándolos de su casa. Lo llevé al piso por primera vez después de setenta años. La visita le trajo a la memoria el incidente del osito de peluche, que para mí hablaba con tanta elocuencia sobre la capacidad de Witold de trascenderse a sí mismo en un momento de extraordinario estrés.

Por supuesto, para escribir el libro sabía que iba a necesitar cientos, si no miles de detalles similares. Cuando visité el Museo Estatal de Auschwitz-Birkenau, comprendí dónde iba a encontrarlos. El museo tiene más de 3500 testimonios de supervivientes del campo de concentración y cientos de ellos mencionan el trabajo de Witold o describen sucesos que él presenció. Muchos de dichos testimonios nunca se habían traducido ni publicado. Aquí estaba el material que necesitaba para estar más cerca de comprender a Witold, y eso es lo que quería después de todo: una forma de ahondar en su pensamiento y de empezar a responder a la pregunta de qué lo llevó a resistir.

Los estudiantes aprenden rápidamente que la historia del Holocausto no es solo una historia de millones de europeos inocentes asesinados, sino también del fracaso colectivo en reconocer su horror y actuar en consecuencia. Oficiales aliados lucharon por discernir la verdad y cuando se vieron confrontados a la realidad se detuvieron justo antes del salto moral necesario para la acción. Pero este no fue solo un fracaso político. Los prisioneros de Auschwitz también lucharon por imaginar el alcance del Holocausto mientras los alemanes transformaban el campo, que pasó de ser una cárcel brutal a una fábrica de muerte. También sucumbieron al impulso humano de ignorar, racionalizar o descartar los asesinatos masivos como algo independiente de su lucha personal. Sin embargo, Witold no lo hizo. Al contrario, se jugó la vida para sacar a la luz los horrores del campo.

Durante mi investigación traté de comprender qué cualidades distinguían a Witold. Pero a medida que fui descubriendo otros escritos suyos y conocí a quienes lo habían conocido y, en algunos casos, habían luchado a su lado, comprendí que quizá lo más destacado de Witold Pilecki —este granjero padre de dos criaturas de treinta y tantos años sin un gran historial de servicio o de solidaridad— fue que, al estallar la guerra, no era tan diferente de ti o de mí. Este reconocimiento puso otra pregunta sobre la mesa: ¿qué llevó a este hombre aparentemente común a ampliar su capacidad moral para reconstruir los mayores crímenes nazis, nombrarlos y actuar en consecuencia mientras otros miraban hacia otro lado?

Ofrezco la historia de estas páginas como un nuevo capítulo provocador de la historia de Auschwitz y como un relato de por qué una persona es capaz de arriesgarlo todo para ayudar a sus semejantes.

Charlotte, 2020

Nota sobre el texto

*E*sta es una obra de no ficción. Cada cita y detalle proceden de fuentes primarias, testimonios, recuerdos o entrevistas. La mayor parte de las más de dos mil fuentes primarias en las que se basa este libro están en polaco o alemán. Todas las traducciones corrieron a cargo de mis brillantes investigadoras, Marta Goljan, Katarzyna Chiżyńska, Luiza Walczuk e Ingrid Pufahl, a menos que se especifique lo contrario.

Existen dos fuentes acreditadas para entender la vida de Witold en el campo: el informe que compiló en Varsovia entre octubre de 1943 y junio de 1944 y las memorias escritas en Italia durante el verano y el otoño de 1945. Es sorprendente que tan pocos errores se colaran en sus relatos, habida cuenta de las circunstancias en las que escribía, a toda prisa y sin anotaciones. Pero Witold no es un narrador perfecto. Donde me ha sido posible, he procurado corroborar sus escritos, corregir sus errores y rellenar las lagunas. La colección de relatos de 3727 prisioneros del Museo Estatal de Auschwitz-Birkenau fue una fuente esencial. Otros archivos con detalles y contextos importantes son el Archiwum Akt Nowych, el Archiwum Narodowe w Krakowie, el Centralne Archiwum Wojskowe, el Instytut Pamięci Narodowej, el Ossolineum, la Biblioteca Británica, el Instituto Polaco y Museo Sikorski, el Fondo de Estudio del Movimiento de Resistencia Polaco, los Archivos de las Crónicas de Terror del Instituto Witold, los Archivos Nacionales del Reino Unido en Kew, la Biblioteca Wiener, el Museo Imperial de la Guerra, los Archivos Nacionales de Washington D. C., el Museo Conmemorativo del Holocausto de Estados Unidos, la Biblioteca y Museo Presidencial de Franklin D.

Roosevelt, la Institución Hoover, los Archivos Yad Vashem, los Archivos Sionistas Centrales, el Archivo Federal de Alemania en Coblenza y Berlín, los Archivos Federales Suizos, la Fundación Archivum Helveto-Polonicum y los Archivos del Comité Internacional de la Cruz Roja.[1]

Durante el curso de mi investigación, también tuve acceso a los documentos de la familia Pilecki y desenterré cartas y memorias que las familias de sus colaboradores cercanos habían guardado y arrojaban luz sobre sus decisiones. Los hijos de Witold, Andrzej y Zofia, se pasaron horas enteras compartiendo conmigo recuerdos de su padre. Para mi sorpresa, varias de las personas que combatieron con Witold seguían con vida cuando empecé a investigar y compartieron conmigo sus reflexiones.

Cuando escribía, me guio la misma norma de Witold para describir el campo: «No debe "exagerarse" nada; hasta la más nimia mentirijilla profanaría la memoria de aquella buena gente que perdió la vida allí». No siempre me fue posible encontrar diversas fuentes para algunas circunstancias, lo que se indica en las notas al final del documento. En otras ocasiones, he incluido detalles del campo que Witold sin duda presenció, pero que no menciona en sus informes. Cito las fuentes en las notas en el orden de aparición en cada párrafo. Cuando cito conversaciones, señalo la fuente de cada interlocutor una vez. En el caso de versiones contradictorias, he dado prioridad a los textos de Witold, a menos que indique lo contrario.[2]

Los nombres polacos son maravillosos y a veces su lectura es frustrante para un anglohablante. He usado nombres de pila o diminutivos para Witold y su círculo íntimo, lo cual refleja también cómo se hablaban entre ellos. También he procurado reducir el uso de acrónimos, y por eso me refiero al principal grupo en la clandestinidad en Varsovia como «la resistencia». Para los topónimos he conservado los de antes de la guerra. Uso el nombre de Oświęcim para la ciudad y el de Auschwitz para el campo.

Lista de mapas

Mapa 1: Sukurcze 27
Mapa 2: Polonia, 1939 35
Mapa 3: Varsovia, 1939 47
Mapa 5: Campo de Auschwitz, 1940 86
Mapa 6: Informe de petición de bombardeo, 1940 134
Mapa 7: Conexiones en el campo, 1941 154-155
Mapa 8: Bloque de hospital 174
Mapa 9: Expansión de Birkenau, 1941 185
Mapa 10: Informes de gaseamiento a soviéticos, 1941 194
Mapa 11: Conexiones en el campo, 1942 216-217
Mapa 12: Fuga de Stefan y Wincenty, 1942 234
Mapa 13: Fuga de Jaster, 1942 260
Mapa 14: Ruta de Napoleon, 1942-1943 320
Mapa 15: Plano de la panadería 334
Mapa 16: Fuga de Witold, 1943 348
Mapa 17: Varsovia, 5 de agosto de 1944 380

PRIMERA PARTE

1

Invasión

Krupa, este de Polonia, 26 de agosto de 1939

*D*esde los escalones de la entrada a la casa de campo, Witold vio como el coche levantaba una polvareda mientras bajaba por la alameda de tilos hasta el jardín y se detenía envuelto en una nube blanca junto al nudoso castaño. El verano había sido tan seco que los campesinos hablaban de verter agua sobre la tumba de un hombre ahogado, o de amarrar a una doncella al arado para hacer que lloviera; tales eran las costumbres de las Kresy, las tierras fronterizas del este de Polonia. Una fuerte tormenta eléctrica descargó finalmente, apenas para arrasar lo que había quedado de la cosecha y levantar los nidos de cigüeña de sus postes. Pero ese mes de agosto a Witold no le preocupaba el grano para el invierno.[1]

Las ondas de la radio chisporroteaban con las noticias de las tropas alemanas que se concentraban en la frontera y la amenaza de Adolf Hitler de reclamar el territorio cedido a Polonia al final de la Primera Guerra Mundial. Hitler creía que el pueblo alemán estaba atrapado en una encarnizada competición por los recursos con otras razas. Sería solo mediante la «aniquilación de Polonia... y sus fuerzas vitales» —había dicho a los oficiales desde su retiro de montaña en Obersalzberg el 22 de agosto— como la raza alemana podría expandirse». Al día siguiente, Hitler firmó un pacto secreto de no agresión con Josef Stalin en el que se cedía Europa del Este a la Unión Soviética y la mayor parte de Polonia a Alemania. Si los alemanes triunfaban con sus planes, la casa de Witold y sus tierras serían requisadas y Polonia reducida a un estado vasallo o destruida por completo.[2]

Un soldado se apeó del polvoriento vehículo con órdenes de que Witold reuniera a sus hombres. Polonia había ordenado la movilización masiva de medio millón de reservistas. Witold, teniente segundo en la reserva de caballería y miembro de la nobleza local, disponía de cuarenta y ocho horas para llevar a su unidad al cuartel de la vecina ciudad de Lida para embarcar a sus tropas en transportes con rumbo al oeste. Witold se había esforzado al máximo para entrenar a noventa voluntarios durante el verano, pero la mayoría de sus hombres eran campesinos que nunca habían pasado a la acción o disparado una pistola con rabia. Varios no tenían caballos y pensaban combatir a los alemanes en bicicleta. Al menos Witold consiguió armarlos con fusiles de cerrojo Lebel calibre 8 milímetros.[3]

Se puso apresuradamente el uniforme y las botas de montar y sacó su pistola Vis de un cubo de la antigua sala de fumar, donde la había escondido después de haber encontrado a su hijo Andrzej de ocho años blandiéndola delante de su hermana pequeña al principio del verano. Su mujer, Maria, se había llevado a los niños a ver a la abuela cerca de Varsovia. Witold tenía que traerlos a casa. Estarían más seguros en elEeste, lejos de la línea de ataque de Hitler.[4]

Oyó al mozo de cuadra preparando su caballo favorito, Bajka, en el patio, y se tomó un momento para ajustarse el uniforme caqui ante uno de los espejos que colgaban en el recibidor junto a los desvaídos grabados que describían los alzamientos gloriosos pero aciagos en los que sus ancestros habían tomado parte. Tenía treinta y ocho años, era de constitución media y atractivo a su manera, los ojos azul claro, el cabello rubio oscuro repeinado hacia atrás desde la alta frente y un fruncimiento de labios que le dibujaba una media sonrisa permanente. Notando su reserva o su capacidad de escucha, a veces la gente lo tomaba por un sacerdote o un burócrata bienintencionado. Podía ser cariñoso y efusivo, pero con más frecuencia daba la impresión de estar guardándose algo, un nudo interior que no se hubiera deshecho; si se debía a un sentido de la formalidad o a

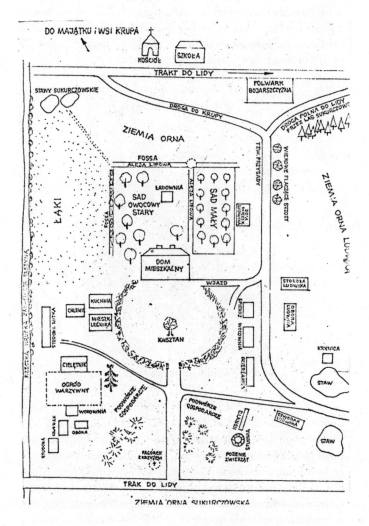

Mapa de Sukurcze dibujado de memoria por la hermana de Witold.
Cortesía de PMA-B.

alguna tensión irresuelta —un deseo de demostrar su valía— resultaba difícil de decir. Se fijaba rigurosos principios para sí y podía ser exigente con los demás, pero nunca se pasaba de la raya. Confiaba en la gente, y su callada confianza despertaba un sentimiento de seguridad en los demás.[5]

Witold Pilecki y un amigo en Sukurcze, hacia 1930.
Cortesía de la familia Pilecki.

De joven quería ser artista y había estudiado pintura en la universidad de Vilna, pero terminó abandonando los estudios en los tumultuosos años posteriores a la Primera Guerra Mundial. Polonia declaró su independencia en 1918, tras la destrucción de los imperios ruso, alemán y austrohúngaro, pero casi de inmediato sufrió la invasión de la Rusia soviética. Witold y su tropa de reconocimiento tuvieron escaramuzas con los bolcheviques y combatieron en las calles de Vilna. La experiencia lo marcó; perdió a un amigo ahogado en un río, pero en el fragor de la contienda era fácil olvidarse de los peligros. Witold no tenía ganas de pintar en los vertiginosos días que sucedieron a la victoria, pero no podía concentrarse en nada más. Se empleó durante un tiempo en un depósito de suministros del ejército y en un sindicato agrario y se embarcó en un romance amoroso, apasionado pero no correspondido. En 1924 su padre cayó enfermo y sintió cierto alivio cuando el destino decidió por él: se haría cargo de la ruinosa finca de su familia, Sukurcze, con la deteriorada casa de campo, los descuidados huertos y quinientos cincuenta acres de ondulantes trigales.[6]

Un buen día, Witold se vio de administrador de la comunidad local. Los campesinos del pueblo de Krupa trabajaban sus campos y buscaban su consejo sobre cómo cultivar su propia tierra. Creó una cooperativa lechera para ofrecerles mejores precios y, después de gastar una buena parte de su herencia en su preciada yegua árabe, fundó la unidad local de reservistas. Conoció a su mujer, Maria, en 1927 mientras pintaba el escenario de una obra de teatro en una nueva escuela de Krupa y la cortejó con ramos de lilas que le dejaba en la ventana de su dormitorio. Se casaron en 1931 y ese mismo año nació su hijo

Witold y Maria poco después de su boda, hacia 1931.
Cortesía de la familia Pilecki.

Andrzej, seguido doce meses después de su hija Zofia. La paternidad hizo aflorar su lado cariñoso. Atendió a los niños mientras Maria permaneció postrada en cama después de dar a luz a Zofia. Más tarde, les enseñó a montar a caballo y a nadar en el estanque junto a la casa. Por las tardes representaban pequeñas obras de teatro para Maria cuando esta volvía del trabajo.[7]

Pero su tranquila vida casera se vio truncada por las corrientes políticas que barrieron el país en la década de 1930, y Witold se inquietó. Polonia había sido una de las sociedades más pluralistas y tolerantes de Europa durante la mayor parte de sus mil años de historia. Sin embargo, el país que había resurgido en 1918 después de ciento veintitrés años de partición luchó por forjarse una identidad. Los nacionalistas y los líderes

Witold, Maria, Andrzej y Zofia, h. 1935.
Cortesía de la familia Pilecki.

eclesiásticos invocaban una definición cada vez más estrecha de la identidad polaca, basada en la etnicidad y el catolicismo. Los grupos que defendían más derechos para las minorías ucranianas y bielorrusas fueron divididos y erradicados, mientras que a los judíos —en torno a una décima parte de la población de preguerra en Polonia— los tacharon de competidores económicos, los discriminaron en la educación y los negocios y los obligaron a emigrar. Algunos nacionalistas tomaron las riendas, boicotearon tiendas judías y atacaron sinagogas. En Lida, la ciudad natal de Witold, unos esbirros destrozaron una confitería judía y un despacho de abogados. La plaza mayor estaba llena de tiendas cerradas a cal y canto que pertenecían a judíos que habían huido del país.[8]

A Witold le desagradaba la política y la forma con que los políticos explotaban las diferencias. Su familia estaba a favor del antiguo orden, cuando Polonia era independiente y un baluarte de la cultura. Sin embargo, él era un hombre de su tiempo y de su clase social. Es probable que su visión del campesinado polaco y bielorruso local fuera paternalista, y que compartiera algunas de las concepciones antisemitas imperantes. Pero, en definitiva, su sentido del patriotismo se extendía a cualquier grupo o etnicidad que asumiera la causa polaca. En adelante, todos tendrían que ir a una para oponerse a la amenaza nazi.[9]

Una vez montado en su yegua, Witold tardó menos de un suspiro en llegar a Krupa, a un kilómetro y medio de distancia, donde probablemente llamó a Maria desde una de las pocas casas que tenían teléfono. A continuación, cabalgó hasta el campo de entrenamiento junto a la hacienda para reunir a sus hombres y recoger provisiones. Witold recibía munición y raciones de emergencia del cuartel general de regimientos en Lida, pero tenía que proporcionar el resto de provisiones de la comunidad: pan, grañones, salchichas, manteca de cerdo, patatas, cebollas, café en lata, harina, hierbas secas, vinagre y sal. Cada caballo necesitaban treinta kilogramos de avena a la semana. No todos los aldeanos se prestaron de buen grado a contribuir, pues ape-

31

nas tenían para sí, y el día se alargó bajo un calor sofocante cargando los vagones en el patio de la finca.[10]

Witold ofreció la finca como acantonamiento a los oficiales y no se encontraba en casa cuando Maria y los niños llegaron por fin a la tarde siguiente, acalorados y desaliñados, y encontraron soldados sesteando en sus camas. Maria se sintió incómoda, por decirlo suavemente. El viaje había sido largo. El tren iba tan abarrotado que habían tenido que meter a los menores por las ventanas en los vagones, con paradas constantes para ceder el paso al tráfico militar. Llamaron al frente súbitamente a Witold y tuvo que pedir a los hombres que se marcharan.[11]

Maria seguía disgustada cuando la despertaron las noticias de que algunos campesinos habían irrumpido en uno de los vagones de equipajes para robar las provisiones. Pero se puso uno de los vestidos favoritos de Witold para la despedida en Krupa y se aseguró de que Andrzej y Zofia se ponían la muda del domingo. Los niños del pueblo se agruparon fuera de la escuela, y la única calle de Krupa rebosaba de personas que habían salido a despedir a los soldados, agitando banderas y pañuelos. Se desató una ovación cuando Witold guio a su columna de caballería hasta el final de la calle. Vestía un uniforme caqui, con la pistola y el sable al cinto.[12]

Witold pasó por delante de su familia sin bajar la vista, pero tan pronto como su columna avanzó cabalgando y la multitud empezó a dispersarse regresó al galope, arrebolado, y se detuvo delante de ellos. Dejaba a Maria sola con su hermana y la anciana Józefa, el ama de llaves que fumaba como un carretero, como única protección. Los alemanes eran conocidos por las atrocidades cometidas contra civiles en la guerra anterior. Witold abrazó y besó a sus hijos. Maria, con el indomable cabello castaño recogido y carmín en los labios, reprimió las lágrimas.[13]

—Estaré de vuelta dentro de dos semanas —les dijo. ¿Cómo iba a decirles que sería afortunado si sobrevivía un puñado de días teniendo que enfrentarse a lomos de su caballo a la máquina militar más poderosa de Europa? Hitler capitaneaba un ejército de tres millones setecientos mil hombres, doblando prácticamente en número al de Polonia, con dos mil tanques más y casi diez veces el número de aviones de comba-

Witold desfilando con su yegua Bajka, h. 1930.
Cortesía de la familia Pilecki.

te y bombarderos. Por si fuera poco, ninguna barrera natural separaba a ambos países a lo largo de su frontera común, que discurría durante mil seiscientos kilómetros desde los montes Tatra, al sur, hasta la costa báltica, al norte. La mayor esperanza de Polonia era aguantar el tiempo suficiente para que sus aliados, británicos y franceses, atacaran desde el oeste y expusieran a Alemania a una guerra en dos frentes.[14]

Lo siguiente que hizo Witold fue visitar la tumba de sus padres cerca de casa. Su padre había fallecido unos años antes, pero a su madre la habían enterrado hacía solo unos meses. Witold ató el caballo a un árbol, desenvainó el sable e hizo el saludo militar. Después se fue preguntándose si volvería a ver aquellas alamedas de tilos. ¿Acaso una parte de él estaba secretamente feliz de regresar a la batalla y al ímpetu y la pasión que despertaba?[15]

Witold dio alcance a sus hombres cuando llegaban al cuartel de Lida. Formaron en el patio de armas junto con el resto de unidades y un sacerdote recorrió las filas rociando agua bendita. Witold pudo ver el tren de transporte que aguardaba en el apartadero a través de las multitudes congregadas para despedirlos. Gran parte de sus hombres sentían gran emoción, arrebatados por la idea de acudir galopando a la batalla. Witold estaba conmovido. El comandante del regimiento hizo un discurso vehemente y la banda del regimiento tocó, pero para cuando la unidad de Witold terminó de cargar los caballos y las provisiones y se hizo un hueco en la paja de los vagones de carga, los músicos habían terminado de tocar hacía mucho y los vecinos habían vuelto a sus casas.[16]

El tren finalmente avanzó traqueteando en la oscuridad. El progreso fue intermitente, con paradas y arranques, durante el recorrido de trescientos ochenta y seis kilómetros hasta Varsovia. Llegaron cerca de la medianoche, el 30 de agosto. Desde su vagón, Witold vislumbró la ciudad: cafeterías y bares habían oscurecido sus ventanas, anticipándose a los raids aéreos de los alemanes; la gente llenaba las calles con las máscaras antigás al hombro, demasiado acalorados y ansiosos como para poder dormir. Saludaron a los transportes de tropas que pasaban.[17]

La capital, con un millón de habitantes, era una de las ciudades de Europa que crecía más rápidamente. Los palacios barrocos y el casco viejo de tonos pastel a orillas del río Vístula evocaban el pasado de Varsovia; las grúas, los andamios y las calles inacabadas que terminaban en los campos hablaban de su futuro a medio imaginar. La ciudad era también uno de los centros más ricos de la vida judía fuera de Nueva York, morada de una escena musical y teatral vibrante que se había nutrido de fugitivos de la Alemania nazi, imprentas yidis y hebreas y multitud de movimientos políticos y religiosos, desde sionistas laicos que soñaban con Israel hasta judíos jasídicos que hablaban de milagros en Polonia.[18]

La estación central de Varsovia estaba abarrotada de soldados que se afanaban por embarcar en los trenes o se recostaban por el suelo contra sus fardos, intentando dormir. La mera logística de mover a un millón de soldados polacos a puntos de convergencia a lo largo de la frontera alemana había desbordado el sistema ferroviario.

Witold y sus hombres llegaron finalmente al punto de desembarco en Sochaczew, otros cuarenta y ocho kilómetros al este, tres días después de su partida de Lida. Aún les quedaban más de ciento sesenta kilómetros de marcha para alcanzar sus posiciones cerca de la pequeña ciudad de Piotrków Trybunalski, que custodiaba la carretera principal a Varsovia. La larga procesión de varios millares de hombres se veía constantemente frenada por carros que se quebraban. La unidad de Witold se escabulló a caballo campo a través, pero el resto no tuvo más remedio que caminar día y noche sin alcanzar su destino. «Mirábamos con envidia a la caballería, galopando como en un desfile, sentados rectos en sus monturas, con caras alegres», apuntó uno de los soldados obligado a caminar penosamente.[19]

A la mañana siguiente, el 1 de septiembre, Witold vio aparecer en el horizonte las primeras ráfagas de bombarderos alemanes Heinkel, Dornier y Junker, con sus fuselajes relucientes a la luz de la mañana. La mayoría de los aviones volaban alto, rumbo a Varsovia, pero uno sobrevoló la carretera y abrieron fuego contra el aparato. Un disparo afortunado lo derribó en un campo próximo con un sordo rugido, y levantó brevemente los ánimos de la unidad. Pero, caída la noche, los hombres seguían caminando, y al día siguiente lo mismo. Los soldados empezaban a tener un aspecto tan desaliñado como los refugiados que se cruzaban en el camino. Finalmente descansaron la tarde del 4 de septiembre —más de una semana después de la movilización— en el bosque cerca de Piotrków Trybunalski. Llegaban pocas noticias sólidas del frente, pero abundaban los rumores de que los alemanes avanzaban rápidamente. El suelo vibraba con el temblor de la lejana artillería.[20]

El comandante de Witold, el mayor Mieczysław Gawryłkiewicz, se presentó a la mañana siguiente en su jeep Fiat descapotable para ordenar que las tropas se apostaran al sur de la ciudad. Gawryłkiewicz le dijo a Witold que se ciñera a las carreteras y no se adentrara en el bosque. Witold sabía que serían un blanco fácil, pero acató las órdenes. Les costó ponerse en marcha cuando un caza alemán sobrevoló zumbando sus cabezas y regresó a los pocos minutos con media docena de bombarderos que procedieron a atacar la columna. La unidad de Witold salió corriendo de la carretera, y bajaron los caballos a la cuneta mientras caían las bombas. Los aviones regresaron para ametrallarles y después se alejaron. No hubo heridos, pero percibieron lo que estaba por venir.[21]

Witold contempló el infierno que consumía el centro de Piotrków Trybunalski al pasar por delante con sus hombres esa tarde. Instaló un campamento a pocos kilómetros de distancia, en una loma baja que miraba hacia Alemania, y luego se llevó a ocho soldados para una ronda de reconocimiento. Desde el bosque atisbó por primera vez a los alemanes: una unidad de reconocimiento acorazada, desplegada en un pueblo a la otra orilla de un angosto arroyo. Regresó a caballo, fijó una guardia y luego se quedó observando cómo las llamas de la ciudad incendiada alumbraban el cielo. El combate empezaría al día siguiente. Sus hombres, sabiendo acaso que esta sería su última noche, hablaron de sus familias o de sus seres queridos en casa. Uno a uno, fueron preparándose para descansar.[22]

Lo que Witold no podía saber era que su destacamento se había apostado directamente en el curso de la ofensiva principal de la primera y cuarta divisiones Panzer alemanas que se dirigían a Varsovia. La fuerza ya había atravesado las líneas polacas en la frontera de Kłobuck y avanzado más de noventa y seis kilómetros en los primeros días de combate. Los polacos no tenían medios para hacer frente a la nueva táctica alemana de guerra relámpago, con concentraciones masivas de tanques y bombarderos Stuka para prestarles apoyo directo. Desde Lida, más de seiscientos Panzer avanzaban hacia ellos más deprisa de lo que podrían sus caballos al galope.[23]

De madrugada llegaron órdenes para que Witold se replegara al bosque, cerca de Proszenie, una minúscula aldea unos diez kilómetros al noreste de Piotrków Trybunalski, donde la división había instalado su cuartel general y el tren de suministros. Poco después comenzó el ataque alemán. La artillería los golpeó en el bosque, despedazando árboles y descargando lanzas de madera contra hombres y caballos. El bombardeo fue peor en el este, donde quedaba un único regimiento para impedir el avance hacia la ciudad. Se atrincheraron lo mejor que pudieron, pero enseguida corrió la voz de que los Panzer se habían abierto paso y el cuartel general inició una retirada urgente a lo largo de la carretera principal a Varsovia. Witold cerraba la marcha tras el tren de suministros. Apenas habían avanzado unos kilómetros cuando quedaron atrapados en un atasco al intentar cruzar un estrecho puente en la pequeña ciudad de Wołbórz. Al menos, cuando cayó la noche, los bombarderos tuvieron que abandonar la ofensiva.[24]

En cuanto dieron las ocho de la tarde, oyeron el súbito retumbar de los tanques y, antes de tener tiempo de reaccionar, los Panzer los embistieron con tal fuerza que los que iban en retaguardia se cayeron de sus monturas y el resto fue rápidamente acribillado en una salva de cañonazos. El caballo de Witold, Bajka, se desplomó debajo de él, cosido a balas. Witold se zafó del animal y rodó hasta la cuneta, recostándose junto a la aún temblorosa yegua mientras las ametralladoras de 7,92 milímetros de los tanques desgarraban cuerpos y devastaban las casitas al borde de la carretera.[25]

Su instinto le dijo que permaneciera perfectamente quieto, pero oír los chillidos y gemidos de sus hombres que estaban siendo masacrados era una agonía. Finalmente, cesó el ataque y Witold se escabulló de la carnicería y encontró a una docena de supervivientes y caballos en los negros campos de las proximidades de la ciudad. El ataque apenas había durado unos minutos, pero perdió a casi todos sus hombres: muertos, heridos o apresados. Witold se dirigió a Varsovia con el resto de supervivientes, consciente de que, si no conservaban la capital, todo estaría perdido.[26]

Al principio parecía que estaban detrás de la línea de combate. El ejército alemán, acatando el edicto de Hitler de destruir a los polacos, bombardeó y ametralló a los civiles que huían, y los arcenes estaban sembrados de cuerpos junto a carros abarrotados de maletas y muebles. Pero, a medida que se aproximaron a Varsovia al día siguiente, los vivos comenzaron a llenar las carreteras, y Witold comprendió que había tomado la delantera a los alemanes. Multitudes de hombres con fardos al hombro o pastoreando ganado y de mujeres con niños a cuestas miraban nerviosos al cielo.[27]

Witold cabalgó hasta Varsovia la tarde del 6 de septiembre. No tenía radio ni manera de saber la magnitud del desastre sufrido en derredor: los alemanes habían cruzado las líneas polacas en múltiples puntos y se movían velozmente para cercar Varsovia. Se esperaban avanzadillas de un momento a otro. Gran Bretaña y Francia declararon la guerra a Alemania, pero no había signos de acción. El Gobierno polaco había huido, y la legación británica en la ciudad se disponía a hacerlo.[28]

«Dentro de la Embajada, las cajas de vino del embajador yacían abandonadas en el vestíbulo, su mayordomo lloraba y los efectos personales de todo tipo estaban desparramados por las escaleras, incluido un par de inmaculadas botas de polo», recordó Peter Wilkinson, uno de los miembros de la delegación, que se aseguró de que cargaran la excelente bodega de la Embajada en el camión de cinco toneladas antes de partir.[29]

Las únicas defensas que Witold vio, de camino al centro de la ciudad, fueron un par de vagones de tranvía volcados a modo de barricada. Los residentes pasaban corriendo envueltos en capas de lo que parecía ser su guardarropa al completo, o equipados como para ir a las pistas de esquí, con pantalones y pañuelos de colores chillones. Los soldados llegados directamente del frente yacían derrengados en las calzadas. Su mirada, hastiada y desinteresada, era suficiente para saber lo que había ocurrido. Hasta las sirenas de las redadas aéreas habían dejado de sonar. Cuando se detuvo a pedirle direcciones a un hombre con gorro de caza que estaba fumándose un puro, Witold recibió la respuesta en alemán con una sonrisita. El hombre pertenecía a la nada desdeñable población de etnia alemana del país, que el liderazgo nazi apremiaba a volverse en contra de sus vecinos polacos. Indignado, Witold le rajó la cara con la hoja de su sable y se alejó al galope.[30]

Witold localizó finalmente los cuarteles militares de Varsovia en la calle Krakowskie Przedmieście, cerca del castillo real, donde se enteró de la existencia de un plan para defender la ciudad y reclutó la ayuda de civiles para construir barricadas y prepararse para el asedio. Witold recibió avena y heno para su caballo, pero no tenía instrucciones claras sobre la unidad a la que debía incorporarse o qué hacer. Decidió que lo mejor era que regresaran y se unieran a cualesquiera fuerzas polacas que estuvieran reagrupándose en el este para lanzar un contraataque. El 9 de septiembre, con el cerco alemán casi concluido, Witold y sus hombres se escabulleron a la ciudad de Łuków, ochenta kilómetros al sureste de Varsovia, donde le habían dicho que encontraría al mando general del ejército polaco. Para cuando llegó, la pequeña ciudad había sido bombardeada y reducida a ruinas humeantes. Una campesina yacía junto a un cráter, con las faldas levantadas sobre la cabeza, dejando al descubierto sus blancos muslos, y un caballo mutilado a su lado.[31]

En Łuków le dijeron que los çomandantes se habían retirado a la siguiente localidad, pero cuando llegó allí encontró más de lo mismo. Y así fue discurriendo de un lugar a otro ya bombardeado y abandonado. La estrategia alemana era atacar ciudades e infraestructuras anticipándose a las tropas terrestres para impedir que los polacos se reagruparan. Hasta la estación de ferrocarril de la lejana ciudad natal de Witold, Lida, había sido atacada. Los caminos estaban abarrotados de civiles y soldados que eran perseguidos y acosados por bombarderos en picado durante su desplazamiento hacia el este. «Ya no somos un ejército, un destacamento o una batería —recordó un soldado—, sino individuos deambulando colectivamente hacia algún objetivo completamente indefinido.»[32]

La verdad era inevitable: Witold sabía que Polonia había perdido su independencia una vez más, y que el dilema al que se enfrentaba —él y todos los polacos— era rendirse o combatir, sabiendo que hacer esto último sería en vano. Witold nunca aceptaría la primera opción. El 13 de septiembre, los bombarderos alemanes les dieron caza en la ciudad de Włodawa, doscientos cuarenta y un kilómetros al este de Varsovia, pero al menos allí encontró a un oficial al que conocía de la campaña bolchevique, el mayor Jan Włodarkiewicz, que se estaba preparando para tomar una posición. El mayor, un hombre de complexión baja y recia que se movía como un boxeador, había recibido órdenes de reunirse con otros soldados en la frontera húngara. Al igual que Witold, había estado recogiendo rezagados en el camino, y juntos formaban una compañía. Pero en eso, en su viaje a la frontera, tropezaron con el mayor Gawryłkiewicz, que seguía conservando a su chófer, y con otros mandos que se desplazaban en sus propios vehículos. Los oficiales aparentaban una serenidad pasmosa y explicaron que planeaban reagruparse fuera del país para seguir combatiendo. Para Witold eso era igual a desertar y protestó, pero ellos se encogieron de hombros y se alejaron.[33]

Este hecho propició que Witold y Jan idearan un plan propio. No tenía sentido seguir hacia la frontera, cosa que sin duda llamaría la atención de los alemanes antes o después. Por eso se dirigieron al bosque, donde podrían llevar a cabo ataques relámpago y tal vez encontrar a otras personas con ideas afines para planear una operación mayor. En los días posteriores atacaron varios convoyes alemanes e incluso un pequeño aeródromo, reventando un avión, pero Witold sabía que con estos ataques no llegarían muy lejos. Los controles alemanes proliferaban como setas y eso los obligaba a permanecer en la espesura y los pantanos y a mendigar comida en el bosque o a campesinos aislados. Para colmo, llovía sin parar. El agua corría en riachuelos por sus espaldas y el fango engullía sus pies.[34]

A finales de septiembre se enteraron de que las fuerzas soviéticas habían entrado en Polonia por el este. Stalin aseguró que era para proteger a las minorías de Polonia, pero sus intenciones no estaban claras para la mayoría de los polacos; el dictador soviético había decidido llevarse su parte del botín. Cualquier esperanza que Witold pudiera haber albergado de movilizar a los hombres suficientes para organizar una movilización pronto se esfumó. Ahora tenía otras inquietudes que atender: teniendo en cuenta la fama de resistencia contra los rusos en su familia, Maria y los niños corrían un peligro cierto.[35]

Varsovia se rindió el 28 de septiembre. La ciudad había aguantado otros quince días tras su partida, para disgusto de Hitler, que ordenó a sus generales oscurecer el cielo sobre

Varsovia con bombas y ahogar en sangre a la población. El bombardeo aéreo y de artillería posterior dejó cuarenta mil muertos y destrozó o dañó seriamente una quinta parte de los edificios de la ciudad. Escuelas, hospitales e iglesias fueron bombardeados indiscriminadamente. El casco antiguo quedó en ruinas, y la nueva ópera de la ciudad, la más grande de Europa, reducida a unas pocas columnatas. Decenas de miles de nuevas personas sin hogar ocuparon los escombros.[36]

Witold solo oyó rumores de la devastación de la ciudad. Guarecido con Jan en un bosque próximo a la ciudad de Lubartów, sucio y sin afeitar, comprendió que la lucha para reclamar el país no empezaría allí, sino en Varsovia, donde residía el poder. Ordenaron a los hombres que cavaran agujeros y enterraran sus armas, y luego mudaron sus uniformes por ropa civil de los vecinos. A Witold le dieron una vieja zamarra.[37]

Mientras se dirigían de nuevo al oeste, los hombres se desplegaron de uno en uno o de dos en dos para volver a casa. Antes de llegar a Varsovia, Witold decidió desviarse a Ostrów Mazowiecka, la localidad noventa y seis kilómetros al norte de la capital donde vivía la madre de Maria, Franciszka, con el deseo de encontrar a Maria y a los niños. Él y Jan se dieron un apretón de manos y convinieron en verse en el piso de su madre en Varsovia un par de semanas más tarde. «Terminaremos lo que hemos empezado», prometió Jan.[38]

Witold partió campo a través y se abrió paso por la espesura durante varios días para alcanzar el río Bug, cerca de Ostrów Mazowiecka. El canal de aguas rápidas era desde hacía poco la nueva frontera entre las fuerzas alemana y soviética. Tropas rusas patrullaban la orilla donde estaba Witold. Se escondió hasta que se hizo de noche y después convenció a un pescador del lugar para que lo transportara en su esquife durante un intervalo de las patrullas. La embarcación se mecía y cabeceaba al albur de las corrientes, pero consiguieron arribar a la otra orilla, donde los alemanes habían tendido alambradas. Witold encontró la manera de cruzarlas y se dirigió apresuradamente a Ostrów Mazowiecka, que quedaba a unos pocos kilómetros.[39]

Cuando llegó, el lugar transmitía una misteriosa tranquilidad. La mitad de los diecisiete mil residentes de la ciudad eran judíos y la mayor parte había huido a territorio ocupado por los soviéticos. Sus comercios y hogares habían sido saqueados y, en algunos casos, ocupados por familias polacas. Franciszka vivía en una hacienda en las inmediaciones de la ciudad. Cuando Witold llegó, vio vehículos alemanes aparcados en el jardín de la fábrica de cerveza que había delante de la casa, convertida ahora en cuartel general de la policía secreta alemana, la Gestapo. Witold tuvo cuidado de entrar en la casa por la parte trasera. Franciszka estaba allí, viva y a salvo, pero no tenía noticias de Maria. Witold se fue a dormir al sofá del comedor mientras su suegra se servía un trago largo.[40]

En los días siguientes, Witold se enteró del feroz nuevo orden racial que los nazis habían impuesto en la ciudad. Los alemanes habían cercado a varios cientos de ciudadanos, los habían encerrado en el gimnasio de la escuela y dividido el grupo en polacos étnicos y judíos. A la mayoría de los católicos los liberaron rápidamente, pero seleccionaron a los judíos

La casa familiar de los Ostrowski.

para formar grupos de trabajos forzados. Los alemanes animaban a los polacos a maltratar y pegar a los judíos polacos y a señalar sus tiendas para que las saquearan. Cuando las familias judías eran desahuciadas de sus casas, algunos de sus vecinos católicos los abucheaban. La mayoría de los residentes, no obstante, se negó a seguir el ejemplo alemán. El alcalde de la ciudad escondió a una familia en su sótano. Los padres de Maria hicieron lo poco que pudieron y dejaron que los judíos que huían de la ciudad cogieran manzanas de su huerto.[41]

Witold no cuenta mucho de esta época en Ostrów Mazowiecka. Lo más probable es que le produjeran consternación las demostraciones de antisemitismo entre los vecinos, que claramente hacían el juego a los alemanes. Cada mañana se despertaba rezando para que Maria entrara por la puerta con los niños, y cada noche se acostaba temiendo lo peor.[42]

Finalmente, tuvo que deducir que Maria se habría quedado en Krupa, seguramente escondiéndose en casas de amigos, y se vio obligado a elegir entre esperar a su familia o reanudar el combate contra los alemanes. Las probabilidades de encontrarla a ella y a los niños si estaban viajando eran peligrosamente escasas dado el número de refugiados que cruzaban en tropel la frontera. En cualquier caso, la decisión estaba clara: el país antes que la familia. La mañana del 1 de noviembre, tomó prestada una bicicleta e inició su largo viaje a Varsovia para reencontrarse con Jan. Era el Día de Todos los Santos, cuando las velas proliferaban en los cementerios y los vivos oraban por los muertos, pero Witold no tenía tiempo para eso: iba a Varsovia para luchar.[43]

2

Ocupación

Varsovia, 1 de noviembre de 1939

Witold se acercó a la ciudad en su bicicleta traqueteante sin saber qué se encontraría o qué forma adoptaría su resistencia. La carretera principal a Varsovia estaba interrumpida por numerosos controles alemanes, de modo que se ciñó a los caminos rurales, recabando retazos de noticias a su paso. No se sabía nada de ningún ataque de los británicos o los franceses, pero supuso que estaba a punto de llegar. La mejor oportunidad de expulsar a los alemanes era planear un levantamiento que coincidiera con una ofensiva aliada. Witold sabía que habría otros pensando lo mismo y que tenía que ponerse a tejer una red.[1]

Witold se confundió con el gentío que cruzaba el único puente del Vístula que seguía en pie. La visión del horizonte roto de Varsovia en la otra orilla tuvo que sobresaltarle. El centro de la ciudad había sufrido el grueso del bombardeo alemán. Los edificios derrumbados taponaban las calles y la gente había abierto caminos entre las montañas de escombros. Cientos de personas se paraban en la intersección de la calle Marszałkowska y la avenida Jerozolimskie para encender velas ante un montículo gigante de ladrillos y mampostería que señalaba la fosa más grande de la ciudad. El cristal de las ventanas rotas crujía bajo las pisadas. El jefe de propaganda del Reich, Joseph Goebbels, concluyó tras visitar la ciudad: «Esto es el infierno. Una ciudad reducida a ruinas. Nuestras bombas y proyectiles han hecho un buen trabajo». Incluso en las zonas de Varsovia que quedaban intactas, se había producido un cambio. «A primera vista todo parecía como antes, pero de alguna manera era diferente, como sumido en la enrarecida atmósfera de una ciudad que está de luto», recordó un testigo.[2]

Witold se dirigió al piso de un amigo al sur de la ciudad. El impacto y la consternación que la devastación producía en él fueron atemperados por la necesidad práctica de entender los planes nazis y decidir qué forma adoptaría su resistencia. La terrorífica visión racial que Hitler tenía del país se clarificó. En septiembre, Hitler ordenó la anexión de Polonia occidental al Reich y la expulsión de más de cinco millones de polacos católicos y judíos para despejar el camino a los colonos alemanes. El territorio restante, que incluía Varsovia y Cracovia, pasaría a ser colonia alemana. Hitler nombró a su antiguo abogado Hans Frank como administrador del «Gobierno General para los territorios polacos ocupados», con órdenes de explotarlos sin piedad y de imponer una feroz jerarquía racial.[3]

En esta nomenclatura, los alemanes eran la raza superior, junto con los polacos que pudieran demostrar su origen alemán. Les procuraron cargos en la administración, las propiedades confiscadas a judíos y el uso exclusivo de parques, teléfonos públicos y taxis. El transporte público y los cines se segregaron y en los comercios aparecieron carteles que rezaban: «Ni polacos ni judíos».[4]

A los polacos nativos, como miembros de la raza eslava más débil, se les consideraba solo obreros. Hitler los definía como arios con algo de sangre alemana diluida al mezclarse con otras razas. Decenas de miles de polacos fueron forzados a trabajar en el Reich ese otoño. Los escuadrones de la muerte, conocidos como los Einsatzgruppen, previnieron cualquier tipo de resistencia eliminando a unos 50 000 miembros de las clases polacas instruidas y profesionales —abogados, maestros, médicos, periodistas o cualquiera con pinta de intelectual— y enterrando sus cuerpos en fosas comunes. Censuraron la prensa, prohibieron las radios y cerraron institutos

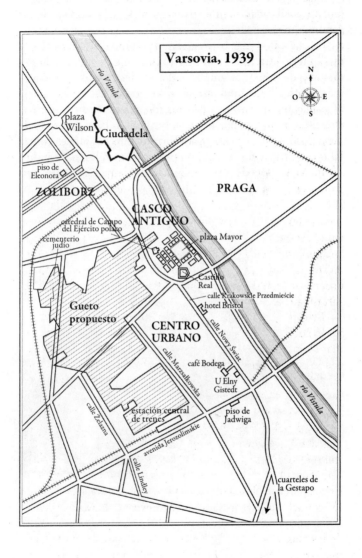

y universidades con la excusa de que los polacos solo necesitaban «posibilidades educativas que les enseñen cuál es su destino étnico».[5]

En el escalón más bajo estaban los judíos, que para Hitler ni siquiera eran una raza, sino más bien una subespecie parasitaria de humanos empecinados en destruir al pueblo alemán. Hitler había amenazado a los judíos europeos con la aniquilación en caso de que «los financieros judíos internacionales» provocaran otra guerra mundial. Pero en otoño de 1939, los líderes nazis seguían formulando sus planes contra ellos. La ocupación de Polonia puso a dos millones de judíos —diez veces más de los que vivían en Alemania— bajo control nazi.

Mujeres polacas de camino a su fusilamiento, 1939.
Cortesía de Narodowe Archiwum Cyfrowe.

El número dos de las SS, Reinhard Heydrich, advirtió a las unidades en septiembre de que el problema judío tendría que afrontarse gradualmente. Dictó órdenes de concentrar a los judíos en ciudades a fin de que estuvieran listos para ser deportados a una reserva en la nueva frontera con la Unión Soviética. Entretanto, los obligaron a ponerse una estrella de David en la manga o en el pecho y a marcar sus tiendas y comercios, y fueron víctimas de un acoso continuo. «Un placer, finalmente... ser capaces de abordar la raza judía físicamente —declaró Hans Frank en un discurso ese mes de noviembre—. Cuantos más mueran, mejor.»[6]

Witold debió de ver casi con toda seguridad los decretos de los oficiales de Frank pegados a los postes de luz por toda la ciudad y comprendió que los alemanes se proponían destruir Polonia desgarrando su tejido social y sembrando cizaña entre los grupos étnicos. Pero también vio signos de resistencia esperanzadores: pegatinas que rezaban «Nos importa una mierda» (la traducción literal de la expresión polaca es: «Os tenemos en el fondo del ano») y un póster gigante de Hitler colgado en el centro de la ciudad al que le habían pintado un mostacho rizado y orejas grandes. El 9 de noviembre, Witold se puso en contacto con su cómplice Jan Włodarkiewicz y organizó una reunión de potenciales reclutas en el piso de su cuñada, en un suburbio al norte de Żoliborz. Witold corrió por las calles mojadas intentando adelantarse al toque de queda de las siete de la tarde.[7]

Su cuñada, Eleonora Ostrowska, vivía en un piso de dos habitaciones en la tercera planta. Las bombas habían dejado relativamente intacto el distrito de Żoliborz, si bien las ventanas de la mayor parte de los pisos estaban reventadas y no había electricidad. Eleonora le enseñó la casa con su hijo de dos años, Marek, a sus pies. Ambos se habían visto solo una vez, y brevemente. Eleonora era una mujer encantadora y fuerte de treinta años, con el cabello rubio oscuro recogido en un moño, los labios finos y los ojos azul claro. Su marido, Edward, el hermano de Maria, era un oficial de caballería que había desaparecido al principio de la guerra, dejándola al cuidado de Marek.

Entrada al número 40 de la avenida Wojska Polskie.
Cortesía de PMA-B.

Ella conservaba su puesto en el Ministerio de Agricultura, uno de los pocos departamentos gubernamentales que los nazis no habían abolido.[8]

Jan fue el siguiente en llegar y subió los escalones dificultosamente, jadeando. Había recibido un balazo en el pecho de camino a Varsovia que no había tocado ningún órgano vital, y había guardado cama en casa de su madre. Llegaron media docena más de hombres, la mayoría oficiales y estudiantes activistas seleccionados por Jan. Eleonora había tapado las ventanas con papel marrón, pero hacía frío y se dejaron los abrigos puestos. Se congregaron alrededor de la mesa del salón, donde Eleonora encendió una vela.[9]

Jan había llegado a unas duras conclusiones sobre su situación: Polonia había perdido porque sus líderes no habían logrado crear una nación católica ni explotado la fe religiosa del país contra los invasores. Jan pensaba que debían ver en la derrota de Polonia una oportunidad de reconstruir un país en torno a las creencias cristianas y despertar el fervor reli-

Eleonora Ostrowska, 1944.
Cortesía de Marek Ostrowski.

gioso de las generaciones más jóvenes. Albergaba ambiciones de atraer a grupos de derecha, pero de momento pensaba hacer un vasto llamamiento a la resistencia contra la doble ocupación del país.[10]

Witold compartía ciertamente la ira de Jan contra el Gobierno polaco, un sentimiento común en Varsovia, pero raramente buscaba compartir su fe con otras personas y temía que una misión declaradamente religiosa pudiera alejar a posibles aliados. De momento, su interés más probable era evaluar la viabilidad de construir una resistencia secreta y efectiva.[11]

Hablaron de estrategia hasta bien entrada la noche, antes de abordar el tema de las funciones de cada cual. Jan lideraría; Witold sería el principal reclutador. En adelante se llamarían Tajna Armia Polska, el «Ejército Secreto Polaco». Al alba salieron a hurtadillas del piso para dirigirse a la Catedral de Campo del Ejército Polaco, una iglesia barroca en las estribaciones del casco antiguo de la ciudad. Conocían a uno de los sacerdotes y le pidieron que fuera testigo de su juramento. Se arrodillaron al pie del altar tenuemente iluminado, juraron servir a Dios, a la nación polaca y entre ellos. A cambio, recibieron una bendición antes de salir soñolientos pero eufóricos.[12]

El invierno llegó pronto en 1939 cuando Witold empezó a reclutar soldados. La nieve caía en ráfagas, el Vístula se congeló como un témpano y un centenar de células de resistencia se diseminaron por toda la ciudad. Había otros grupos guiados por oficiales como el suyo, así como agitadores comunistas, sindicalistas, colectivos de artistas, incluso un grupo de químicos planeando una guerra biológica. Los alemanes requisaron puntos de encuentro populares como los hoteles Bristol y Adria, pero florecieron nuevos espacios que terminaron conociéndose como guaridas clandestinas. En el restaurante U Elny Gistedt —llamado así en honor a la cantante de opereta sueca que había abierto el negocio para emplear a sus amigos artistas en paro—, grupos de conspiradores se sentaban a sus mesas encorvados y vestidos con abrigos de piel. La mayoría se conocía y compartían las últimas noticias de los alrededores de la ciudad o retazos captados de aparatos de radio ilegales sobre la contraofensiva aliada que se esperaba en primavera.[13]

Al mismo tiempo, había florecido un mercado negro junto a la estación central de ferrocarril, que comerciaba con ropa y víveres, dólares, diamantes y documentos falsificados. El campesinado del interior vendía artículos de estraperlo que escondían en los dobladillos de la ropa, en talegas y sostenes.[14]

«Nunca antes había visto pechos tan abultados como en Polonia en estos tiempos», recordó Stefan Korboński, un miembro de la resistencia. Un contrabandista emprendedor llevó a la ciudad marranos descuartizados escondidos en ataúdes. Los alemanes, ocupados en establecer su administración, solo hacían inspecciones someras. E incluso cuando alguien era descubierto, podía salir del paso con un soborno o, en raras ocasiones, con un poco de ingenio, como el contrabandista que intentó disfrazar de campesina a un caballo trotón. «Cuando los gendarmes lo descubrieron, incluso ellos, faltos como estaban de sentido del humor, casi se mueren de risa», escribió Korboński.[15]

Witold evitaba las concentraciones públicas y buscaba reclutas que compartieran su natural discreción y prudencia. Sacó una verdad fundamental del trabajo de resistencia. La nacionalidad, la lengua, la cultura eran vínculos importantes en cualquier grupo, pero a la postre su red descansaba en una cualidad más básica: la confianza. La labor de reclutamiento implicaba poner su vida en manos de los reclutas, y viceversa. A veces, los seleccionados por Witold mostraban sorpresa por la confianza que depositaba en ellos.[16]

—¿Por qué confía en mí? —le preguntó un hombre.[17]

—Querido muchacho, hay que confiar en la gente —respondió Witold.[18]

No siempre atinaba en los juicios de temperamento y le preocupaba constantemente que un miembro demasiado impaciente de su equipo los pusiera en peligro. Aquel invierno, el Tajna Armia Polska compiló un manual de consejos para nuevos reclutas que advertía de que «algunos habían enloquecido con la actividad de resistencia y los apresaban con mucha facilidad... Si queremos vengarnos de los alemanes, tenemos que sobrevivir lo suficiente como para conseguirlo».[19]

Witold hizo cuanto pudo por nutrir a su joven ejército, que en diciembre sumaba quizás un centenar de hombres, en su mayor parte jóvenes. «Era muy sensible —recordó Eleonora—. Los problemas de los demás tenían un efecto en él.» Un soldado que reclutó bromeó con admiración sobre él, diciendo que era la mismísima "niñera" del grupo. Witold empezaba a disfrutar, asombrado de la facilidad con que asumía la subversión. Las limitaciones de su vida anterior no significaban nada ahora. Se sentía más libre de lo que se había sentido en años.[20]

Sabía lo poco que su grupo podía hacer para oponerse directamente a la ocupación, pero pensaba que podrían realizar con eficacia labores de inteligencia. El jefe de la inteligencia del Tajna Armia Polska, Jerzy Skoczyński, tenía contactos en la policía polaca. Los alemanes habían conservado esta fuerza para el cumplimiento de tareas básicas como el mantenimiento del orden público, pero con frecuencia era informada de las operaciones importantes de antemano. Witold y sus colegas eran capaces de usar sus consejos para avisar a objetivos de los alemanes. Pero luchaban por comprender el ritmo desorientador con que los nazis ejecutaban sus planes.[21]

Ese invierno, las SS comenzaron las deportaciones masivas de polacos de las provincias occidentales de Polonia recientemente anexionadas, mientras la temperatura rozaba el cero en la escala Fahrenheit (-32° Celsius). Vagones de ganado embutidos de familias medio congeladas llegaban a diario a la estación central de ferrocarril de Varsovia y, cuando las puertas se abrían, los cuerpos rígidos caían al suelo como estatuas. Los supervivientes tenían que dormir en las ruinas o confinarse en las ya atestadas casas de familiares y amigos. Cuando llegó enero de 1940, más de 150000 polacos —católicos y judíos por igual— habían sido deportados para dejar espacio a los colonos alemanes, y había planes de expulsar a otros cientos de miles.[22]

Los alemanes no estaban preparados para el flujo de refugiados a la ciudad. El gobernador Frank anunció el racionamiento de alimentos en todo el país: unas seiscientas calorías al día para los llamados polacos arios y quinientas calorías al día para los judíos, apenas un tercio de lo necesario para sobrevivir (los alemanes en Polonia tenían derecho a 2600 calorías). Se emitieron tarjetas de racionamiento que solo podían usarse en determinadas tiendas, y los artículos disponibles eran escasos: pan, que mezclaban con «harina» de serrín, mermelada a base de remolacha, café de bellotas amargo y patatas, el único alimento constante en la dieta de todos. El mercado negro compensaba un poco la escasez, pero muchos pasaban hambre. Multitud de refugiados desnutridos aparecieron mendigando en las esquinas.[23]

Las condiciones de la ciudad, sucia y superpoblada, pronto condujeron a un brote de tifus. La fiebre del piojo había arrasado el frente oriental durante la Primera Guerra Mundial y pocas enfermedades aterrorizaban más a los alemanes. Los oficiales nazis consideraron que los judíos eran propensos a la infección y aceleraron sus planes de recluirlos en un gueto cerrado en Varsovia para ayudar a contener la enfermedad.[24]

Los alemanes también orquestaron una campaña contra sus enemigos reales o imaginarios. Varios grupos clandestinos fueron desmantelados y asesinados en masa en el bosque de Palmiry, al norte de Varsovia, junto con abogados, dentistas e incluso el mejor jugador de ajedrez del país. Sin embargo, estas represalias solo sirvieron para filtrar a los grupos más descuidados y estimular el crecimiento de los más competentes. La fuerza dominante que surgió a raíz de estos arrestos fue la Związek Walki Zbrojnej, o la Unión de la Lucha Armada, que se había ganado el respaldo del Gobierno polaco en el exilio establecido en Francia el otoño anterior. En el Tajna Armia Polska, algunos vieron en la Unión un rival. Pero Witold pensaba que necesitarían aunar fuerzas cuando llegara la hora del levantamiento.[25]

Mientras, el grupo de Witold comenzó a actuar contra los colaboradores locales, la mayoría de ellos procedentes de la comunidad de polacos de etnia alemana del país que alcanzaba el millón. «En todas las comunidades hay personas que no tienen escrúpulos a la hora de quitarse de encima un problema o denunciar a un marido, una esposa o una amante indeseables», observó un miembro de la resistencia. Cualquiera que fuera la motivación, los soplones suponían una verdadera amenaza para la resistencia y debían ser eliminados.[26]

Los informantes solían reunirse en un club de noche subterráneo ubicado en la calle Nowy Świat llamado Café Bodega. El local era propiedad de la mujer polaca del embajador italiano, que daba protección al establecimiento por su singular atracción: el jazz. La aversión de Hitler hacia la *Negermusik*, la música de negros, era conocida, pero no estaba prohibida oficialmente, y la Gestapo toleraba la Bodega porque su auditorio oscuro y ruidoso les parecía el lugar perfecto para reunirse con informantes en la barra o en una de las mesas reservadas junto al escenario.[27]

Los hombres de Witold establecieron un pequeño puesto de observación encima de una imprenta enfrente del club, desde donde tomaban nota de los clientes y sacaban fotos de posibles informantes cuando las titilantes farolas lo permitían. También trabajaban con los empleados para escuchar las conversaciones y, ocasionalmente, enviaban a hombres que se hacían pasar por informantes para denunciar a los verdaderos colaboradores de la Gestapo por algún delito inventado. Era bastante común ver a una falange de hombres de la Gestapo sacando a rastras de la Bodega a algún delator entre protestas.[28]

George Scott con su banda, hacia 1941.
Cortesía de Naradowe Archiwum Cyfrowe.

Esa primavera de 1940, Witold tuvo finalmente noticias de que Maria y los niños habían llegado a la granja de su madre en Ostrów Mazowiecka. Corrió a su encuentro viajando en un desvencijado autobús que los alemanes raras veces inspeccionaban. El relato de la huida de Maria y los niños y las condiciones en el Este ocupado por los soviéticos era espeluznante.

La policía secreta soviética estaba deportando polacos a los gulags de Siberia o para su reasentamiento en Asia Central. Maria recibió el soplo antes de las Navidades de que no tardarían en arrestarla y apenas tuvo tiempo de coger algo de ropa y huir en un carro, dejando atrás al perro de la familia, Nero. Durante buena parte del invierno se había escondido en casas de amigos de la familia en Krupa. Cuando el frío remitió, tomaron al tren hasta la nueva frontera entre la Unión Soviética y el Reich con la esperanza de llegar a casa de su madre. La policía rusa los paró en la pequeña ciudad de Wołkowsky, a treinta y dos kilómetros de la frontera, donde Maria fue conducida para un interrogatorio en un búnker subterráneo cerca de la estación de ferrocarril, mientras los niños tuvieron que aguardar toda la noche en el ayuntamiento vecino. Cuando finalmente la soltaron a la mañana siguiente, sin su dinero y sin su anillo de bodas, su hijo Andrzej de ocho años estaba aterrado y aterido.[29]

Consiguieron llegar a casa de una prima en una localidad próxima, donde reposaron una semana y lo intentaron de nuevo. Esta vez contrataron a un guía para cruzar clandestinamente la frontera de noche. Estaban a bajo cero, y la luna llena alumbraba la tierra de nadie azotada por el viento. A medio camino, Andrzej se había tropezado y caído contra un rollo de alambre de espino, al que se le enganchó la pelliza. En ese momento, un reflector alemán que barría la zona los pilló mientras trataban de desenganchar la chaqueta. Pronto se vieron rodeados, pero tuvieron suerte: los guardias fronterizos que los recogieron mostraron poco interés en su caso y los dejaron pasar.[30]

Cuando llegaron a Ostrów Mazowiecka la encontraron devastada por el proyecto racial alemán en pleno desarrollo.

Maria se enteró de que el 11 de noviembre los alemanes se habían llevado a 364 hombres, mujeres y niños judíos al bosque de las afueras de la ciudad y los habían fusilado. Fue una de las primeras masacres de esta índole. El lugar de la ejecución apenas distaba un kilómetro y medio de la casa de su madre, y lindaba con el huerto familiar donde a Andrzej le gustaba jugar (aunque le dijeron que no fuera, el chico fue y encontró el gorro empapado de un niño pequeño entre los árboles).[31]

Witold hizo cuanto pudo por asegurarse de que su familia se instalaba adecuadamente y regresó a Varsovia con una nueva urgencia, pero una vez allí descubrió que Jan empezaba a coquetear con ideas antisemitas. Sabía que Jan llevaba tiempo intentando publicar un boletín en nombre del grupo. En la resistencia abundaban las publicaciones de distintas tendencias políticas —en 1940 se publicaron ochenta y cuatro opúsculos—, pero Jan quería un boletín que se centrara en los fundamentos morales de la resistencia.[32]

Witold no se oponía a la idea y, de hecho, ayudó a concertar uno de los puntos de distribución en un colmado de la calle Żelazna, cerca de donde pernoctaba. Pero en los primeros números de *Znak*, o «La señal», leyó artículos que parecían salidos directamente de los manifiestos de los grupos derechistas de preguerra: discursos estridentes que reivindicaban una nación polaca para los polacos y la creación de un auténtico país cristiano; ideas que se acercaban peligrosamente a las de los ultranacionalistas, para quienes la ocupación nazi era el medio de deshacerse de los judíos de una vez por todas.[33]

Witold le explicó a Jan con el mayor tacto posible que los polacos debían movilizarse juntos frente a la creciente represión alemana. Jadwiga Tereszczenko, la nueva editora del boletín, también planteó la cuestión del antisemitismo entre los polacos con otros redactores durante las sesiones de escritura que tenían lugar bien entrada la noche en su piso, pero ellos restaron importancia a sus inquietudes: los judíos no sabían de qué lado estaban y era mejor que se fueran. Entretanto se levantaban muros alrededor del gueto y las familias judías eran obligadas a reubicarse, incluido el vecino que vivía puerta con puerta con Jadwiga. En vez de ayudarlos, los polacos del edificio arramblaban con cualquier cosa que hubieran dejado. Era necesario un despertar moral entre los polacos, creía Jadwiga, empezando por el mandamiento de «amarás a tu prójimo».[34]

Sin embargo, Jan era impenitente y se puso a elaborar un manifiesto de la organización que pretendía convertir en un movimiento político. También inició conversaciones con grupos nacionalistas sobre una posible unión, incluido uno cuyos miembros habían tanteado a los alemanes para formar

Witold y Jan, h. 1940.
Cortesía de la familia Pilecki.

una administración títere de los nazis. Jan estaba perdiendo el norte, claramente, y Witold se sintió obligado a actuar a espaldas de su amigo para pararle los pies.[35]

Witold buscó al jefe de la rival Związek Walki Zbrojnej, la Unión de la Lucha Armada, el coronel Stefan Rowecki, para proponerle una unión de fuerzas. Rowecki, de cuarenta y cinco años, había apoyado la creación de una administración civil clandestina que respondía directamente al Gobierno polaco en el exilio establecido en Francia y que hacía regularmente llamamientos a un país «verdaderamente democrático» con los mismos derechos para los judíos de Polonia. Rowecki, fan confeso de Sherlock Holmes y hábil en disfrazarse, expresaba raramente sus opiniones, pero era un observador astuto del sentir nacional. Ya había escrito a los líderes polacos para transmitirles su preocupación sobre los nazis y cómo estaban avivando el odio racial para desviar a los polacos del activismo contra los alemanes. Se había observado una escalada significativa de los ataques de polacos contra judíos, informaba Rowecki, y le inquietaba que pudiera surgir un político de derechas como secuaz de los alemanes que aprovechara la persecución de los judíos para justificar su postura.[36]

Al igual que Witold, Rowecki no se hacía muchas ilusiones sobre los logros de la resistencia contra el poder de los invasores. Pero sentía que su resistencia servía a un propósito más profundo, el de elevar la moral y consolidar su capacidad. También había empezado a documentar los crímenes nazis y a enviar clandestinamente reportajes a Occidente para presionar a los Aliados a fin de que tomaran cartas en el asunto.[37]

Una red de correos pasaba en secreto el material a Francia por pasos remotos de los montes Tatra. De momento, sus informes no habían estimulado aún la implicación de los líderes occidentales, aunque algunas revelaciones eran comprometedoras para los alemanes, que incluso habían liberado a un grupo de profesores detenidos después de una protesta internacional. Rowecki estaba convencido de que la acumulación de detalles contribuiría a fortalecer la resolución de británicos y franceses.[38]

Witold se fue impresionado por el calibre del hombre tranquilo y reservado, y convencido de la necesidad de someterse a su autoridad. Pero Jan desechó inmediatamente una fusión en su siguiente encuentro, señalando que él había enviado a su propio correo al Gobierno polaco en el exilio para que le dieran el visto bueno. Acto seguido, anunció que el manifiesto que había preparado lo firmarían conjuntamente varios grupos marginales.[39]

Stefan Rowecki, preguerra.
Cortesía de la Agencia de Prensa Polaca.

«¡Una declaración así destruiría todo nuestro trabajo! —exclamó Witold—. Centrémonos en la lucha armada. Ya nos preocuparemos de los asuntos constitucionales después.»[40]

Jan se quedó decepcionado. Había contado con Witold para cerrar filas. En cambio, otros coincidieron con este, incluido el nuevo jefe de personal del grupo, un valiente coronel llamado Władysław Surmacki. Jan capituló y accedió a reunirse con Rowecki, lo que supuso una especie de victoria para Witold.[41]

Sin embargo, Jan siguió adelante con su declaración, que fue tan divisoria como Witold había temido. No había referencias a los judíos o a otras minorías en el artículo, pero el subtexto parecía claro. «Polonia debe ser cristiana —anun-

Władysław Surmacki, hacia 1930.
Cortesía de PMA-B.

ciaba la declaración—, y Polonia ha de basarse en nuestra identidad nacional.» Quienes se opusieran a estas ideas deberían «marcharse de nuestras tierras». Witold supo que su colaboración se había ido al traste. «En la superficie convinimos en seguir en marcha con la organización», recordó Witold, pero no hubo forma de ocultar el «profundo resentimiento».[42]

El 10 de mayo de 1940 las fuerzas de Hitler barrieron Luxemburgo y los Países Bajos en su camino a Francia. Este era el momento que la resistencia había estado esperando, cuando la fuerza combinada de los Aliados se enfrentara a los alemanes y los derrotara o los distrajera lo suficiente como para organizar una revuelta factible en Polonia. La madre de Jan tenía una radio ilegal en su piso. Se reunieron para escucharla, con avidez al principio, y luego con creciente desaliento a medida que la BBC fue informando de que las fuerzas alemanas habían derrotado a las británicas en Dunkerque y que habían ocupado París. Pronto se hizo evidente que Alemania estaba a punto de infligir una derrota catastrófica a los franceses y que la guerra se alargaría indefinidamente.[43]

El gobernador Frank, creyendo que ya no debía preocuparse por la cobertura negativa en los medios de prensa extranjeros, ordenó arrestos masivos de hombres en edad militar. El 20 de junio, 358 personas fueron fusiladas en el bosque de Palmiry y otras miles fueron deportadas a campos de concentración en Alemania. En una ocasión, casi atraparon a Witold durante una redada de las SS en el piso de Eleonora. Este oyó camiones fuera y contó con el tiempo justo de esconder los documentos debajo del entarimado y escurrirse por la puerta antes de que la policía irrumpiera en la casa y la registrara. Witold se desplazó con cautela de casa en casa y empezó a usar los documentos de identidad de un tal Tomasz Serafiński.[44]

La intensificación de la ofensiva dañó la red de Witold. Una redada de la Gestapo en la Bodega terminó con el arresto de casi todos los camareros. Sus puestos fueron sustituidos por nuevos reclutas, pero esta vez la Gestapo logró introducir a una espía entre ellos. Era una polaca joven y frívola que se había enamorado de un oficial de las SS y le facilitó varios nombres, entre ellos el de uno de los colegas de Witold, que también resultó ser el tío de ella, el ginecólogo Władysław Dering. El 3 de julio de 1940, poco antes de amanecer, los SS sacaron a rastras a Dering y a su esposa de su piso.[45]

La resistencia no estaba segura de qué le había ocurrido a Dering, pero, según algunos informes, las SS habían abierto un campo de concentración en unos antiguos cuarteles del ejército polaco fuera de la pequeña ciudad de Oświęcim en junio. Los alemanes llamaron a este lugar Auschwitz. Este tipo de campos ya habían sido construidos en Alemania desde el auge de Hitler. En virtud de un decreto de emergencia, Hitler había aprobado el arresto indefinido o la «custodia protectora» de cualquier ciudadano que las SS consideraran enemigo del Estado. Para cuando empezó la guerra, los nazis habían detenido a miles de políticos, activistas de izquierdas, judíos, homosexuales y otros supuestos desviados sociales en media docena de campos por toda Alemania.[46]

Los nazis no eran pioneros en el concepto de encerrar a sus rivales, pero Auschwitz era diferente por ser el primer caso alemán que se cebaba con un grupo en función de su nacionalidad, en este caso la polaca. En esta fase, los alemanes no hacían distinciones entre lo que ellos denominaban etnia o raza o religión de los polacos que deportaban a los campos: predominaban los católicos, pero entre los primeros prisioneros también había judíos y alemanes.[47]

La resistencia tenía poca información del lugar, pero había oído que los alemanes enviaban allí cada vez a más prisioneros. En agosto de ese año, más de un millar de personas permanecían retenidas en el campo. Las cartas de los prisioneros en el campo revelaban poco. Pero el número de esquelas que las SS enviaban a las familias de reclusos fallecidos y sus efectos personales ocasionalmente manchados de sangre sugerían la violencia de Auschwitz.[48]

Unas semanas más tarde, en agosto, arrestaron al jefe de personal del Tajna Armia Polska, Władysław Surmacki, y Jan convocó una reunión de urgencia en el piso de Jadwiga, la editora del boletín. El calor era sofocante y el humo de los cigarrillos flotaba en el aire. Jan llamó a la sala al orden. Empezó anunciando la fusión del grupo con la corriente principal de la resistencia, justo como Witold había apremiado.[49]

Luego se volvió hacia Witold. La tensión entre ambos era palpable.

—Ha recaído sobre usted una gran honra —le dijo.[50]

El campo había salido a colación en sus discusiones con Rowecki, explicó. Este creía que mientras el lugar siguiera manteniéndose en secreto los alemanes podrían hacer allí lo que quisieran. Necesitaba que alguien se infiltrara en el campo, consiguiera informaciones y, a ser posible, creara una célula de resistencia y organizara una fuga.[51]

—He mencionado su nombre a Rowecki como el único oficial capaz de hacerlo —dijo Jan.[52]

Witold se esforzó por ocultar su asombro. Sabía que lo estaban castigando por negarse a secundar la ideología de Jan, pero no iba a darle la satisfacción de verlo reaccionar. Jan prosiguió: una informante de la policía le había avisado de que los alemanes planeaban un arresto masivo en los próximos días. Las SS querían enviar a Auschwitz a cualquier persona con formación o que pareciera un intelectual. Era la ocasión para que lo enviaran al campo, aunque a los sospechosos de colaborar con la resistencia podrían fusilarlos de inmediato.

Teniendo en cuenta los riesgos, Jan no podía ordenar a Witold que cumpliera la misión.

Era necesario que se prestase a ella voluntariamente.[53]

Los pensamientos de Witold se aceleraron. Someterse a propósito a un arresto de los alemanes era una locura. Incluso si los alemanes no le pegaban un tiro a la primera, se exponía a que lo interrogaran y lo descubrieran. ¿Y qué ocurriría una vez que llegara allí? Si el campo era tan violento como temía la resistencia, sus perspectivas de forjar un grupo y organizar una fuga parecían poco prometedoras. Y si solo se trataba de otro centro de internamiento, podría pasarse meses enteros languideciendo en cautividad, cuando el centro de la acción transcurría en Varsovia. Sopesó estos riegos teniendo en cuenta que él había presionado a Jan para que aceptara el liderazgo de Rowecki. ¿Qué impresión daría si se plantaba a la primera petición de este? Estaba acorralado.[54]

Witold le dijo a Jan que necesitaba tiempo para pensárselo. Los días transcurrían mientras él meditaba su decisión. En sus últimos escritos, Witold no menciona que temiera por su seguridad, pero la de su familia debió de preocuparle. Maria había aceptado su trabajo para la resistencia en Varsovia, que le permitía visitar ocasionalmente Ostrów Mazowiecka y estar a mano en caso de emergencia. Ir a Auschwitz suponía abandonarla y exponer potencialmente a la familia a las represalias alemanas si lo descubrían.[55]

Las detenciones empezaron el 12 de agosto, pero Witold vacilaba. Los SS y la policía pusieron barricadas en las calles principales alrededor del centro urbano y empezaron a apresar hombres en edad militar. «Naturalmente, la acción no se hizo con especial delicadeza —apuntó el cronista Ludwik Landau—. Paraban los tranvías a punta de bayoneta; aparentemente, dos personas fueron asesinadas cuando intentaban escabullirse, una con la bayoneta, la segunda de un tiro.» Más de 1500 hombres fueron arrestados a lo largo de aquella tarde. Witold se guardaba sus pensamientos para sí. «Se quedaba rumiando el asunto en silencio, y yo sabía que no debía preguntarle nada sobre eso», recordó Eleonora.[56]

Jan fue a ver a Witold unos días después con novedades. Se confirmaba la presencia de Dering y Surmacki en Auschwitz. «Ya ves, has perdido una buena oportunidad», le pinchó Jan.[57]

La respuesta de Witold no está registrada, pero saber que sus colegas estaban en el campo pudo ser el factor decisivo que lo empujara a dejar a un lado sus inquietudes y aceptar la misión. Dering y él eran amigos desde la campaña bolchevique, y Surmacki era vecino suyo de la zona de Lida.[58]

Estaba preparado para ir voluntariamente, le dijo a Jan. Witold planeó dejarse detener en la segunda ronda de arrestos que tendría lugar en Żoliborz, al cabo de unas semanas, como estaba programado. Una vez tomada la decisión, se volcó en las cuestiones prácticas de prepararse para su inminente arresto, y delegó la administración de sus hombres y su papel de reclutador en otros. Decidió no contarle nada a Maria sobre la misión. Era mejor que ella pudiera aducir un desconocimiento total si la Gestapo se presentaba para interrogarla. Maria solo sabía que lo habían seleccionado para una misión importante y que había elegido una vez más a su país antes que a su familia.[59]

Witold y Marek, hacia 1940.
Cortesía de la familia Pilecki.

El 18 de septiembre, Witold metió sus pertenencias en un petate y se dirigió al piso de Eleonora. Era probable que los alemanes batieran el edificio cuando peinaran la zona a la mañana siguiente. Se respiraba un aire de última cena mientras comía con ella y su sobrino pequeño, Marek. Witold aparentaba calma cuando acostaron al niño en la habitación contigua, y revisó dos veces el piso para asegurarse de que no había ningún documento incriminatorio a mano.[60]

Repasó el plan con Eleonora. Si conseguía llegar al campo, ella sería su punto de contacto con Jan, quien transmitiría las informaciones recabadas al liderazgo de la resistencia. Eleonora sería la primera persona que la Gestapo iría a bus-

Witold y Eleonora trabajando
juntos, hacia 1940.
Cortesía de Marek Ostrowski.

car si descubrían su plan. Pero ella conocía los riesgos; a decir verdad, era más imperturbable que Witold, cosa que tuvo que reconfortarle cuando se acomodó en el sofá del salón para dormir. Esperaba que el seudónimo de Tomasz Serafiński que tenía pensado usar mantuviera a salvo a su familia.[61]

Witold se despertó y se vistió antes del alba a la mañana siguiente, el 19 de septiembre. No tuvo que esperar mucho antes de oír el estruendo de los camiones que se acercaban. Unos momentos después llamaron a la puerta. Eleonora, que también se había vestido, fue a abrir. El portero, Jan Kiliański, estaba en el rellano, tenso y atemorizado. Les anunció la llegada de los alemanes.[62]

—Gracias, Jan —dijo Witold.[63]

Se retiró al dormitorio que Eleonora compartía con Marek. El niño estaba de pie en su cuna, con los ojos abiertos de par en par. Ahora podían oír los portazos y las órdenes que los alemanes ladraban desde fuera. En ese momento es cuando Witold vio el osito de peluche de Marek en el suelo y se lo recogió. El niño estaba asustado, pero sabía que no debía llorar. El portal del edificio se abrió con estrépito y los pasos resonaron por los escalones de cemento, seguidos de voces y gritos.[64]

Kiliański volvió a aparecer.

—Están en el edificio. Es su última oportunidad.

—Gracias, Jan —repitió Witold, y el portero se fue.

Entonces aporrearon la puerta y un soldado irrumpió en el piso, blandiendo su arma.

—¡Venga, venga! —ordenó, pero Witold ya tenía puesta la chaqueta y caminó tranquilamente hacia el hombre. En voz baja, susurró a Eleonora: «Informa de que la orden se ha cumplido».

Los soldados y los policías de paisano abarrotaban las escaleras. Lo escoltaron a él y a otros a la calle. Clareaba, y Witold reconoció a su desgarbado vecino Sławek Szpakowski entre los prisioneros. Serían un centenar o más, algunos con bolsas y abrigos, como si salieran de viaje de negocios, otros descalzos o aún con el pijama puesto.[65]

Cuando concluyeron la batida, los alemanes los llevaron a la plaza Wilson, a unos ochocientos metros de allí, donde una línea de soldados comprobó sus documentos, soltó a los obreros y los trabajadores ferroviarios y ordenó al resto que se subiera a las cajas tapadas con lonas de los camiones. Witold se unió a los que subían en tropel mientras los motores de los vehículos arrancaron con un rugido.[66]

3

Llegada

Auschwitz, 21 de septiembre de 1940

$\mathcal{L}$os camiones se detuvieron en un cuartel de caballería, donde Witold fue registrado en un picadero y despojado de sus objetos de valor. Después le ordenaron tumbarse en el suelo de tierra compactada con un millar de prisioneros. Los guardias los obligaron a permanecer dos días en esta posición. Durante este tiempo, a unos pocos los soltaron o los seleccionaron para trabajar como mano de obra en Alemania. Entonces, el 21 de septiembre, por la mañana temprano, volvieron a cargarlos en los camiones y los llevaron a la estación de ferrocarril, donde los aguardaba una fila de vagones de carga. Witold se apiñó en uno de los coches con otros sesenta prisioneros. Los alemanes no les dieron comida o agua, únicamente una bacina para aliviarse, que pronto se derramó por el suelo cubierto de cal. Los prisioneros alrededor de Witold compartían la mirada perdida, y el lento balanceo del tren y el aire caliente y fétido adormilaban a muchos, recostados por el suelo, los unos contra los otros. Algunos vigilaban las grietas de las paredes de los vagones, intentando atisbar una pista de su destino.[1]

El tren se detuvo al anochecer. En algún punto de la vía, la puerta de un vagón de carga se abrió con estrépito y siguieron las voces, los gritos y los ladridos de los perros. Witold sintió que la multitud se movía dentro del vagón. La puerta se abrió con violencia y una luz deslumbró a los ocupantes.

Al grito de «¡Fuera! ¡Fuera! ¡Fuera!», los prisioneros se apresuraron en tropel y a trompicones hacia la entrada. Witold luchó por mantener el equilibrio entre la presión de los cuerpos. Durante un momento fue iluminado en la puerta por los focos, vislumbró el cielo nocturno y la llovizna y cayó entre la multitud. Chocó contra el balasto entre los rieles y se tambaleó cuando una porra pasó rozándole la cabeza. Hombres con varas arremetían contra aquellos que caían y sacaban a rastras a los rezagados del tren. Varias manos se aferraban a él. Witold se zafó de ellas y fue con los demás, medio corriendo, medio tropezando a través del campo enfangado.[2]

A cada lado de la columna de andrajosos, los guardias de las SS fumaban y reían entre ellos. Ordenaron a un prisionero que corriera hasta el poste de una valla junto al camino. El hombre, confuso, se alejó dando tumbos en esa dirección para, finalmente, ser abatido a tiros por los guardias. La columna hizo un alto, y los guardias sacaron a otros diez hombres de la multitud y también les pegaron un tiro. Responsabilidad colectiva por la «fuga», anunció uno de los alemanes. La marcha se reanudó; los cuerpos de los hombres ejecutados fueron arrastrados a la parte de atrás de la columna por los otros prisioneros mientras los perros guardianes mordían sus tobillos.[3]

A Witold lo tenía tan absorto el caos de la escena que apenas percibió la alambrada de púas que se cernía sobre ellos en la oscuridad, ni el portón, ni el enrejado de hierro que coronaba el umbral con las palabras ARBEIT MACHT FREI («El trabajo os hace libres»). Detrás de la entrada había filas de barracones de teja, con ventanas sin barrotes y negras. Flanquearon un patio de armas iluminado con fuerza, donde los aguardaba una línea de hombres vestidos con uniformes de mezclilla a rayas y porras en la mano. Llevaban americanas con la palabra KAPO en el brazo y con sombreros sin ala que les daba un aire de marineros. Ordenaron a los prisioneros en filas de diez, mientras les iban quitando relojes, anillos y otros objetos de valor.[4]

Delante de Witold, un kapo preguntó a uno de los prisioneros por su profesión. Juez, respondió el hombre. El kapo soltó un grito de triunfo y lo tumbó en el suelo de un porrazo. Otros matones vestidos con el uniforme de rayas se sumaron a la paliza y lo golpearon en la cabeza, el cuerpo y la ingle, hasta que lo único que quedó del prisionero fue una masa sanguinolienta en el suelo. El kapo, con la ropa empapada de sangre, se volvió hacia la multitud y declaró: «Este es el Campo de Concentración de Auschwitz, señores míos».[5]

Los kapos empezaron a separar médicos, abogados, profesores y cualquiera que fuera judío para golpearlos. Witold tardó un poco en comprender que se estaban cebando con la gente instruida, pero cuando lo hizo le encontró sentido, pues el objetivo confeso de los alemanes era reducir a los polacos a mera mercancía.[6]

Los caídos eran arrastrados al final de cada fila, y cuando golpearon una barra de metal indicando que había llegado la hora de pasar lista, tenían acumulados varios montones. El *Obersturmführer* de las SS, Fritz Seidler, un hombre de treinta y tres años de las afueras de Leipzig que antes había sido constructor, se dirigió a los recién llegados desde lo alto de un murete junto al patio. «Que ninguno de vosotros piense que alguna vez saldrá con vida de este lugar —declaró—. Las raciones se han calculado para que sobreviváis únicamente seis semanas. Si alguien vive más, será porque está robando y aquel que robe será enviado a la unidad penal, donde no vivirá por mucho tiempo.»[7]

El discurso fue seguido de más golpes, mientras grupos de un centenar de hombres eran conducidos a uno de los edificios de una sola planta junto al patio. Allí, fueron despojados de sus pertenencias, que les hicieron depositar en sacos junto a la entrada y echaron la comida que pudieran llevar a una carretilla antes de hacerlos entrar en el edificio uno a uno. Cuando llegó el turno de Witold, encontró un mendrugo de pan en su bolsillo y lo tiró sin pensarlo.[8]

Una vez dentro del edificio, entró en una pequeña habitación encalada, donde hombres desnudos hacían cola ante una mesa de escritorio para recibir los números de identificación de prisioneros en una pequeña tarjeta. Witold era el 4859. En la habitación contigua, un grupo de barberos se inclinaba sobre una hilera de bancos bajos, afeitando cabezas, axilas y genitales con navajas romas. Las zonas en carne viva se frotaban rápidamente con desinfectante. A continuación venía el baño, donde Witold recibió un porrazo en plena cara porque, según el kapo, no estaba sosteniendo su tarjeta de identidad entre los dientes. Witold escupió dos muelas y un salivazo de sangre, y siguió avanzando. Los prisioneros judíos, reconocibles por sus circuncisiones, eran atacados con especial inquina, golpeados y apaleados en montones sobre el suelo resbaladizo. En la última habitación, Witold recibió su uniforme de preso a rayas blancas y azules: una chaqueta con botones hasta el cuello, pantalones y un par de zuecos de madera que no eran de su número. Algunos de los prisioneros también recibieron un gorro redondo sin visera.[9]

Cuando salió del edificio empezaba a clarear y la luz del cielo reveló el patio central que unía los barracones. Había un charco gigante estancado en una esquina. Los edificios que jalonaban la plaza tenían tejados a dos aguas, y la mayoría estaban revocados en blanco, si bien algunos estaban desnudos y dejaban al descubierto las tejas rojo ocre de debajo. Dos lados de la plaza eran abiertos; uno daba al campo al que posiblemente habían ido a parar y el otro a un camino y una alameda de árboles junto a lo que parecía la orilla de un río. Una única alambrada de espino cerraba el recinto, con torretas de vigilancia de madera cada varias decenas de metros.[10]

Los prisioneros formaron filas una vez más y les asignaron un bloque, constituido de una única planta por cada barracón. Los kapos siguieron intimidándolos, aunque en la pálida claridad del crepúsculo los hombres feroces parecían más pequeños que antes. Los prisioneros se reconocieron a duras penas entre ellos, pelados como iban y vestidos con uniformes de rayas que no eran de su talla o con viejos uniformes del ejército.[11]

El bloque de Witold era el 17.º, ubicado en la segunda planta de uno de los barracones de la plaza, donde un centenar de soldados se hacinaban en los dormitorios de cerca de treinta metros cuadrados. Las paredes desnudas del bloque, los azulejos antiguos y las lámparas anticuadas le conferían un aire de reformatorio victoriano. Witold y los demás se cosieron sus números a las camisas, junto con un triángulo rojo que indicaba su estatus de presos políticos. Exhaustos, finalmente se tumbaron en finos colchones de yute en el suelo para descansar lo que quedaba de noche. Witold compartió el suyo con otros dos hombres; se hicieron un ovillo unos junto a otros y usaron los zuecos y sus uniformes de almohadones. La ventana estaba cerrada y las paredes húmedas de la condensación. Los hombres gruñían, roncaban y se maldecían los unos a los otros cuando intentaban cambiar de postura. El impacto inicial de Witold había cedido a un sordo letargo. Había conseguido infiltrarse en el campo. Su trabajo tendría que empezar ahora.[12]

Witold apenas había cerrado los ojos cuando sonó un gong, y Alois Staller, el kapo alemán que administraba el bloque, irrumpió en la habitación y cargó contra todos los que aún no

La entrada al bloque de Witold, que pasó a ser
el número 25 en 1941.

estaban en pie. Los prisioneros apilaron rápidamente los colchones, recogieron las latas de sopa y se apretujaron en el corredor mientras Staller vaciaba los otros dormitorios. Después les hizo bajar apresuradamente las escaleras, con gran estrépito de los zuecos de madera, para que se vistieran fuera.[13]

La niebla se extendía desde el río, transformando el campo en un cuenco lechoso. Witold siguió las oscuras sombras de los demás mientras se apresuraban hacia la parte trasera del edificio en busca de las letrinas, una zanja abierta sobre la cual habían colocado una viga de través. Ya se había formado una cola, y un kapo contaba a los hombres en grupos de veinte y les daba unos segundos. Lavarse era obligatorio, pero los reclusos tenían acceso únicamente a una cisterna en el patio, en torno a la cual una piña de hombres se daba codazos y empellones. Witold luchó por llenar su lata con un poco de agua salobre antes de que una señal inadvertida desperdigara a la multitud como asustados pajarillos.[14]

En la noche, dibujo de Jerzy Potrzebowski, posguerra.
Cortesía de PMA-B.

Lavándose en la bomba, dibujo de Jerzy Potrzebowski, posguerra. Cortesía de PMA-B.

El desayuno se sirvió en las habitaciones. Uno de los ayudantes de Staller repartió cazos de un líquido amargo que se suponía era café de una tina de metal a sus latas. Los hombres se lo bebieron de un trago, apilaron las tazas y volvieron a salir al patio, donde los prisioneros de transportes anteriores, más flacos y grises, se arremolinaron alrededor de los recién llegados para pedir noticias del exterior. Estos les preguntaron a su vez por el campo. «Tenéis que tener ojos en la nuca», era lo único que les decían.[15]

Staller salió del edificio con paso arrogante. Había sido obrero de la construcción y comunista en Renania, tenía treinta y cinco años y la nariz larga y fina, con unas orejas que sobresalían en ángulos extraños. Lo arrestaron en 1934 por pegar carteles antinazis en su ciudad natal y lo retuvieron indefinidamente en el sistema de los campos de concentración. «El carácter defectuoso del prisionero implica que debemos considerarlo enemigo del Estado», concluyó el director de la cárcel en un informe que desaconsejaba su libertad condicional.[16]

Cualquier atisbo de resistencia que Staller hubiera podido mostrar en el pasado había desaparecido, y su disposición a prestar servicio como kapo en Auschwitz había sido recompensada. A su hermano, que era soldado, lo habían matado durante la invasión de Polonia. Odiaba visceralmente a los polacos y los culpaba de haber empezado la guerra. En su presencia, los reclusos debían llamarlo «Herr Kapo», quitarse la gorra y cuadrarse, pero en el campo lo apodaban «Alois Sanguinario».[17]

La administración diaria del campo corría a cargo de kapos como Staller, que recibían comida extra y eran eximidos de realizar trabajos forzados siempre que mantuvieran a raya al resto de prisioneros. El sistema de los kapos había arraigado en otros campos de concentración, pero el deseo expreso de Hitler de destruir a enemigos raciales había revestido de una intensidad homicida los trabajos forzados y la instrucción militar que los kapos de Auschwitz obligaban a realizar a los prisioneros. Los prisioneros identificados como sacerdotes y judíos, una pequeña minoría en el campo, eran sometidos a un trato extremadamente cruel en una unidad penal.[18]

Presionaban a los kapos para que demostraran su crueldad constantemente. «En cuanto dejamos de estar satisfechos con uno, deja de ser un kapo y vuelve con los otros reclusos —explicaría más tarde el jefe de las SS, Hienrich Himmler—. Sabe que lo matarán a palos la primera noche de vuelta.» En Auschwitz los kapos eran prisioneros alemanes que habían aprendido el sistema en el campo de concentración de Sachsenhausen, a las afueras de Berlín. Ellos, a su vez, elegían ayudantes en sus bloques, normalmente polacos de la región que hablaban alemán.[19]

Esa primera mañana, Staller formó a los prisioneros en filas de diez y puso a los hombres más altos al final de cada fila. Los reclusos veteranos conocían la instrucción y orientaban a los novatos. Los prisioneros tenían que gritar su posición en la fila en alemán o, de lo contrario, les pegaban.[20]

Alois Staller, hacia 1941.
Cortesía de PMA-B.

Staller seleccionó a Witold y a un par más que hablaban alemán y los llevó adentro, al pasillo de la segunda planta. Se cuadraron de cara a la pared y Staller les ordenó que se inclinaran para recibir lo que llamó «cinco de las buenas». El kapo los golpeó fuertemente con la porra y Witold tuvo que apretar los dientes para no gritar. Al parecer, los prisioneros se ganaron la aprobación de Staller, porque les dijo que serían supervisores de dormitorio y tendrían sus propias porras. La zurra había sido «solo para que probéis a qué sabe y uséis vuestras porras de la misma forma para asegurar la limpieza y la disciplina en el bloque».[21]

Witold se reunió con los reclusos en la plaza para el recuento. Los prisioneros de los otros bloques habían formado filas. La barra de metal que colgaba de un poste en el patio resonó, y los primeros hombres de las SS aparecieron con uniformes verde campo y botas de piel de caña alta. Se comprobaron los números de cada bloque dos veces y a continuación fueron anotados por un alemán con cara de niño que hacía las veces de verdugo del campo, el *Hauptscharführer* de las SS Gerhard Palitzsch. Cinco mil almas, a juzgar por el número de identificación de Witold, aparte de los que habían muerto esa noche y habían apilado al final de cada fila. Witold y los otros tuvieron que mantenerse en posición de firmes hasta que concluyó el recuento, y a la orden de «gorros fuera» quien llevara boina tuvo que quitársela y golpearla contra los muslos. Quienes no llevaban tuvieron que imitar el gesto con las manos. Pocos lograron hacer la instrucción sin mácula, y tuvieron que repetirla hasta que el subcomandante Karl Fritzsch, el *Hauptsturmführer* de las SS, indicó que estaba satisfecho. Con voz áspera, se dirigió a los prisioneros.[22]

—Vuestra Polonia está muerta para siempre y ahora vais a pagar por vuestros crímenes con trabajo —declaró—. Mirad allí, a la chimenea. ¡Mirad! —Señaló hacia un edificio oculto por una hilera de barracones—.[23] Eso es el crematorio. Tres mil grados de calor. La chimenea es vuestro único camino a la libertad.[24]

Después del discurso, un grupo de kapos sacó a rastras a

Retrato de Karl Fritzsch, dibujo de
Wincenty Gawron, hacia 1942.
Cortesía de PMA-B.

un prisionero del grupo y lo golpearon hasta dejarlo inmóvil y cubierto de sangre mientras los guardias de las torres vigilaban con metralletas. «Querían rompernos —recordó un prisionero, Władysław Bartoszewski— y consiguieron su objetivo porque empezamos a tener miedo.»[25]

El gong volvió a sonar, y los prisioneros rompieron filas. Era domingo, día de descanso, cuando fueron confinados en sus bloques por la mañana para limpiarse y afeitarse. Los recién llegados, no obstante, tuvieron que quedarse en el patio para practicar los ejercicios militares. A Witold le dieron permiso para volver a su bloque por ser supervisor de dormitorio, allí seguro que conseguía atisbar lo que ocurría fuera desde las ventanas de las escaleras. Staller, porra en mano, instruía a los novatos a cuadrarse en posición de firmes y a quitarse el gorro al unísono, y castigaba con «deporte» de grupo las infracciones: sentadillas, flexiones, saltos y cualquier otro ejercicio extenuante que se le ocurriera. Los kapos de los otros bloques hacían lo mismo con los prisioneros a su cargo. Pronto, docenas de prisioneros cruzaban el patio corriendo, saltando, rodando y girando los brazos como bailarinas. Los kapos perseguían a los prisioneros que flaqueaban, para gran deleite de los guardias de las SS.[26]

Witold creía estar soñando. El mundo parecía el de siempre, pero la gente que lo poblaba se le antojaba extraña, incluso macabra. Terminó la limpieza y exploró el bloque, que consistía en media docena de habitaciones a lo largo de un pasillo y las dependencias privadas de Staller al final de las escaleras. Los prisioneros de los otros dormitorios no le prestaban atención. Estaban demasiado ensimismados en sus propios asuntos, riñendo por un par de agujas para remendar su sucia ropa o recostados en la pared. En un dormitorio, el barbero del bloque se dedicaba a afeitar cabezas y cuerpos. Cobraba un mendrugo de pan a cambio de usar una hoja más afilada.[27]

La mayoría de los reclusos experimentaba un cambio de personalidad al llegar a Auschwitz. La incansable violencia del campo rompía los vínculos entre los prisioneros y los

Guardias de las SS en Auschwitz.
Cortesía de Mirosław Ganobis.

forzaba a encerrarse en sí mismos para sobrevivir. Se volvían «cascarrabias, desconfiados y en casos extremos incluso traicioneros —recordó un prisionero—. Como la gran mayoría de los reclusos adoptan estas características, incluso una persona plácida tiene que seguir una actitud agresiva». Algunos internos trataban de garantizarse protección organizándose en pequeños grupos, pero eso solo pareció disparar la violencia. Con frecuencia, los prisioneros se denunciaban unos a otros, con la esperanza de conseguir un poco más de comida. La mayor parte de los judíos fueron rápidamente delatados y enviados a la unidad penal.[28]

La lista del reglamento oficial del campo —y de las posibles violaciones— era incomprensiblemente larga y, con la salacidad particular que caracterizaba al nacionalsocialismo, cubría los detalles más íntimos. Entre las faltas se incluía: hablar en el trabajo, fumar, ser perezoso, meterse las manos en los bolsillos, caminar demasiado despacio, correr sin una postura atlética apropiada, holgazanear, apoyarse en una pared recién pintada, llevar ropa sucia, saludar a un hombre de las SS de forma incorrecta, mirar con insolencia, hacerse la cama descuidadamente, aliviarse en el momento y el lugar inapropiados. Y la lista seguía.[29]

Los SS castigaban estas faltas con azotes y golpes, con el objetivo de dejar bien claro cuál era la cadena de mando, y los administraban formalmente en la plaza donde se hacía el recuento. Pero en la práctica, los kapos lidiaban con las infracciones *in situ*, conforme a sus caprichos. El enorme volumen de las posibles transgresiones significaba que los prisioneros corrían el peligro de llevarse una paliza en cualquier momento.[30]

No obstante, la única forma posible de supervivencia era mantener la cabeza gacha. Esta era la única ley que importaba verdaderamente: no te expongas, no seas el primero en entrar ni el último en salir, no tengas prisa ni te rezagues. Evita el contacto con los kapos, pero cuando sea imposible, sé sumiso, servicial, agradable. «Nunca dejes que vean lo que sabes, porque sabes que son mierda —escribió un prisionero después de la guerra—. Y si te van a dar una paliza, cae siempre al suelo al primer golpe.»[31]

Existía una regla de oro entre los reclusos: no robes la comida de otro hombre. Pero esto no impedía que los prisioneros concibieran mil planes para sacarles un poco más de nutrientes a los otros reclusos. La comida era la moneda del campo: un botón de sobra, una esquirla de jabón, aguja e hilo, papel de escribir o un paquete de cigarrillos bien valían una ración de pan o más. Los reclusos se aprovechaban de los recién llegados antes de que tuvieran el hambre suficiente como para comprender el valor de una comida.[32]

Los primeros días eran los más duros para ellos, antes de curtirse la «piel del campo». Los reclusos que no aceptaban el orden moral subvertido del campo eran exterminados rápidamente, como el prisionero que se quejó a un hombre de las SS de la violencia de los kapos e inmediatamente lo mataron a golpes. Otros perdieron las ganas de vivir y eran presa fácil. Algunos se volvieron retorcidos como los kapos. La mayoría se adaptó lo mejor que pudo, reduciendo sus intereses a la obtención de comida, seguridad y cobijo.[33]

Witold recogió el reglamento y se preguntó cómo conseguiría conectar con los prisioneros o conseguir que formaran una célula de resistencia en semejante entorno de desesperación. Ya sentía punzadas de hambre y se arrepentía de haber tirado la corteza de pan cuando sonó el gong que avisaba de que era la hora de comer. Como supervisor de dormitorio, su tarea era ir a buscar y distribuir sopa, que venía en calderos de cincuenta litros de la cocina al aire libre situada en el otro extremo de la plaza. Witold se apresuró a cruzar el patio de armas con los otros supervisores. Uno de ellos, Karol Świętorzecki, venía de la misma zona de Kresy que Witold, e intercambiaron algunos detalles antes de volver con los demás.[34]

Witold y Karol llevaron con dificultad los calderos a los dormitorios mientras los prisioneros se congregaban para el recuento del mediodía. La sopa fina de cebada y patatas se sirvió en los dormitorios a continuación. Los veteranos, que siempre se aletargaban por la mañana, se apiñaron alrededor del caldero para procurar que los sirvieran a ellos primero. Los supervisores tenían que usar con frecuencia sus cucharones de madera para golpear manos y cabezas.[35]

Los novatos, sudorosos y cubiertos de polvo de las cinco horas que habían pasado en la plaza, miraban incrédulos sus miserables cuencos. Los veteranos apuraban sus raciones a toda prisa y volvían a la cola para implorar un poco más. Witold reconoció su poder mientras repartía las raciones, y todos los ojos estaban puestos en él.[36]

Como era domingo, los prisioneros tenían permiso para salir de sus bloques por la tarde y pasear por donde quisieran. Muchos se quedaban tranquilos en sus dormitorios o iban a ver a amigos alojados en otros edificios; otros se reunían en torno a las oscuras entradas o en el centro de la plaza, sabiendo que si se acercaban a la valla se arriesgaban a recibir un tiro. Esta era la oportunidad de Witold de buscar a Dering y Surmacki, quien, empezaba a comprender, podría estar muerto.

La niebla se había disipado y el patio relucía bajo la tenue luz del otoño. A lo lejos, una pista para entrenar caballos era todavía visible. El campo entero no tendría más de dos acres, y un paseo corto en cualquier dirección conducía a la alambrada de espino. Los veinte edificios del campo estaban dispuestos a lo largo de calles que desembocaban en la plaza principal. Un bloque de una sola planta enfrente de los barracones donde los habían afeitado la noche anterior estaba destinado al hospital del campo, que era poco más que un puñado de habitaciones apartadas para alojar a los prisioneros demasiado enfermos como para trabajar. No había medicinas para ningún tratamiento, pero los SS tenían que mantener la apariencia de que dispensaban cuidados adecuados a los prisioneros.[37]

Witold tenía la corazonada de que encontraría a Dering en el hospital, pero no sabía cómo conseguir que lo admitieran, de modo que inspeccionó el resto del campo. En la esquina más alejada se hallaba el bloque reservado a la unidad penal de sacerdotes y judíos. En la esquina opuesta a la cocina abierta había un pequeño cobertizo que pertenecía a la unidad de carpintería. La oficina de registro del campo que guardaba los archivos de los prisioneros se encontraba junto a la entrada principal y la garita.[38]

A un lado de un grupo de reclusos, Witold distinguió a un hombre apuesto sentado sobre un montón de piedras. Llevaba zapatos de vestir sucios —los SS se habían quedado sin zuecos—, como si lo hubieran apresado en mitad de una cena. Tenía la camisa a rayas subida por la espalda y otro recluso examinaba sus cardenales.

—Estos kapos sanguinarios no saben nada de instrucción militar —se quejó amargamente el hombre sentado en las piedras—. Si lo dejaran a mi cargo, pondría al bloque entero a marchar como en un desfile… ¡Y sin pegar a nadie![39]

La idea era tan descabellada que su colega, un tipo flacucho de mirada traviesa, no pudo contenerse.

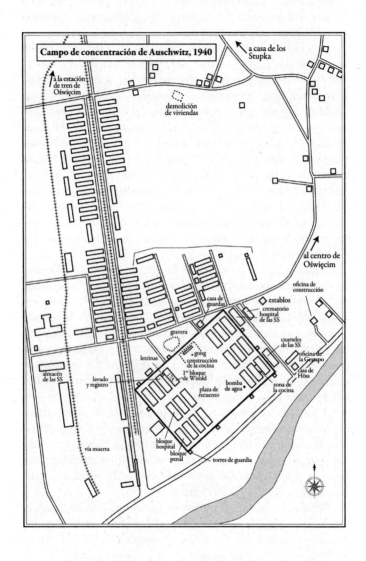

—¿Dónde te crees que estás? ¿En la academia militar instruyendo a cadetes? Mírate..., tienes más pinta de vagabundo o de convicto que de oficial. Tenemos que olvidar quiénes éramos y tirar para adelante con lo que queda de nosotros.[40]

Witold se acercó y les preguntó si eran oficiales. El vivaracho se presentó como Konstanty Piekarski, pero lo apodaban Kon o Kot, que significa «gato» en polaco. El hombre magullado era Mieczysław Lebisz, y ambos eran tenientes de artillería montada que habían llegado la víspera, como Witold. Mieczysław había recibido los cardenales en una paliza en los lavabos después de quejarse a los kapos por el trato dispensado a un prisionero judío.

Los tres intercambiaron información. Kon era el más locuaz, y hasta compartió sus triunfos de salto en caballería, lo que hizo sonreír a Witold. Witold estaba a punto de separarse de ellos cuando el kapo que administraba el bloque de Kon, un fornido alemán, apareció caminando pesadamente. Buscaba voluntarios, y cuando nadie dio un paso al frente, indicó a diez hombres, entre ellos Kon y Witold, que lo siguieran dentro de su bloque para rellenar colchones con virutas de madera. Era una tarea fácil y, sin duda, mucho mejor para Kon que la instrucción vespertina. Desde la plaza se

Kon Piekarski, h. 1941.
Cortesía de PMA-B.

oían los golpes de las palizas y después, durante un instante, un canto inconexo.[41]

Mientras trabajaban, Witold preguntó amablemente a los jóvenes sobre sus carreras. «Hablaba muy suave, sin autoridad —recordó Kon—. Era un hombre que prefería escuchar a expresar sus opiniones.» No comprendió que Witold lo estaba tanteando como posible recluta.[42]

Hubo un último recuento antes de la cena, durante el cual los prisioneros enfermos que querían la admisión en el hospital tuvieron que desvestirse y desfilar ante el subcomandante Fritzsch. La mayoría fueron despachados de vuelta a las filas con un golpe o dos; solo enviaron al hospital a quienes tenían las costillas rotas o un agotamiento severo. Witold pensó de nuevo en Dering y tuvo que preguntarse la manera de entrar en el edificio sin someterse a un examen médico. A los muertos del día los apilaban, los contaban y los cargaban para llevarlos al crematorio.[43]

Los prisioneros volvieron a sus dormitorios para la cena. Cada bloque tenía una modesta cuota de hogazas que procedían de una panadería fuera del campo. El trabajo de Witold consistía en dividir el pan negro y pesado en rebanadas de doscientos gramos, que servía con una porción de tocino y una taza de café que era aguachirle. Los prisioneros veteranos aconsejaron a los novatos que se guardaran un poco de pan para el desayuno, pero la mayoría tenía demasiada hambre como para resistir.[44]

Después de comer, el ayudante de Staller, Kazik, les instruyó sobre la canción del campo, los compases desenfadados que había oído esa tarde. El kapo estaba muy dotado para la música, explicó Kazik, y una interpretación mediocre lo decepcionaría. Con una voz aflautada y lastimera que habría sido ridícula en otras circunstancias, Kazik entonó la primera frase, adaptada de una canción militar: «Estoy en el campo de Auschwitz, por un día, por un mes, por un año. / Pero soy feliz y pienso alegremente en mis lejanos seres queridos». Ensayaron el resto de la tarde, y Staller se asomaba a la puerta de vez en cuando, inclinándose para escuchar, con las manos cruzadas detrás de la espalda, como si estuviera disfrutando.[45]

Finalmente, sonó el gong que avisaba de que se apagaban las luces, colocaron los colchones en el suelo y cada prisionero se acostó para que Witold iniciara el recuento e informara a Staller. El kapo recorrió la fila de hombres, ordenando ocasionalmente a un recluso que le enseñara el pie para comprobar si estaba limpio. Los infractores se llevaron unos cuantos golpes en el trasero, hasta que por fin Staller, con el aliento entrecortado, apagó las luces. Después de un día en el campo, Witold empezó a comprender que la idea de orquestar una fuga era ingenua. Tenía que alertar a Varsovia de las condiciones en el campo y sintió instintivamente que los demás reaccionarían con el mismo horror que él. Si Rowecki informaba a los británicos, estaba seguro de que tomarían cartas en el asunto. Pero ¿en quién podía confiar para que lo ayudara a sacar un mensaje a través de los muros del campo? Deseó que Dering tuviera algunas respuestas... si es que lo encontraba.[46]

4

Supervivientes

Auschwitz, 23 de septiembre de 1940

$\mathcal{A}$ la mañana siguiente, después del recuento, Witold se dirigió al bloque del hospital en busca de Dering. Los kapos estaban llamando a los prisioneros para que formaran brigadas para trabajar fuera del campo. Los recién llegados se arremolinaron en torno a la entrada, confusos, mientras un capataz los amenazaba a voces con azotarlos. Witold se quedó sorprendido cuando vio al hombre, que era polaco, dar la espalda a los guardias de las SS y lanzar a los prisioneros un guiño cómplice.[1]

Witold se incorporó a una cola de prisioneros heridos fuera del barracón del hospital que aguardaban a ser examinados. El procedimiento de la mañana era distinto del de la tarde; no hubo ritual delante de los otros prisioneros, pero se consideraba que los rechazados intentaban eludir el trabajo y los enviaban a la plaza para que hicieran deporte. Aun así, cada mañana había docenas haciendo cola. El kapo alemán, Hans Bock, que revisaba las admisiones, estaba de pie en los escalones del hospital, en bata blanca y con un estetoscopio de madera en la mano. No tenía ninguna formación médica y era conocido por ofrecer a los reclusos más jóvenes trabajos en el hospital a cambio de favores sexuales.[2]

Witold se inventó una excusa para sortear a Bock y entrar en el edificio, donde descubrió un largo pasillo donde los prisioneros esperaban desnudos a que los inspeccionaran más a fondo. A otros les estaban echando chorros de agua helada en un baño. La mayor parte de las habitaciones restantes eran pabellones donde los enfermos yacían en el suelo en apretujadas filas. El bloque apestaba a podredumbre y excrementos.[3]

Witold encontró a Dering en uno de los pabellones. Estaba pálido y demacrado, apenas reconocible, y parecía tener dificultad para mantenerse sobre sus piernas extrañamente hinchadas. Es probable que se retiraran a una sala de enfermería al fondo del bloque para hablar. A Dering lo habían destinado inicialmente a la brigada de construcción de caminos, una de las tareas más brutales que había en el campo. Al cabo de unos días, lo llevaron medio inconsciente y enfebrecido al hospital. Bock lo rechazó al principio, pero Dering había tenido suerte. Un colega de Varsovia, Marian Dipont, que ya trabajaba en el hospital, avistó a Dering haciendo ejercicios de castigo en la plaza y convenció a Bock de que cambiara de idea. Dering se había recuperado y hasta había conseguido un empleo de enfermero en los pabellones.[4]

Dering pensaba, como Witold, que una fuga era inconcebible. Solo un prisionero había logrado escapar corriendo por debajo de la alambrada. Los SS habían respondido con una llamada al recuento brutal, que había durado veinte horas. Dering también advirtió a Witold de que aún no sabía lo que era el auténtico asesino del campo. Las porras de los kapos eran una cosa; podían evitarse con sentido común y un poco de suerte, pero el verdadero peligro, explicó, era el hambre. Seidler, el *Obersturmführer* de las SS que les había hablado la primera noche, apenas había exagerado cuando les dijo que les quedaban seis semanas de vida. Los prisioneros recibían una ración diaria de unas 1800 calorías, dos tercios de lo que un hombre que realiza trabajo duro necesita. Teniendo en cuenta que los kapos hurtaban suministros y los reclusos se robaban unos a otros, la mayoría de los reclusos seguía una dieta inferior a las mil calorías, lo que los llevaba rápidamente a la inanición (las SS presentarían más tarde una sencilla fórmula para calcular el tiempo de supervivencia: la esperanza de vida en meses = 5000 / déficit de calorías).[5]

El campo ya había inventado apodos para los que estaban al borde de la hambruna: lisiados, indigentes, joyas, pero el más común era *Muselmänner* o «musulmanes», al parecer en referencia al balanceo hacia delante y hacia atrás, como en una oración, causado por la debilidad. Witold probablemente ya habría visto a algunos en el campo. La grasa de sus mejillas se había consumido, dando una apariencia bulbosa a sus cráneos, demasiado alargados para su escuálida complexión y sus dilatados miembros. Generalmente se rezagaban en las cocinas buscando sobras que comer, y eran presa fácil de los kapos, que los elegían para maltratarlos.[6]

El hambre, a decir de Dering, era más que una amenaza mortal: constituía la base corrosiva del sistema de los kapos. El campo tenía una pequeña oficina de la Gestapo —conocida oficialmente como el Departamento Político— junto a la entrada, donde los reclusos hacían cola casi todas las mañanas y las tardes para delatar a sus compañeros. El resto de prisioneros evitaba a estos informantes, pero no se sabía quién rebasaría su punto de inflexión. De algún modo, Witold comprendió que tenía que forjar una resistencia capaz de aguantar la aplastante presión de la inanición.[7]

Una forma era garantizar que la comida se distribuyera más equitativamente. Witold pensó que podría persuadir a algunos supervisores de la sala apelando a su fe y a su patriotismo, pero eso no sería suficiente para influir en la mayoría. Tenía que ofrecerles comida. Para su sorpresa, Dering le informó de que sería posible procurar provisiones extra. Su colega de Varsovia, Władysław Surmacki, seguía vivo y trabajaba en la oficina de construcción de las SS con un equipo de reclusos supervisores de proyectos de edificación en las inmediaciones del campo. Surmacki había entrado en contacto con una familia que vivía cerca de la estación de ferrocarril y le proporcionaba suministros que introducía en el campo debajo de su uniforme.

Era un primer contacto con el exterior que abría la posibi-

Mercado vespertino, dibujo de Jerzy Potrzebowski, posguerra.
Cortesía de PMA-B.

lidad no solo de conseguir comida extra, sino también de enviar información a Rowecki en Varsovia.[8]

Witold se separó de Dering y volvió con sigilo a su bloque. Esa tarde, los recién llegados se reunieron pronto para el recuento —cada vez acataban mejor las órdenes— y se quedaron mirando a las otras brigadas de trabajo que regresaban en ese momento. Columnas de hombres débiles arrastraban a sus compañeros caídos o empujaban a los muertos, cuyos miembros golpeaban los laterales de las carretillas, para volcarlos en la plaza y contarlos.[9]

El bloque de Witold se puso en fila delante de los sacerdotes y los judíos de la unidad penal, que hacían el trabajo más duro de todos en las graveras. Los judíos se distinguían por una estrella amarilla en sus polvorientos uniformes.

Ernst Krankemann, h. 1941.
Cortesía de PMA-B.

Su kapo era un antiguo barbero obeso de Berlín llamado Ernst Krankemann, al que habían enviado a un manicomio antes de la guerra y habían destinado al programa de esterilización nazi para acabar finalmente en Auschwitz. Incluso los otros kapos le temían. «Era un sapo repulsivo, horroroso —escribió un prisionero después—. Un inmenso trozo de carne y grasa, dotado de una fuerza inusual.»[10]

Krankemann llevaba un cuchillo en la manga, y Witold lo vio caminar por una fila apuñalando a los que consideraba que no estaban bien rectos. Eligió a un hombre y lo mató a palos. Witold ya había presenciado una docena de muertes para entonces, pero esta pareció sacudirlo de su mantenido letargo. Miró a la cola de reclusos y tuvo la certeza de que se sentían como él, con una rabia candente que traspasaba el miedo y la apatía colectivos. Por primera vez desde su llegada, Witold pensó que quizá podría reunir una fuerza capaz de combatir a los kapos. Si alcanzaba a movilizar a los hombres suficientes, podría empezar a presionar a los otros prisioneros para que dejaran de denunciarse mutuamente y ayudaran al más débil.[11]

La euforia duró poco. En los días siguientes, los intentos de Witold por despertar un espíritu de colectividad en su dormitorio no encontraron el favor de Staller. El kapo pareció comprender instintivamente que la habilidad de Witold para mantener el orden de su dormitorio sin emplear la fuerza bruta era un desafío al *ethos* del campo. Advirtió a Witold de que empleara métodos más violentos, y una buena mañana el alemán explotó finalmente y lo expulsó del bloque durante tres días para que buscara trabajo en el campo.

—Solo para que sepas a qué sabe —dijo Staller— y aprendas a apreciar mejor la comodidad y la paz que tienes aquí en el bloque.[12]

Los más veteranos sabían cómo conseguir trabajo en una buena brigada en medio del tumulto posterior al recuento, pero Witold no conocía el truco y lo destinaron a mover grava con la pala. El campo se asentaba sobre un antiguo cauce fluvial, por lo que había mucha piedra suelta y una cantera cerca de la entrada principal. Un grupo de reclusos cargaba las carretillas hasta arriba de grava, mientras que otro las empujaba por una pasarela hasta una pista bien batida que orillaba la valla del campo. Cada decena de metros había kapos portando porras.[13]

A Witold lo asignaron al segundo grupo. La carretilla cargada pesaba y luchó por mantener el equilibrio cuando empezó a caer una llovizna del oscuro cielo. Él y los demás tuvieron que correr con sus cargas, y la pista estaba embarrada y era traicionera. Al rodear la esquina vio finalmente para qué eran las piedras: proyectándose desde el suelo se erguía la solitaria y negra columna del crematorio, envuelta en humo como una mortaja. Witold la había vislumbrado antes desde la entrada, pero esta era la primera vez que estaba tan cerca de ella, y el humo se pegó a sus fosas nasales con el olor espantosamente dulce de la carne cocida.[14]

La instalación apenas llevaba un mes funcionando, pero la administración del campo ya estaba inquieta por si no cumplía sus necesidades «incluso en una época del año tirando a buena». El edificio bajo junto a la chimenea contenía un horno doble alimentado por coque, capaz de incinerar setenta cuer-

Fotografía del horno crematorio
Cortesía de PMA-B.

pos en veinticuatro horas. Los SS habían hecho solicitado otro horno y también querían aumentar la velocidad de combustión del ya existente aislando la pared del edificio con un bastión inclinado que Witold ayudaría a construir.[15]

Al cabo de una hora o dos de correr con carretillas cargadas hasta los topes, Witold estaba roto. Robaba pausas cuando podía, pero los kapos golpeaban a quienes veían demorándose. Se producían pausas más largas cuando los kapos decidían liquidar a alguien que tiraba o volcaba la carga. En este punto, la columna hizo un alto y Witold inhaló bocanadas de aire e intentó aminorar las palpitaciones de su corazón. Al cabo de un rato, empezó a seleccionar involuntariamente a aquellos con más probabilidades de ser los siguientes en caer —«un abogado con barriga... un maestro con gafas... un anciano caballero»— para prever cuánto tardaría en producirse su próxima pausa.[16]

Al final del día caminaba con dificultad. El recuento vespertino se hizo interminable bajo la lluvia, y necesitó toda su fuerza de voluntad para guardarse un poco de pan para la mañana. Se despertó hambriento y dolorido y se puso las empapadas ropas. Al tercer día empezó a debilitarse rápidamente y supo que los kapos no tardarían mucho en cebarse con él.[17]

A la hora del almuerzo, Staller anunció que podía volver al bloque.

—Ahora ya sabes qué significa trabajar en el campo —le dijo Staller—. Haz bien tu trabajo en el bloque o te devolveré al campo para siempre.[18]

Pero Witold no pensaba dar un espectáculo para los alemanes. Una mañana, después del recuento, fue a informar a Staller de que había tres hombres enfermos en el bloque que no podían trabajar. Staller tuvo uno de sus ataques de ira. Pensaba claramente que Witold tendría que haberles dado una buena zurra.

—¡¿Un hombre enfermo en mi bloque...?! ¡Yo no tengo hombres enfermos...! ¡Todo el mundo trabaja... tú incluido! ¡Suficiente! —gritó Staller.[19]

El kapo irrumpió en el dormitorio. Dos de los hombres estaban tumbados a lo largo de la pared, jadeando pesadamente. El tercero estaba arrodillado en un rincón.

El kapo lo señaló.

—¿Qué está haciendo?

—Está rezando —respondió Witold.

—¿Rezando? —preguntó Staller incrédulo—. ¿Quién le ha enseñado a hacer eso?[20]

Staller dijo gritando que el hombre era un idiota, que Dios no existía, que era él, no Dios, quien le daba el pan. Pero no lo tocó. En cambio, reservó su ira para los otros dos, a los que golpeó hasta que consiguieron ponerse en pie a duras penas.

—¿Lo ves? —gritó Staller—. ¡Te dije que no estaban enfermos! ¡Si caminan, pueden trabajar! ¡Andando! ¡A trabajar! ¡Y tú también![21]

Y después de esto expulsó a Witold del bloque para siempre. Witold había puesto su misión en peligro; ¿cómo pensaba liderar a otros reclusos del campo si se permitía ponerse en peligro? Las brigadas ya se habían marchado ese día, de manera que se unió a los inválidos que el hospital había rechazado para los ejercicios de castigo en la plaza. Se cuadraron en posición de firmes y aguardaron a que llegaran los kapos. Después de dos días de lluvia, hacía frío. Algunos prisioneros no tenían gorros o calcetines, puede que ni siquiera zapatos, y sentían la humedad del río que se calaba en sus ropas. Permanecieron en el sitio, temblando, y sus manos y sus labios se iban poniendo azules, pero no se movieron. Staller apareció por fin. Al parecer, se había llevado al recluso que rezaba al hospital para que lo trataran —era un hombre extraño, este kapo—. Cuando Staller vio a Witold, se detuvo y soltó una carcajada.

—La vida se está escurriendo —dijo, y sacó la mano y movió rápidamente los dedos, imitando la lluvia.[23]

Al cabo de unas horas, la luz del sol se filtró a través de la llovizna y un grupo de funcionarios llegó para empezar el entrenamiento. Un kapo llamado Leo Wietschorek dirigía las sesiones por lo general. Era un hombre pálido de cuarenta años, con las cejas finas como un pincel y unos ojos marrones lánguidos. A Wietschorek le gustaba tocar la armónica en los escalones de su bloque después de una sesión particularmente sanguinaria. Ordenó a los prisioneros que

Leo Wietschorek, h. 1941.

Cortesía de PMA-B.

formaran un círculo y emitió la primera orden: dar saltitos como las ranas. Witold descubrió inmediatamente que eso era imposible con sus zuecos, que le venían grandes. La alternativa era sostener los zapatos con las manos, lo que exponía la planta del pie a la grava de la plaza, pero lo hizo de todas maneras. Pronto le salieron heridas y sangre en los pies, y cada salto los laceraba más. El único momento de descanso llegó cuando alguien cayó al suelo y Wietschorek o uno de los otros kapos lo remató. Los kapos solían bromear cuando mataban a palos a un hombre e imitaban los sonidos de sus estertores.[24]

Witold rememoró repentinamente una escena de su niñez: un grupo de jornaleros torturando a un animal que habían atrapado. El animal moribundo chillaba asustado, pero ellos se reían. Tanta crueldad lo había aterrorizado, pero descartó el incidente y creció creyendo en la bondad intrínseca de la gente.

La Brigada Apisonadora Regular, dibujo de Jan Komski, posguerra.
Cortesía de PMA-B.

Solo ahora recordaba a aquel animal muerto y comprendió cuán ingenuo había sido. Su yo de la niñez había visto al hombre como realmente era, cruel y despiadado.[25]

Por la tarde, la unidad penal se sumó a Witold y al resto. El campo tenía una apisonadora gigante que se usaba en la construcción de caminos y de la que debían tirar cuatro pares de caballos. Cincuenta prisioneros judíos fueron enganchados a la barra de tracción. Un segundo rodillo, más pequeño, era tirado por veinte sacerdotes. Subido triunfalmente al primero iba la temblorosa masa de Kankemann, que enarbolaba su porra como si fuera un cetro y, después, con intermitencia, asestaba un golpetazo en la cabeza de algún recluso. Se paseó por la plaza arriba y abajo, y, si alguien sucumbía a sus golpes o al agotamiento, insistía en continuar apisonando su cuerpo. El salvaje ejercicio no cesó hasta el recuento de la tarde, y entonces Krankemann se apeó para inspeccionar los cuerpos aplastados mientras los supervivientes del día eran liberados.[26]

A la tercera mañana de ejercicios, Witold pensó que no sobreviviría a ese día. Estaba de pie junto al resto en el círculo, de espaldas a la entrada.

Otto Küsel, h. 1941.
Cortesía de PMA-B.

Las brigadas desfilaban para salir a trabajar; el subcomandante Fritzsch estaba verificando los números; el castigo empezaría de un momento a otro. Witold miró instintivamente por encima del hombro y vio que el kapo que estaba a cargo de las tareas de la brigada corría hacia ellos. Se llamaba Otto Küsel y era un vagabundo y ladrón de poca monta de treinta y un años procedente de Berlín. Witold estaba tan desesperado que se adelantó para acercarse a él.[27]

—¿No serás por casualidad ajustador de estufas? —le preguntó Otto.[28]

—Sí, señor. Soy ajustador de estufas —mintió Witold.[29]

—Pero ¿eres bueno?

—Pues claro que soy bueno.

Otto le dijo que eligiera a otros cuatro y lo siguiera.

Witold se dirigió apresuradamente a un cobertizo que había junto a la entrada. Escogiendo a los hombres que tenía más cerca, corrió tras él, y le dieron cubos, palas, martillos de cantero y cal. Otto debía de haber olvidado formar una brigada de trabajo; de ahí sus prisas y su buena disposición a creer a Witold. El equipo se cuadró en la entrada a tiempo de que los presentaran ante Fritzsch y les asignaran dos guardias.[30]

Incrédulo ante su suerte, Witold se vio caminando campo a través hacia la estación de ferrocarril. La neblina seguía aferrada a las granjas dispersas y los campos sin cultivar junto a la carretera. Las SS habían reclamado el territorio colindante con el campo de concentración para sus propósitos y estaban vaciándolo de sus vecinos: las mejores casas próximas a la estación y en la vereda del río eran requisadas para las familias de los oficiales de las SS; las demás eran demolidas y los materiales usados para otros proyectos de construcción.[31]

La antigua ciudad de Oświęcim ocupaba un risco bajo en la otra orilla del Soła, a un kilómetro y medio del campo de concentración aproximadamente. Dominaba su horizonte un castillo del siglo XIV que la familia Haberfeld, una de las mayores productoras de vodka y licores, utilizaba para almacenar sus renombrados aguardientes aromatizados. Si bien los aledaños eran prácticamente polacos, la mitad de la ciudad era judía. En la llamada Calle de los Judíos había media docena de sinagogas, jéders y yeshivás. El mismo río se había transformado en un micvé, o baño ritual, en las tardes estivales, cuando cientos de varones judíos con gabardinas negras y medias blancas convergían en su arenosa orilla. Como era de esperar, los alemanes estaban indignados con estos residentes y las condiciones de la ciudad, que daban «una impresión de extrema suciedad y miseria». Los SS ya habían quemado la Gran Sinagoga, uno de los edificios más grandes, y tenían planes de deportar a la población judía a un gueto cercano.[32]

Condujeron al destacamento de Witold a una casa de campo y lo presentaron a un oficial de las SS. Su mujer estaba a punto de llegar, explicó el oficial, y quería renovar la cocina. ¿Podían trasladar los azulejos de cerámica a otra pared y la estufa a otra habitación? El oficial era cortés, casi normal. No necesitaba a cinco trabajadores para la tarea, dijo como avergonzado, pero no le importaba si algunos de ellos ordenaban el desván, con tal de que el trabajo se hiciera bien. Y, dicho esto, se fue.[33]

Postal de Oświęcim, hacia la década de 1930.
Cortesía de Mirosław Ganobis.

Los dos guardias se quedaron fueran y los prisioneros fueron abandonados a su suerte. Witold se volvió hacia los otros para comprobar si alguno de ellos sabía algo de estufas, cosa que, por supuesto, no ocurría, de modo que los puso manos a la obra para quitar los azulejos, mientras él se centraba en el fogón y los conductos. Puede que su vida dependiera del trabajo, pero al menos no existía la amenaza inminente de una paliza. Desde una de las ventanas pudo ver jardines traseros y cuerdas de tender con la colada. Oyó a niños que jugaban cerca y las campanadas de una iglesia.[34]

Repentinamente, pensó que se echaría a llorar ante el agudo recordatorio de que la vida seguía su curso, indiferente a su sufrimiento. Saber que había dejado a su familia relativamente a salvo en Ostrów Mazowiecka no le servía de consuelo ahora que sabía que este mundo abominable existía y que, en el momento más inesperado, podrían apresar a Maria en una redada y traerla a Auschwitz o a un lugar parecido. Entonces pensó en el hombre de las SS cuyo piso estaban renovando, en cómo hablaba emocionado de la llegada de su esposa, imaginando sin duda su alegría cuando viera la nueva cocina. Fuera del campo, este oficial de las SS aparentaba ser un hombre respetable, pero una vez que cruzaba su umbral, era un asesino sádico. El hecho de que pudiera habitar los dos mundos a la vez parecía lo más monstruoso de todo.[35]

La rabia que invadió a Witold se transformaba ahora en un deseo de venganza. Era hora de empezar a reclutar.

5

Resistencia

Auschwitz, octubre de 1940

Witold trabajó en la estufa durante varios días, descubriendo las cosas a medida que avanzaba, sustituyendo cada válvula y tubo minuciosamente y memorizando su posición. Sabía que si cometía un error descubrirían su mentira rápidamente, pero en su debilitado estado no podía asegurar que lo estuviera haciendo bien. Una tarde antes de que probaran la estufa, Witold buscó con desesperación al capataz de los guiños en la entrada para pedirle ayuda. Sus instintos no habían errado. El capataz era un capitán del ejército polaco llamado Michał Romanowicz y se ofreció a colarlo en otro destacamento de trabajo. Witold decidió confiarle a Michał su verdadera misión, y este aceptó sin vacilar prestar juramento para servir a Polonia y a la resistencia. A la mañana siguiente, en vez de informar a los ajustadores de estufas, Witold cruzó la entrada con otra brigada. Oyó que los kapos lo llamaban por su número y lo buscaban entre la multitud de prisioneros, pero no se volvió a mirar.[1]

Su nueva brigada estaba diseñando un jardín para una villa cerca del crematorio, que, como Witold supo pronto, pertenecía al comandante del campo, Rudolf Höss. La cúpula nazi había empezado a desarrollar planes para la colonización de Europa oriental, que comportaba la esclavización o la expulsión de su población eslava, y Auschwitz era un banco de pruebas para la futura dominación colonial. Como numerosos nazis de alto rango, Höss se veía a sí mismo como un granjero llamado al deber a su pesar y estaba ideando un plan ese otoño para convertir Auschwitz en una vasta explotación agrícola trabajada por la mano de obra reclusa. «Las posibilidades que existían aquí nunca habían sido posibles en Alemania —escribió desde una prisión polaca después de la guerra—. Ciertamente había suficientes trabajadores disponibles. Cualquier experimento agrícola necesario iba a probarse allí.»[2]

La brigada de Witold trabajó para nivelar el suelo y levantar lechos en consonancia con el diseño del comandante. Llovió con fuerza ese día, y el siguiente. En cierto momento, un kapo que pasaba les ordenó que trabajaran sin camisa; cuando amainó la lluvia, «echaban vapor como los caballos después de una carrera», recordó Witold. Los hombres trabajaban para mantener el calor, transportando tierra para los lechos y moliendo ladrillos para los senderos de en medio. No había posibilidad de secarse y siguió lloviendo durante el recuento de la tarde, de modo que todo el campo se fue a la cama con la ropa mojada.[3]

Al final del segundo día en el jardín, Michał vino de nuevo en su rescate. Cuando se vieron en la plaza después del recuento, Michał le explicó que sus trabajos en la entrada le habían procurado una promoción. Ahora se encargaría de un destacamento de veinte hombres para descargar trenes que llevaban suministros a los almacenes del campo. Podría elegir a la brigada él mismo. Era una oportunidad de primera para convocar y evaluar reclutas para la resistencia. Michał tenía algunos nombres en mente; Witold sugirió a su compañero de colchón, Sławek, con quien lo habían arrestado en Varsovia.[4]

Los almacenes tenían fama de acabar con los prisioneros, pero Michał no tenía intención de trabajar allí realmente. A la mañana siguiente, desfiló con su brigada hasta uno de los kapos de almacén y simplemente le informó de que su destacamento tenía órdenes de demoler uno de los almacenes en los campos de enfrente. Sonaba bastante verosímil, teniendo en cuenta la operación de limpieza que los SS estaban realizando alrededor del campo de concentración, y lo despacharon con con un gesto de la mano.[5]

La casa que seleccionó estaba en los terrenos de una finca que ya había sido reducida a escombros, y las pisadas de los reclusos empantanaban los jardines mientras destripaban el edificio, arramblando con los muebles, los marcos de las puertas y los alféizares, que echaban a una fogata que habían encendido en el patio. Otros cargaban escombros de las paredes ya demolidas en carretas que empujaban por el barro hasta una carretera que estaban construyendo en las proximidades. En el lugar que ocupaba antes el huerto de la finca había una maraña de ramas partidas, manzanos con aureolas grisáceas y un peral destrozado que destellaba su duramen naranja brillante.[6]

Michał montó guardia y se aseguró de que dos camillas estuvieran cargadas de residuos, listas para ser transportadas fuera si algún kapo se aproximaba. El equipo trabajaba en la casa con la mayor lentitud posible, solo lo suficiente para permanecer calientes, y asegurándose de dejar el tejado intacto hasta que el interior fuera vaciado. Witold y Michał tuvieron tiempo de hablar sobre la creación de la primera célula. Witold sabía que tendría que sopesar cuidadosamente en quién confiar. Había terminado por comprender que un agente decente en Varsovia o un oficial condecorado podían convertirse en confidentes de la Gestapo con tanta facilidad como cualquier otro. El campo tenía su manera de despojar a un hombre de toda pretensión para dejar al descubierto su verdadera personalidad. «Algunos... resbalaron dentro de una ciénaga moral —escribió Witold más tarde—. Otros... se labraron un personaje del más fino cristal.»[7]

Witold necesitaría concentrarse en pequeñas señales de comportamiento altruista entre los prisioneros más reservados y tranquilos —los que compartían un mendrugo de pan o cuidaban a un amigo enfermo— y luego proceder amablemente a sondear sus motivaciones. Explicaba a los seleccionados que habían sido elegidos por su abnegación. Sus reclutas no pedirían repetir una segunda ración «incluso si [les] crujían las tripas», insistía Witold, cuando los supervisores de los dormitorios tenían el deber de repartir la comida por igual y atender primero a los más débiles. Estas exigentes normas no siempre eran acatadas, pero para quebrantar el poder de los kapos tenían que demostrar que la bondad podía prevalecer.[8]

También sacó duras conclusiones: no todo el mundo podría salvarse, ya fuera física o espiritualmente. Algunos prisioneros parecían haber aceptado la jerarquía del campo y competían entre sí para ganarse la admiración de los kapos; otros se daban por vencidos casi enseguida y se negaban a movilizarse. Luego estaban otros como los sacerdotes y los judíos a los que aislaban en el bloque penal y, por lo tanto, eran inalcanzables.[9]

Witold empezó por averiguar el paradero de sus antiguos colegas de Varsovia, Jerzy de Virion y Roman Zagner, en quienes sabía que podía confiar. Por sugerencia de Dering, también investigó a un veinteañero entusiasta llamado Eugeniusz Obojski, *Gienek*, que trabajaba en la morgue del hospital. Junto con Dering y Władysław Surmacki, formaron lo que Witold llamó un «quinteto». Usando los mismos principios que había empleado en Varsovia, los hombres se conocerían entre sí, pero a ninguno en las posteriores células que Witold crearía. Dering se haría cargo del hospital; Surmacki, de las relaciones exteriores; mientras que Witold era el reclutador jefe.[10]

Trató de seleccionar hombres en cada brigada de trabajo para ampliar el alcance de la organización. Entre la llamada a recuento y el toque de queda, las tardes eran el mejor momento para actuar. Los guardias de las SS se retiraban a las torres de vigilancia, dejando a los kapos al cargo, y los prisioneros tenían libertad para moverse por el campo. Había quien prefería visitar a amigos en los bloques vecinos, parlotear o intercambiar anécdotas, pero era peligroso demorarse en los bloques y arriesgarse a tropezar con un kapo o que oyeran tu conversación casualmente.[11]

Witold prefería recorrer la franja entre los barracones y la valla más próxima al río, que se había convertido en el paseo oficioso del campo. El agua no era visible desde detrás de la valla y la pared de hormigón, pero podía ver los viejos sauces a sus orillas. La carretera principal que conducía a la ciudad también pasaba por este lado, y si bien el tráfico era principalmente militar, parecía conectarles con la vida exterior. En las noches claras y cálidas, la franja estaba atestada de prisioneros. Un mercado negro se extendía generalmente en un extremo, donde hacían trueque; una barra de margarina robada de la cocina servía para comprar un cigarrillo y con una hogaza de pan podías conseguir prácticamente cualquier cosa, aunque los prisioneros debían tener cuidado de que no la hubieran vaciado y rellenado de serrín.[12]

Witold se llevaba a un posible recluta donde el grupo de prisioneros no pudiera oírlos y le contaba en voz baja que lo habían seleccionado para la resistencia. La mayoría aceptaba inmediatamente, pero unos pocos se mostraban reacios, como Kon, a quien había conocido el primer día. Había perdido sus agallas y estaba cubierto de ronchas y cardenales después de haber pasado dos semanas descargando trenes de

Área usada de paseo para los prisioneros.
Cortesía de PMA-B.

carga en los almacenes. Allí el kapo jefe era un depredador manco llamado Siegruth, que afirmaba ser barón de una región alemana de Letonia al que habían condenado por contrabando de seda, aunque la historia tenía variantes. Le gustaba derribar a los prisioneros de un solo golpe con su brazo bueno y después patearlos.[13]

Witold se llevó a Kon a un aparte.

—Lo que voy a decirte, Kon, es con plena confianza —le dijo—. Tienes que jurarme por tu honor de oficial que no se lo contarás a nadie sin mi consentimiento.[14]

—Si es un secreto tan importante, tienes mi palabra —dijo Kon con cautela.[15]

Le dijo que su nombre real era Witold Pilecki.

—Si ese es tu secreto —dijo Kon riendo—, entonces quizá yo debería decirte que en realidad tengo veinticuatro años, uno más de lo que creen los alemanes. He elegido una nueva fecha de cumpleaños que no olvidaré: el tres de mayo, el Día de la Constitución Polaca. Y más aún, soy un estudiante de ingeniería que supuestamente nunca ha estado en el ejército.

—No me interrumpas —dijo Witold con seriedad. A continuación le explicó que había entrado voluntariamente en Auschwitz.

—¡Debes de estar chiflado! —exclamó el joven, pero estaba claramente impresionado—. ¿Quién haría algo así en sus cabales? ¿Cómo lo hiciste? No me digas que le preguntaste a la Gestapo si serían tan amables de enviarte a Auschwitz un par de añitos.

—No bromees, por favor —repuso Witold. Le explicó que la resistencia consideraba Auschwitz el centro del empeño alemán por aplastar a la resistencia y que el campo seguiría ampliándose. Era vital que una célula clandestina funcionara allí.[16]

—Si lo que dices es verdad —contestó Kon—, o eres un pedazo de héroe o un loco de remate.

Kon parecía considerar más verosímil la segunda opción. Le contó a Witold con amargura que lo habían atrapado por la estupidez de un oficial de alto rango en la resistencia de

Varsovia, a quien habían arrestado con una lista de nombres encima. Dudaba de la capacidad de Witold para movilizar una fuerza clandestina y no terminaba de ver claro qué podría lograr la resistencia en el campo, teniendo en cuenta los peligros que los rodeaban.

Witold le explicó que estaban empezando poco a poco.

—El primer objetivo y el más inmediato es ayudar a los débiles a sobrevivir —explicó.

A Kon pareció sorprenderle la sugerencia de que alguien pudiera sobrevivir. Había aceptado la promesa alemana de que su muerte era inevitable. Ahora, de repente, ya no estaba tan seguro.

Al final dijo:

—Puede que yo esté tan chiflado como tú, pero vamos a intentarlo.

Witold lo abrazó impulsivamente.

—Te llamaremos —le dijo.

La primera nieve de 1940 caía en copos gordos y húmedos sobre la piel mientras la brigada de Witold arrancaba el tejado de la casa de campo ese octubre. Witold trabajaba de espaldas a las ráfagas heladas que llegaban aullando de los montes Tatra en la distancia. Sus pensamientos daban vueltas a la cuestión de cómo enviar un informe a Varsovia que provocara un clamor internacional.[17]

La familia con la que Surmacki había trabado amistad, los Stupka, vivían cerca de la estación de ferrocarril y, cada vez que los supervisores se acercaban, la madre, Helena, una mujer vivaz de cuarenta y dos años con el pelo a lo *garçon* y los labios pintados de vivo carmín, saludaba a los guardias con vodka y comida. Mientras bebían en el piso de arriba, los supervisores visitaban el cuarto de baño de la planta baja, donde Helena solía guardar alimentos o medicinas. También les transmitía las nuevas de la guerra. Witold se sintió aliviado al enterarse de que Inglaterra seguía resistiendo y se aseguró de que sus reclutas corrieran la voz para levantar la moral después de la llamada al recuento. Pero a la hora de enviar un informe a Varsovia, Helena no fue de ayuda: no tenía contactos en la capital ni documentos falsos que le hubieran permitido viajar.[18]

Witold envió dos mensajes en clave a su cuñada Eleonora a través de la oficina de correos del campo. Las autoridades insistían a los prisioneros para que escribieran a sus familias dos veces al mes en alemán y les contaran que estaban bien. Los censores de la sala de correo garantizaban el cumplimiento. «La tía se encuentra bien, tiene buena salud y saluda a todo el mundo», escribió Witold. Y luego, un poco después: «La tía planta árboles que crecen muy bien». Pero incluso este nivel de contacto con Eleonora le parecía peligroso, así que decidió que estas serían sus únicas cartas. Witold necesitaba identificar un método alternativo de alcanzar Varsovia.[19]

Entretanto, el campo se expandía rápidamente y los transportes llegaban con cientos de prisioneros cada semana.

Helena Stupka y su marido, Jan, h. 1935.
Cortesía de la familia Stupka.

Los dormitorios estaban de bote en bote, y empezaron las obras de ampliación de plantas en los bloques existentes y la excavación de los cimientos en una esquina de la plaza donde se hacía el recuento para los nuevos barracones. Era doloroso ver a los recién llegados acostumbrarse poco a poco. «Recordad, no intentéis consolarlos», aconsejaban los veteranos. «Porque, de lo contrario, morirán. Nuestra tarea es procurar ayudarlos a que se adapten.» Otros eran menos clementes. «Era fácil olvidar que un recién llegado todavía no había desarrollado... una piel protectora —recordó otro prisionero—. El desconcierto total de una persona, los arrebatos emocionales y la consternación inspiraban con frecuencia burlas y desdén.»[20]

Los recién llegados también recordaban a veteranos como Witold en qué se estaban convirtiendo. Como Dering había predicho, los prisioneros que habían llegado con Witold habían empezado a morir de hambre, y el miedo acechaba a cada bloque. Los grupos de los llamados *Muselmänner* que merodeaban fuera de la cocina después del trabajo se contaban ahora por cientos. Witold notaba que su cuerpo estaba cambiando. Por las mañanas se despertaba con retortijones del hambre y extraños calambres en los pies. Le dolían las articulaciones y la piel se le caía en escamas amarillas. Temblaba sin cesar y cada vez le costaba más centrarse en los asuntos de la resistencia. Él y Sławek hablaban compulsivamente de comida en su lugar, saboreando las palabras como si tuvieran sabores. El plato favorito de Witold en Sukurcze había sido pepinos tiernos del huerto bañados en miel ámbar de sus campos de trébol. Sławek soñaba con un plato hasta los topes de blinis de patata, fritos en mantequilla hasta tostarse en los bordes y rematados con nata agria, que prometió cocinar para Witold cuando salieran de allí. Entretanto, hurgaron en busca de unas pocas remolachas forrajeras duras como una piedra que el granjero había cultivado para los animales. Las royeron crudas, pero las raíces no contribuyeron en nada a saciar su hambre.[21]

Concluyeron la demolición de la casa hacia mediados de octubre, partiendo la tierra helada a hachazos para sacar los

Haciendo cola en el barril para comer,
dibujo de Jan Komski, posguerra.
Cortesía de PMA-B.

cimientos hasta que solo quedó un terreno destrozado. Alguien había rescatado de los escombros de la casa una imagen con marco dorado de la Virgen y la colgó en un matorral cercano. En el clima frío, el vaho sobre el cristal se había congelado formando una delicada filigrana en el rostro que lo oscurecía todo salvo los ojos.

Aquellos ojos le recordaron a Witold los de su mujer, Maria, hecho que constató sin emoción; lo único que sentía era un vacío inmenso.[22]

Un día de octubre, cuando se pusieron manos a la obra para derribar la siguiente casa, Michał anunció que había encontrado la manera de enviar un informe a Varsovia. Las autoridades del campo liberaban prisioneros ocasionalmente, luego de que las familias pagaran un suculento soborno o movieran los hilos convenientes en Varsovia. Los alemanes les hacían jurar que guardarían un secretismo absoluto sobre lo que habían visto en Auschwitz so pena de regresar. En la mayoría de los casos, esto bastaba para garantizar su cumplimiento.[23]

Pero Michał conocía a un joven oficial, Aleksander Wielopolski, a quien pronto liberarían y que podría transmitir un mensaje. Aleksander, de treinta años y químico de formación, había combatido en la resistencia con un grupo quijotesco de nobles conocidos como los Mosqueteros. Los SS seguían siendo susceptibles a la acusación de que abusaban de los prisioneros y por eso colocaron a Aleksander en un bloque de cuarentena, lo eximieron de trabajar y le daban bien de comer generalmente. Michał conocía al kapo del bloque y confiaba en poder colarse en el edificio para entregar un informe. Era demasiado peligroso que Aleksander llevara encima un documento escrito, de manera que tenían que preparar un mensaje oral que él memorizara.[24]

La perspectiva de ponerse en contacto con sus colegas de la resistencia en Varsovia fue una inyección de energía para Witold. Había compilado una lista mental de los crímenes que había visto, aunque los detalles le seguían pareciendo inadecuados para describir la enormidad de la brutalidad de los nazis. Necesitaba hechos, pero la estadística crucial —el número de víctimas— era un secreto celosamente guardado. Entonces, un buen día, mientras trabajaba, cayó en la cuenta de repente: los nazis habían codificado estos datos en los números cosidos a sus camisas. A cada prisionero registrado en el campo le adjudicaban un número según su orden de llegada; las últimas llegadas en octubre de 1940 rondaban las seis mil. Sin embargo, el número de prisioneros en el recuento apenas rondaba los cinco mil. En otras palabras, un millar de hombres había perecido, casi una docena al día desde el descenso de la temperatura y el frío.[25]

Las cifras macabras le revelaron a Witold la desesperanza de su situación. Un día, mientras arañaba el suelo congelado en busca de raíces, tuvo el pensamiento lúgubre de que estarían mejor si los británicos bombardeaban sencillamente el campo y ponían fin a su sufrimiento. El momento de desesperación pasó, pero durante los días siguientes, rumió esta idea. Quizá no fuera tan descabellado como parecía. El campo distaba unos mil trescientos kilómetros de Gran Bretaña, al límite de lo lejos que un avión podía volar y volver a salvo. Supo por Kon que los SS habían descargado armas y munición en los almacenes. Si los bombarderos impactaban contra los edificios, detonarían una explosión. Witold reconocía que muchos prisioneros seguramente perecerían en el ataque, pero al menos su «monstruosa tortura» (como expresó más tarde en el informe que preparó para Aleksander) se acabaría, y en el caos de un ataque aéreo puede que algunos huyeran. Nadie moriría en vano si Auschwitz era arrasado, creía Witold.[26]

Michał dio instrucciones a Aleksander en persona y se aseguró de que memorizaba cada punto. La decisión de bombardear el campo era «la urgente y bien pensada petición enviada en nombre de los camaradas por el testimonio de su tormento», ordenó a Aleksander que dijera. Teniendo en cuenta que los aviones británicos no tenían radar a bordo y debían guiarse por puntos de referencia en tierra, Witold también incluyó algunas instrucciones para que encontraran el campo siguiendo el Vístula.[27]

Aleksander sería liberado a finales de octubre después de una última inspección médica. Pero justo antes de su marcha el 28 de octubre, el campo fue objeto de una nueva tormenta. En el recuento de prisioneros ese lunes a mediodía, las cuentas no cuadraban. Esto en sí mismo no era inusual: los SS solían equivocarse con la aritmética, pero esta vez faltaba de verdad un prisionero. La sirena del campo aulló y un furioso Fritzsch anunció que nadie se movería de la plaza hasta que dieran con el fugitivo. Nadie tocó las ollas de sopa en la cocina.[28]

La llovizna de la mañana se convirtió en granizo, y el viento del noroeste arreció, empujando capas de hielo contra los hombres que estaban en la primera fila. Los prisioneros tenían prohibido moverse, de manera que Witold tensaba y distendía vanamente los músculos para mantenerse caliente. Empapados y con los tobillos hundidos en la nieve medio derretida, los hombres se mecían y temblaban. Cuando cayó la noche y arreció la ventisca, empezaron a caer como moscas.[29]

En el hospital, el kapo Bock tenía a los enfermeros en espera. Dering se apostó en la entrada mientras la unidad penal, haciendo las veces de camilleros, empezó a traer a los reclusos enfermos. «Era horrible ver a esos hombres —recordó Dering después de la guerra—. Comatosos, medio inconscientes, arrastrándose, tambaleándose como borrachos, balbuciendo incoherencias con dificultad, cubiertos de baba y espuma en la boca, moribundos, exhalando su último aliento.»[30]

Desnudaban a los afligidos en los aseos y los rociaban de agua, conforme al reglamento de lavar cada admisión. A

Recuento de la tarde, dibujo de Jan Komski, posguerra.
Cortesía de PMA-B.

continuación, los tumbaban en el suelo de uno de los pabellones con finas mantas. Cuando la sala se llenaba, los ponían en filas en el pasillo, y aun así seguían llegando. Lo único que los enfermeros tenían para darles era café de bellota.[31]

No fue hasta las nueve de la tarde cuando el prisionero «huido» fue encontrado, muerto, detrás de una pila de troncos en uno de los jardines que estaban trabajando, y Fritzsch finalmente los liberó. La masa temblorosa de prisioneros descendió entera al hospital. Los camilleros tuvieron que cerrar la puerta mientras los enfermos intentaban entrar a la fuerza. Bock, furioso, cogió su porra y abrió la puerta de golpe para cargar contra la turba, que rápidamente se dispersó y regresó a los bloques. Por la mañana, ochenta y seis habían muerto de neumonía. Dejaron el cuerpo del supuesto fugitivo en la entrada, a la vista de todos.[32]

Witold había soportado el frío de la víspera bastante bien, pero Michał comenzó a tener tos. Insistiendo en que se encontraba bien, volvió a su puesto de vigilancia habitual junto al edificio que estaban derribando. La tormenta había escampado y el último sol de otoño brillaba a rachas, y toda la pesadumbre que hubiera embargado a Witold a raíz del recuento se disipó al día siguiente con la nueva de que habían liberado a Aleksander. Varsovia sabría pronto la verdad. Seguro que podría hacerse algo.[33]

Habría sido un momento para saborear, pero la tos de Michał siguió empeorando. Le sacudían secos espasmos y había empezado a escupir sangre. Siguió con su pantomima diaria de gritos e insultos delante de los demás kapos, y durante los siguientes días insistió en mantenerse alerta. Pero al llegar la tarde le venció el agotamiento, y al cabo de una semana apenas se tenía en pie y tuvo que permanecer tumbado en la caseta la mayor parte del día, tosiendo y estremeciéndose en el suelo.[34]

Después del recuento, Witold lo llevó a ver a Dering, quien le diagnosticó neumonía, y se cercioró de que lo admitían enseguida en el hospital. Dering se había recuperado por completo de su primer suplicio y se hizo tan útil en torno a los pabellones que Bock le dio el trabajo de inspeccionar a los prisioneros. Decidir quién viviría o moriría cada día era un trabajo infernal, pero le daba a Dering poder real para ayudar a los prisioneros. En circunstancias normales, Michał habría seguido un tratamiento de antibióticos y se habría recuperado probablemente en cuestión de días, pero Dering no tenía nada para darle. Michał murió unos días después. Witold solo abordó su muerte en sus últimos escritos, pero esto fue lo que dijo: «De modo que veíamos la muerte lenta de un camarada y era como si uno muriera con él... y si uno muere así, pongamos, noventa veces, entonces, no hay salida, uno se convierte en otra persona».[35]

Tendieron el cadáver de Michał en la plaza para contarlo junto con los demás. Un hombre de las SS les pinchó el pecho uno a uno con un pico para asegurarse de que estaban muertos antes de arrojarlos a un vagón. Había demasiados muertos al final de cada día como para llevarlos en ataúdes al crematorio.[36]

Sin la protección de Michał, Witold y el resto de la brigada fueron a trabajar a los almacenes, donde descargaban trenes bajo la mirada de los kapos. Su primer recluta, Kon, ya le había alertado de Siegruth, el kapo manco, pero había otros dos kapos igual de sanguinarios, ambos llamados August, apodados «negro» y «blanco» para distinguirlos. Luego estaba el grupo de ayudantes adolescentes de los kapos, en su mayoría polacos de la región fronteriza, que habían descubierto su germanidad y se deleitaban acosando a los reclusos cuando estos se apeaban de los trenes tambaleándose con sus pesadas cargas. Uno de los adolescentes fue hallado un día colgado en los barracones, pero no sirvió de mucho para disuadir a los demás de sus novatadas.[37]

Staller también asumió una brigada de trabajo para cavar zanjas en los aledaños. Debido al flujo de prisioneros, habían convertido sus barracones en almacenes extra, y habían destinado a Witold y los otros prisioneros a distintos cuarteles. Como Staller no tenía ningún bloque que dirigir, lo obligaron a irse fuera. Para Witold había cierta ironía en el hecho de ver al hombre que lo había echado a patadas del bloque ahora aterido de frío bajo la lluvia. Había perdido su pasión por las palizas a prisioneros y se pasaba la mayor parte del tiempo dentro de una pequeña cabaña que había construido y que contenía una estufa de leña.[38]

Witold hacía lo posible por evitar a Staller, aunque Kon trabajaba en su brigada y tenía que tratar con él. En una etapa, Staller pidió carpinteros para construir una mesa para un taller, y Kon, desesperado por un trabajo de interior, se prestó voluntario, a pesar de su falta de habilidades. Con el mejor de los ánimos, procuró fabricar una mesa amartillando varias tablas para hacer la parte de arriba, pero los clavos sobresalían por todas partes.

—¿Qué es esto? —exclamó Staller al inspeccionarlo—. ¿Una cama para un faquir de la India? ¡Te voy a pasar por estos clavos hasta que estés tan agujereado que se te salga el pestazo que llevas dentro![39]

—Esos clavos eran demasiado largos, se ve —respondió Kon apresuradamente—. Por eso sobresalen. Los hemos usado temporalmente hasta que nos consiguierais unos más cortos.

Staller pareció dudar de si aquel era un argumento creíble de carpintero, pero aceptó traer clavos más cortos. Kon fijó apresuradamente la superficie sobre cuatro patas, amartilló unos clavos más, apoyó la inestable estructura en la pared y huyó a tiempo de encontrar otra brigada de trabajo. Más tarde vio a Staller deambulando por los campos, blandiendo una de las patas de su mesa, buscándolo.

Las anécdotas de Kon burlando a Staller brindaban a Witold cierto alivio de la pesadumbre. Los trenes llegaban a los apartaderos ferroviarios a diario, trayendo barras de hierro, ladrillos, tuberías y sacos de cemento de cuarenta y cinco kilos. Todo tenía que descargarse a paso redoblado. Witold había estado reservando fuerzas durante semanas, pero ahora estaba quemando sus últimas reservas.[40]

A estas alturas, era un *Muselmann* en todo salvo en espíritu. El cuerpo le dolía incluso cuando descansaba. Tenía la piel reluciente y traslúcida y sensible al tacto: los dedos, las orejas y la nariz se habían vuelto azules por la mala circulación. Una señal indicadora de su desnutrición era la hinchazón de los pies y las piernas, causada por el hecho de que el contenido de agua en el cuerpo tardaba más en reducirse que las grasas y el tejido muscular. Le era casi imposible ponerse los pantalones y los zuecos por la mañana. Podía hundirse el pulgar en las piernas, como si estuvieran hechas de pasta.[41]

Sus pensamientos eran desordenados e incoherentes y cuando regresaba al campo por las tardes a veces perdía la conciencia, pero se las arreglaba para seguir caminando como podía. Luego su cerebro se restablecía, primero lentamente, antes de comprender con una sacudida lo cerca que había estado de tropezar y caer, y se ordenaba a sí mismo: «¡No vas a rendirte por nada del mundo!». Entonces veía el crematorio, su chimenea humeante recortada en el cielo, y finalmente comprendía el verdadero sentido de las letras de hierro sobre la verja del campo: «El trabajo os hace libres»; eso es, «el alma libre del cuerpo... enviando ese cuerpo... al crematorio».[42]

Y acto seguido sus pensamientos volvían a embotarse. Supo que había conseguido volver a su camastro porque se despertó a la mañana siguiente para comenzar de nuevo. Las horas parecían durar semanas y, sin embargo, las semanas enteras pasaban en un abrir y cerrar de ojos. Las únicas constantes eran el hambre y el frío. Seguía siendo noviembre, pero ya caían copos de nieve en la plaza del recuento y tenía escarchados los párpados.[43]

De noche, en los bloques, se aferraba a sus colegas de colchón para entrar en calor. Algunos de los prisioneros recibieron gorros y chaquetas de un envío de otros campos de concentración, pero las nuevas prendas solo trajeron una nueva tortura: piojos, que infestaron el campo rápidamente. Pronto los prisioneros desarrollaron un nuevo ritual vespertino que consistía en quitar los chinches de la ropa interior y las mantas. Sin embargo, por muchos que mataran Witold y el resto, todavía notaban las patitas grasientas trepando por su cuerpo cuando se echaban en los colchones, y dormir era imposible.[44]

De marcha al trabajo.
Cortesía de PMA-B.

En momentos como este, hambriento, helado y devorado vivo, Witold descubrió que podía separar la mente del sufrimiento de su cuerpo. Su espíritu se elevaba y desde lo alto miraba su cuerpo con un sentimiento de lástima, como a un mendigo en la calle. «Mientras que el cuerpo soportaba tormentos, a veces uno se sentía espléndido mentalmente», recordó.[45]

A Dering le alarmaba cada vez más el estado de Witold. A finales de noviembre, lo citó en el hospital, pero le costó mucho arrancarlo de la multitud de infelices, apestosos y en los huesos que empujaban la puerta para entrar. Los SS estaban convirtiendo tres barracones adicionales en bloques de hospital, reconociendo el hecho de que casi una cuarta parte del campo estaba o enfermo o herido, pero ni siquiera entonces hubo suficiente espacio.[46]

Escrutando con ojo experto a su amigo, Dering le preguntó cómo lo llevaba y le ofreció ingresarlo en el hospital y quizás incluso buscarle un empleo.

Witold insistió en que estaba bien. Los que entraban en el hospital como pacientes raras veces salían vivos de él. Además, la mayoría de sus reclutas estaban en peor forma que él. «¿Qué habría parecido si solo una vez me hubiera quejado de que me encontraba mal... o débil... y que el trabajo me saturaba tanto que estaba buscando cualquier cosa que me salvara?», escribió más tarde. «Es evidente que en ese caso no habría sido capaz de inspirar a nadie o de exigirles nada.» Posteriormente le consiguió un empleo de hospital a Kon, que estaba en las últimas.[47]

Al final, Witold no tuvo más remedio que salvarse. Uno de sus reclutas, Ferdynand Trojnicki, trabajaba en un taller de carpintería ubicado en los barracones junto a la entrada principal. El kapo era un alemán de Polonia llamado Wilhelm Westrych y no era tan violento como los otros kapos. Ferdynand dijo que le concertaría una entrevista con él, pero Witold tendría que impresionarlo con algo más que sus aptitudes de carpintero. Decidió dar el valiente paso de decirle que estaba en el campo bajo un seudónimo y que en realidad era uno de los aristócratas más ricos de Polonia, un caballero que sin duda recompensaría a Westrych por una buena acción. El kapo pareció creerse la historia. Iban a liberarlo pronto y tal vez vio la oportunidad de ganarse un favor. En cualquier caso, Witold consiguió el empleo de carpintero y al poco tiempo encontró un hueco en el taller para Sławek.[48]

Después de los almacenes, Witold pasó sus primeros días con los carpinteros en un estado de conmoción retardada. El taller estaba limpio. Había una estufa de cerámica en un rincón. No daban palizas. Le proporcionaron un abrigo, un gorro y calcetines. Él y los demás tenían que hacer algún trabajo de carpintería, desde luego, pero Westrych los protegía del escrutinio de los otros kapos.[49]

Con su recién adquirido confort, Witold pudo valorar las noticias que electrificaron el campo unos días después. Los recién llegados informaron al resto de que las noticias de

Auschwitz habían llegado a Varsovia en noviembre. La resistencia había publicado un informe completo en su periódico principal y la gente estaba hablando de los horrores del campo. Witold seguro que pensó que Londres no tardaría mucho tiempo en ser informado y en tomar medidas.[50]

Cuando se acercaban las Navidades, la repentina notoriedad del campo pareció forzar un cambio. Sabedor del sufrimiento de los reclusos, el arzobispo de Polonia, Adam Sapieha, escribió al comandante Höss para preguntarle si la Iglesia podía organizar labores de socorro y una misa de Navidad. Höss aceptó que, como algo excepcional, se distribuyera un paquete de alimentos que no pesara más de un kilo a cada prisionero, pero no aprobó la misa; su clemencia no daba para más, y tenía sus propias ideas de cómo debía celebrarse la ocasión.[51]

Taller de carpintería.
Cortesía de PMA-B.

Durante aquella estación amarga, los prisioneros pasaron las tardes en los bloques ensayando la versión alemana de «Noche de paz». En un punto, Witold oyó el sonido de la música que emanaba de la habitación contigua a la suya en el taller de carpintería (cuando miró, vio una variopinta colección de kapos soplando sus instrumentos). Luego, en Nochebuena, cuando volvían temprano del trabajo, los prisioneros encontraron un árbol de Navidad gigantesco plantado junto a la cocina. El árbol era casi tan alto como una de las torres de vigilancia, tupido de agujas y adornado de luces de colores que parecían bailar al ritmo de las ramas mecidas por el viento. Para gastarles una broma, los SS habían apilado bajo el árbol a modo de regalos los cadáveres de los prisioneros que habían muerto ese día en la unidad penal, en su mayor parte judíos.[52]

Habían construido un pequeño podio junto al árbol, y después del recuento, Palitzsch, el *Hauptscharführer* de las SS, subió acompañado de un kapo con un acordeón, de otro con una guitarra y de un tercero para dirigir el canto. Tocaron los primeros acordes de «Noche de paz» y, al unísono, las filas de prisioneros se sumaron a ellos. Luego regresaron a sus bloques sin decir ni media.[53]

El clima seguía siendo frío cuando los prisioneros reanudaron el trabajo al día siguiente. La nieve entre los bloques se había encostrado en capas de hielo y la plaza del recuento era un mar helado de canales y surcos. Witold agradecía su trabajo de interior, pero tuvo que asumir otros problemas. Westrych les había encontrado a él y a otro colega trabajo de operarios en uno de los bloques de hospital reservados a los llamados convalecientes. Los enfermos se hacinaban en cinco pabellones pequeños, un centenar en cada dormitorio. La mayoría eran poco más que esqueletos con las piernas grotescamente hinchadas. Otros tenían abscesos abiertos del tamaño de un plato o miembros fracturados formando extraños ángulos que se habían dejado tal cual. Gemían y sollozaban debajo de sus sucios harapos. Los piojos camina-

Nochebuena, 1940, de Władysław Siwek, posguerra.
Cortesía de Anna Komorowska.

ban sobre sus cuerpos. El hedor de los excrementos y la inmundicia era tan aplastante que dejaban las ventanas abiertas a pesar de las gélidas temperaturas.[54]

El kapo del hospital los puso a construir un pasillo de madera en cada habitación. Al poco, el otro carpintero empezó a quejarse de que se encontraba indispuesto. Al día siguiente tosía y no se tenía en pie, de modo que lo acostaron con neumonía en uno de los pabellones. Murió a la mañana siguiente. Witold, que todavía no se había constipado, empezó a sentirse enfermo y lentamente se acomodó en el interior. Al principio fue una sensación caliente y lúgubre, como si se metiera en un baño tibio que embotaba sus sentidos. Sintió la acuciante urgencia de descansar, de cerrar los ojos, de olvidar, pero sabía que debía evitar a toda costa tumbarse en uno de aquellos sucios colchones. Entonces comenzaron los escalofríos y se puso a temblar incontrolablemente; le dolían las articulaciones y la luz le cansaba la vista. Tambaleándose, fue en busca de Dering, que le diagnosticó una infección pulmonar y fiebre, pero no tenía medicinas para él.[55]

Aguantó los siguientes recuentos sin derrumbarse. Pensó que podría recuperarse, pero entonces los SS anunciaron que iban a despiojar todo el campo. Todos los prisioneros se darían una ducha y les desinfectarían la ropa. A los del bloque de Witold los mandaron al almacén y les dijeron que se desnudaran para lavarse. La ducha no duró mucho, pero tardaron horas en devolverles la ropa y tuvieron que esperar de pie. Reconvirtieron uno de los dormitorios del bloque en una instalación de despioje primitiva. Sellaron la puerta y la ventana con tiras de papel e instalaron un ventilador. Los alemanes usaron un agente pesticida a base de cianuro, conocido por su marca comercial, Zyklon B, cuyos gránulos azules se convertían en gas cuando entraban en contacto con el aire. Era extremadamente tóxico, por lo que los reclusos se pusieron máscaras de gas para esparcir los gránulos por los montones de ropa y luego airearon la habitación antes de recoger las prendas.[56]

Lata de Zyklon B.
Cortesía de PMA-B.

El sol despuntaba cuando llegaron finalmente sus ropas, teñidas de azul y oliendo a almendras amargas. Witold dio una docena de pasos para cruzar la calle desde el bloque del almacén y cayó al suelo. Los enfermeros cargaron con él hasta el hospital y allí volvieron a desnudarlo, le echaron más agua fría y escribieron su número en el pecho con tinta indeleble. Luego le dieron una sucia bata de hospital y calzoncillos, se lo llevaron a la misma habitación donde había estado trabajando y lo echaron sobre la estera purulenta. Witold estaba demasiado agotado como para poder moverse, pero era incapaz de dormir porque, tan pronto como se acostó, los piojos cubrieron su cuerpo. Miró la manta de abajo y quedó horrorizado al ver los pliegues llenos de piojos como escamas de pescado brillantes. Los había de distintas formas y tamaños: rayados, escamosos, blancos, grises y rojos claro, los que ya se habían dado un atracón de sangre.[57]

Los mató a puñados hasta que se le mancharon las manos de sangre, pero fue inútil. El inválido a su derecha estaba inmóvil, el rostro cubierto de una costra de piojos que habían horadado su piel. El enfermo a su izquierda ya estaba muerto. Witold no sabía si tendría fuerzas para luchar, o si querría luchar siquiera. Pidió papel y lápiz a uno de los enfermeros para escribir una nota breve a Dering.[58]

«Si no me sacas pronto de aquí, tendré que usar todas mis fuerzas reservadas para combatir a los piojos. En mi estado actual, me acerco rápidamente a la chimenea del crematorio»,[59] logró escribir. Añadió su ubicación y le pidió al enfermero que se la llevara enseguida. Un par de horas más tarde, Dering y otro enfermero aparecieron acompañados de Bock. Dering fingía que estaba llevando a cabo alguna inspección; a pesar de su creciente influencia en el hospital, no podía bajar la guardia.

—¿Qué le pasa a este sujeto? —preguntó, deteniéndose junto a Witold—. ¿Puede echarle un vistazo? —pidió al otro enfermero. Después, Dering lo diagnosticó y dijo que se lo llevaba al dispensario para hacerle pruebas. Lo ayudaron a ponerse en pie y prácticamente cargaron con él hasta el otro bloque, donde uno de los dormitorios de arriba había sido acondicionado con camas y colchones nuevos que todavía no estaban infestados de piojos. Witold tenía una cama para él solo. Se tumbó y se sumió en un sueño profundo y largo, todos sus pensamientos de resistencia disipados.[60]

6

Comando de Bombarderos

Varsovia, octubre de 1940

El mensajero Aleksander Wielopolski se embarcó en el primer tren a Varsovia tras su liberación del campo de concentración a finales de octubre. Los polacos solo podían viajar en vagones de tercera clase sin calefacción a la cola del tren, pero al menos no había alemanes. Su cabeza rapada atraía las miradas, y él anhelaba descansar en la casa de su familia en el campo, pero estaba decidido a cumplir la promesa hecha a Witold.[1]

Aleksander tomó un taxi-ciclo que lo llevó por las calles grises y lluviosas de Varsovia hasta el piso de su primo Stefan Dembiński, uno de los Mosqueteros. Stefan hizo pasar a Aleksander y le ofreció lo que tenía de comer. Muchas cosas habían cambiado en Varsovia durante las seis semanas que Aleksander llevaba internado. El muro de ladrillo y alambre de espino del gueto estaba casi terminado, y las familias judías habían sido desahuciadas a la fuerza del «barrio ario» de la ciudad. Los polacos fueron en dirección contraria y tomaron las casas judías que los alemanes no se habían apropiado. En cualquier momento sellarían el gueto, y los carteles pegados en las esquinas de las calles advertían de que dispararían contra cualquier judío localizado fuera de sus muros. En todas partes escaseaban los alimentos y proliferaban las enfermedades, especialmente el tifus.[2]

Aleksander tardó un par de días en conseguir una reunión con el jefe de los Mosqueteros, Stefan Witkowski, y uno de los líderes de la resistencia, Stefan Rowecki. Desde el internamiento de Witold, Rowecki había subsumido la mayoría de los grupos clandestinos de la ciudad al grupo principal de la resistencia, salvo unos pocos, como los Mosqueteros. Witkowski, un flamante ingeniero aeronáutico que construía cohetes en su tiempo libre, valoraba demasiado su autonomía como para recibir órdenes de Rowecki, pero los dos hombres habían llegado a un acuerdo sobre la reunión de información, una actividad central que les servía de valiosa influencia con los británicos, el único país en Europa capaz de acudir en auxilio de Polonia.[3]

La descripción del campo que hizo Aleksander era lo que Rowecki había estado buscando para probar que los crímenes alemanes contra los prisioneros contravenían el derecho internacional. El Convenio de La Haya de 1907 salvaguardaba los derechos de los prisioneros de guerra y ofrecía cierta protección a los civiles contra el arresto arbitrario y el maltrato. Pero el informe de Witold levantaría protestas sin duda. Y, lo que era más valioso, su súplica de que bombardearan el campo presentaba una oportunidad para la acción aliada contra los alemanes.[4]

Rowecki mandó que escribieran el informe de Witold y lo anexaran a un resumen más amplio de las condiciones en Polonia. El informe describía el espantoso trato dispensado a los prisioneros y la ubicación de los almacenes que contenían alimentos, ropa y posiblemente armas y munición.

«Los prisioneros suplican al Gobierno polaco que, por el amor de Dios, bombardeen estos almacenes y pongan fin a su tormento», decía el informe. El bombardeo desataría el pánico y brindaría una oportunidad de huir a los prisioneros. «Si [los prisioneros] murieran en el ataque, sería un alivio dadas las condiciones», afirmaba el informe, y concluía con las palabras de Witold que sugerían que esta era la «petición urgente y meditada» de los prisioneros.[5]

Para Rowecki, el dilema era cómo remitir el informe a Londres, donde el Gobierno polaco en el exilio se había establecido después de la caída de Francia, bajo el liderazgo de

132

Władysław Sikorski, un general moderado y ex primer ministro. Rowecki tenía un radiotransmisor que debía utilizarse moderadamente para eludir detecciones. Los correos también acarreaban riesgos. Como los alemanes se habían infiltrado en su red de los montes de Tatra ese otoño, era necesario buscar una nueva ruta. Witkowski sugirió utilizar a una noble conocida suya, Julia Lubomirska, que planeaba huir a la neutral Suiza con su hermanastra. La policía secreta rusa había asesinado a los padres de la princesa de treinta y cinco años, y ella ardía en deseos de ayudar a su país.[6]

A principios de noviembre, Julia se subió a un tren con destino a Suiza con el informe y las instrucciones. El viaje de mil seiscientos kilómetros a Ginebra duró más de veinticuatro horas, pero no hubo contratiempos y Julia pudo entregar el informe a Stanisław Radziwiłł, el encargado de negocios de Polonia en la Liga de las Naciones.[7]

Para preparar la siguiente etapa fueron necesarias varias semanas. Ocupaba la legación el hermano de Stefan Dembiński, Stanisław, que se encontraba entonces en Ginebra y aceptó llevar el material cruzando la región no ocupada del sur de Francia y después los Pirineos hasta Madrid. El hombre llegó a la capital española en torno al 10 de diciembre y entregó el informe junto con una breve nota al jefe de la comisaría polaca local. Desde allí consiguió una valija diplomática que le llevaría hasta Sikorski, en Londres.[8]

Hasta entonces, Sikorski se había esforzado por crear una relación afectiva con sus anfitriones británicos, que apenas sabían nada de Polonia más allá del trillado estereotipo que pintaba a los polacos como extranjeros peculiares y rebeldes, con nombres difíciles de pronunciar. «Sozzle no sé qué», se decía que Winston Churchill había llamado al antiguo comandante polaco Kazimierz Sosnkowski. El ministro de Exteriores, August Zaleski, era «célebremente vago», de acuerdo con un informe del Gobierno británico, mientras que el ministro de Finanzas, Adam Koc, era descrito como un hombre «amigable pero falto de "arrojo"». En cuanto al propio

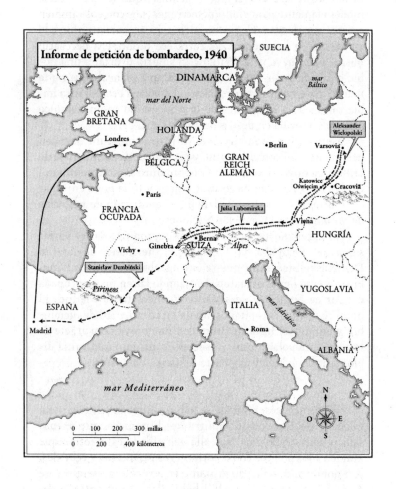

Sikorski, los británicos pensaban que podía ser el peor de la camarilla.[9]

«[Su] vanidad es colosal y, desafortunadamente, lo animan a hacer gala de ella en ciertos círculos de este país —observó el embajador británico sir Howard Kennard—. Hay que hacer algo para que comprenda que no es el único gallo del corral.»[10]

Lo cierto era que Sikorski estaba completamente al tanto de las constantes intrigas de sus rivales e igualmente frustrado con sus anfitriones británicos, que, creía él, habían desoído sus advertencias sobre la Blitzkrieg alemana —la guerra relámpago— y a menudo trataban a las fuerzas polacas con desdén a pesar de la eficacia demostrada en la Batalla de Inglaterra, cuando el Escuadrón polaco 303 derribó a más aviones alemanes que cualquier otra unidad.[11]

Pero lo más preocupante era que los británicos no se habían tomado en serio sus primeros informes sobre los crímenes de guerra alemanes. En este punto, el nombre de Auschwitz era prácticamente desconocido para los funcionarios británicos, si bien entendían la importancia del sistema de campos de concentración alemán en la oposición decisiva contra los nazis. Es más, el Gobierno británico había publicado un Libro Blanco en 1939 que describía el feroz trato dispensado a los prisioneros en los campos de Dachau y Buchenwald. No obstante, los británicos se mostraban reticentes a publicitar historias sobre las maldades de los nazis por temor a que los acusaran de propaganda. Que el Gobierno británico hubiera dado pábulo a historias atroces fabricadas durante la Primera Guerra Mundial —como que los alemanes habían usado cadáveres para fabricar jabón— había sembrado la desconfianza ciudadana generalizada. Los oficiales británicos se mostraban igualmente escépticos ante la información proporcionada por otros gobiernos. Frank Roberts, el primer secretario en funciones en el Departamento Central del Ministerio de Asuntos Exteriores, llegó a dudar incluso de la exactitud de los informes polacos en conjunto. De momento, los británicos se habían limitado a emitir un comunicado general contra «los brutales ataques [alemanes] contra la población civil de Polonia, que desafían los principios aceptados del derecho internacional».[12]

Władysław Sikorski, hacia 1940.
Cortesía de Narodowe Archiwum Cyfrowe.

Sikorski también se enfrentaba al desafío de llamar la atención sobre las atrocidades cometidas en Polonia, cuando la propia Gran Bretaña estaba sufriendo ataques devastadores. En septiembre, Hitler ordenó una ofensiva Blitz contra Londres y otras ciudades para mutilar la infraestructura británica y quebrar la voluntad del pueblo. La capital fue bombardeada prácticamente todas las noches de otoño; 27 500 bombas cayeron sobre la ciudad, matando a 18 000 personas, principalmente en la zona del East End y los muelles, y dejando sin techo a cientos de miles. Los alemanes mezclaban bombas incendiarias con sus cargas, de modo que la mayoría de las noches un infierno feroz devoraba una parte u otra de la ciudad.[13]

Cuando sonaban las sirenas, indicando que los bombarderos llegarían al cabo de doce minutos, los residentes corrían a los sótanos o a las estructuras prefabricadas en los jardines. Como los refugios públicos se llenaban pronto, la gente ocupaba las criptas de las iglesias, los puentes ferroviarios y el metro de Londres. Los viajeros habituales que trabajaban hasta tarde pasaban por una plataforma tras otra repleta de *tubeites*, como se hicieron conocidos los moradores del *Tube*, el metro. Al principio, las autoridades no aprobaron el uso de las estaciones como refugios, pero a la postre aceptaron distribuir té y bollos en algunas y hacer controles sanitarios en busca de piojos y sarna. Algunos residentes traumatizados por los bombardeos permanecían sencillamente en el metro durante días enteros por temor a perder su sitio. Unos pocos se quejaban del estado de los refugios en las zonas más pobres y creían que los grupos privilegiados como los judíos tenían mejores refugios que los suyos; un reflejo del extendido antisemitismo y no tanto de la realidad. La mayoría se adaptaba a las circunstancias extremas y hallaba camaradería entre sus pares enfermos.[14]

Churchill, que había sustituido al ineficiente Chamberlain en mayo, insistió en visitar los lugares bombardeados y hablar con los supervivientes. De noche, se sentaba en el tejado de su seguro alojamiento, con vistas al parque St. James, y contemplaba la destrucción de la ciudad. La moral británica no se había quebrantado, pero el pronóstico era macabro: los británicos estaban en clara desventaja contra las fuerzas italianas en África, el único frente activo, mientras que los submarinos amenazaban con estrangular el suministro transatlántico de alimentos y equipos desde Estados Unidos, que se mantuvo al margen. La embestida dejó poco tiempo para sopesar el destino de quienes habían quedado atrapados en el continente.[15]

Sikorski aceptó colaborar ese otoño con una nueva organización clandestina conocida como la Dirección de Operaciones Especiales, o SOE, con la esperanza de mejorar las relaciones con los británicos. El propósito de la SOE era acometer ataques de sabotaje y subversión en la Europa ocupada por los nazis. Pero la organización no había empezado con buen pie. Su líder era un socialista educado en Eton llamado Hugh Dalton, que también había desempeñado el cargo de ministro de Economía de Guerra. Sus maneras intimidantes no le habían granjeado las simpatías de otros funcionarios en Whitehall, y una decisión inicial de contratar a civiles en la SOE, y no a soldados, para atraer a grupos de izquierdas al continente también había sido errada. Los contables, abogados y banqueros que contrató tenían una variedad de planes para provocar el caos, pero poca idea de cómo llevarlos a cabo. El hecho de que Dalton se hubiera rodeado de la mayoría de los socios que trabajaban para la firma de abogados Slaughter and May inspiró el siguiente comentario chistoso de uno de los funcionarios: «Teníamos mucha *may* [voluntad] y poco *slaughter* [sacrificio]». De hecho, la SOE podría haber fracasado por completo aquel invierno, de no ser por la alianza de Dalton con los polacos, que le permitió reivindicar algunos de los logros de la resistencia polaca como propios.[16]

Hugh Dalton, 1945.
National Portrait Gallery de Londres.

Sirkorski estaba con Dalton visitando a las tropas polacas acantonadas en Escocia esas Navidades, en un esfuerzo por cimentar su relación, cuando el informe de Witold llegó a la sede del cuartel general polaco en el hotel Rubens de Londres. Dalton, que había tenido algún rifirrafe con Whitehall, comprendió los obstáculos a los que Sikorski se enfrentaría para culminar la petición de Witold de bombardear el campo. Intentar comunicarse directamente con Churchill podría llevarles semanas, teniendo en cuenta su apretado programa. El Ministerio de Asuntos Exteriores podía descartarse también por su renuencia inicial a comprometerse con la cuestión de los crímenes alemanes. La mejor opción, por lo tanto, era llevar la petición de Witold directamente a la Real Fuerza Aérea (RAF).[17]

El 4 de enero de 1941, el ayuda de campo de Sikorski, Stefan Zamoyski, redactó un resumen de una sola hoja con la versión del informe que se centraba en la misión del bombardeo. Después se lo hizo llegar al jefe del Comando de Bombarderos, Richard Peirse, que se hallaba en su cuartel general en el pueblecito de Walter Ash, cerca de High Wycombe, en Buckinghamshire, a una distancia segura de Londres. La tregua de los bombardeos contra la capital había terminado el 29 de diciembre, cuando, poco después de las seis de la tarde, en una noche clara y fría con una «luna de bombardero», las sirenas aullaron, y el ataque se reanudó; veintidós mil bombas cayeron sobre la capital en apenas tres horas, muchas de ellas incendiarias, en lo que terminó conociéndose como el segundo Gran Incendio de Londres.[18]

La petición de Witold pasó por el escritorio de Peirse en un momento de introspección para la RAF. A pesar de que Churchill había dado prioridad máxima a la campaña estratégica de bombardeos de Alemania, la RAF luchaba por mantener su modesta flota de bombarderos en el aire y, sobre todo, por atacar cualquier objetivo en Alemania. En octubre, la RAF tenía 290 aviones operativos, pero hacia finales de noviembre había perdido casi un tercio, la inmensa mayoría en accidentes que fueron el resultado de lanzar al cielo apresuradamente tripulaciones recién formadas con un equipamiento pobre. La falta de radares se tradujo en que, cuando había una espesa nubosidad, la mejor estrategia era abrir simplemente las compuertas de las bombas después de haber volado la cantidad de tiempo calculada. Una tripulación se topó con una tormenta magnética y acabó dando la vuelta sin saberlo. Escudriñando un mojón en la oscuridad, finalmente localizaron un río que confundieron con el Rin y el campo de aviación que era su objetivo. Fue solo en su viaje de regreso cuando comprendieron que habían estado sobrevolando Gran Bretaña todo el tiempo y habían lanzado sus bombas sobre la estación de la RAF en Bassingbourn, en Cambridgeshire.[19]

«Deplorable», dijo Churchill de la actuación de la RAF, e insistió en que espabilaran. Churchill estaba a favor de tomar represalias contra ciudades alemanas, cosa que, al menos, parecía comportar ciertas posibilidades de éxito, y ordenó la primera de estas incursiones aéreas contra Mannheim en diciembre. Pero a Peirse y a su jefe, Charles Portal, jefe de Estado Mayor del Ejército del Aire, les preocupaba la ética de atacar a civiles y se aferraban a su convicción de que la única forma de dejar fuera de combate a Alemania era golpeando su producción bélica, lo que significaba bombardear sus plantas industriales. De hecho, con los datos extremadamente inflados de las tripulaciones, Peirse pareció creer que su estrategia era un éxito y se encontraba preparando una importante ofensiva contra la producción de combustible sintético alemán cuando la petición de Witold aterrizó en su mesa.[20]

La idea de bombardear Auschwitz intrigó a Peirse. Este reconoció que bombardear el campo no tenía ningún valor estratégico y que, por lo tanto, atacarlo era una decisión política si es que podían llevarla a cabo. El viaje de ida y vuelta de 2735 kilómetros desde la base aérea de Stradishall, en Suffolk, hasta Auschwitz era más largo que cualquier otra misión que la RAF hubiera realizado anteriormente. En teoría, un escuadrón de una docena de bombarderos Wellington que utilizara tanques de combustible auxiliares podría alcanzar Auschwitz transportando una carga de 453 kilos de explosivos cada uno;

más que suficiente para destruir o dañar seriamente el campo. Los polacos habían proporcionado direcciones para encontrarlo, pero incluso si los bombarderos de la RAF localizaban Auschwitz, Peirse sabía que el limitado número de bombas que transportaban reducía sus posibilidades de destruirlo.[21]

El 8 de enero, Peirse remitió la solicitud a Portal en el Ministerio del Aire en Londres. Decía que, si bien la misión era posible, requería de aprobación ministerial, teniendo en cuenta la inminente ofensiva del Comando de Bombarderos y los desafíos de la operación. Peirse no hacía mención al drama de los prisioneros, lo cual no era de sorprender. Durante el curso de su transmisión a Londres, la idea del bombardeo acaparó la atención general, mientras que la descripción de los horrores del campo se redujo a una única línea. Despojada de su contexto, la petición de Witold perdió su imperativo moral.[22]

La respuesta de Portal unos días después fue seca y directa: «Convendrá conmigo en que, aparte de cualesquiera consideraciones políticas, un ataque contra el campo de concentración polaco en Oświęcim es una desviación indeseable y es poco probable que alcance su propósito. El peso de las bombas que podrían transportarse hasta un objetivo a semejante distancia con la limitada fuerza de que disponemos difícilmente podría provocar suficientes daños como para permitir la huida de prisioneros.»[23]

La apreciación de Portal era acertada y, si acaso, minimizaba la extrema dificultad de golpear el campo. Pero no supo valorar que un ataque contra Auschwitz en 1940 habría alertado al mundo sobre el campo, y que un ataque, incluso si fracasaba, habría sentado un precedente de intervención para detener los crímenes nazis.

Sea como fuere, Peirse no puso reparos y dejaron que fuera él quien diera la notica a Sikorski. En una carta del 15 de enero a Sikorski, se preocupó por señalar las dificultades de la misión: «Un bombardeo aéreo de esta naturaleza exigiría una precisión extrema si no queremos causar serias bajas entre los propios prisioneros —escribió. Añadiendo luego—: Esta precisión no puede garantizarse».[24]

Charles Portal.
Yousuf Karsh.

La respuesta de Sikorski no está registrada, pero parece ser que Dalton le dio ciertas garantías de que seguiría intentándolo. Entretanto, la Dirección de Operaciones Especiales (SOE) lanzó un programa en las tierras altas occidentales de Escocia para formar a exiliados polacos como agentes. Dalton planeaba lanzar en paracaídas a estos hombres en Polonia con un equipo de radio y órdenes de establecer contacto con Varsovia y transmitir información clandestinamente a Gran Bretaña. Para Sikorski, era una aceptación de las informaciones que su red había suministrado hasta entonces, y una invitación de los británicos a que siguieran haciéndolo.[25]

Los tres primeros paracaidistas llegaron a la base aérea de Stradishall, en Suffolk, la tarde del 15 de febrero. Era una noche tranquila, solo se veía un fino velo de nubes. Se pronosticaban cielos claros en toda Polonia. Los hombres vestían monos largos y guantes hasta el codo para el trayecto de cinco horas hasta el lugar de la caída, cerca de Varsovia. Las mochilas contenían ropa civil, esmeradamente confeccionada al estilo polaco, varios paquetes de cigarrillos alemanes y maquinillas de afeitar y, para cada hombre, una pastilla de cianuro oculta en un botón en caso de que los apresaran. Llevaban un equipo extra valorado en ochocientas libras —cuatro radiotransmisores y dinamita de sobra— almacenado en contenedores especialmente diseñados que podrían sobrevivir al impacto sin explotar. Antes de su partida, Sikorski les dijo: «Son la vanguardia polaca. Tienen que enseñarle al mundo que, incluso ahora, incluso en las circunstancias presentes, es posible aterrizar en Polonia».[26]

El avión, un Whitley MKI, recorrió la pista dando bandazos y ascendió estable sobre el mar del Norte. Una vez sobre el continente, comenzó a soplar un viento frío por los ventiladores del aparato, y los hombres se arrimaron unos a otros para entrar en calor. Hacía demasiado frío como para dormir, y era difícil hablar por encima del rugido de los motores. El fuego antiaéreo los localizó mientras sobrevolaban la costa holandesa y los proyectores enemigos los atraparon sobre Dusseldorf, pero las defensas aéreas alemanas eran mínimas y en la mayoría de las ciudades no se producían apagones. Alrededor de la medianoche, avistaron las luces de Berlín y luego las nubes comenzaron a espesarse cerca de la frontera polaca. El piloto, el teniente de aviación Francis Keast, acaso traicionando su escasa familiaridad con el trayecto, se desvió de la ruta y solo comprendió que había sobrepasado su objetivo cuando reconoció los montes Tatra.[27]

No quedaba tiempo ni combustible para ajustar la ruta; los hombres tendrían que saltar allí donde se hallasen, lo que resultó ser prácticamente encima de Auschwitz. Un miembro de la tripulación abrió apresuradamente la puerta lateral especialmente ajustada del Whitley. Los paracaidistas echaron un vistazo a la luna llena que destellaba sobre las nevadas laderas y luego saltaron a la oscuridad en rápida sucesión. Keast hizo otro pase para tirar el equipo antes de alejarse de las montañas y ascender de nuevo a una altitud de crucero.[28]

Teniendo en cuenta la quietud de la noche, los prisioneros tuvieron que oír el suave rumor de los motores Medium Tiger IX del Whitley sin imaginar lo que significaba. Los paracaidistas aterrizaron y emprendieron el camino a Varsovia. Esta vez no habría ayuda para los prisioneros, pero la misión fue una prueba para Sikorski de que los británicos podían llegar a Auschwitz.

SEGUNDA PARTE

7

Radio

Auschwitz, enero de 1941

Witold llevaba diez días en la cama con fiebre, en un bucle de sueños y pensamientos en la vigilia, únicamente certero del pasaje de la luz a la oscuridad y vuelta a empezar. Ocasionalmente notaba la ventana abierta, o una esponja áspera sobre su cuerpo y sopa caliente en sus labios. Llegaban otros pacientes, que gemían y sollozaban o callaban súbitamente al oír un disparo o una paliza cercana. Los músicos de Navidad practicaban ahora un vals bávaro para el subcomandante Fritzsch, cuyos compases se percibían en el dormitorio por las tardes.[1]

Al décimo día remitió la fiebre y Witold recuperó poco a poco su vitalidad. Los enfermeros seguían alimentándolo, y comenzó a renquear por el pabellón, hasta que Dering consideró que ya estaba bien para transferirle al bloque de los convalecientes. El hecho de que Dering hubiera cobijado a Witold durante tanto tiempo indicaba lo relevante que era el hospital para la resistencia. Dering se había ganado la confianza del *Hauptsturmführer* de las SS Max Popiersch, el médico que supervisaba el hospital. Popiersch estaba ansioso por demostrar que el nacionalsocialismo era compatible con la ética de un médico. Mientras siguiera defendiendo de boquilla el orden racial nazi y demostrara mano dura con los prisioneros, le permitirían realizar sus responsabilidades médicas para salvar vidas.[2]

Witold ayudaba a los enfermeros en lo que podía y pronto se habituó al ritmo del bloque. Todos los pacientes tenían que lavarse al amanecer. Los cargaban o los trasladaban desde las literas triples hasta los lavabos, donde los despojaban de la sucia ropa interior y los vendajes de papel. A continuación, hacían pasar a los convalecientes por las duchas frías. Un enfermero recordó cómo la masa de cuerpos tiritando se asemejaba a «una bestia herida de muerte que ve sus mil anillos a las puertas de la muerte». Los pacientes eran devueltos a sus camas y los suelos se frotaban con cloro, se vaciaban de porquería las bacinas y se abrían las ventanas para ventilar las habitaciones.[3]

Bloque del hospital.
Cortesía de PMA-B.

Josef Klehr, 1962.
Cortesía de PMA-B.

El consultorio empezaba a las nueve en la planta baja y duraba casi todo el día. Popiersch se quedaba en la consulta una hora o así, y luego dejaba la dirección del hospital al *Unterscharführer* de las SS Josef Klehr, un ebanista de Austria al que le gustaba pensar que era un médico de verdad. Llegaba al hospital en su motocicleta y esperaba que un enfermero puliera la pintura y que otro le quitara las botas y le lavara los pies en su escritorio. Un tercero le hacía la manicura mientras Klehr chupaba su pipa «como un bajá», recordó un prisionero.[4]

Por fortuna, Klehr estaba tan ocupado con el trapicheo de la venta ilícita de pequeñas cantidades de morfina del hospital a los SS y a los kapos que los enfermeros podían dedicarse al cuidado de los pacientes. Ese mes de febrero, la temperatura bajó a menos 30 grados Celsius. Los reclusos recibieron abrigos que eran poco más que camisas de algodón hasta la rodilla. Un puñado de prisioneros como Witold recibieron paquetes de ropa interior de sus familias, pero la mayoría se vieron obligados a fabricarse secretamente capas extra con sacos de cemento o cualquier otro material que pudieran encontrar, a riesgo de recibir castigos severos. Durante los períodos más fríos, los SS dejaban dentro a los prisioneros, pero el recuento era siempre en la plaza, y acudían al hospital por docenas con las manos y los pies congelados y blancos, que pronto se tornaban negros y putrefactos.[5]

Una tarde gélida en la que el viento azotaba las ventanas, un guardia de las SS llevó a doce judíos de la unidad penal al hospital con casos de congelación severa en los pies. Algunos enfermeros se habían reunido para mirar un ejemplar de un periódico alemán que los médicos se habían dejado, cuando Dering los llamó bruscamente pidiendo auxilio. No era habitual tratar a judíos de la unidad penal, y el médico polaco quería terminar cuanto antes la cura. Los infelices se quitaron los zuecos y mostraron unos pies descarnados y el hueso a la vista. El hueso era de color marrón y probablemente también estaba congelado.[6]

—Esparce polvo desinfectante por los huesos y pon unas vendas —ordenó Dering, y se fue. Kon, uno de los enfermeros convocado para ayudar, se puso manos a la obra, envolviendo los pies con vendas de tela para procurar aliviar las rozaduras, pero Dering, que vigilaba desde cierta distancia, ladró: «¡Vendas de papel!».[7]

Kon se acercó a Dering y le dijo en voz baja:

—Cuando salgan a la nieve, esas bandas les durarán menos de cinco minutos.[8]

—Sí —respondió Dering—. ¿Y cuánto tiempo crees que sobrevivirán cuando salgan de aquí? ¿Más de cinco minutos? ¿Una hora? ¿Dos, quizá? Tenemos pocas vendas de algodón y las necesitamos donde nos puedan ser útiles.

Witold no presenció el incidente y Kon no se lo mencionó, porque sabía que Dering era sencillamente demasiado importante como para correr el riesgo de perder su apoyo.[9]

Dering demostró su valía unas semanas después, cuando una tarde condujo a Witold a la oficina de Popiersch, en el bloque principal del hospital. Había una radio en la mesa, probablemente uno de los modelos Telefunken que eran populares entre los SS: un chasis de madera barnizada con curvas *art déco* y dos botones para afinar la frecuencia a cado lado de la rejilla de los altavoces. Dering explicó que se las había arreglado para robarla del taller eléctrico del campo y luego había preparado un escondite debajo de las tablas del

Władysław Dering, h. 1941.
Cortesía de PMA-B.

suelo del fregadero. Sugirió a Popiersch que instalara una línea de teléfono entre su oficina y uno de los bloques de hospital nuevos y acordó con el recluso electricista que había instalado la línea que metiera un cable de radio. Popiersch estaba encantado con los resultados, lo mismo que Dering, aunque por razones diferentes.[10]

Dering encendió el interruptor y esperó a que las válvulas de la radio se calentaran y el altavoz zumbara. Giró el dial, la señal gimió y chisporroteó, y después los dos hombres se sintieron sobrecogidos por los sonidos del mundo olvidado: canciones, melodías de anuncios y voces que hablaban en alemán, italiano, eslovaco y griego; las principales emisoras comerciales y estatales usaban frecuencias de onda corta, como las unidades militares, los pilotos en el aire y los pescadores en el mar.[11]

Dering buscó la BBC, que, a diferencia de las emisoras alemanas estrechamente controladas, era muy precisa (el Gobierno británico había calculado que informar de las noticias, incluso si era malo para los Aliados, les daba mayor credibilidad y, por ende, más audiencia). A pesar de los intentos nazis de interferir la señal, el servicio en lengua alemana de la BBC iba ganando popularidad dentro del Reich, y la radio Volksempfänger de producción masiva, apodada el «hocico de Goebbels», podía captarla. El jefe de propaganda recurrió a arrestos masivos, y las radios llevaban etiquetas que advertían de que escuchar emisoras extranjeras era un crimen contra el pueblo alemán, aunque estas medidas solo tuvieron un éxito parcial.[12]

Dering y Witold giraron los botones hasta que captaron cuatro redobles —que significaban victoria en código morse— que señalaban un boletín de noticias de la BBC. A continuación, oyeron el saludo electrizante: «Aquí Inglaterra… Aquí Inglaterra…». No osaron escuchar mucho tiempo, pero volvieron a hacerlo a la noche siguiente, y a la siguiente. Las noticias eran malas. Gran Bretaña descartaba la amenaza de una invasión inmediata, pero los alemanes seguían bombardeando ciudades británicas. En marzo, el general Erwin Rommel aterrizó en Libia para fortalecer la lánguida ofensiva italiana, e inmediatamente tomó la iniciativa contra los británicos. Los alemanes parecían dispuestos a tomar Egipto y el Canal de Suez. Significativamente, Estados Unidos permaneció al margen.[13]

Witold pudo deducir por los acontecimientos que los británicos estaban demasiado acorralados como para atacar Auschwitz, pero estaba seguro de que el horror que se iba acumulando en el campo obligaría finalmente a los Aliados a tomar cartas en el asunto. Entretanto, usó a su antiguo colega de bloque, Karol Świętorzecki, para que compartiera cualquier buena noticia, por nimia que fuera, con los otros prisioneros (no estaba seguro de que la frágil moral del campo pudiera soportar la verdad desnuda) y le complació ver, en las tardes que siguieron, emocionadas cuadrillas de prisioneros en la plaza comentando el hundimiento de un submarino en medio del Atlántico o una derrota italiana en las tierras altas de Etiopía. «La gente vivía de esto —recordó un prisionero—. Sacábamos nuevas energías de estas noticias.»[14]

Witold se recuperó casi por completo a finales de febrero y, después de obtener una serie de prendas de rayas que sustituyeron su bata de paciente y de recuperar su vieja caja de herramientas como tapadera, pudo moverse por el campo realizando tareas clandestinas al tiempo que seguía siendo oficialmente un paciente del hospital. Esta artimaña habría sido imposible de contemplar siquiera hacía nada, pero transcurridos seis meses en el campo, Witold se conocía al dedillo las rutinas diarias de los kapos y qué rincones del campo debía evitar. La resistencia había aumentado su tamaño a más de un centenar de hombres diseminados por la mayor parte de los destacamentos de trabajo. Su influencia se notaba en los bloques, puesto que exhortaban a los prisioneros a trabajar juntos y se apoyaban en hombres que creían en el peligro de recurrir a los alemanes. Witold también animaba a sus reclutas a moderar el comportamiento de los kapos con sobornillos —una barra de margarina robada de la cocina o una hogaza de pan que los supervivientes colaban clandestinamente en el campo— y a buscar posiciones de poder en sus brigadas.[15]

A medida que el campo crecía, había puestos constantes para kapos y capataces, pero no suficientes prisioneros alemanes para cubrirlos. Otto Küsel, que dirigía la oficina de trabajo del campo, parecía genuinamente dispuesto a ayudar a otros prisioneros, y aprendió un poco de polaco y nunca pidió dinero a cambio de arreglar los traslados de los hombres de Witold. Un recluta consiguió el puesto de kapo en un nuevo bloque; otro administraba los establos. Fueron capaces de cobijar a otros, asegurar un poco de comida extra y ejercer cierto grado de control sobre el campo.[16]

Witold visitaba a Karol la mayoría de los días en los establos, donde trabajaba, para darle las últimas noticias radiofónicas y era recompensado a su vez con una chuchería especial: un plato de campaña a base de salvado de trigo mezclado con agua y, la más rara de las chucherías, azúcar. El campo había recibido un vagón de tren con los avíos para los caballos y, si bien se habían contaminado con sal y carbón, Karol descubrió que, si añadía agua, la sal se disolvía

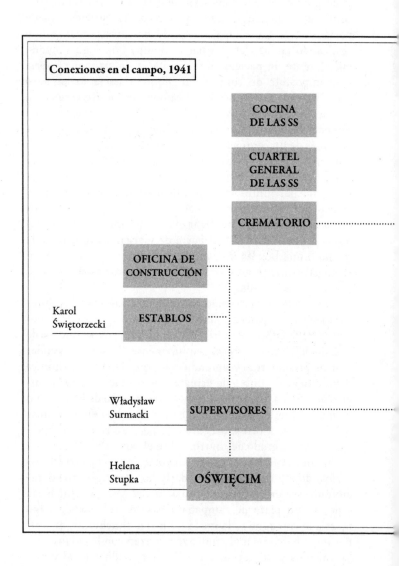

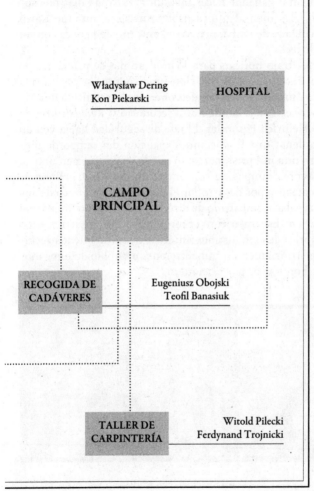

con más rapidez que el azúcar y podía extraerse (el carbón era bueno para la diarrea). La mezcla resultante era el «pastel más fino», recordó Witold. Lo acompañaron con un vaso de leche después de que Karol convenciera a los SS de que su semental ganador necesitaba un balde cada día (por supuesto, el semental nunca probó una gota, aunque Karol tenía cuidado de embadurnarle el entorno de la boca con un poco de leche).[17]

Karol trajo noticias para Witold un día de principios de marzo. El campo había sido clausurado porque se esperaba la visita de un oficial alemán desconocido. El séquito había visitado los establos, donde Karol reconoció al *Reichsführer* de las SS Heinrich Himmler. El jefe de seguridad había venido para ordenar una importante expansión del campo de diez mil a treinta mil prisioneros, lo que lo convertiría en uno de los mayores campos de concentración del Reich. Himmler estaba ansioso por desarrollar el potencial económico de sus campos e iba acompañado de directivos del gigante industrial IG Farben. Esperaba convencerlos para que invirtieran en una fábrica de combustible sintético y caucho que los reclusos construirían en las inmediaciones a cambio de unos modestos honorarios por prisionero.[18]

Karol Świętorzecki, h. 1941.
Cortesía de PMA-B.

Witold averiguó algunas de las intenciones de Himmler en los días sucesivos a través del supervisor Władysław Surmacki en la oficina de construcción de las SS. Władysław había establecido varios contactos entre los reclusos que los SS empleaban para trazar planos arquitectónicos para la ampliación. Le informaron de los planes de urbanizar la plaza donde tenía lugar el recuento con doce nuevos bloques y de añadir más plantas a los edificios ya existentes para incrementar enormemente la capacidad del campo. Los transportes de prisioneros polacos comenzaron a llegar a diario esa primavera, y los bloques se desbordaron de novatos desorientados a los que habían sacado a rastras de las calles o detenido por su participación real o supuesta en la resistencia.[19]

Witold aprovechó la afluencia para intensificar el reclutamiento. En marzo su fuerza se había incrementado en más de varios centenares de hombres, suficientemente influyentes como para proporcionar seguridad a sus miembros, pero

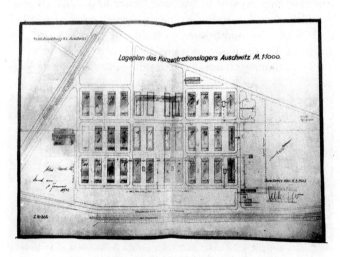

Planes de expansión para el campo, marzo de 1941.
(doce bloques centrales en construcción).
Cortesía de PMA-B.

cuyo tamaño dificultaba cada vez más el secretismo. De hecho, las autoridades del campo sospechaban de la existencia de un grupo clandestino. Pero los SS no concebían la magnitud de la organización de Witold o su parentesco con el movimiento de resistencia en Varsovia. Por el contrario, daban por hecho que los prisioneros se habían segregado en bandas, como era común en otros campos.[20]

Witold, por su parte, se aseguraba de ser la única persona que conocía a todos los miembros de la resistencia. Guardaba discreción y emitía las órdenes y la información a través de confidentes como Karol, pero no cabía duda de que estaba haciéndose conocido en el campo.[21]

Ocasionalmente, la Gestapo escudriñaba sus archivos en busca de prisioneros con antecedentes de labores clandestinas. En el recuento, convocaron a una media docena de hombres a los que ejecutarían después en las graveras. Witold perdió a varios colaboradores de esta forma.

Entonces, una tarde después del trabajo, él y Karol estaban caminando entre la multitud, echando un vistazo a los recién llegados, cuando de repente alguien gritó el nombre de Witold —su nombre real— y este, al volverse, vio a un amigo de Varsovia que corría hacia él.[22]

—¡Conque estás aquí! —exclamó—. La Gestapo de Var-

Witold, hacia marzo de 1941.
Cortesía de PMA-B.

sovia me ha cortado el culo en pedacitos interrogándome sobre el paradero de Witold.[23]

Witold alejó como pudo al hombre despreocupadamente y le hizo jurar que le guardaría el secreto. Aun así, el reencuentro no pasó desapercibido a varios prisioneros.[24]

En torno a esta época, a principios de marzo de 1941, los SS dispusieron un cuarto oscuro en el bloque de la ropa y encontraron a varios reclusos con experiencia en fotografía para tomar fotos de los prisioneros para las fichas. Witold tuvo que hacer cola con hombres de su transporte, de los cuales más de una cuarta parte ya estaban muertos, calculó rápidamente. Cuando le llegó el turno, se sentó en un taburete giratorio con una barra de metal colocada detrás de su cabeza para mantenerla en línea con el objetivo. «Nada de sonreír ni de llorar...», dijo el cámara, siendo el primer requerimiento tan absurdo que casi justificaba una mueca burlona. Witold puso una mirada inexpresiva, pero hundió la barbilla en el cuello para distorsionar sus rasgos por si la Gestapo encontraba una fotografía suya.[25]

Sin embargo, casi se pasa de listo. Unos días más tarde, lo llamaron al bloque de los almacenes. Los SS tenían un pequeño despacho donde guardaban archivos en el edificio donde almacenaban el material de registro, incluidas las fotografías del campo. Un oficial de las SS estaba sentado a un escritorio hojeando documentos. Parecía irritado. Después de que Witold saludara e informara de su número, el hombre sacó un par de fotografías de prisioneros y le pidió que los identificara. Witold no conocía a ninguno, pero pudo ver por sus números que se habían registrado en el campo al mismo tiempo que él. Era altamente sospechoso, dijo el alemán, que no reconociera a quienes habían viajado con él. A continuación miró la fotografía de Witold y luego volvió a mirarlo a él.

—¡No se parece en nada a ti! —exclamó el oficial de las SS.[26]

Witold explicó su hinchada apariencia como un síntoma de problemas de riñón. El hombre de las SS lo miró detenidamente y luego lo despachó con la mano. No era nada, se dijo Witold. Pero unas horas más tarde, de vuelta en el hospital, Dering había recibido el chivatazo de que iban a convocar a Witold al día siguiente. Este sospechó inmediatamente que lo habían identificado. El único prisionero fuera de la organización que sabía que estaba en el campo con un seudónimo era el kapo de la carpintería, Wilhelm Westrych, pero lo habían liberado dos semanas antes. ¿Lo habría traicionado otra persona?[27]

Su única oportunidad era encontrar una explicación plausible para la confusión; la tortura era probable. Dering le enseñó a fingir los síntomas de la meningitis, lo que podría enviarle de vuelta al hospital para recobrar fuerzas o, aunque esto útimo no lo dijo, tomarse una dosis de cianuro.

A la mañana siguiente, leyeron en voz alta el número de Witold durante el recuento, junto con otra veintena de prisioneros. Sonó el gong y marcharon hasta el bloque de registros. Una vez allí formaron una fila en el pasillo mientras comprobaban sus nombres. Sacaron a Witold de la fila y lo llevaron a la sala del correo.

Varios hombres de las SS que estaban escudriñando las cartas de los prisioneros en busca de contenido sospechoso levantaron la vista de sus mesas. Uno de los alemanes le hizo seña de acercarse.

—¡Ay, querido muchacho! —dijo—. ¿Por qué no escribes cartas?[28]

Witold comprendió de repente por qué los habían convocado y casi se rio en voz alta. Era cierto que no había escrito cartas por miedo a llamar la atención sobre Eleonora, pero había previsto que esto podría alertar a los SS y había escondido un legajo de cartas con el sello «rechazada» de la oficina de censura en el bloque.[29]

—Sí que escribo —le dijo al hombre—. Puedo demostrarlo.[30]

Un guardia escoltó a Witold a su bloque para coger las cartas. Estaba a salvo. Pero su satisfacción se vio atemperada por el sonido de los disparos cuando los otros prisioneros convocados junto a él esa mañana fueron ejecutados en una de las graveras.[31]

ϒ

La primavera agitó a los prisioneros. Los kapos empezaron a organizar combates de boxeo los domingos detrás de la cocina, donde quedaban parcialmente ocultos de la vista de las torres de vigilancia. Peleaban entre ellos u, ocasionalmente, apaleaban a algún prisionero desesperado. Un domingo por la tarde del mes de marzo, Witold y otros reclusos estaban en el patio, seguramente quitando piojos de la ropa, una tarea obligatoria de fin de semana, cuando todos oyeron los gritos de un combate. Un prisionero se les acercó corriendo, rojo de euforia. El kapo del matadero del campo, Walter Dunning, retaba a quien osara pelear contra él.

—He oído que algunos de vosotros sabéis boxear —dijo. Ofrecía pan a cambio.[32]

Todos miraron a Tadeusz Pietrzykowski, cuya camisa yacía sobre una pila de ladrillos junto a una de las canteras. Teddy, como lo llamaban, era un recién llegado que había

Teddy Pietrzykowski, 1939.
Cortesía de PMA-B.

entrenado como peso gallo en Varsovia, aunque apenas estaba en forma para pelear.[33]

El supervisor del dormitorio de Teddy le advirtió que era una locura; Dunning era célebre por partir mandíbulas. Teddy se limitó a encogerse de hombros y fue al trote cruzando los charcos de la plaza hacia la cocina, donde un público de kapos se empujaba para poder ver. El musculado Dunning de noventa kilos de peso se erguía a pecho descubierto en el centro de un improvisado ring. Había sido campeón de peso medio en Múnich y conseguía cuanta comida quería en el trabajo. Cuando vieron al menudo Teddy, el gentío coreó: «¡Te va a matar, te va a comer!».[34]

El hambre de Teddy superaba su miedo. Subió al ring y alguien le dio un par de guantes de trabajo mientras Dunning lo miraba. Teddy extendió los guantes para chocarla, su contrincante levantó un solo puño despreocupado en respuesta y luego Bruno Brodniewicz, el kapo jefe y árbitro, gritó: «Combate».[35]

El alemán atacó rápidamente, intentando acabar con Teddy, y ni siquiera se preocupó de mantener los puños en alto. Teddy pudo asestarle un gancho izquierdo antes de esquivarlo. Dunning volvió a arremeter contra él, todavía balanceándose enérgicamente, así que Teddy dio un salto y le asestó otro puñetazo. El patrón se repitió hasta que hicieron sonar el gong de la llamada al recuento para concluir el primer *round*. «¡Dale al alemán!», llegaban los gritos de unos pocos polacos envalentonados entre el público.[36]

Teddy levantó rápidamente el guante para que pararan, pero en cuanto comenzó el siguiente *round* y Teddy le asestó otro puñetazo al alemán que le reventó la nariz, los prisioneros reanudaron las consignas. Esta vez Brodniewicz cogió su porra y arremetió contra la sección de reclusos más ruidosa, rápidamente acompañado por Dunning, al que le goteaba la sangre por el pecho. Los prisioneros se dispersaron, a excepción de Teddy, que seguía en el ring, temiendo lo peor. Dunning se acercó a Teddy y tiró sus guantes al suelo. Luego le dio un apretón de manos y condujo al joven polaco a su bloque.

—¿Cuándo fue la última vez que comiste? —le preguntó de camino.[37]

—Ayer —dijo Teddy.[38]

Dunning le dio media hogaza de pan y un trozo de carne.

—Muy bien, muchacho, muy bien —fue todo lo que dijo.

Teddy corrió a su bloque para compartir las recompensas y consiguió un empleo preciado en los establos después de esto.

En los días sucesivos, todo el campo refería una y otra vez la historia del combate, que crecía con cada nuevo relato.

En la plaza, Witold empezó a oír rumores de alzamientos y fugas por parte de un grupo de coroneles que habían llegado al campo con el nuevo flujo de prisioneros. La mayoría de las tardes podías encontrarlos recorriendo el paseo del río arriba y abajo como en un desfile. Hacía poco habían plantado una hilera de abedules llorones en el paseo y lo bautizaron con el nombre de *Birkenallee*, avenida de los abedules. De la información que Witold pudo recabar, el plan de los coroneles era que uno de sus miembros atacara la entrada principal y escapara para reunir cuantas fuerzas pudiera en la ciudad vecina. Otro coronel se encargaría de contener el campo hasta que llegaran los refuerzos.

Para Witold el plan estaba mal concebido y era prematuro, teniendo en cuenta que cada coronel había reclutado solo a un puñado de hombres. Witold se abstuvo de entrar en contacto con ellos, temiendo su indiscreción y que quisieran aprovecharse de su rango superior. Pero no podía quitarles el ojo de encima, por si lanzaban un ataque que abocara a una represalia alemana. Él seguía pensando lo mismo a propósito de una fuga: el grueso de los prisioneros estaba demasiado débil como para llegar lejos, y la revancha de los SS contra los cientos, incluso miles, que quedaran atrás sería terrorífica.[39]

Witold quería recabar el consejo de Varsovia sobre cómo debía manejar a los coroneles y en torno a abril se puso a trabajar en un informe. Iban a liberar a Karol después de que su familia moviera hilos en Varsovia. Witold se alegraba por él, aunque eso significaba perder a un teniente importante. Hicieron balance de los logros de la resistencia mientras daban cuenta de otro pastel de azúcar: la continua expansión de la organización y su capacidad para sustentar vidas, la red de contrabando y el puesto de escucha de la radio de Dering.

Estos éxitos eran comparados con la creciente tasa de mortalidad. Más de quince mil prisioneros habían llegado a Auschwitz desde su apertura, pero menos de un año después solo seguían con vida en torno a 8500. La seguridad se había extremado también; la única alambrada de espino que rodeaba el perímetro había sido sustituida por una hilera doble de vallas eléctricas, y el comandante Höss instigó una nueva forma macabra de castigo colectivo contra las fugas: elegían a diez prisioneros del bloque del fugitivo al azar y los dejaban morir de hambre en represalia. (La primera vez que ocurrió esto, Marian Batko, una profesora de física de cuarenta años de Cracovia, se ofreció voluntaria para sustituir a un adolescente que había sido seleccionado, para asombro de quienes presenciaron este sacrificio personal.)[40]

Witold incluía esta clase de detalles en el informe oral que pidió a Karol que memorizara. También se debatía con un dilema más personal. El número de prisioneros a los que estaban liberando del campo —más de trescientos desde su apertura— aumentaba las perspectivas de que Maria intentara obtener su libertad. Y lo cierto era que él no quería abandonar el campo, no cuando su trabajo acababa de empezar. Contrariamente a sus temores de que lo eliminaran de la acción de Varsovia, había terminado por entender que Auschwitz era el centro del afán de dominación nazi, y que él estaba justo en el punto de oposición. Era extraño reconocerlo, pero había empezado a sentirse casi feliz. «El trabajo que había empezado me absorbió por completo desde que empecé a coger velocidad en consonancia con mis planes —escribió más tarde—. Empezó a preocuparme de veras que mi familia pudiera comprar mi libertad, como la de otros compañeros, e interrumpir la partida que estaba jugando.» Es probable que Karol llevara un mensaje para su familia: que no intentaran liberarlo bajo ninguna circunstancia.[41]

Witold encontró la oportunidad de estar cerca de la entrada para ver marchar a su amigo. El clima se había suavizado. Karol llevaba el mismo traje de vestir que cuando lo arrestaron, complementado con unos gemelos. El actor de Varsovia Stefan Jaracz estaba siendo liberado al mismo tiempo. Tenía tuberculosis y había padecido congelación hasta tal grado que se le veían los huesos de los pies. Ambos hombres habían sido espolvoreados para ocultar sus heridas a la inspección médica y les habían retocado las mejillas con zumo de remolacha, de modo que parecía que salían para el regreso al escenario.[42]

Cuando Karol se disponía a irse, buscó a Witold con la mirada y lo vio perdido en sus pensamientos momentáneamente. Luego Witold levantó la vista y le guiñó un ojo.[43]

Unos días más tarde, el comandante Höss fue a los establos para dar uno de sus paseos habituales a caballo por los campos para supervisar sus dominios. Teddy, el boxeador, había tomado nota de este hábito, y en una ocasión colocó un botón debajo de la silla del caballo. Tan pronto como Höss pasó una pierna por encima, el animal salió corriendo al galope y el comandante tuvo que aferrarse a él para salvar la vida. Teddy observó con deleite cómo el caballo patinaba y frenaba y luego aceleraba en otra dirección. Unos momentos después, el animal volvió trotando sin su amo. Llevaron a Höss en una camilla al hospital, con un esguince en el pie. Teddy y los demás se echaron unas buenas risas después. No era un levantamiento —todavía—, pero al menos un nazi había sido derrocado.[44]

8

Experimentos

Auschwitz, junio de 1941

$\mathcal{M}$ientras esperaba respuesta de Varsovia, Witold escuchaba la BBC, pendiente de cualquier mención al campo. Pero no decían nada. Los alemanes habían tomado los Balcanes y derrotado a los británicos en Creta. En Libia, los hombres de Rommel cayeron sobre El Cairo. La orquesta del campo, una rutina diaria, tocaba en la entrada marchas militares para los prisioneros cuando partían y regresaban del trabajo. Alguna vez, los reclusos vislumbraban a los SS fuera de servicio tomando el sol en los jardines por las tardes o jugando con sus hijos a orillas del río Soła.[1]

Los prisioneros hallaban confort en el clima cálido que, sin embargo, también provocó el primer brote de tifus. La enfermedad se propagaba a través de los piojos, que eran endémicos en los bloques mugrientos y superpoblados. Los prisioneros se infectaban al rascarse en la piel las heces del insecto, que estaban cargadas de tifus, después de una picadura. La enfermedad empezaba con síntomas gripales y lunares rojos en el torso y los brazos, semejantes a pequeñas joyas incrustadas en la piel, y progresaba rápidamente en alucinaciones febriles, narcosis y una respuesta inmune catastrófica cuando la bacteria colonizaba el revestimiento de los vasos sanguíneos y los órganos principales.[2]

«Un pabellón lleno de pacientes con tifus en la segunda semana de la enfermedad guarda más parecido con el pabe-

167

Orquesta del campo, 1941.
Cortesía de PMA-B.

llón psiquiátrico de un asilo que con el pabellón de un hospital», escribió un médico. A menudo era necesario atar a los pacientes para que no atacaran al personal o se arrojaran por las ventanas o por las escaleras. Los cuatro bloques del hospital estaban atestados de pacientes que deliraban y cuyos gritos tenían al campo con los nervios de punta. No había cura, y los índices de supervivencia eran bajos, pero los que se reponían quedaban inmunizados contra una nueva infección.[3]

El método más sencillo para contener la enfermedad era aliviar las condiciones antihigiénicas, pero los SS recurrieron a métodos más ineficaces, como el despioje de todo el campo, que implicaba mojar a los prisioneros en tinas con una solución de cloro. Dering y los demás enfermeros tam-

Sueños delirantes, dibujo de Stanisław Jaster, hacia 1942.
Cortesía de la familia Sławiński.

bién oyeron oscuras murmuraciones entre los médicos de las SS sobre la necesidad de despejar los pabellones. «¿Qué sentido tiene tener a tantos prisioneros enfermos en el hospital?», declaró un médico recién llegado, el *Sturmbannführer* de las SS Siegfried Schwela. Algunos miembros del personal médico de las SS comenzaron a experimentar con pacientes, inyectándoles varias sustancias —peróxido de hidrógeno, gasolina, evipan, perhidrol, éter— en un intento de practicar la eutanasia a los enfermos.[4]

Dering y los otros enfermeros se vieron cada vez más presionados para participar en los asesinatos. Los SS descubrieron que una dosis de fenol administrada con una jeringuilla directamente al corazón actuaba con más rapidez, y se deshacían rutinariamente de una docena de pacientes al día.

Los médicos de las SS justificaban estos asesinatos como actos de misericordia. «El deber de un médico es curar a sus pacientes, pero solo a aquellos que pueden curarse. A los demás debemos evitarles el sufrimiento», declaró Schwela.[5]

Un día, Dering estaba con un paciente sedado echado sobre una mesa cuando un médico alemán le señaló una jeringuilla en una esquina de la mesa, llenada de un fluido rosa amarillento. «Es una dosis de glucosa», dijo el hombre. Sus ojos delataron un pestañeo de excitación. Dering cogió la jeringuilla sabiendo que era fenol.[6]

—Lo siento, no puedo hacerlo —dijo blandamente, y volvió a dejar la aguja en la mesa. El alemán se mostró más decepcionado que furioso. Ordenó que lo confinaran dos semanas en el bloque y luego dio instrucciones a otro, probablemente a Klehr, de inyectar al hombre. El paciente se estremeció y murió mientras una mancha rosa florecía en su pecho. Pero Dering, que más tarde se enfrentaría a acusaciones de crímenes de guerra por cirugías experimentales, acataba por lo demás las órdenes alemanas, prefiriendo creer que de esa forma salvaría más vidas.[7]

Durante el recuento de la mañana del 22 de junio, Witold percibió que un nuevo estado de ánimo, extraño, reinaba en el campo. Los guardias parecían callados, abatidos, casi temerosos. Los kapos no pegaban a los prisioneros tanto como de costumbre. La voz corrió como la pólvora: Alemania había invadido la Unión Soviética. Witold buscó a Dering para confirmar las noticias en la radio. El odio de Hitler contra el comunismo era conocido de sobra, pero la idea de que Alemania abriera un segundo frente parecía increíble. No obstante, la BBC confirmó que al alba Alemania había atacado a la Unión Soviética con el ejército más grande jamás reunido: cuatro millones de hombres provenientes de las potencias del Eje con seiscientos mil tanques y vehículos motorizados diseminados en un frente de mil seiscientos kilómetros. Las *Einsatzgruppen* de las SS y las unidades policiales militarizadas, conocidas como el Orpo, siguieron su estela en las operaciones de «limpieza» dirigidas contra agentes comunistas y varones judíos en edad militar que eran acusados de ser simpatizantes. Hitler no había concebido aún la Solución Final, pero creía que el comunismo era una invención judía cuyo objetivo era subyugar a la raza aria y que los judíos que se encontraban en la Unión Soviética eran, por lo tanto, combatientes enemigos. Había llegado la hora, anunció Hitler, de actuar contra «esta conspiración de los belicistas anglosajones judíos y de los judíos que detentan el poder en el Centro Bolchevique de Moscú». En cuestión de semanas, los SS abrían fuego también contra mujeres y niños judíos.[8]

Witold desconocía lo que estaba pasando más al este, y era probable que creyera que el foco de Hitler en la dimensión judía de la invasión fuera uno de sus típicos dislates. Él veía la invasión desde una perspectiva militar y esto lo llenaba de esperanza. Puede que Hitler asestara a Stalin un temible golpetazo, pero los alemanes tendrían dificultades para combatir en dos frentes y seguramente los derrotarían. Pronto, Polonia podría reclamar su independencia. El resto de hombres compartía su fe. Esa tarde vio a una multitud jubilosa reunida en torno a uno de los nuevos coroneles del campo, Aleksander Stawarz, mientras bosquejaba la caída alemana en la gravilla de la plaza.[9]

Sin embargo, al cabo de unos días llegaron informes de los veloces avances alemanes a través de las provincias orientales de Polonia ocupadas por los soviéticos. Primero cayó Brześć Litewski y luego, Białystok, Leópolis, Tarnopol y Pińsk. El Ejército Rojo sucumbió a tanta velocidad que los informes de la BBC empezaron a parecer propaganda nazi. Cada semana apresaban a cientos de miles de soldados soviéticos y los encerraban en vastas penitenciarías con escasa comida y agua. El régimen de Stalin parecía en un tris de hundirse, y los líderes nazis trazaban planes para la ocupación a largo plazo del territorio soviético. En julio, pocas semanas después del inicio de la invasión, varios centenares de prisioneros de guerra soviéticos llegaron a Auschwitz, donde los kapos armados de picos y palas los golpearon brutalmente hasta matarlos en las graveras.[10]

La desesperación arrasaba el campo a medida que las vic-

Edward Ciesielski, h. 1941.
Cortesía de PMA-B.

torias alemanas se acumulaban ese verano de 1941. La mayor parte de los días amanecían con un prisionero que corría a la valla eléctrica y terminaba electrocutado por una carga de 220 voltios o una lluvia de balas; los prisioneros lo llamaban «ir a los alambres». Los SS dejaban los cuerpos tendidos como espantapájaros rotos hasta el recuento de la tarde.[11]

Los hombres más jóvenes de Witold estaban particularmente afectados.

—Puedo ver que te rindes al mal humor —le dijo cariñosamente Witold a Edward Ciesielski, apodado «Edek», un muchacho de diecinueve años con hoyuelos en la barbilla y mejillas de bebé del taller de carpintería donde trabajaban—.[12] Recuerda, desmoronarnos no es algo que podamos permitirnos bajo ninguna circunstancia. Las victorias de los alemanes solo posponen su derrota final. Pero esta tiene que suceder, tarde o temprano.

—Solo cuento con usted, señor —dijo Edek usando una mano vendada para secarse las lágrimas.[13]

De noche, Witold sosegaba a su último compañero de colchón —Wincenty Gawron, un artista de treinta y tres años de las tierras altas de Tatra, al sur de Cracovia— con historias de sus aventuras durante la campaña bolchevique. El joven se había dormido generalmente cuando Witold llegaba a la escena en que cargaba a caballo contra las posiciones rusas. En su fuero interno, no obstante, Witold tenía sus dudas. ¿Y si Alemania prevalecía? Quizá fuera mejor sublevarse y morir combatiendo.[14]

Unas semanas más tarde, el comandante Höss hizo un anuncio curioso en el recuento de la mañana. Era un hombre menudo, de labios fruncidos y ojos negros, y las pobladas filas de prisioneros se cuadraron para escucharlo.

—Todos los enfermos o tullidos pueden apuntarse para una visita al sanatorio —dijo—. Los curaremos a todos allí. Por favor, vayan a registrarse al bloque de la ropa.[15]

Witold observó con preocupación a una variopinta multitud que se dirigía dando tumbos al bloque del almacén para apuntar sus nombres. Después buscó a Dering, el cual le dijo que el personal del hospital había recibido la orden de hacer una lista de «incurables». Dering prometió que averiguaría más. Había ganado influencia tras convencer a los alemanes de que lo ascendieran a cirujano jefe y colocaran una sala de operaciones completa, con una mesa, éter y una serie de escalpelos, tijeras, sierras y pinzas. Los SS intentaron que Dering practicara sus dotes quirúrgicas con los reclusos en la instalación, pero Dering veía este avance de otra manera. Su nueva posición le daba autoridad para aceptar a pacientes y determinar su permanencia en el pabellón de recuperación; el poder, en otras palabras, de convertirlo en un refugio para la resistencia. Dering le preguntó a Bock si los SS querían tratar en serio a los llamados «incurables» y este le aseguró que la oferta alemana era sincera.[16]

Dering remitió una lista de reclusos enfermos a los SS a principios de julio. Unas semanas más tarde, el 28 de julio, una comisión médica llegó al hospital para una ulterior selección. El clima era caluroso, de modo que Popiersch, el médico de las SS, se instaló en la calle. El *Sturmbannführer* de

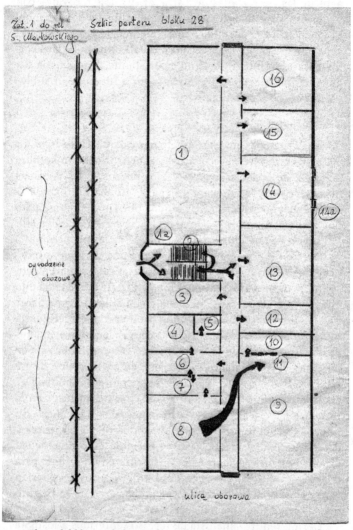

Plano del bloque de hospital con el nuevo quirófano, por Stefan Markowski, posguerra. 1. Sala de enfermeros. 2. Escalera. 3-7. Salas de médicos. 8. Admisiones. 9. Sala de reconocimiento. 10-11. Secretario del bloque. 12. Aseos. 13. Lavabo. 14. Cocina. 15-16. Pabellones. Cortesía de PMA-B.

las SS Horst Schumann, el repeinado director del prometido sanatorio, tomó asiento a la mesa mientras los primeros reclusos iban llegando a duras penas. Klehr cogió las tarjetas médicas de los más enfermos y envió a los seleccionados al bloque de la ropa para que los despiojaran y les dieran prendas y mantas lavadas.[17]

«Los afortunados», los apodaron los demás prisioneros. En el transcurso de varias horas, los pacientes fueron en partidas cada vez más desesperadas a apuntarse en la lista, fingiendo toses y cojeras y sobornando a los enfermeros con pan. «Cogedme, cogedme», gritó un recluso, Aleksander Kołodziejczak, levantando la mano para enseñar el pulgar que le faltaba de una vieja herida. Schumann asintió amablemente y añadió su nombre a la lista, que contaba ya con 575 pacientes, en torno a una quinta parte del hospital.[18]

Los enfermos ya iban de camino al tren que los aguardaba cuando uno de los médicos de las SS le reveló la verdad a Dering. Los seleccionados no iban a un balneario. Se dirigirían a un centro médico secreto en Sonnenstein, a las afueras de Dresde. La instalación era parte de un programa nazi para eliminar a los ciudadanos alemanes con algún impedimento físico o discapacidad mental. El denominado programa T4 se había creado en 1939 y se usaba de laboratorio para desarrollar métodos para matar a grupos grandes de personas. Sus médicos habían sido pioneros en gasear de forma masiva, hacinando a la gente en salas cerradas que inundaban de monóxido de carbono. El programa debía ser secreto, pero salió a la luz pública cuando decenas de miles de personas, muchas de ellas niños, fueron asesinadas en los dos años siguientes. El desasosiego público forzó a los líderes nazis a suspender el programa.[19]

Himmler, no obstante, veía en ese programa un posible modelo futuro para eliminar los «elementos no productivos» de sus campos de concentración, que habían acusado un aumento gigantesco del número de reclusos enfermos en el invierno de 1940. Himmler había alcanzado un acuerdo con los expertos en exterminio del T4 para seleccionar a los prisioneros enfermos y gasearlos esa primavera.[20]

Dering veía con impotencia cómo los reclusos cruzaban penosamente el campo para ir al tren que los aguardaba. Los SS habían acondicionado los vagones con colchones, cojines y cafeteras para mantener la ilusión de unas vacaciones. La visión de los pacientes embarcando con entusiasmo e instalándose fue demasiado para el fornido kapo Krankemann.[21]

—¡Os van a gasear a todos, pedazo de idiotas! —les espetó, según un testimonio. En medio del pánico que siguió, el subcomandante Fritzsch sacó su pistola y ordenó a Krankemann que se colgara con su propio cinturón de las vigas del vagón. Ordenó a otro kapo, Siegruth, el manco, que se subiera al transporte también.[22]

Los enseres y la ropa de los prisioneros muertos fueron devueltos al campo unos días más tarde. Uno de los médicos de las SS le confirmó a Dering que los habían gaseado con monóxido de carbono, a todos excepto a Siegruth, que había sido asesinado en el tren a manos de los prisioneros. Dering se había guardado sus temores para sí, acaso con la esperanza de que no fuera verdad, pero ahora ya no cabía duda. Las noticias pasmaron a los enfermeros. La idea del exterminio masivo era un horror nuevo. «Desde ese momento comprendimos que los SS eran capaces de cualquier cosa», recordó un ordenanza.

Unas semanas después del transporte a Sonnenstein, Schwela pidió una segunda lista de incurables, y corrieron los rumores de que se estaba organizando otro tren. Witold inició una campaña para alertar a los prisioneros de que no se presentaran voluntarios. Dering ayudó a dar de alta a cualquier paciente capaz de caminar. Esto menguó el número de prisioneros, pero cientos continuaron atrapados en los pabellones. Dering entregó a Schwela una lista con una docena de los prisioneros más enfermos con la esperanza de que quedara satisfecho.[23]

Hacia finales de agosto, los SS ordenaron una limpieza a conciencia de los bloques, más que de costumbre, y avisaron a los prisioneros de que la siguiente selección empezaría el día menos pensado. Dering redobló esfuerzos para vaciar los pabellones y preparar las excusas de quienes fueran a quedarse y así minimizar sus dolencias cuando los alemanes empezaran la batida. Para su frustración, algunos prisioneros no quisieron creerle y prefirieron confiar en la promesa de la visita a un balneario hecha por Schwela.[24]

Él y Witold dieron por hecho que los SS enviarían otro transporte de prisioneros a Dresde. Pero había signos de que los alemanes tenían un nuevo plan en mente. Vaciaron el bloque de la unidad penal, que se encontraba en una esquina del campo, y rellenaron de cemento las ventanas medio hundidas de los sótanos. Algunos prisioneros pensaron que los alemanes estaban construyendo un refugio antiaéreo para una inminente ofensiva aliada. Otros no estaban tan seguros. En dos ocasiones anunciaron el cierre del campo, con el confinamiento de los prisioneros a sus dormitorios, pero en cada ocasión los hombres fueron liberados sin que se produjeran incidentes.[25]

De hecho, los SS planeaban ya la segunda ronda de selecciones y ejecuciones dentro del campo, ahora que la lógica y la eficacia de gasear en masa a los prisioneros se habían afianzado. Y lo que es más, planeaban ampliar el programa para hacer frente al flujo de prisioneros de guerra soviéticos que se avecinaba. Himmler había alcanzado un acuerdo con el ejército alemán para transportar a 100 000 soviéticos a Auschwitz. Su deseo era emplear a la mayoría en trabajos forzados al mismo tiempo que destapaba y eliminaba a agentes comunistas y judíos de entre sus filas.[26]

Una buena mañana de principios de septiembre, Schwela y otros dos médicos irrumpieron en el hospital para anunciar que la selección estaba empezando. El cielo estaba gris y plano y el aire cargado de humedad. El cloro de los bloques escocía en las fosas nasales. Schwela, «bajito, orondo, rubio pajizo y de cara afable», según la descripción de Dering, se sentó a una mesa y ordenó a los prisioneros que dieran un paso al frente. Fumaba y sonreía benévolamente, señalando a los candidatos y prometiendo alivio; la ceniza de su cigarrillo acumulándose en el suelo debajo de él mientras Klehr enumeraba a los prisioneros. Dering pudo abogar por unos pocos, pero Schwela buscaba cubrir la cuota. Seleccionaron prácticamente al bloque entero de pacientes tuberculosos y no hubo indultos para las enfermedades infecciosas.[27]

Schwela añadió casi doscientos cincuenta prisioneros a su lista y se dio por satisfecho a mediodía. Envió sus tarjetas al edificio principal del hospital y los enfermeros empezaron a transportar a los enfermos al sótano del bloque penal para que esperaran allí el supuesto tren. Muchos fueron incapaces de caminar el centenar de metros y los enfermeros los transportaron en camillas hasta los escalones del sótano, y luego tuvieron que llevarlos a las celdas cargándolos a la espalda.[28]

Un enfermero, Jan Wolny, recordó que el hombre que llevaba en la espalda lo agarró con tal fuerza alrededor del cuello que no lo dejaba respirar, y tampoco lo soltó cuando llegaron a las habitaciones sofocantes y escasamente iluminadas. Fue solo cuando un hombre de las SS los tiró a ambos al suelo cuando Jan pudo zafarse de él. Al volverse, vio la luz de la escalera atrapar el rostro del afligido hombre un instante. Después se alejó a toda prisa.[29]

«Podías ver, por sus caras aterrorizadas, que sospechaban que iban a morir», recordó Konrad Szweda, otro de los portadores. Era sacerdote y susurraba absoluciones a quienes transportaba al sótano. Los pacientes comatosos estaban apilados los unos encima de los otros, como si ya estuvieran muertos.[30]

Al resto de prisioneros, tensos y nerviosos, se les ordenó que no salieran de sus bloques. Ninguno pudo dormir, pero tampoco tenían ganas de hablar.

Witold se sentó en la creciente oscuridad, esperando. Entonces oyó el sonido de motores diésel pesados. Quienes se atrevieron a echar un vistazo por sus ventanas recordaron haber visto una procesión de camiones que llevaban un nuevo transporte de prisioneros. Los hombres vestían sucios uniformes y gorros *ushanka*. Eran soviéticos, quizá seiscientos en total. Los SS los escoltaron hasta el patio cerrado del bloque penal.[31]

Los camiones se alejaron, sumiendo el campo en un vigilante silencio. Justo después de medianoche, Witold oyó un chillido procedente del bloque penal. No era una única voz, sino muchas, que se agitaban en una escala de octavas. Entre los gritos había palabras, pero se ahogaban unas a otras. Lo oyó una y otra vez, el mismo sonido angustiado, y luego el silencio.[32]

Al día siguiente, un sábado, corrieron rumores por el campo: un prisionero había visto a los SS con máscaras de gas; otro había oído como un alemán despotricaba de los soviéticos, diciendo que se habían llevado su merecido. Un lunes, después del recuento de la tarde, ordenaron otro confinamiento y hubo más actividad de la habitual en el bloque penal. A la mañana siguiente, un enfermero llamado Tadeusz Słowiaczek fue en busca de Witold con un mensaje de Dering. Tadeusz estaba temblando y tenía los ojos desorbitados. Los chillidos de la víspera, dijo sin aliento, provenían de ochocientos cincuenta hombres a los que habían gaseado. Los pacientes llevados allí y los soviéticos que llegaron después estaban todos muertos. Tadeusz y los otros enfermeros se habían pasado casi toda la noche sacando sus cuerpos. Su testimonio era aterrador. El comandante Höss había reunido a los trabajadores médicos en la calle y les había hecho jurar que guardarían el secreto. Después los condujo al sótano del bloque penal, se puso una máscara de gas y bajó los escalones. Emergió unos momentos después e hizo seña a los enfermeros de seguirle dentro.[33]

Las puertas de las celdas estaban abiertas de par en par y, a la tenue luz de una única bombilla, pudieron ver el interior de cada una. Los muertos estaban tan apretujados en cada espacio que seguían en pie, con los miembros entrelazados, los ojos desorbitados, las bocas abiertas, enseñando los dientes en silenciosos gritos. Tenían jirones en la ropa en zonas que debían de haberse arrancado unos a otros, y varios mostraban marcas de mordiscos. En las partes de carne expuestas a la vista, la piel era de un tono azulado oscuro. Cada entrada a una celda enmarcaba la misma escena. Al fondo del pasillo se encontraban los pacientes de hospital a los que habían colocado en celdas menos atestadas. Daba la impresión de que habían adivinado la que se les venía encima, porque algunos se habían metido trapos en la boca y las fosas nasales. Esparcidas por el suelo había bolitas azules que algunos enfermeros reconocieron como el agente pesticida Zyklon B. El lugar ya apestaba a carne descompuesta.[34]

Varios ordenanzas vomitaron en el suelo, pero Gienek, el empleado en la morgue del hospital, conservó la calma y ordenó al resto que empezara por los cadáveres de los pacientes, que parecían menos enmarañados entre sí que los soviéticos. Cargaron con ellos hasta los baños, sosteniendo un cadáver entre dos, hasta que descubrieron que era más rápido arrastrarlos simplemente por el resbaladizo suelo. Los pacientes estaban desnudos, pero los soviéticos iban vestidos y además con uniforme de rayas. Ropa, cigarrillos y enseres formaban una pila. Ocasionalmente, un hombre de las SS se guardaba alguna baratija en el bolsillo cuando creía que nadie miraba.[35]

Teofil, el otro empleado en la morgue, se quedó fuera para supervisar los cadáveres que iban cargando en vagones, donde se sometió a los muertos a la indignidad póstuma de abrirles la boca para extraerles con unos alicates cualquier empaste y prótesis de oro que pudieran tener. Después, los cadáveres fueron despachados al crematorio. Los enfermeros trabajaron toda la noche, pero apenas llegaron a vaciar la mitad de las celdas.

A Tadeusz le costaba hilar las palabras con coherencia cuando concluyó su relato. «¿No lo ve? —le dijo a Witold—. Esto es solo el principio. ¿Qué puede impedir que los alemanes nos gaseen a todos ahora que han visto lo fácil que es matar?»[36]

Los enfermeros volvieron por la noche para terminar de cargar los cadáveres en los vagones. Los cuerpos estaban hinchándose y resbalaban porque había empezado a lloviznar. Los enfermeros usaron sus cinturones para enrollar brazos y piernas y tener más agarre, y arrojaron los cuerpos a bordo. Gienek supervisó un vagón completo con ochenta cuerpos apilados que se tambalearon inclinándose hacia un lado y terminaron por volcar. Un enfermero quedó sepultado debajo de la pila de cadáveres que se escurrieron por el suelo como peces mojados. Los otros corrieron a liberar al hombre que casi se asfixia. Los guardias de las SS se rieron y fueron a buscar a más enfermeros, entre ellos Dering, para que cargaran los cuerpos a sus espaldas hasta el crematorio. Como la morgue ya estaba llena, dejaron los cadáveres en la puerta.[37]

Witold no alcanzaba a entender las intenciones de los nazis. El primer gaseamiento de incurables a las afueras de Dresde había obedecido al menos a una lógica: la de eliminar a quienes no podían trabajar. Para las SS, no tenía sentido matar a soviéticos sin haberles extraído su fuerza de trabajo. Lo que Witold sí sabía era que el experimento suponía una crueldad sin precedentes de tal magnitud que podría impactar a los Aliados y hacerles entender la importancia del campo. El 14 de septiembre, uno de los enfermeros, Marian Dipont, fue liberado del campo, y es probable que fuera el primer testigo presencial en ofrecer a Varsovia un relato del gaseamiento y un informe oral. Witold intentó acumular más información en los días sucesivos, pero el experimento del bloque penal no se repitió.[38]

Una semana después, seleccionaron el bloque de Witold para usarlo de instalación de despioje adicional, y a él lo trasladaron a un barracón a lo largo del perímetro mirando al crematorio. El clima se había enfriado y un viento cortante barría las calles. El recuento estaba a punto de empezar y Witold salía presuroso del edificio cuando vio a guardias de las SS que, usando las culatas de sus rifles, llevaban en rebaño a una larga columna de hombres desnudos dispuestos en filas de a cinco dentro del crematorio. Witold supuso que serían soviéticos llegados al campo la noche anterior y que iban a darles ropa interior y uniformes, aunque le escamó que usaran el crematorio para este fin.

Esa noche se enteró de que los SS habían vaciado latas de Zyklon B sobre los aterrados hombres a través de agujeros perforados para la ocasión en la azotea. Witold reconoció la lógica siniestra de matar a los soviéticos en el crematorio. Gasear a las víctimas junto a los hornos les ahorraba tener que arrastrar los cadáveres por todo el campo. Además, gracias al sistema de ventilación de la morgue, los residuos de Zyklon B podrían limpiarse rápidamente. Pero no comprendió que acababa de presenciar la creación de la primera cámara de gas del campo, con el poder de asesinar a escala industrial. Como tampoco pudo imaginar la ideología del exterminio.[39]

Witold conjeturó que habrían asesinado a los soviéticos por falta de alojamiento para ellos. Su conclusión se reforzó unos días más tarde, cuando acordonaron varios bloques con alambre de espino, llamándolo el «campo de prisioneros de guerra soviéticos».[40]

En octubre llegó el primero de una docena de trenes de carga con miles de prisioneros de guerra soviéticos. Los obligaron a desnudarse y a meterse en una tina de hediondo desinfectante antes de conducirlos al campo, donde corrió el grito de: «¡Que vienen!». Los kapos espantaron al resto de prisioneros para que volvieran a sus bloques. Era un día soleado y frío, y había llegado la primera helada, revistiendo de hielo las ventanas. Witold vislumbró a los soviéticos en cuclillas fuera de sus bloques, desnudos y temblando. Algunos de los hombres de las SS tenían cámaras y les sacaban fotos. Dejaron a los soviéticos en el patio toda la noche, aullando de frío.[41]

A la mañana siguiente el campo se despertó y los desdichados seguían allí, aún en cuclillas, pero grises e inmóviles. El gélido viento del norte había agolpado oscuros nubarrones. Michał, el amigo que Witold había hecho en el taller de carpintería, fue a echarles un vistazo.

—Van a terminar con esta gente —informó a su vuelta—. El kapo dice que van a dejarlos fuera hasta la tarde.

Se sacó un cigarrillo y se enredó torpemente con las cerillas. Tampoco les habían dado de comer.[42]

—Quien mata a prisioneros de guerra nunca puede ganar la guerra —observó un recluso—. Cuando el otro bando lo descubra, habrá un combate a muerte.[43]

La morgue del crematorio en el campo principal.
Cortesía de Jarosław Fiedor.

Witold creyó una vez que su trabajo en el campo formaba parte de una partida, pero ya no era así. No había nada que ganar en este lugar.

Cada pocos días llegaban más transportes con prisioneros de guerra soviéticos. Witold reconoció que era necesario informar de las atrocidades alemanas contra los soldados. Esto le exigió cruzar una barrera emocional, habida cuenta del papel de la Unión Soviética en la destrucción y la ocupación de su país. De hecho, el tono con que describe el apuro de los soviéticos es considerablemente moderado. Por un instante sopesó la posibilidad de forjar una alianza, pero los enfermeros polacos asignados al cuidado de los prisioneros de guerra soviéticos en un bloque de hospital rudimentario le informaron de que los hombres estaban tan deshechos y desmoralizados que era mejor que Witold no se arriesgara a contarles nada. En cambio, Witold se centró en informar de su tormento. Preparó un segundo informe oral sobre los experimentos con gas y el súbito flujo de prisioneros de guerra soviéticos. Probablemente, otro prisionero liberado el 22 de octubre, cuyo nombre era Czesław Wąsowski, sacó del campo el informe.[44]

A principios de noviembre, el contingente soviético alcanzó los diez mil hombres, igualando casi al número de polacos en el campo. Los pusieron a construir un campo nuevo para otros cien mil prisioneros a tres kilómetros de distancia, en la zona de pantanos y sotos de abedules que daban lugar a su nombre: Brzezinka, o Birkenau en alemán. Los soviéticos empezaron a demoler un pueblecito polaco cerca del emplazamiento para salvar suministros para los nuevos barracones. Las SS planeaban construir 174 barracones de ladrillo sobre un terreno anegado de ochenta y una hectáreas.[45]

Witold no podía sino imaginar la función del campo una vez terminado: por su gran tamaño, dedujo que los nazis estarían planeando convertirlo en un centro de recogida central de prisioneros soviéticos. Witold supuso que probablemente los explotarían hasta la expiración. El contingente soviético volvía cojeando del trabajo cada día, tirando de carretas de cosecha apiladas con los cuerpos de sus camaradas fallecidos o con quienes ya no eran capaces de moverse. El crematorio existente no era suficiente para el volumen de cadáveres. Los SS decidieron enterrarlos en el bosque de Birkenau y luego, cuando el suelo se congeló, los guardaron en uno de los bloques soviéticos del campo principal. Llenaron primero el sótano, y luego las dos siguientes plantas, y los muertos reemplazaron a los vivos.[46]

Witold estaba decidido a hacerse una idea del número de soldados que morían y colocó a un recluta en la oficina de registros, donde los prisioneros trabajaban de oficinistas. De acuerdo con su fuente, 3 150 prisioneros de guerra soviéticos habían muerto en aproximadamente un mes; más que todos los polacos perecidos el primer año de existencia del campo. Witold no podía discernir el objetivo último del campo —el propio liderazgo nazi no se había pronunciado todavía—, pero viendo la escalada de horrores supo que tenía que provocar una respuesta aliada. Su siguiente mensajero, el carpintero Ferdynand Trojnicki, fue liberado a mediados de no-

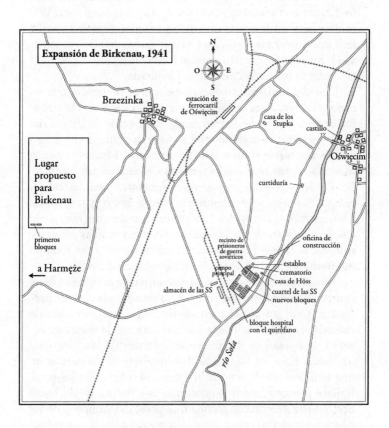

viembre con noticias de Birkenau y las últimas cifras. El superviviente Władysław Surmacki partió unas semanas más tarde con un informe similar. En ambas ocasiones, Witold se llevó a los hombres aparte y les hizo repetir su mensaje una y otra vez hasta asegurarse de que habían memorizado los detalles y entendido cómo usar los datos para defender la necesidad de una acción aliada.[47]

Después, empezó a sopesar con cierta renuencia que su única esperanza era organizar una sublevación en el campo. Las probabilidades no habían cambiado. Es más, la guarnición de las SS se había duplicado en los meses recientes hasta alcanzar los dos mil hombres aproximadamente. Muchos, si no la mayoría de sus reclutados, perderían la vida en un combate. Pero quizá sus vidas eran el coste necesario para destruir el campo. Si quería tener alguna posibilidad de éxito, necesitaría a los coroneles. Witold los había observado durante meses con creciente respeto a medida que creaban sus propias células y evitaban ser detectados. Juntos debían de sumar como mínimo mil hombres; los suficientes para hacer algún daño.[48]

Witold sabía que el reglamento militar le exigiría ceder el control si formaban una resistencia combinada. Sentía predilección por un oficial menudo de Bydgoszcz, del oeste de Polonia, llamado Kazimierz Rawicz. Durante la invasión alemana, la unidad de Rawicz había sido una de las pocas que combatió hasta el final. Los dos hombres se reunieron en una gélida tarde de noviembre junto al bloque del hospital. Rawicz pensaba, como Witold, que una fuerza de mil hombres podría destruir al menos una parte del campo y de las líneas ferroviarias cercanas, al tiempo que crearía una ventana de oportunidades para la huida de los prisioneros. También dijo tener un canal de comunicación con Varsovia y sugirió que presentaran el plan al liderazgo de la resistencia para obtener luz verde.[49]

Witold sabía que planear una sublevación les llevaría meses y que organizar un ejército de ese tamaño era una empresa cargada de peligros, pero en los días sucesivos fue a trabajar con un propósito renovado. Encontró un puesto en un antiguo complejo de curtidurías fuera del campo, donde las SS empleaban a varios centenares de obreros cualificados. Los curtidores, los cerrajeros, los herreros y los sastres tenían sus propios talleres y su objetivo era obtener productos básicos para el campo, pero los kapos habían creado un pequeño negocio que ofrecía los servicios de los prisioneros a las SS. Las incesantes idas y venidas de los alemanes propiciaron que Witold estuviera peligrosamente cerca de sus atormentadores. Höss encargó la maqueta de un avión para su primogénito; Fritzsch llegó después pidiendo velas talladas con Blancanieves y los siete enanitos. Luego, Fritz Seidler, que había amenazado a Witold con la muerte inminente en su primera noche en el campo, se acercó directamente a su mesa, en el taller de tallado, donde su amigo Wincenty estaba trabajando en un retrato de Hitler para su kapo. Seidler los miró a ellos y al cuadro. Todos se pusieron tensos aguardando el veredicto.[50]

—Tiene buena pinta —dijo finalmente—. Cuando esté acabado, me lo llevaré y lo colgaré en casa.

—Es un honor, señor —intervino el kapo—. Un gran honor.[52]

En el camino de vuelta del trabajo, Witold solo pensaba en el ataque. Siempre que podía, robaba momentos para

Kazimierz Rawicz, hacia 1941.
Cortesía de PMA-B.

conspirar con los demás. Uno de sus reclutas de la curtiduría había fabricado un escondite en el vestíbulo principal del complejo. La sala contenía una docena de hoyos profundos con soluciones químicas. Los curtidores habían dejado seco uno de los hoyos y envolvieron troncos con tiras de cuero secándose para cubrir la boca. El hoyo era el lugar perfecto para hablar de los asuntos de la resistencia. Los curtidores a menudo ofrecían vaca y orejas de cerdo asadas en la estufa de la sala de secado. Habían preparado otra delicia: un baño en el amplio tanque de agua caliente donde empapaban las pieles. «Me di un baño y me sentí como antes, cuando era un hombre libre —recordó Witold—. Era inconcebible.»[53]

Estos momentos no podían durar, ni él quería que durasen, con la sublevación tan cerca y tanta muerte a su alrededor. El 11 de noviembre, Día del Armisticio y aniversario de la Independencia polaca, los SS dijeron en voz alta el nombre de 151 prisioneros durante el recuento y se los llevaron a un patio cerrado que había sido recientemente construido junto al bloque penal. Uno a uno, les dispararon con una pistola neumática con sistema de cerrojo, de la clase que se usaba para matar ganado. Había tanta sangre que corría por el desagüe y rezumaba por debajo de la verja del patio hasta llegar a la calle.[54]

Witold seguía en el trabajo cuando oyó la noticia. Se sumió en un pétreo silencio. Uno de los tallistas rompió en sollozos. Otto, el kapo alemán que era amigable, quedó consternado.

—¡No hay ningún Dios! —exclamó con manos temblorosas mientras intentaba sacar un cigarrillo—. No pueden salirse con la suya. Tienen que perder la guerra por tanta crueldad.[55]

—¿Eso crees? —preguntó uno de los tallistas, con un tono ligeramente hostil.[56]

—Hago lo que puedo —dijo Otto.[57]

—Ya lo sé, ya —repuso el tallista—, pero intenta no pensar en nada más hasta que paremos a estos cabrones.

Unos días más tarde, Witold comunicó a Wincenty que el número de hombres que custodiaban la curtiduría se había reducido a veinte. Entonces, un día de diciembre, apenas quedaba una docena. Puede que se estuvieran contagiando de un virus estomacal; no importaba.[58]

—¿Lo ves? —susurró Witold a Wincenty cuando llegaron al taller—. Podríamos derrotarlos fácilmente, ponernos sus uniformes y sorprender al campo.[59]

Wincenty hizo ademán de reír, pero Witold tenía otra mirada y su voz sonaba diferente.

—Es factible en teoría —aventuró el joven.[60]

La siguiente fase había empezado.

9

Cambios

Varsovia, noviembre de 1941

*E*l líder de la resistencia, Stefan Rowecki, recibió los informes de Witold sobre el gaseamiento de los prisioneros de guerra soviéticos ese otoño. Él, al igual que Witold, no estaba seguro de cómo actuar ante esta nueva barbarie. Ciertamente, contravenía el derecho internacional. Pero Rowecki no infería la capacidad de matar de los nazis con su brutal proyecto en Varsovia. Los alemanes habían hacinado a la comunidad de cuatrocientos mil judíos de la ciudad en las atestadas calles del gueto, donde cada mes morían por miles debido a la escasez de alimentos y de asistencia médica. Para colmo, los hombres de Rowecki reportaban que los alemanes estaban cometiendo fusilamientos masivos de judíos en lo que ahora era la Polonia oriental ocupada por los nazis. Pero para Rowecki estos incidentes eran pogromos aislados y no el principio de una campaña de asesinatos masivos.[1]

El gaseamiento en Auschwitz parecía ser un caso aislado, y los colegas de Rowecki tenían la teoría de que el gas era una nueva arma que estaban probando para usar en el frente. Las noticias de que el campo iba camino de convertirse en un importante centro de detención de prisioneros de guerra soviéticos sugerían que los nazis querían utilizar a los soviéticos como mano de obra esclava, como hacían con los polacos.[2]

Rowecki ordenó transcribir los informes de Witold y se los entregó a su mejor correo, Sven Norrman, un sueco serio de cincuenta y cuatro años que dirigía la rama polaca de una firma de ingeniería eléctrica sueca en Varsovia. Norrman despreciaba lo que los alemanes estaban haciendo con su ciudad de adopción y creía que, como forastero, tenía el deber de compartir lo que veía.

Como Suecia era un país neutral en la guerra, podía viajar entre Polonia y Estocolmo y eso lo convertía en el correo ideal. Rowecki se reunía regularmente con Norrman en el restaurante U Elny Gistedt, en el centro urbano, donde podían asegurarse la discreción de la anfitriona, compartiendo un almuerzo decente con productos del mercado negro y cerveza servida disimuladamente en tazas de papel.[3]

Norrman partió a Berlín a mediados de noviembre llevando un informe que contenía las noticias de los gaseamientos en un rollo de microfilm de 16 o 35 milímetros escondido en una maleta con doble fondo. Un solo rollo, grabado con una cámara provista de una lente microscópica, podía contener 2 400 páginas de informes y tenía la virtud de ser ilegible a simple vista, lo que, en caso de que te apresaran, te hacía ganar tiempo.[4]

Norrman profesó en voz alta su admiración por el nacionalsocialismo delante de sus compañeros de tren y cruzó el aeropuerto Tempelhof de Berlín sin problemas para embarcar en un avión Douglas con destino a Estocolmo. A pesar de la presión alemana, los polacos habían mantenido su legación abierta en la capital sueca. Norrman, probablemente entregó el microfilm allí para que pudieran enviarlo en la línea de correo que los británicos operaban alrededor de la punta norte de Noruega hasta la base aérea de Leuchars, cerca de Saint Andrews, en la costa escocesa. Desde allí, el informe fue entregado a Londres para su verificación por parte de las autoridades británicas antes de llegar finalmente al líder polaco, Władysław Sikorski, en su cuartel general en el hotel Rubens a finales de noviembre.[5]

El informe llegó a Londres cuando los oficiales británicos trataban de dar una explicación propia a las atrocidades alemanas en la Unión Soviética. La amenaza inmediata de una invasión de Gran Bretaña se había disipado y, si bien la Luftwaffe continuaba golpeando las ciudades británicas, la Blitz era menos intensa. Los londinenses hablaban tímidamente del paso de la tormenta, pero Churchill sabía que la guerra pendía de un hilo.

«Cada semana los pelotones de fusilamiento [de Hitler] están entretenidos en una docena de territorios —dijo Churchill a los radioyentes el 3 de mayo de 1941—. Los lunes fusilan a holandeses. Los martes, a noruegos. Los miércoles llevan al paredón a franceses o belgas. Los jueves les toca sufrir a los checos, y ahora son serbios y griegos los que incrementan su repulsiva cuenta de ejecuciones. Pero siempre, todos los días, caen polacos.»[6]

Estas declaraciones públicas de Churchill encajaban con la narrativa establecida de la brutalidad alemana y su propósito principal era recordar a los radioyentes británicos la necesidad de seguir combatiendo contra Hitler. Pero Churchill también sabía que el comienzo de la ofensiva alemana contra la Unión Soviética en junio de 1941 marcaba un cambio inquietante en la naturaleza de las atrocidades alemanas. Criptógrafos británicos en la mansión de Bletchey Park habían estado descifrando algunos de los mensajess que los alemanes enviaban a través de las llamadas Enigma, un dispositivo que usaba rotores para cifrar letras mecánicamente. Los alemanes estaban tan confiados en la imposibilidad de descifrar el Enigma que raras veces cambiaban sus códigos, pero la inteligencia polaca hizo una réplica secreta de una primera versión de la máquina y se la entregó a los británicos en 1939. A finales de junio de 1941, los ingleses empezaron a captar mensajes de radio que las unidades de la policía militarizada Orpo enviaban a Berlín y que enumeraban las colosales cifras de judíos fusilados junto con los llamados partisanos y simpatizantes comunistas.[7] Las cifras eran tan escandalosamente elevadas que al principio los analistas británicos se devanaban los sesos con las listas descodificadas por lo que parecía una enorme exigeración.

«Que todos los ejecutados como "judíos" lo sean de verdad

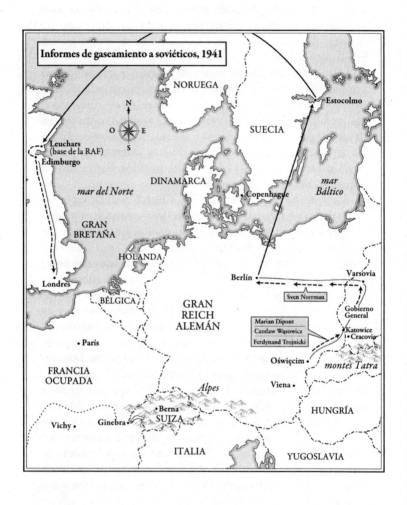

es, desde luego, dudoso —escribió un analista—. No hay duda de que muchos no eran judíos; pero que esta información arroje cifras preocupantes revela que este es el terreno para matar más aceptable entre las más Altas Instancias.»[8]

Hacia finales de agosto de 1941, Churchill comprendió que la campaña nazi contra los judíos era sanguinaria y sin precedentes en su magnitud. Pero, al igual que Rowecki en Varsovia, tampoco supo identificarla como un genocidio. Sabía de la política nazi de preguerra que se cebaba con los judíos alemanes y que Hitler había amenazado con hacer pagar a todos los judíos por la guerra, pero al parecer no había establecido una conexión entre la doctrina nazi y los pormenores que llegaban de Rusia. El 25 de agosto, dijo a los oyentes de la BBC que «decenas de miles —literalmente decenas de miles— de ejecuciones a sangre fría han sido perpetradas por las tropas de la policía alemana contra los patriotas rusos que defienden su tierra natal... estamos ante un crimen sin nombre».[9]

El discurso suscitó titulares pero también recalcó los desafíos de llamar la atención sobre los asesinatos. El que Churchill no mencionara que muchos de los asesinados eran judíos obedeció posiblemente al deseo de ocultar el origen de las informaciones. Pero la omisión también reflejaba el razonamiento de algunos oficiales: que centrarse en las penurias de los judíos avivaría el antisemitismo en casa, un argumento que reflejaba principalmente su propio refinado racismo.[10]

Victor Cavendish-Bentinck, el presidente del Comité Conjunto de Inteligencia británico, se mostró escéptico con los datos, a pesar de ser uno de los pocos oficiales con acceso a las intercepciones de las fuerzas del orden alemanas. Cuando se enteró, por fuentes soviéticas, del exterminio de treinta y tres mil judíos en el barranco de Babi Yar a las afueras de Kiev a finales de septiembre, dijo que el informe era «producto de las imaginaciones eslavas» y citó el hecho de que la propia Gran Bretaña había «disipado rumores de atrocidades y horrores por varios propósitos» durante la guerra precedente. Concluyó: «No me cabe duda de que es una estrategia muy manida». Pensaba que las atrocidades nazis, si es que existían, eran un tema que era preferible abordar después de la guerra.[11]

El antisemitismo probablemente tuvo algo que ver en el fracaso colectivo del Gobierno británico a la hora de confrontar la evidencia. Pero también tuvo que ver la magnitud y la novedad histórica del crimen. Como el teólogo neerlandés Willem Visser 't Hooft escribió después de la guerra: «La gente no pudo encontrar el espacio en su conciencia para semejante horror inimaginable, y... no tenía la imaginación, como tampoco la valentía, de enfrentarse a él». Era posible, concluía Hooft, vivir en la «penumbra entre saber y no saber». En otras palabras, hasta que los oficiales británicos aceptaron la realidad de los asesinatos en masa, ya fuera por el peso de la evidencia, ya por una súbita profesión de empatía, no había posibilidad de disipar la penumbra.[12]

Entretanto, el líder polaco Sikorski representaba la mejor esperanza de centrar la atención de los británicos en las rampantes atrocidades, incluidas las de Auschwitz. Durante el verano de 1941, el Gobierno polaco en el exilio publicó el primer testimonio del campo en lengua inglesa en un periódico quincenal del Gobierno, basado principalmente en el primer informe de Witold. El Gobierno británico se limitó a permitir que los polacos difundieran los datos, pero se contuvo de refrendar los descubrimientos y disuadió a los editores de prensa de abordar la cuestión. «El puro "horror" que instilan las historias de tortura como la de los campos de concentración... repelen las mentes normales —apuntaba un memorando del Ministerio del Interior británico en julio de 1941—. Cierta cantidad de horror es necesaria, pero debe usarse con mucha moderación y debe abordar siempre el tratamiento de personas indiscutiblemente inocentes. No de rivales políticos violentos. Y no de judíos.» Los periódicos británicos seguían sin publicar los pormenores del campo, y la opinión pública seguía recibiendo las historias de la brutalidad alemana con escepticismo.[13]

Sikorski intentó persuadir a los británicos para que emitieran una declaración general condenando las atrocidades nazis, con la esperanza de imprimir el impulso necesario para bombardear objetivos alemanes en Polonia. Sin embargo, el Ministerio de Asuntos Exteriores era reacio a respaldar la propuesta de Sikorski, que la veía como una distracción del esfuerzo bélico principal. Pero justo cuando la causa de Sikorski parecía perdida, el presidente de Estados Unidos, Franklin Roosevelt, hizo un discurso amenazando con un «espantoso castigo» por los crímenes de guerra alemanes en Francia.[14]

Los comentarios de Roosevelt se interpretaron como una señal de que Estados Unidos se estaba preparando para la guerra. Churchill, deseoso de cortejar a los estadounidenses, emitió su propio comunicado, asegurando que la persecución de los crímenes de guerra era ahora un objetivo principal de la guerra. El secretario de Exteriores, Anthony Eden, acordó apresuradamente celebrar una conferencia sobre los crímenes de guerra en enero, en la que se presentaría un comunicado conjunto polaco y checo.[15]

Sikorski aprovechó al máximo la inauguración de la conferencia. Había comisionado un compendio de crímenes alemanes titulado *El libro negro de Polonia* para la conferencia. El material del primer informe de Witold tuvo de nuevo un papel destacado en la discusión sobre el campo de concentración en el libro. Los autores del libro se centraron principalmente en los crímenes nazis contra los polacos. El trato dispensado a los judíos polacos en el gueto se describió brevemente, pero no así los asesinatos masivos de judíos en territorio controlado por los soviéticos, que podrían haber abierto una discusión sobre el papel de los polacos en algunas de las ejecuciones. Tampoco se mencionaban los experimentos con gas realizados a los prisioneros de guerra soviéticos en Auschwitz. No obstante, Sikorski confiaba en que el libro le procuraría apoyo para su campaña de bombardeos propuesta.[16]

Esta esperanza se volvió una posibilidad más viable cuando Estados Unidos entró en la guerra después del ataque japonés contra la flota del Pacífico de Estados Unidos en Pearl Harbor el 7 de diciembre. Los británicos ya no estaban solos y Churchill podía empezar a pensar concretamente en una invasión conjunta del continente, quizá tan pronto como al año siguiente. La Conferencia de Saint James en Westminster, como se la conoce, representó la primera reunión de las potencias aliadas al completo. Anthony Eden, el embajador estadounidense Anthony Drexel Biddle y su homólogo ruso, junto con numerosos oficiales de otros gobiernos en el exilio, escucharon el discurso de apertura de Sikorski el 11 de enero, con el que buscó implicar a los Aliados en torno a la cuestión de los crímenes alemanes y establecer el principio de castigo.[17]

«Que esto sea una advertencia de que todo aquel que esté causando daños a civiles en nuestros países será castigado —dijo Sikorski a la audiencia—. También podría ser una chispa de esperanza para esos millones de personas que están haciendo su trabajo en los países ocupados. Sabrán que hay un castigo para los agresores.»[18]

No se alcanzó un consenso sobre la forma que tomaría el castigo. Pero Sikorski sabía que reunir más pruebas de las atrocidades nazis era esencial. Había presionado a Dalton para que organizara más saltos en paracaídas de la Dirección de Operaciones Especiales (SOE). Los cielos nublados y la preocupación de los británicos por apoyar al esfuerzo bélico soviético se habían traducido en apenas tres incursiones aéreas hasta la fecha. Sikorski sabía que tendrían que hacer más para defender la necesidad de actuar.[19]

10

Paraíso

Auschwitz, diciembre de 1941

El plan de la sublevación renovó las energías de los hombres de Witold. Sin embargo, a él le preocupaba no haber recibido noticias de Varsovia desde su llegada al campo. ¿Estaban llegando sus mensajes? ¿No habría conseguido transmitir la asombrosa naturaleza de los crímenes que había presenciado? La BBC informaba de que Churchill y Roosevelt preparaban una importante ofensiva contra los alemanes. Witold tenía que hacerles ver como fuera que Auschwitz encarnaba el epicentro de la maldad nazi. Por eso, cuando Rawicz ultimó los planes de la sublevación, Witold centró su interés en los planes alemanes para la rápida expansión del campo.[1]

Le intrigó enterarse por sus hombres de que habían descubierto otra célula de resistencia que dirigía su propia operación de recopilación de datos. Su líder era un conocido activista y parlamentario de izquierdas llamado Stanisław Dubois y lo habían encarcelado antes de la guerra por oponerse a las políticas derechistas del Gobierno. Había llegado a Auschwitz en el mismo transporte que Witold bajo un nombre falso, pero la Gestapo lo requirió de nuevo en Varsovia para interrogarlo más a fondo. Tras regresar al campo en el verano de 1941, formó una célula socialista.[2]

Witold mantuvo la distancia al principio, temiendo, acaso, que la Gestapo siguiera vigilándolo, pero parecía que los alemanes lo dejaban en paz. Podías encontrar a Stanisław —Stasiek para los amigos— la mayoría de las noches fuera de su bloque, chupando un cigarro. No era imponente físicamente, recordó un amigo. «Era un poco pálido, pero tenía los ojos chispeantes. Era decidido y algo impertinente.» Witold se puso en contacto con Stasiek después de descubrir que los dos habían infiltrado reclutas en los cuarteles de las SS, y ambos convinieron en coordinar esfuerzos.[3]

Volvieron a verse con otros líderes de la resistencia en Nochebuena, un día de descanso en el campo. Esa noche estaban a menos diez grados y medio, la nieve caía en copos de cristal y los guardias de las SS encargados del recuento estaban deseando volver adentro. Los prisioneros regresaron a los barracones para tomarse la sopa con pan, y los kapos los dejaron tranquilos. Wincenty había colado clandestinamente un abeto en uno de los dormitorios y lo había decorado con ángeles, estrellas y un águila tallada de tubérculos. El profesor Roman Rybarski, un político de derechas, dio un discurso y repartió galletas navideñas de contrabando. Lue-

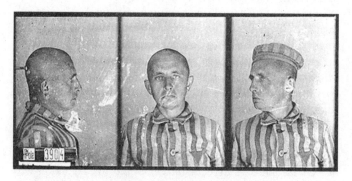

Stanisław Dubois, hacia 1941.
Cortesía de PMA-B.

Dibujo de un águila con una corona en la cabeza, el emblema nacional de Polonia, que adornaba el árbol de Navidad en 1941, por Wincenty Gawron, posguerra.

Cortesía de Ewa Biały y Zofia Wiśniewska.

go abrazó a Stasiek, un antiguo adversario político, para callada satisfacción de Witold. «Uno tenía que enseñar a diario a los polacos una montaña de cadáveres polacos para que se reconciliaran», observó más tarde.[4]

El mejor discurso de esa noche fue el más simple, el del oficinista del bloque: «¡Queridos amigos! Apoyaos los unos a los otros, sed amables los unos con los otros y que la chimenea humee lo menos posible».[5]

Cuando se recogieron esa noche, oyeron a un guardia alemán silbando «Noche de Paz» en una de las torres de vigilancia.

La oficina de registros de las SS obsequió con un tesoro de datos a Witold y Stasiek. La oficina contenía un libro mayor conocido como el *Stärkebuch*, o libro de cuentas diario, donde se apuntaban las nuevas llegadas, las transferencias, las liberaciones y cada muerte. Aquí estaba la prueba que la resistencia necesitaba para documentar plenamente los crímenes nazis. Hasta entonces, Witold había prohibido guardar documentos escritos por cuestiones de seguridad, pero comprendió que la verdadera magnitud de las atrocidades solo podría preservarse fielmente sobre el papel y aceptó un cambio de política.[6]

En enero de 1942, los reclutas de Witold y Stasiek en la oficina de registros empezaron a hacer una copia del *Stärkebuch*. De día no había oportunidad para ello, pero cuando múltiples transportes llegaban a la vez, los oficinistas a veces tenían que trabajar de noche con poca o ninguna supervisión. Los documentos copiados eran llevados después al bloque del almacén, donde otro miembro de la resistencia cotejaba la información y la escondía. Stasiek preparó después informes

Kazimierz Jarzębowski, retrato
de Jan Komski, posguerra.
Cortesía de PMA-B.

escritos para que los supervisores los sacaran del campo. En marzo de 1942, calculó que 30 000 polacos habían sido registrados en el campo, de los cuales 11 132 seguían vivos. La cifra incluía a unos 2000 judíos polacos traídos al campo, que habían muerto en su mayoría. De los 12 000 prisioneros de guerra soviéticos llegados al campo, solo en torno a un centenar seguían vivos.[7]

El liderazgo de la operación de contrabando había recaído sobre un ingeniero de aspecto plácido llamado Kazimierz Jarzębowski, que estaba al cargo de los supervisores reclusos. El hombre escondía los documentos en cilindros para mapas o en las piezas huecas de sus herramientas de medición y luego dejaba el material en varios puntos de recogida en los prados que circundaban el campo para que Helena Stupka y otros lo recogieran.[8]

Helena había empezado a utilizar a su hijo de seis años, Jacek, para entregar y recoger mensajes, desde que habían

Jacek Stupka,
durante la guerra.
Cortesía de la familia Stupka.

expulsado a su familia de su casa, cerca del campo, a la otra orilla del río. Jacek esperaba junto al puente a que pasaran los supervisores y sabía que podía abordarles si cantaban una melodía concreta. Eso significaba que habían sobornado a los SS. Una vez, el chico confundió la melodía y un guardia lo cogió de las orejas y lo devolvió al otro lado del puente, arrancándole los lóbulos en el proceso, aunque se salvó de milagro después de todo.[9]

Mientras la resistencia preparaba sus informes clandestinos, Witold descubrió un método más directo para ponerse en contacto con el mundo exterior. En febrero de 1942, existía un área del campo que la resistencia había sido incapaz de penetrar: la sala de radio de los cuarteles de las SS, donde las autoridades se comunicaban con Berlín. Auschwitz, como otros campos de concentración, tenía una de esas máquinas Enigma para cifrar mensajes y una centralita de teléfonos para la comunicación interna. Sin que los alemanes lo supieran, los británicos habían empezado a interceptar la radio de Auschwitz en enero, que informaba de algunos de los datos que Witold y Stasiek estaban copiando y sacando clandestinamente del campo.[10]

Los reclusos tenían prohibido acercarse a la sala de radio, pero uno de los reclutas de Witold, un estudiante de ingeniería llamado Zbigniew Ruszczyński, trabajaba en la oficina de construcción, que tenía un trastero donde dejaban los componentes de las radios que ya no servían. Zbigniew estaba convencido de que allí se guardaba todo lo necesario para fabricar un transmisor.[11]

La radio sería un dispositivo simple, capaz de transmitir solo en código morse. Lo único que Zbigniew necesitaba era una batería con un interruptor para crear una corriente, un par de válvulas para aumentar la frecuencia y varios metros de hilo de cobre, un tramo del cual, enrollado en una bobina, conduciría la señal a la antena. Las válvulas contenían cilindros de vacío, que eran la pieza más delicada de cualquier radio, y por lo tanto la más difícil de sacar clandestinamente del campo. Si Zbigniew llevaba razón, su artilugio podría oírse en Varsovia y más allá.[12]

204

Zbigniew Ruszczyński
Cortesía de PMA-B.

Primero, sin embargo, tendrían que robar el equipo y trasladarlo al campo para ensamblar las piezas. Witold se presentó voluntario para la misión y conminó a Kon a ir con él. El joven recluta se había ganado la fama de ser uno de los ladrones u «organizadores» más osados del campo, socorrido por un modesto repertorio de trucos de magia que había aprendido en la universidad. Kon había conseguido un empleo en la cocina de las SS preparando comida para los guardias después de haber impresionado al kapo alemán que dirigía la brigada con un truco para escamotear cigarrillos. El kapo, al que apodaban Mamma, vio el valor de tener a alguien con habilidades de ladrón en su equipo y pronto fichó a Kon para que robara salchichas y las introdujera en el campo debajo de la camisa. Mamma sobornó a los guardias con ellas, se llevó su ración y le dejó a Kon un poco para que la compartiera con los demás.[13]

Witold había tenido la oportunidad de comprobar las habilidades de Kon una tarde estando en la plaza pocas semanas antes. Oyó alboroto en la entrada y vio que los guardias estaban dándole una paliza a un hombre que habían pillado robando una pieza de salami. Le ordenaron que corriera entre los postes de la valla eléctrica y luego le dispararon por intentar escapar. Kon era el siguiente en la cola y pasó la inspección sin incidentes.

—¡Teníamos miedo de que llevaras comida encima esta noche! —exclamó Witold cuando se reunieron—. Gracias a Dios que no.[14]

—No sé cómo he podido pasar —respondió Kon, y se sacó dos salchichas que se había escondido en la parte delantera de la pretina.

Witold sonrió de oreja a oreja y dijo que se le daba mejor el oficio de ladrón que el de oficial.

Un día antes de que empezara la operación radio, Witold se llevó a Kon fuera del bloque para hablar.

—¡Cuando vosotros dos saquéis todas las chuletas del asador secreto, no os olvidéis de vuestros amigos! —les gritó un colega cuando se alejaban.[15]

Hacía un frío lacerante fuera, la nieve se acumulaba en montones alrededor de los edificios. Kon estaba intranquilo y señaló que eran los únicos en la plaza.

—Es verdad, no podemos caminar por aquí —reconoció Witold—. Finjamos que estoy enfermo y que me llevas al hospital.[16]

Se apoyó en Kon y fingió cojera.

—Tengo que pedirte que hagas un gran sacrificio para la organización —empezó Witold. Le explicó la misión. Kon se mostró imperturbable cuando Witold le describió la tarea, pero no le hacía gracia dejar su empleo en la cocina. Witold le aseguró que podría volver una vez concluida la tarea. Además, ya le había pedido a Mamma que lo dispensara durante una semana, y Otto, de la oficina de trabajo, había aprobado el cambio.

—Parece que no tengo elección —dijo Kon.[17]

Al día siguiente, Witold y Kon fueron con una docena de reclusos a la oficina de construcción, donde encontraron al arquitecto jefe del campo, el *Hauptsturmführer* de las SS Karl Bischoff, peleando por modificar los planes para Birkenau. El lento ritmo de la construcción había obligado a Bischoff a pasar de construir barracones de ladrillo a utilizar establos prefabricados para favorecer un ensamblaje rápido, junto con un crematorio. Los nazis habían previsto que Auschwitz albergara el flujo de prisioneros de guerra soviéticos capturados tras la victoria en el Este. Pero un nuevo propósito se estaba abriendo paso a medida que Alemania se enfrentaba a una guerra de desgaste contra el poderío combinado de Gran Bretaña, Estados unidos y la Unión Soviética. Venían los judíos.[18]

Hitler llevaba tiempo amenazando con resolver el llamado «problema judío» si la lucha devenía un conflicto internacional, y los historiadores creyeron en su día que dio la simple orden de matar a los judíos en Europa. Pero, en verdad, el programa de exterminio que hemos terminado llamando el Holocausto nació en el invierno de 1941, a través de la aceleración de procedimientos de asesinatos que ya estaban ocurriendo en todos los niveles del Estado nazi. El programa de eutanasia T4 que fue pionero en 1939 representaba una fase precoz. Los experimentos de las SS en los campos de concentración para eliminar a prisioneros enfermos y prisioneros de guerra soviéticos consolidaron nuevas técnicas y una lógica moral. Los fusilamientos masivos de hombres, mujeres y niños judíos en la Unión Soviética marcaron el inicio del genocidio y centraron su atención en buscar métodos de asesinato a escala industrial. El programa T4 había creado camiones de gaseamiento especiales que bombeaban monóxido de carbono en sus muelles de carga para matar a pacientes que vivieran demasiado lejos de la cámara de gas. En noviembre de 1941, Himmler aprobó el despliegue de camiones en la Rusia ocupada para ahorrarles a sus hombres el trauma de disparar a civiles. Se desplegaron vehículos similares en un campo a las afueras del pueblo de Chełmno, en territorio anexado de Polonia occidental, que se convirtió en la primera de las cuatro instalaciones de gaseamiento regionales ideadas para matar a judíos del Este de Europa. Entonces, en enero de 1942, nazis veteranos y funcionarios del Estado se reunieron en el suburbio berlinés de Wannsee para discutir los planes de deportación de judíos del resto de Europa al Este ocupado, bien para asesinarlos inmediatamente, bien para explotarlos hasta la muerte en cuadrillas de trabajos forzados. A este programa secreto lo llamaron la Solución Final.[19]

Himmler fue responsable de poner en marcha las políticas que harían eventualmente de Auschwitz el epicentro del Holocausto. Pero su idea inicial del campo reflejaba la naturaleza del desarrollo de políticas nazis, a menudo a medida. La falta de prisioneros de guerra soviéticos para Birkenau se traducía en que tenían un campo vacío. Así que poco después de la conferencia de Wannsee, Himmler se reunió con Hitler para almorzar y le propuso llenarlo de judíos. En una nota de su diario de oficina puede leerse: «Judíos al KL [Campo de Concentración]». Unas semanas después, a principios de febrero de 1942, Himmler dijo a la jerarquía de Auschwitz que esperaran transportes de judíos desde Eslovaquia y Francia.[20]

Witold no tenía conocimiento de los incipientes planes nazis para la explotación y el asesinato masivo de judíos. Es posible que pescara alguna conversación de los arquitectos de las SS sobre la llegada de trabajadores judíos. Pero la noticia habría encajado en su cabeza con la práctica nazi ya existente de explotación de la mano de obra polaca y soviética.

Personal de la oficina de construcción.
Cortesía de PMA-B.

Witold hizo acopio de toda la información que pudo y encontró un momento para levantarse de su escritorio e inspeccionar el edificio. Era una construcción de una sola planta con varias habitaciones que daban a un pasillo central. La sala de la radio estaba en un extremo y su acceso, estrictamente prohibido, pero a través de la puerta era posible atisbar una batería de equipos de radio. Al cabo de una semana de cautelosos hurtos, Witold ensambló las piezas que necesitaba para construir el transmisor. Una tarde, se acercó al escritorio de Kon eufórico. Todos los componentes de la radio estaban en una caja en la cabina del baño, le dijo a Kon. Había que sacarlas de allí inmediatamente.[21]

—Deja que vaya a echarle un vistazo —respondió Kon.[22]

Unos minutos más tarde, Witold oyó un estrépito en el pasillo y luego a Kon gritando: «¿Adónde os creéis que vais? ¡Aire, perros sarnosos!».

Kon volvió a la habitación, con aire despreocupado. El kapo preguntó por qué había gritado.

—Bah, por nada —dijo Kon—. Un par de sucios *muselmänner* querían esconderse en nuestro baño y los he enviado de vuelta al trabajo.

Kon lanzó una mirada rápida en dirección a Witold.

—¿Qué ha pasado de verdad? —le preguntó Witold cuando estuvieron finalmente a solas.[23]

Kon le explicó que casi lo descubren un par de prisioneros cuando escondía la caja en el armario de suministros en el pasillo. Afortunadamente, se habían largado corriendo después de increparles.

El nuevo escondite era mejor que el baño, pero igual de temporal. Los conspiradores exploraron soluciones fuera de los bloques por la tarde. La única manera de traer la caja de vuelta al campo sin que la detectaran sería echando mano de uno de los equipos de las plataformas rodantes. Decidieron que el carro de la morgue de Gienek tenía más probabilidades de escapar a la inspección en la entrada. Gienek accedió de buena gana a recoger la caja si podían dejarla en un pozo de basura en la parte trasera del edificio. Pero todavía quedaba por resolver el problema de cómo llevar la caja al pozo, a unos doscientos metros del edificio en un terreno baldío junto a la carretera principal. Witold dijo que lo consultaran con la almohada, pero al día siguiente seguían igual, sin tener la respuesta.

Witold se pasó la mañana preocupado por si alguien descubría la caja. No fue hasta caer la tarde cuando empezó a pergeñar un plan. El kapo les informó de que se quedarían trabajando hasta tarde para terminar los mapas, lo cual significaba que la sopa se serviría en la oficina. Cuando terminaron de comer, Witold se inclinó sobre Kon y le susurró:

—Voy a poner a prueba al guardia de las SS para ver si está muy alerta.[24]

Witold pidió ir al baño.

—Ve —respondió el guardia—, pero no intentes ninguna estupidez o te lleno de agujeros.[25]

El guardia abrió la puerta que daba al pasillo y se quedó allí plantado.

Witold volvió al poco. Había comprobado que la ventana del baño no tenía barrotes y que daba al vertedero. Uno de ellos podría trepar por la ventana, depositar la caja y volver a toda prisa.

—¿Cómo vas a sacar esa radio tan grande del armario a plena vista del guardia? —preguntó Kon.[26]

—Fingiré que tengo diarrea e iré al servicio cada quince o veinte minutos —dijo Witold—. Durante uno de mis viajes tú empezarás a hacer tus trucos de magia para todo el mundo. Tendrás que entretener al guardia para mantenerlo alejado de la puerta. Cuando pienses que me dará tiempo a sacar la radio, dices en voz alta: «¡Ahora prestad toda vuestra atención!». Esa será mi señal.

Kon sonrió.

—De acuerdo —dijo.

Witold empezó a quejarse, agarrándose el estómago, mientras Kon procuraba acaparar la atención de su vecino haciendo bailar una moneda entre sus nudillos. El kapo no pareció impresionado.

—¡Nada de tejemanejes por ahí! —gritó—. ¡Vuelve al trabajo![27]

Witold obtuvo permiso para ir al baño, pero no llevaba allí ni un minuto cuando el guardia, suspicaz, fue a echar un vistazo. Por fortuna, estaba en la posición correcta, pero el guardia se demoró. Witold regresó. No había tenido la posibilidad de actuar.

El carro de la cocina llegó con café de bellota. Durante la pausa, Kon reanudó sus trucos, esta vez abiertamente. Uno de los guardias llevaba una baraja de cartas en el bolsillo y retó a Kon a enseñarle lo que sabía.

Kon sacó un par de cartas de la baraja.

—¡Prestad todos mucha atención! —dijo, y luego empezó un sencillo truco con el que transformaba una carta en otra. Repitió varias veces el mismo truco, hasta que los guardias quisieron saber cómo lo hacía. Witold pidió de nuevo ir al servicio, y esta vez los guardias lo despacharon con un gesto. En el pasillo, forzó las puertas del armario para abrirlas, sacó con cuidado la caja del estante y se fue arrastrando los pies al cuarto de baño, donde la dejó encima de la repisa de la ventana.[28]

Kon fue al servicio también. Witold aguardó nerviosamente. Al cabo de unos minutos, oyó un estrépito que venía de fuera y los gritos de los guardias. Los hombres de las SS que estaban en el dormitorio levantaron la vista. Witold tenía que hacer algo. «¡Baño!», gritó, y corrió al pasillo y empezó a golpear la puerta.[29]

—¡Sal de una vez! —chilló—. ¿No ves que me lo voy a hacer en los pantalones?

Fue la única cosa que se le ocurrió para tapar el revuelo de fuera. Oyó que alguien trepaba por el otro lado de la ventana.

—¿Cómo puedes seguir ahí y dejarme sufriendo? —prosiguió Witold.

Kon entendió enseguida la artimaña y respondió a su vez:

—¡Llevas apalancado aquí media noche! ¡Ya te llegará el turno, espérate un poco![30]

Kon emergió un instante después y le dio el visto bueno levantando los pulgares antes de volver al dormitorio. En el camino de vuelta al campo, Kon reveló que había tropezado en el vertedero y que la conmoción había alertado a algunos hombres de las SS que andaban cerca. Afortunadamente, había conseguido volver al edificio antes de que nadie se diera cuenta. Gienek recogió la caja unos días más tarde.

Witold se encargó de que instalaran el transmisor en el sótano del bloque de los convalecientes, poco frecuentado por los SS por temor a contagiarse de alguna enfermedad. A Alfred Stössel, un ordenanza conocido como Fred y uno de los escasos polacos de origen alemán que formaban parte de la resistencia, se le encomendó la responsabilidad de custodiar el aparato, mientras que Zbigniew montaba las piezas. Unos días más tarde, admitió, un poco avergonzado, que necesitaba una pieza o dos más, pero que sabía dónde conseguirlas.[31]

Retrato de Witold, dibujado
por Stanisław Gutkiewicz,
hacia principios de 1942.
Cortesía de PMA-B.

La primavera llegó pronto ese año. El sol calentaba los árboles deshojados y aparecieron las primeras golondrinas. En los primeros días de marzo, los últimos supervivientes soviéticos fueron transferidos a los barracones recién terminados en Birkenau. Los reclusos llamaban irónicamente a Birkenau el «paraíso», porque si te enviaban allí te esperaba la muerte. Los bloques enrejados de los soviéticos en el campo principal no permanecieron vacíos durante mucho tiempo. Witold volvió a trabajar en la curtiduría, donde uno de los kapos comentó que se esperaba la llegada de mujeres al campo. Los otros prisioneros disiparon los rumores. Pero entonces, en la tarde del 19 de marzo, resonó un grito.[32]

—¡Ya llegan![33]

No eran los judíos que Himmler había ordenado enviar al campo, sino un grupo de presas políticas polacas. Todo el mundo corrió a las ventanas para vislumbrar los cinco camiones de las SS con mujeres dentro.[34]

Un carpintero llamado Kluska llegó corriendo poco después para confirmar la llegada en la puerta principal y que, increíblemente, su propia prometida, Zosia, estaba entre ellas, envuelta en su abrigo de piel marrón favorito. Sus miradas se habían encontrado.[35]

—Desde ahora, desde este momento, tengo un propósito en la vida —les dijo Kluska—. Cuidaré de ella. Le daré mi comida, la alimentaré.

—Las tratarán como a los hombres —le dijo Witold a Wincenty en voz baja.[37]

Esa misma tarde volvían en fila al campo cuando un hombre de las SS salió de su columna antes de llegar al crematorio y le dijo algo al kapo, que empalideció súbitamente y sonó casi presa del pánico cuando ordenó a los prisioneros que se apuraran y miraran hacia la izquierda, en dirección contraria al edificio.

—¡Al que no me haga caso le pegaré un tiro! —gritó.[38]

Siguieron al trote, pero Wincenty miró el crematorio de soslayo. La puerta que partía la alta verja de madera recientemente construida alrededor de la entrada estaba abierta y revelaba los cuerpos apilados de mujeres y niñas. Los trabajadores del crematorio estaban desnudando a las muertas. Uno de los cadáveres llevaba puesto un abrigo de piel.[39]

A finales de mes llegaron mujeres judías de Eslovaquia. Estaban desnudas y rapadas y les dieron los sucios uniformes cubiertos de sangre de los soviéticos muertos. Después les asignaron algunos de sus bloques. Al día siguiente las formaron en brigadas de trabajo. La única concesión a su feminidad fue el permiso para enrollarse pañuelos o retales de tela al calvo y arañado cuello cabelludo. Wincenty recordó cómo él y sus otros compañeros de bloque se apiñaron contra la ventana para observar a las mujeres desfilando. Su amigo se había enamorado de una. «Rózia, ahí está mi Rózia. Mírala, qué figura. ¡Con qué estilo se ha atado el pañuelo a la cabeza!»[40]

Este anhelo no duró mucho, pues la salud de las mujeres empezó a deteriorarse. «Inicialmente aguantando bien —anotó Witold—, las chicas perdieron rápidamente el brillo en los ojos, las sonrisas y el brío en el andar.»[41]

La llegada de las mujeres anunció otros cambios. Corrían rumores de que habían empezado a llegar hombres judíos a

Prisioneras judías, 1944.
Cortesía de Yad Vashem.

Henryk Porębski, h. 1941.
Cortesía de MPA-B.

Birkenau. La primera información llegó a la resistencia a primeros de abril. Reclusos electricistas del campo principal estaban alimentando la verja eléctrica que rodeaba el nuevo campo, entre ellos uno de los hombres de Stasiek, Henryk Porębski, cuya posición le permitió informar de que transportes con un millar de hombres judíos llegaban diariamente de Eslovaquia y uno lo había hecho desde Francia. Los recién llegados eran descargados en un apartadero y luego les hacían caminar en fila durante un kilómetro y medio hasta el campo, donde ocupaban los establos que estaban en proceso de derribo en el vasto recinto embarrado. Los judíos recibieron las mismas tareas mortíferas que los soviéticos: cavar zanjas y construir carreteras.[42]

Witold confirmó la información con unos pocos judíos franceses que habían llegado al campo en abril. Gracias a estas conversaciones se hizo una idea del alcance europeo de las acciones nazis contra los judíos, aunque seguía sin tener la menor idea de los planes de exterminio. Los hombres procedían del campo de internamiento de Drancy, en los suburbios de París, y de otro centro en las afueras de la ciudad de Compiègne; para principios de 1942, aproximadamente diez mil judíos habían sido detenidos en las regiones de la Francia ocupada.

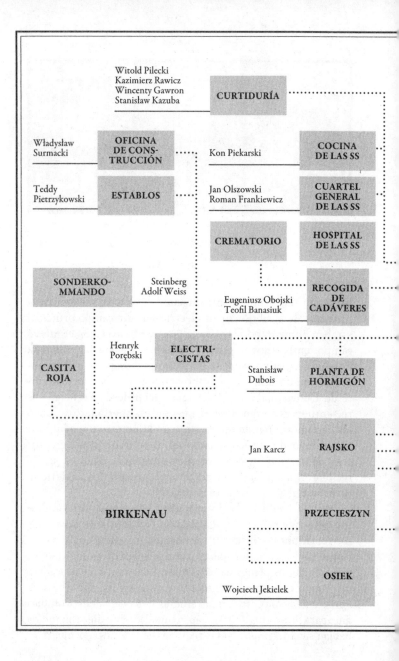

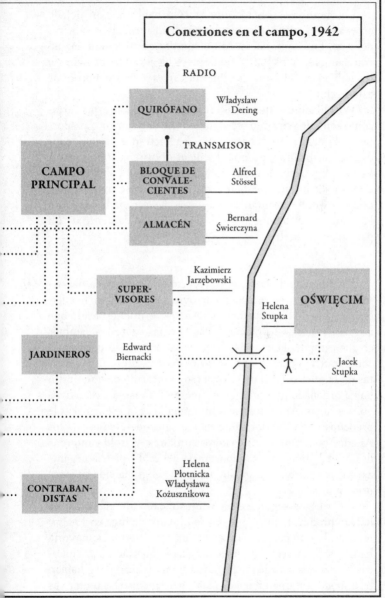

Los hombres con los que Witold habló habían dejado atrás a sus familias, diciéndoles que iban a trabajar a fábricas del este. En comparación con los judíos en Birkenau, las SS trataban bien a los judíos registrados en el campo principal y les habían pedido que escribieran cartas a casa dando fe de este hecho.[43]

Witold supuso que las SS intentaban utilizar estas cartas como señuelo para que otros judíos embarcaran en transportes en Francia. Según parece, avisó a los franceses de que los estaban utilizando, pero no le hicieron caso; cuando menos, Witold dijo después de los judíos con los que había hablado que eran «disparatadamente tercos» e incluso apuntó que, una vez hubieron finalizado la tarea de escribir la carta, un kapo judío del bloque penal los liquidó rápidamente de un palazo en el cuello.[44]

La afluencia de noticias convenció a Witold de la necesidad de enviar otro correo a Varsovia, pero los alemanes habían dejado de liberar a tantos reclusos. Witold especuló que querían evitar la filtración de las noticias sobre los cambios en los campos. Fuera cual fuese la razón, se vio obligado a sopesar otras opciones. En torno a esos días, uno de sus reclutas en la oficina local de la Gestapo le informó de que Berlín había ordenado que se interrumpieran los castigos colectivos por las fugas. Al parecer, al alto comando de la Wehrmacht le preocupaba que los prisioneros alemanes detenidos por los Aliados pudieran sufrir castigos similares. Witold comprendió inmediatamente la importancia del cable: podría organizar fugas para sus correos sin poner en peligro la vida de otros prisioneros.[45]

Los riesgos seguían siendo inusitadamente elevados. Se habían producido una veintena de intentos de fuga en 1941, y todos, salvo un par, habían terminado en muerte. La mayoría habían sido carreras impulsivas hacia la libertad de prisioneros sometidos a trabajos forzados fuera del campo y habían terminado con una ráfaga de balas, pero incluso las tentativas más estudiadas requerían suerte para eludir a los grupos de búsqueda alemanes que peinaban la zona con perros. Quienes lograban huir seguían corriendo el peligro de que otras unidades de policía los interceptaran una vez que sus datos se hubieran compartido con las oficinas regionales de seguridad.[46]

Witold había identificado un punto de fuga prometedor en una finca agrícola cercana, conocida como Harmęże, donde las SS usaban mano de obra reclusa para ampliar los estanques de peces y criar conejos de Angora por la lana. Los prisioneros permanecían *in situ* en una mansión y el guardia era laxo, según decían; eso, sumado a que si alguien se escapaba ya estaba a varios kilómetros de distancia del campo.[47]

El líder que Witold había escogido cuidadosamente, Rawicz, se opuso con vehemencia a la idea de una fuga. Probablemente no se fiaba de que no hubiera represalias, y temía qué ocurriría si atrapaban al mensajero y lo obligaban a confesar bajo tortura los secretos de la red. Witold trató de tranquilizarlo a propósito de la ruta y el correo que había seleccionado, Stefan Bielecki, a quien conocía de la resistencia en Varsovia y en quien confiaba. Pero Rawicz seguía sin estar convencido.[48]

Witold decidió seguir adelante de todas formas; la información que quería enviar sobre el flujo masivo de judíos a Birkenau era demasiado importante como para esperar. Además, Stefan figuraba como posible saboteador en sus archivos de la Gestapo, después de ser arrestado en Varsovia en posesión de un arma de fuego. Las SS podían ejecutarlo en cualquier momento en uno de sus exterminios selectivos.[49]

Witold utilizó sus contactos en la oficina de trabajo y organizó la transferencia de Stefan a Harmęże mientras seguía recabando pruebas sobre las llegadas de judíos. En abril, enviaron a uno de sus reclutas, Jan Karcz, al batallón penal en Birkenau, pero Jan logró registrarse como paciente del rudimentario hospital del campo e informó a través de los electricistas de que estaba formando una célula.[50]

Entonces, a principios de mayo, descargaron un transporte de vagones de ganado con judíos cerca de los almacenes. En vez de dirigirse a Birkenau, los judíos marcharon en filas al campo principal; hombres, mujeres y, por primera vez, niños. El campo fue sometido a confinamiento y Witold y los demás prisioneros recibieron la orden de tumbarse en el suelo. Pero Teddy, el boxeador, consiguió escabullirse por la ventana del establo que daba al crematorio y esconderse en un pesebre. Observó la procesión de unos seiscientos judíos, encabezados por un rabino que llevaba una kipá y un talit por encima de los hombros, entrando en el patio del crematorio. El guardia de las SS golpeó al rabino en la cara con su rifle, enviando su bonete por los aires. Luego las puertas del patio se cerraron detrás del grupo.[51]

El *Untersturmführer* de las SS Maximilian Grabner, el jefe de la Gestapo, un expolicía muy irritable de Viena, apareció en el tejado del crematorio con varios oficiales y le habló a

Maximilian Grabner, h. 1941.
Cortesía de PMA-B.

la concurrencia en el patio. Había un camión aparcado cerca. Grabner anunció que iban a desinfectarlos.

—No queremos ninguna epidemia en el campo. Luego os llevarán a los barracones, donde os darán un poco de sopa caliente. Os emplearán de acuerdo con vuestras cualificaciones profesionales.[52]

—¿Cuál es tu oficio? —le preguntó a un hombre—. ¿Zapatero? Los necesitamos urgentemente. ¡Persónate anti mí inmediatamente después!

Las primeras familias cruzaron las puertas pintadas de azul del edificio. Los SS entraron con ellas, bromeando y tranquilizándolas, hasta que la sala se llenó finalmente, y luego se escabulleron. El primer pánico cundió cuando los encerraron a cal y canto. Voces furiosas y agobiadas se escapaban por los respiraderos del tejado de hormigón.

Dibujo del crematorio en el campo principal,
por Tadeusz Iwaszko, posguerra.
Cortesía de PMA-B.

—¡No os queméis cuando os estéis bañando! —gritó Grabner a los de dentro.[53]

Unos hombres de las SS con máscaras de gas se le acercaron en el tejado llevando unas latas pequeñas que procedieron a abrir después de colocarse sobre las rendijas. Alguien tuvo que atisbar un rostro enmascarado desde el interior, porque se desataron los chillidos.[54]

Grabner le hizo una seña al conductor del camión, que encendió el motor y pisó el acelerador para ahogar el ruido. Los gritos seguían siendo audibles. Grabner dio la orden y los hombres de las máscaras de gas vaciaron las latas por las rendijas.

Pasaron unos minutos y los gritos se debilitaron. Luego se hizo el silencio. Encendieron el ventilador y abrieron la sala. Un destacamento de judíos del bloque penal empezó a separar la masa de cuerpos para incinerarlos. Los SS ordenaron que desnudaran los cadáveres y verificaran si había objetos de valor. Embutieron la ropa en bolsas; las joyas, los relojes y el dinero se guardaron en una caja. Por último, separaron las mandíbulas de los cadáveres para sacarles los empastes y las prótesis de oro con tenazas. Apilaron los cadáveres para incinerarlos y frotaron toda la sala, pero quedó un débil hedor a cuerpos húmedos. Otro tren cargado de hombres, mujeres y niños fue gaseado a los pocos días, y luego otro.[55]

Los asesinatos marcaron el inicio del exterminio sistemático de judíos en Auschwitz. Las primeras víctimas procedían principalmente de ciudades cercanas y, según parece, el liderazgo nazi veía inicialmente el campo como parte de la red de centros de exterminio regionales que se estaba creando esa primavera en Polonia y cuyas víctimas principales eran judíos de Europa del Este. Witold se enteró de los pormenores por boca de Teddy y otros prisioneros que trabajaban en los hornos. Reconoció que los asesinatos eran una novedad terrorífica. Cuando gasearon a los soviéticos, Witold dio por hecho que se debía a la falta de espacio en el campo. Esta lógica se vio confirmada cuando dejaron de gasear a prisioneros después de construir nuevos barracones en Birkenau.

Cuando supo que habían desnudado a los cadáveres judíos, Witold encontró otra teoría: los nazis debían de estar matando judíos para robarles.[56]

En torno a 10 000 judíos fueron gaseados en mayo. El equipo del crematorio no daba abasto. Después de varios gaseamientos, los hornos se recalentaron y la chimenea comenzó a resquebrajarse. Un humo denso inundó el edificio y los SS tuvieron que improvisar mangueras para extinguir el incendio que se había desatado. Para cuando el coche de bomberos del campo llegó al escenario, los hornos refulgían al rojo vivo y el equipo solo podía rociar el exterior del edificio con agua, enviando gigantescas nubes de vapor al aire.[57]

La agrietada chimenea parecía señalar a los prisioneros el final de los asesinatos masivos. Cargaron el resto de los cuerpos en camiones y los condujeron al bosque de Birkenau, donde los arrojaron a una fosa común cerca de los hoyos donde enterraban a los soviéticos. Pero Witold no tardó en enterarse de que habían desplazado los gaseamientos a un lugar más retirado. Henryk el electricista informó de que habían preparado un tipo de instalación en el bosque, una granja de ladrillo rojo a la que estaban conectando un cable eléctrico de 220 voltios desde el pueblo local. La casa era pequeña y la parcela estaba vacía salvo por un par de manzanos que empezaban a florecer. Los SS llevaron a contratistas alemanes para que tapiaran las ventanas y reforzaran las puertas y el techo. A principios de marzo, llevaron a los primeros grupos de judíos andando hasta allí y los hicieron desaparecer entre los sotos de abedules y pinos.[58]

En esa época Henryk trabó amistad con varios miembros judíos de una brigada de trabajo especial conocida como el Sonderkommando, creado por los SS para que ayudaran con la puesta en marcha de la nueva cámara de gas. Aislaron a los trabajadores judíos del resto de prisioneros, aunque podían relacionarse brevemente con ellos en las bombas de agua. Le confirmaron a Henryk que estaban gaseando a grupos de familias judías. Los SS habían refinado la operación y hacían que las propias víctimas se desvistieran ellas solas antes de entrar en la cámara. El Sonderkommando hacía entrar a las familias y luego se llevaba los cuerpos enroscados de hombres, mujeres y niños. Los hombres de la brigada especial examinaban después los dientes en busca de oro y arrojaban los cuerpos a las fosas.[59]

Witold activó su plan de fuga para informar a Varsovia a mediados de mayo. Stefan Bielecki llevaba varias semanas preparado en Harmęże. Witold pidió a su amigo artista Wincenty que lo acompañara. Witold veía algo de sí mismo en ese joven encantador y extrañamente vulnerable que se había tomado al pie de la letra su orden de compartir y dar cualquier alimento que él recibiera a cambio de sus pinturas a amigos y *Muselmänner*. Witold tenía que recordarle a veces que se cuidara él también, pero desde que había presenciado el exterminio de las presas políticas, Wincenty había perdido las ganas de vivir. En una ocasión, Witold lo encontró cargando contra la verja eléctrica, dispuesto a suicidarse.[60]

Witold consiguió levantarle el ánimo, pero al poco su amigo enfermó de gripe y lo hospitalizaron. Wincenty se recuperó, pero se notaba que le pasaba algo, y el muchacho le confesó a Witold que no resistiría mucho más. Witold le

Wincenty Gawron, h. 1941.
Cortesía de PMA-B.

habló de su plan de fuga en la segunda semana de mayo y, como había esperado, la perspectiva de la libertad dio a Wincenty una nueva inyección de energía y el muchacho se consagró a los preparativos.[61]

En los días siguientes Wincenty consiguió algo de pan extra y un conjunto de prendas civiles para llevar bajo su uniforme de rayas. Empezó a escribir un diario a modo de testimonio. «Por la tarde, detrás de la alambrada, puedo ver las montañas que contemplo con anhelo», escribió en una entrada. «Han llegado mil judíos al campo y estamos confinados en los cuarteles. Les han dado uniformes soviéticos y ordenado que se queden fuera toda la noche antes de llevarlos a pie a [Birkenau] y el cielo...» Estaba decidido a sacar el

Notas de Wincenty, 1942.

diario y algunos de sus bocetos del campo, y convenció a uno de los carpinteros para que le fabricara una caja ajustada de madera de tilo con un montañés polaco en la tapa.[62]

El 22 de mayo, un viernes, Wincenty localizó a Witold para decirle que todo estaba dispuesto para su partida a la mañana siguiente. Witold se lo llevó fuera para un último informe sobre los acontecimientos más recientes.

—Tienes que pasar la información sobre el trato de los alemanes a los prisioneros de guerra soviéticos. Pero lo más importante es el asesinato masivo de judíos —le dijo Witold. Era necesario que Wincenty alertara al cuartel general de que gaseaban a los niños y a los ancianos nada más llegar al campo, mientras que a los demás, sobre todo a los jóvenes y todavía sanos, los obligaban a trabajar hasta la muerte en Birkenau.[63]

Como le explicó, los alemanes traían judíos al campo con el pretexto de que iban a trabajar en la industria bélica, pero su verdadera intención era robarles y matarlos sistemáticamente.

—De esta forma [los alemanes] se hacen fácilmente con la posesión de riqueza necesaria para ganar la guerra —dijo Witold. Era vital que la resistencia informara a Londres de inmediato para que el mundo acudiera en ayuda de los judíos.[64]

Wincenty guardó silencio un momento, abrumado por la responsabilidad que Witold estaba depositando en él. Se miraron a los ojos en la media luz y esa fue su despedida.[65]

La mañana siguiente, 23 de mayo, amaneció clara y brillante. Desde la ventana del bloque del hospital, Wincenty vio una columna de chicas desfilando, entre las que estaba Rózia, que ya no era ni su sombra. Cogió sus enseres, incluidas su pintura y sus brochas, los escondió bajo la ropa y salió raudo, a tiempo de ver a Witold que cruzaba la entrada principal.

La carreta de la cocina con destino a Harmęże ya lo estaba esperando, y Wincenty trepó al asiento junto al kapo, que le pasó las riendas. En la puerta comprobaron el documento con las órdenes de Wincenty y confirmaron su traslado a Harmęże. Un guardia de las SS se les unió y partieron al trote. La ruta los llevó por encima de las vías de ferrocarril y pronto llegaron a las afueras de Birkenau. Era la primera vez que Wincenty veía aquel lugar, y sus hileras de barracones vacíos lo asustaron.[66]

Giraron dejando el campo atrás y llegaron a las praderas de Harmęże, donde una brigada de mujeres judías labraba un campo junto a la carretera. Un par de ellas necesitaba ir al lavabo. Los guardias de las SS les gritaron que tendrían que orinar en el suelo delante de ellos. Wincenty hizo una mueca, pero se consoló con las palabras de Witold. «Si mi plan tiene éxito, haré que el mundo entero sepa lo que están haciéndoles a los judíos», reflexionó.[67]

El carro se detuvo fuera de una sobria mansión en el pequeño pueblo. Los prisioneros ya estaban trabajando en los estanques y los aledaños. El kapo vio el pincel de Wincenty y le dijo que pintara algo, de modo que este esbozó un gallo en el jardín e hizo un rápido inventario del edificio. Los prisioneros vivían en la segunda planta, donde los encerraban cada noche detrás de ventanas con rejas de hierro. En la planta baja casi todo eran talleres y no había barrotes. La verja baja que rodeaba el edificio carecía de alambre de espino.[68]

Aquello podía ser más fácil de lo que había sospechado, pensó Wincenty, pero primero tenía que hablar con Stefan, que volvió a la casa para el recuento del mediodía con los aproximadamente ochenta prisioneros allí acuartelados.[69]

Stefan, un hombre enjuto y vehemente con la cara torcida y un ojo vago, reconoció a Wincenty como uno de los confidentes de Witold, y en cuanto terminó el recuento lo agarró del brazo y le siseó: «¿Por qué has venido aquí? ¿No sabes que todos los hombres de estos barracones serán reemplazados por mujeres en cosa de dos semanas?».[70]

—No te preocupes. Estoy planeando escaparme mucho antes que eso —dijo Wincenty.[71]

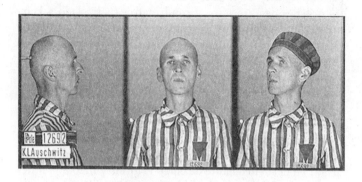

Stefan Bielecki, h. 1941.
Cortesía de PMA-B.

—Entonces la cosa cambia —dijo Stefan sonriendo—. ¿Qué me dices de esta noche?

—Cuenta conmigo —dijo Wincenty. Se dieron un apretón de manos y recogieron su almuerzo de sopa de remolacha y tres pieles de patata mientras Stefan explicaba su plan. Saldrían a la carrera después de cenar, cuando dejaban abiertas las puertas de arriba durante quince minutos para que los prisioneros usaran los baños. La letrina estaba en la parte trasera del edificio, en el extremo de una espesura que descendía hasta el Vístula. Esa era la vía de escape más obvia, razón por la cual Stefan pretendía fugarse por una ventana de la fachada del edificio e ir en la dirección opuesta, hacia los estanques de peces y los campos. El terreno era más abierto, pero si atajaban por el agua, confundirían a los perros.

Stefan estuvo fuera esa tarde, pero volvió en torno a las cinco, cuando las sombras se alargaban. Wincenty había terminado su dibujo del gallo y una cría de gallinas, para gran deleite del kapo, que lo recompensó con una habitación en la planta baja. A medida que se acercaba la hora de la fuga, Stefan estaba cada vez más agitado. Señaló fugazmente la ventana de una de las habitaciones de la planta baja que hacía las

Mansión en Harmęże de la que escaparon Wincenty y Stefan.

veces de carpintería. «Nuestra ventana a la libertad», dijo. Había tomado la costumbre de ordenar su habitación durante los quince minutos que duraba la pausa para ir al baño, y de esta forma los guardias se habituaron a verle allí.[72]

—¿No sospechará el guardia si me ve a mí también? —preguntó Wincenty.

—Eso es lo que me asusta a mí también —respondió. Quedaba una hora para pasar a la acción y su percepción de los riesgos iba en aumento.

La cena fue un trozo de pan, una cucharada de mermelada y té amargo. Era sábado, y un recluso barbero estaba afeitando cabezas en la planta baja. Los dos guardias de las SS estaban relajados, fumando en el vestíbulo mientras fuera anochecía. Uno de ellos se iba periódicamente a escoltar a un prisionero hasta los baños. Wincenty y Stefan estaban tan tensos que les costaba comer.

Wincenty fue apresuradamente a su habitación para coger la caja de madera y luego ya no quedó otra cosa que hacer sino probar su suerte con los guardias. Stefan pasó por delante de los dos hombres de las SS y entró al taller de carpintería, con Wincenty pegado a sus talones. Los alemanes no levantaron la vista, y Stefan cerró rápidamente la puerta y cogió una pesada hacha de un banco de trabajo. Se quedó allí plantado, respirando con pesadez, por si venía un guardia.[73]

—¡Deja eso! —le ordenó Wincenty, y se subió a una mesa debajo de la ventana que Stefan le había señalado. El pestillo estaba roto y se abrió con bastante facilidad. Wincenty se coló por ella y Stefan lo siguió. Juntos, escalaron la valla y empezaron a correr por un lado de la carretera, tratando de no alejarse del cobijo de los sauces que flanqueaban el camino. Era casi de noche y las ranas croaban. Llegaron a un recodo que distaba unos doscientos metros de la casa cuando Stefan señaló un pequeño dique que discurría perpendicularmente a la carretera hacia un estanque grande que brillaba en la penumbra. Atajaron por la carretera hacia el campo circundante cuando oyeron un grito y vieron a los dos guardias de las SS que salían corriendo por la puerta y rodeaban la casa hacia la parte trasera en dirección al Vístula, como Stefan había previsto que harían. Los dos fugitivos se precipitaron a trompicones hacia el campo y ya habían alcanzado los juncos de la orilla del lago cuando, para su horror, vieron a otro hombre de las SS que venía hacia ellos en bicicleta por el borde del agua desde la dirección contraria.[74]

—¡Por el amor de Dios! —exclamó Stefan con un grito ahogado, y se lanzó al agua.

Wincenty lo imitó. ¿Qué otra cosa podían hacer? El lago era negro y frío. Wincenty aguantó la respiración todo lo que pudo, sabiendo que probablemente los localizarían, y cuando finalmente sacó la cabeza del agua, arañando un aliento, ahí seguía el hombre de las SS, ni a quince metros de él, escudriñándolo en la penumbra.[75]

—Jesús y la Virgen María —murmuró Wincenty, y volvió a sumergirse bajo el agua, esperando el final. Pero cuando volvió a emerger unos segundos más tarde, vio con asom-

Lagos en la ruta de fuga de Wincenty y Stefan.

bro que el hombre se había subido de nuevo a la bicicleta y se alejaba de ellos pedaleando en dirección a la casa. Habría olvidado su pistola.[76]

Stefan salió del agua buscando aire que respirar, vio al guardia alejándose e inmediatamente se dirigió por las aguas poco profundas a la otra orilla. Wincenty se volvió hacia el campo por un momento y gritó: «¡Que os den!», y siguió a Stefan.[77]

Dio alcance a Stefan en la otra orilla y juntos partieron trotando campo a través hasta desaparecer en la noche.

11

Napoleon

Varsovia, mayo de 1942

Stefan y Wincenty corrieron las siguientes horas en la oscuridad, guiándose por las estrellas como buenamente pudieron. En un punto vieron los faros de dos motocicletas de las SS y se tendieron en el suelo, boca abajo, ocultándose en los surcos arados de un campo. Llegaron al Soła pasada la medianoche. Se habían formado nubes y buscaron guarecerse del frío en un granero durante una hora o dos antes de intentar cruzarlo. El río era gris piedra antes de rayar el día. Los dos hombres se cogieron de la mano para estabilizarse en medio de la corriente. El agua les llegó al pecho en un punto, y Stefan perdió pie. Wincenty consiguió llegar a la otra orilla ayudándose de la caja de madera con sus notas a modo de flotador y luego sacó a Stefan del agua. Corrieron bosque adentro se quitaron la ropa mojada y aguardaron, desnudos, a que anocheciera. Luego siguieron avanzando con las ropas empapadas.[1]

En los días sucesivos solo se desplazaron de noche, sin despegarse de la linde del bosque, y permanecieron en casas de campesinos siempre que les fue posible. Luego se dirigieron hacia el sur rodeando Cracovia, de camino a las colinas de Limanowa, el pueblo natal de Wincenty, donde el muchacho y Stefan fueron directamente a casa de su hermana para reunirse con su familia. Más tarde recordaría los extasiados detalles de su primera comida casera: pollo con patatas, se-

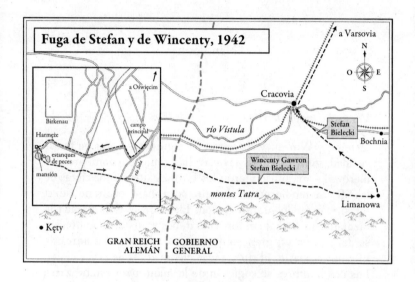

guido de más pollo, y un vaso de cerveza artesana para celebrar su regreso del «otro mundo». Wincenty estaba débil para viajar, de modo que Stefan partió solo a Varsovia unas semanas más tarde.[2]

La ciudad estaba revuelta cuando Stefan llegó a finales de junio de 1942 y entregó el informe de Witold en el cuartel general de la resistencia. Los alemanes habían reanudado su ofensiva en Rusia con especial ahínco contra los yacimientos petrolíferos del Cáucaso y la estación central de ferrocarril estaba abarrotada de soldados que se dirigían al frente. Corrían rumores de que pensaban deportar a los judíos del gueto a Siberia tan pronto como los alemanes perpetraran su decisivo avance. En otros lugares de Polonia se contaban historias delirantes de judíos exterminados con gas dentro de camiones y cámaras especialmente diseñadas para este fin.[3]

Para entonces, el líder de la resistencia, Rowecki, había creado una Oficina de Asuntos Judíos para documentar y divulgar las atrocidades perpetradas contra los judíos, y había dedicado buena parte de la primavera a juntar los indicios sobre las intenciones genocidas de los nazis. Un puñado de supervivientes judíos llegó a la capital y confirmó la existencia de sitios de ejecuciones en la Unión Soviética y del uso de camiones de gas en el campo de la muerte en Chełmno. Un grupo de historiadores, trabajadores sociales y rabinos que estaban en contacto con Rowecki a través de la organización sindical judía conocida como el Bund compilaron sus testimonios en el gueto. El periódico de la resistencia publicó artículos sobre los asesinatos masivos en abril. Después, en mayo, el Bund envió a Rowecki el primer informe que revelaba el verdadero alcance de los asesinatos en el Este. El Bund concluyó con exactitud que setecientos mil judíos ya habían muerto como parte de un plan sistemático de «aniquilar a todos los judíos de Europa» y exigía una respuesta inmediata de los Aliados. Rowecki microfilmó el documento y, a mediados de mayo, lo entregó a su correo Sven Norrman para que este lo remitiera a Londres.[4]

En respuesta al informe, la BBC retransmitió un discurso del líder polaco Sikorski llamando a las represalias inmediatas para «mantener a raya la furia de los asesinos alemanes y salvar a otros cientos de miles de víctimas inocentes de la inevitable aniquilación».

El informe también produjo titulares en el *Daily Telegraph* y el *Times* de Londres. El *New York Times* inicialmente lo destacó al pie de una columna de noticias pero luego publicó un artículo a página entera. La publicidad contribuyó a movilizar a los grupos judíos. El 21 de julio de 1942, una concentración contra las atrocidades nazis organizada por el Congreso Judío Estadounidense y la organización judía B'nai B'rith en el Madison Square Garden de Nueva York atrajo a una multitud de 20 000 asistentes. Tanto Roosevelt como Churchill enviaron comunicados que se recibieron como declaraciones de apoyo. Pero en realidad eludieron el hecho de que la ideología alemana contra los judíos se había vuelto genocida y, en cambio, no diferenciaron a las víctimas judías de la persecución alemana del resto de víctimas europeas.[5]

«Los ciudadanos, con independencia de su confesión religiosa, compartirán el dolor de nuestros conciudadanos judíos por el salvajismo de los nazis contra sus otras víctimas», declaró Roosevelt. Prometió que los nazis no conseguirían «exterminar a sus víctimas como tampoco esclavizar a la humanidad» y que el «ajuste de cuentas» llegaría. Churchill, que sabía de los fusilamientos masivos de los judíos desde hacía casi un año, afirmó solamente que se encontraban entre «las primeras víctimas de Hitler» y en la vanguardia de la resistencia contra las agresiones nazis.[6]

Y lo que es más, ningún líder consideró que el asesinato de judíos exigía una respuesta directa, como una acción militar específica como la exigida por Sikorski, o ayuda humanitaria para los miles que buscaban huir de Europa. De hecho, los diplomáticos británicos procuraban evitar a toda costa que llegaran refugiados a Palestina por miedo a que desestabilizaran el protectorado británico, mientras que el Departamento de Estado de Estados Unidos mantuvo sus cuotas de migrantes desde Europa e incluso dejó de expedir su plena concesión de visados en 1942. Ambos gobiernos defendían su reticencia ante los líderes judíos con argumentos ya familiares: el miedo a agitar el antisemitismo en casa y distraer el esfuerzo bélico.[7]

Entretanto, un comité interinstitucional para la Oficina de Información de Guerra de Estados Unidos sugirió restringir las historias de atrocidades por los sentimientos «morbosos» que inspiraban. La cobertura de los asesinatos masivos desapareció de las noticias. «El Bund tendría que haber escrito que [los alemanes] asesinaron a 7000 personas —lamentó el líder del partido socialista polaco en Londres—. De esa forma podríamos transmitirles las noticias a los británicos y con un poco de suerte nos creerían.»[8]

Que el informe del Bund no prosperara supuso una honda decepción para los líderes judíos en Varsovia y probablemente determinó la estrategia de Rowecki a propósito del informe de Witold sobre el exterminio masivo de judíos en Auschwitz. Él ya sabía que el interés en el campo era escaso: los oficiales aliados parecían haber aceptado que este era un lugar de especial dureza y habían concluido que se podía hacer poco. Para que el último informe de Witold quedara registrado, Rowecki tendría que superar considerables barreras de indiferencia y escepticismo. Necesitaba a alguien que pudiera ver por sí mismo lo que sucedía alrededor del campo y que luego pudiera viajar a Londres y presentarse como testigo.[9]

Rowecki tenía en mente al hombre idóneo para esta arriesgada misión: un agente de la Dirección de Operaciones Especiales (SOE) llamado Napoleon Segieda. El cabo de treinta y dos años se había lanzado en paracaídas sobre Polonia en noviembre de 1941 para recabar pruebas de los crímenes nazis, entre otros cometidos. De hecho, hacía meses que debía de haber partido a Londres, pero quedó atrapado en el país tras el desmantelamiento de las redes de correos que iba a usar en el camino de vuelta.[10]

Napoleon era un espía improbable. Venía de una familia campesina en el pueblo de Lisewo Kościelne, en las llanuras del centro de Polonia, pero no estaba hecho para la vida rural. Carecía de estudios y absorbía el conocimiento con la intensidad de un autodidacta. Tan pronto se ponía a promulgar las teorías de Darwin en la iglesia (consiguiendo que terminaran por vetarlo, cosa que, según confesó, le importaba un rábano), como probaba suerte con un cultivo de semillas de comino, que, estaba convencido, le reportaría riqueza. Cuando cayó enfermo de tuberculosis en torno a 1935 se inventó su propio método curativo, que consistía en correr descalzo por el campo al amanecer, y juró que eso lo había curado. Había sido activista de un partido político, el Partido Campesino, cuyo propósito era mejorar la situación de los pobres, y luego se alistó en el ejército en la década de 1930 porque era la mejor manera de salir de la pobreza rural. La guerra, cuando llegó, no había sido un desastre para él; le había abierto posibilidades.[11]

La unidad de Napoleon fue apresada durante la invasión de Polonia, en 1939, pero él escapó del internamiento alemán al año siguiente, cruzó la Europa ocupada por los nazis en bicicleta y luego atravesó los Pirineos en mitad del invierno para llegar finalmente a Londres en mayo de 1941. Tras presentarse voluntario para el servicio de mensajería, Napoleon se unió a un grupo de sesenta agentes potenciales de Polonia que la SOE estaba formando en los aledaños del castillo de Lochailort, en las tierras altas escocesas, durante el verano y el otoño de 1941. Dos veteranos británicos de la Policía Imperial de Shanghái dirigían el campamento militar, que incluía la instrucción con armas pequeñas y artes marciales. William Fairbanks, el «Macho de Shanghái», solía introducir el curso como sigue: «Lo que quiero de vosotros es que os metáis en la cabeza las ideas más sucias y sanguinarias que podáis pensar para destruir a un ser humano». Uno de los trucos que Napoleon aprendió durante una cena fue a resbalar sobre una mesa al mismo tiempo que se llevaba el mantel por delante para estrangular a un invitado. Lo siguiente fue aprender a saltar en paracaídas en la base aérea de Ringway, cerca de Mánchester, seguido del aprendizaje sobre cómo enviar mensajes en clave y repasar su alemán en un centro de la SOE en Hertfordshire.[12]

Napoleon Segieda, sentado a la izquierda, hacia 1939.
Cortesía de Yaninka Salski.

Al llegar a Varsovia, Napoleon se ganó rápidamente fama de manitas e inventó un nuevo método para transmitir información que hizo gala de sus ideas insólitas. El problema con la red de la resistencia hasta la fecha, concluyó Napoleon, era que cada piso franco en la ruta, y cada entrega de material de un agente a otro, aumentaban la probabilidad de que hubiera infiltraciones. De modo que decidió eliminar la cadena por completo y esconder los mensajes detrás de los espejos de los baños en el servicio de trenes exprés que circulaban de Varsovia a Basilea en la frontera de Suiza y Alemania. Lo único que necesitaba era operativos en cada extremo con las habilidades necesarias para entrar y salir a hurtadillas del tren.[13]

Napoleon volvía de Suiza después de una operación de prueba cuando recibió órdenes de viajar a Auschwitz para verificar los últimos informes. Partió al campo en torno al 8 de julio, justo cuando llegaron las noticias de que toda la red de correos sueca había sido arrestada también. Solo había escapado Sven Norrman, por encontrarse en Estocolmo en ese momento, y claramente no podía regresar.[14] Napoleon se convertía, de pronto, en el principal enlace de la resistencia polaca con el mundo exterior.

Napoleon fue recibido en la estación de ferrocarril de Oświęcim por la desgarbada figura de Wojciech Jekiełek, un operativo local fácilmente reconocible por su calva parcial y bigote inglés («el águila calva», lo llamaban sus amigos). Wojciech pertenecía al mismo Partido Campesino que Napoleon y compartía sus frustraciones con respecto a la desigualdad que existía en Polonia antes de la guerra. Había sido activista antes de que la guerra llegara a su pueblo, Osiek, a una veintena de kilómetros de Oświęcim. Ver a Wojciech caminar a grandes zancadas por los campos con un fajo de octavillas o pedaleando en su bicicleta perseguido por el perro de la casa, al que habían llamado Hitler en broma, era algo común.

Desde la invasión, Wojciech había creado una red de aldeanos para combatir la iniciativa de las SS de reemplazar a las familias polacas por colonos alemanes. También había establecido conexiones con prisioneros en el campo a través de dos vecinas del pueblo, Helena Płotnicka y Władysława Kożusznikowa, que llevaban comida y medicinas a los prisioneros. Helena, madre de cinco hijos con cuarenta años, hacía pan en su casita de madera durante el día, cuando la gente estaba en el trabajo y era improbable que el aroma de la docena de panes en el horno atrajera sospechas. Ella y Władysława, de treinta y siete años, cortaban después el pan en rebanadas para su rápida distribución entre los prisioneros y salían con sus bultos cuando oscurecía. Dejaban los paquetes en los aledaños del campo que visitaban regularmente los vigilantes y una brigada de trabajo de jardineros. En más de una ocasión estuvieron a punto de pillarlas, y el comandante Höss escribió a la policía local protestando porque había visto

Wojciech Jekiełek, hacia 1940.
Cortesía de PMA-B.

a mujeres polacas «cargadas de sacos y paquetes» cerca de Rajsko —tal vez aludiendo a Władysława y Helena.[15]

Las penurias de los prisioneros también inspiraron a Wojciech, que empezó a recabar pruebas de los crímenes nazis. Unas semanas antes de la llegada de Napoleon, Helena y Władysława llevaron una carta escondida entre las rebanadas de pan pidiendo que les enviaran información de vuelta con los supervisores. Recibió respuesta de Stasiek, el conspirador camarada de Witold, diciendo que lo complacería con gusto.[16]

Napoleon y Wojciech no se demoraron cerca de la estación, ubicada frente a varios puntos de control de las SS fuertemente dotados en las carreteras que llevaban al campo. El comandante Höss había ordenado el confinamiento después del último brote de tifus, y el aire era caliente y fétido. Wojciech condujo a Napoleon por vías secundarias hasta

Osiek, donde vivía en una modesta casa de dos habitaciones fuera del pueblo con su mujer y su hija de dieciséis años. La casa estaba rodeada de campos de patatas y en parte oculta de la carretera por un peral.[17]

Wojciech sentó a Napoleon a la mesa de la cocina y le enseñó el material que había reunido sobre el campo. Probablemente tenía el informe más reciente de Stasiek sobre la mortalidad del campo, que registraba el gaseamiento de diez mil judíos y el posterior lanzamiento de los cuerpos a fosas comunes. Wojciech tenía asimismo una colección de cartas que enseñarle a Napoleon de otro informador. El desconocido autor pedía que escondieran armas alrededor del campo como preparación a un levantamiento. Mientras hojeaba las misivas, Napoleon se dio cuenta del tono cada vez más desesperado del autor.[18]

«¡No permitiremos que nos maten como corderos! —declaraba una—. No podemos esperar más para empezar el levantamiento.»[19]

Władysława Kożusznikowa, Helena Płotnicka y Bronisława Dłuciak (de izquierda a derecha), hacia 1933.
Cortesía de Krystyna Rybak.

«¡Bombardeen este campo!», imploraba otra. A Napoleon le pareció que algo especialmente dramático había ocurrido. Pero ¿qué exactamente? Le dijo a Wojciech que respondiera a Stasiek y le informara de que había llegado un correo de Londres y debía enviar toda la información que pudiera.

Helena y Władysława se dirigieron al campo unos días más tarde con suministros y una carta de Wojciech pidiendo pruebas de los crímenes nazis. Al marido de Władysława no le gustaban los riesgos que su mujer estaba corriendo y le suplicó que se quedara en casa. «Nadie podía pararlas cuando se les metía algo en la cabeza», recordó Józef, el hijo de Władysława.[20]

La leyenda de la fotografía: «La casa de Maria y Franciszek Jekiełek en Osiek. En esta casa, en 1942, los correos de Londres Czesław Wąsowski y Napoleon Segieda pasaron tiempo observando los crímenes de Hitler en el campo de la muerte de Oświęcim».

Cortesía de Jan Jekiełek y la familia Klęczar.

TERCERA PARTE

12

Plazo

Auschwitz, mayo de 1942

Witold oyó el sonido de la sirena la tarde de la fuga de Wincenty y Stefan. ¿Los habrían pillado? De ser así, ¿delatarían a la resistencia? No podía saberlo. Al menos no hubo represalias por la fuga. Eso no significaba que Witold estuviera a salvo. Los alemanes, durante buena parte de los dieciocho meses en el campo, pensaron que la resistencia era poco más que un grupo de bandas carcelarias. Pero mientras Rawicz, el líder que Witold había elegido, planeaba un levantamiento, los SS parecieron sospechar la verdadera naturaleza de la resistencia. El primer indicio de complicaciones fue un buzón cerrado que apareció en la entrada del campo, donde los prisioneros podían depositar discretamente pistas a cambio de comida. Witold ordenó a uno de sus hombres en la herrería que forjara una llave maestra que usaron para sacar pruebas que incriminaban a algún miembro de la resistencia.[1]

Entonces, una tarde, un Kon de rostro ceniciento se llevó a Witold a un aparte y le contó que uno de sus nuevos reclutas en la curtiduría era agente de la Gestapo casi con toda seguridad. La fuente de Kon había compartido celda con este hombre en Cracovia. Los SS siempre parecían saber lo que se discutía en la celda y varios prisioneros recibieron un balazo.[2]

Witold confirmó, a través de un oficinista que trabajaba en el despacho de la Gestapo, que el recluta estaba en una «misión especial». Witold solo le había dado al agente una pincelada de la misión de la resistencia, pero se había expuesto y eso no tenía vuelta de hoja. La cuestión era si el agente ya habría informado o no a la Gestapo. Cada minuto era vital. No podían matarlo sin levantar sospechas. En lugar de eso, Dering sugirió darle una dosis de aceite de ricino, un purgante que actuaba rápido. Eso enviaría al espía al hospital y allí Dering intentaría embaucar a los médicos de las SS para que le administraran una inyección de fenol.[3]

Esa tarde, el equipo de la curtiduría cocinó un estofado y sirvió una ración aderezada con el aceite al espía. Cuando llegó la hora del recuento, el hombre se sentía claramente indispuesto y cuando terminó salió corriendo hacia la entrada principal. Los hombres de Witold lo interceptaron y lo condujeron al hospital y lo registraron como enfermo de meningitis aguda. El médico de las SS aprobó su ejecución con solo una somera inspección.[4]

Witold seguía temiendo que hubiera delatado su número a Grabner, el jefe de la Gestapo, pero comprendió que se había librado al cabo de unas semanas, cuando los alemanes recurrieron al crudo exterminio de antes con un récord de militantes u oficiales de rango. El empleo de esta táctica indicaba que la Gestapo no tenía ninguna clave sobre la resistencia, pero andaban claramente tras ellos.[5]

Entonces, un mañana de mayo, llamaron a Rawicz para interrogarlo. Rawicz logró convencer a la Gestapo de que estaban en un error. Pero Rawicz estaba intranquilo y supo que había llegado la hora del levantamiento, cuya planificación ya habían ultimado. El mayor desafío seguía siendo la tremenda disparidad en cuanto a armas. La guarnición de las SS se había ampliado esa primavera a 2500 hombres e incluía una unidad de respuesta rápida capaz de desplegarse en treinta minutos. Rawicz creía que podrían contar con que aproximadamente un tercio de la guarnición estaría de permiso o fuera de servicio en un momento dado. Pero, aun así, eso dejaría a sus 1000 hombres superados en número y particularmente en armamento.[6]

El único elemento que tenía de su parte era el factor sorpresa. Si golpeaban por la tarde, cuando las brigadas regresaran del trabajo y el campo estuviera en su máxima afluencia, puede que tuvieran unos preciosos minutos para que un grupo dejara fuera de combate a los guardias en la entrada y a los centinelas en las torres, mientras un segundo grupo se hacía con el arsenal de reserva en la oficina de construcción y repartía las armas entre los 9000 prisioneros del campo principal. Rawicz tenía la esperanza de que el resto de prisioneros siguiera su ejemplo y se unieran a ellos. A continuación avanzarían de noche hacia Kęty, una ciudad de boscosas colinas una veintena de kilómetros al sur del campo. Rawicz pensaba que un pequeño contingente de prisioneros podría tomar la ciudad mientras que el resto huía al bosque.[7]

Witold temía que el plan terminase en una matanza. Incluso si tenían éxito, los alemanes se vengarían con los que quedaran atrás. Al menos una cuarta parte de los prisioneros vivían confinados en el bloque del hospital y no estaban en condiciones físicas de moverse. Luego quedaba pensar en los varios miles de prisioneros en Birkenau, a tres kilómetros de distancia. Rawicz justificó estos costes con planes para dejar el campo inoperable volando por los aires los almacenes, los trenes, el material rodante y el principal puente a Cracovia.[8]

Pero Witold seguía sin estar convencido. La única manera de prevenir un baño de sangre, creía él, era coordinar la sublevación con un ataque de distracción con las fuerzas de la resistencia fuera del campo. Rawicz pensaba como él, pero dejó claro que no podían esperar indefinidamente, no cuando cada día moría tanta gente. El plan que Rawicz envió a Rowecki en mayo a través de un prisionero liberado incluía un ultimátum: el campo estaba listo para actuar por su cuenta si, llegado el 1 de junio, seguían sin noticias de Varsovia. Menos de un mes de plazo.[9]

Mientras esperaban, las tensiones y el número de muertos aumentaron. Los prisioneros no solo tenían que enfrentarse a las ejecuciones diarias; otro brote de tifus urgió a los

SS a matar hasta un centenar de pacientes enfermos al día usando fenol. Klehr, el ayudante, había concebido un proceso de exterminio eficiente en su sala de «operaciones», en el bloque de los convalecientes. Un asistente le traía a la víctima, la sentaba en un taburete y le echaba los hombros hacia atrás para que sacara pecho. Entonces Klehr hundía su aguja en el corazón del hombre y vaciaba la jeringuilla mientras la víctima sufría sacudidas y se desplomaba hacia delante. Otro asistente arrastraba el cuerpo afuera. Klehr podía deshacerse de una docena de reclusos en media hora utilizando este método. Los asesinatos atajaron las infecciones temporalmente, hasta que corrió la voz de que había que evitar el hospital y que los enfermos permanecieran en los bloques el máximo tiempo posible.

La respuesta de la resistencia fue devolver el golpe utilizando la única arma que evitaría ser detectada: los piojos infectados. Probablemente, quien concibió la idea fue Witold Kosztowny, un enfermero que había sido bacteriólogo y a quien los SS encargaron la tarea de preparar vacunas del tifus. En la década de 1930 se había desarrollado una vacuna parcial. El procedimiento implicaba infectar piojos individualmente, alimentarlos con sangre humana y extraer sus heces cargadas de tifus, las cuales eran desnaturalizadas en fenol, secadas y convertidas en píldora. Los detalles del programa de Auschwitz son vagos, pero, según parece, Schwela y los otros médicos de las SS pensaban que podrían reproducir el proceso de creación de la píldora. Permitieron que Kosztowny instalara un pequeño laboratorio en el sótano del hospital principal para cultivar viales de piojos infectados de pacientes en los pabellones. Estos viales, comprendió la resistencia, podrían usarse como armas biológicas.[10]

Lo complicado era cómo golpear a los alemanes con suficientes piojos para provocar una infección. Los SS habían reducido el contacto con los prisioneros por miedo a contagiarse. Ya no jugaban a las cartas en los bloques con los kapos, e incluso los prisioneros no contaminados que trabajaban en el cuartel de los SS eran rehuidos nerviosamente. Un SS usaba su pañuelo para abrir y cerrar las puertas de las habitaciones que usaban los prisioneros. Solo acercarse lo suficiente para lanzarle un piojo de seis milímetros a un guardia de un capirotazo podía levantar sospechas. Algunos prisioneros experimentaban haciendo cerbatanas con la paja de sus colchones para lanzar los piojos, un medio de ataque espectacular pero ineficiente.[11]

El método más simple era localizar un ropero de las SS y vaciar un tarro de piojos en una chaqueta o una capa. Los guardias iban cuidadosamente abrochados cuando patrullaban por el campo, pero había un lugar donde se desvestían frecuentemente: el hospital de las SS vecino al crematorio. Allí solo se trataba a los guardias y sus familias, y la plantilla era prácticamente alemana cien por cien. Los únicos reclusos que tenían permiso para entrar en el hospital eran los del personal de limpieza. Teddy, el boxeador, había conseguido uno de esos empleos, y aceptó lanzar un ataque.[12]

Un día de mayo recogió un vial de piojos del enfermero Kosztowny antes de ir al trabajo. Llegó al hospital de las SS y encontró una hilera de capas y chaquetas en el ropero y vació cuidadosamente el vial debajo de varios cuellos. Pronto se registraron los primeros casos de alemanes con tifus. El siguiente objetivo de Dering fue Schwela, el médico de las SS que supervisaba el programa de inyecciones de fenol. Un día, Dering constató que el alemán le estaba mirando la cabeza con curiosidad.[13]

—Perfectamente redonda —musitó Schwela—. Me gustaría tener una así.[14]

—Pues esta no la puede tener —repuso Dering despreocupado.[15]

—Ya veremos —dijo Schwela.

Lo más probable es que Teddy pasara a la acción. Un día, Schwela se quejó de la temperatura y empezó a sudar profusamente debajo del uniforme. Al siguiente gemía en la cama, cubierto de puntos rojos, y luego se fue o, como dijo Dering: «Se fue al lugar que le correspondía en el infierno». Era posible que Schwela se hubiera infectado accidentalmente, pero la resistencia juró que su hombre lo había conseguido. Su siguiente objetivo fue el verdugo del campo, Gerhard Palitzsch, y empezaron a soltar piojos en las camas de los kapos odiados como Leo, cuyo fallecimiento a las pocas semanas fue celebrado en todo el campo.[16]

La campaña levantó la moral pero hizo poco por aliviar la ansiedad que crecía a medida que se acercaba la fecha de la sublevación. El 27 de mayo, los SS dijeron los números de 568 prisioneros en el recuento de la mañana. El miedo recorrió como una ola a la multitud. Ciento sesenta y ocho hombres fueron conducidos de inmediato al bloque penal para su ejecución. A los otros cuatrocientos los enviaron a la unidad penal en Birkenau. Los bloques se reanimaron con propuestas de insurrección esa misma noche.[17]

Witold pidió paciencia, pero la espera les resultaba intolerable. El clima empezaba a ser caluroso. El cielo era claro y la floración de un jazmín cerca de la entrada inundó el campo con su aroma. Llevaban semanas preparados. «¿Cuándo podremos lanzarnos sobre vosotros?», pensó mientras desfilaba en tensión por delante de los guardias y la orquesta en la entrada. El 1 de junio llegó sin noticias de Varsovia. Algunos hombres murmuraban sombríamente sobre el liderazgo de la resistencia y amenazaban con tomar las riendas del asunto. Es probable que fuera Witold quien escribiera un mensaje a Wojciech, en Osiek, diciéndole que no podían esperar mucho más y solicitaba que bombardearan el campo.[18]

Entonces la fuente de Witold en la oficina de la Gestapo reveló que iban a fusilar en pequeños grupos a los cuatrocientos hombres enviados a la unidad penal de Birkenau para evitar que se produjeran desórdenes. A doce los ejecutaron el 4 de junio. Dos días después, mataron a nueve más. Los hombres que estaban en la unidad penal avisaron a Witold de que planeaban devolver el golpe.[19]

«Le informo de que, como pronto no seremos más que bocanadas de humo, tentaremos nuestra suerte mañana durante el trabajo... tenemos pocas probabilidades de éxito —escribió uno de ellos—. Despídase de mi familia y, si puede y sigue vivo, dígales que si muero será luchando.»[20]

Witold entendía a los hombres, pero tenía una visión más amplia. Un intento de sublevarse en Birkenau se traduciría casi con certeza en el confinamiento de todo el campo justo cuando la autorización de Varsovia podía estar a punto de llegar. Rawicz también pensaba que los hombres en Birkenau debían esperar hasta que tuvieran noticias de Varsovia y envió al ordenanza Fred para anular la operación.[21]

Fred se las arregló para subirse a una de las ambulancias que las autoridades del campo solían usar para llevar Zyklon B a la cámara de gas. La unidad penal se ubicaba en uno de los barracones de piedra que los prisioneros soviéticos habían construido en el extremo nordeste del campo, separados por alambre de espino de las interminables filas de establos de madera que se habían construido apresuradamente para alojar el flujo de deportados judíos. Fred llegó poco antes del toque de queda. Algunos judíos se demoraban fuera de sus bloques, demacrados y sucios. Habían conectado la valla eléctrica para la noche y los cables cantaban con la corriente.[22]

Barracones en Birkenau.
Cortesía de PMA-B.

Algunos hombres del complejo penal sintieron alivio cuando recibieron la orden de Rawicz, pero la mayoría insistió en que era mejor morir combatiendo que esperar a que les pegasen un tiro. Al final, aceptaron postergar la acción hasta la tarde siguiente.[23]

A la mañana siguiente, 10 de junio, amaneció con nubes y el aire estaba cargando. Los condenados empezaron a trabajar en una acequia. Pocos comieron durante el almuerzo, esperando una señal. Entonces, súbitamente, corrió la voz de que se sublevarían a las seis de la tarde, cuando sonara el primer silbido que anunciaba el regreso al campo.[24]

Los prisioneros volvieron al trabajo. Empezó a llover. Algunos guardias se cobijaron bajo los árboles. Y entonces el silbato sonó antes de hora. Solo eran las cuatro y media de la tarde. ¿Era el final del trabajo o una pausa? Algunos de los reclusos salieron corriendo; otros permanecieron inmóviles en el sitio. Un joven prisionero, August Kowalczyk, levantó su hacha para golpear al guardia más cercano, pero el hombre salió corriendo detrás de otro prisionero que huía. August aprovechó la oportunidad para trepar al terraplén, sintió el silbido de una bala y corrió por un descampado hacia una arboleda cercana al Vístula. Sorteando las balas que pasaban volando, se despojó de su uniforme de rayas, alcanzó la orilla y se zambulló en las aguas verde grisáceas.[25]

Witold escuchaba impotente el sonido de los disparos en la distancia. Supieron de los detalles al día siguiente. Solo August y otro prisionero lograron escapar. El *Hauptsturmführer* de las SS Hans Aumeier, el nuevo subcomandante, exigió saber el nombre de los cabecillas. Como nadie respondió, recorrió la fila disparando a los hombres en la cabeza y solo haciendo una pausa para recargar el arma. Asesinó a diecisiete en total; su adjunto a tres más. Ordenaron al resto de los hombres que se desvistieran. Les ataron las manos a la espalda con alambre de espino y luego los llevaron a través de Birkenau hasta la casita roja en los árboles para que los gasearan.[26]

Los SS exigieron más venganza. Más de doscientos prisioneros recibieron un tiro el 14 de junio; ciento veinte, unos días más tarde. Todas las mañanas leían en voz alta nuevos números. El miedo consumía a los prisioneros. Cuando llegaba la noche, preparaban mensajes de despedida para sus seres queridos y discutían sobre si era mejor morir de un tiro, de gas o de fenol. La moral estaba por los suelos, y eso era peligroso.[27]

Eugeniusz Bendera, un recluso que trabajaba de mecánico en el garaje de las SS, decidió actuar cuando le chivaron que su nombre figuraba en la lista de los siguientes reclusos a los que iban a ejecutar. Eugeniusz se encargaba del sedán Steyr 220. El vehículo negro, de seis cilindros y 2,3 litros era el más rápido del campo, y Eugeniusz fantaseaba con robarlo y correr a toda mecha hacia la libertad. Compartió su sueño con su amigo Kazimierz Piechowski, o Kazik, el cual puntualizó que jamás conseguiría cruzar el punto de control que vigilaba las inmediaciones del campo a menos que llevara puesto un uniforme de las SS y hablara alemán. Resultó que Kazik hablaba alemán con fluidez. También sabía dónde guardaban sus prendas de repuesto los alemanes. Concibieron un plan.[28]

Witold pensó que era una idea tan impensable que podría salir bien. Lo dispuso todo para que uno de sus hombres, el joven Stanisław Jaster de veintiún años, fuera su correo y le hizo memorizar su nuevo informe. Le insistió en que era necesario poner en conocimiento de los Aliados la sublevación de Birkenau y el gaseamiento de judíos y presionarles para que atacaran el campo sin más demora. Probablemente, Witold se habría enterado por la BBC de la existencia de la brigada de paracaidistas polacos que se entrenaba en Escocia, preparándose para una invasión aliada del continente, porque le dijo a Jaster que si doscientos paracaidistas aterrizaban cerca de los almacenes podrían robar en los arsenales y armar al resto de prisioneros.[29]

La fuga se fijó para el sábado 20 de junio, a la hora del almuerzo, cuando el almacén y el garaje solían estar vacíos.

Józef Lempart, estudiante de un colegio católico, también participaría en el intento y les dio su bendición cuando se reunieron en la plaza del recuento a mediodía. Kazik dispuso un vagón cargado de desperdicios de la cocina como excusa para ir del vertedero del campo, junto a la carretera principal, y los guardias les dieron luz verde como esperaban.[30]

En cuanto los hombres desaparecieron de su vista, cambiaron de rumbo hacia el almacén, entrando por una carbonera lateral. El depósito donde guardaban los uniformes estaba cerrado y Kazik abrió la puerta a patadas. Kazik cogió un atuendo de sargento mayor y una pistola. Acordaron que, si los paraban, Kazik dispararía para impedir que los apresaran. Eugeniusz corrió al garaje a buscar el coche. Recogió a los otros en una puerta lateral del almacén. Kazik se sentó delante junto al conductor y salieron a la carretera.[31]

Eugeniusz vio la barrera a unos trescientos metros y levantó el pie del acelerador. A cien metros seguía sin producirse ningún movimiento de los guardias. Kazik abrió la funda de su pistola y puso la mano encima. Cincuenta metros. Casi podían ver el interior de la garita del guardia. Eugeniusz estaba sudando. Frenó el coche.

Stanisław Jaster, hacia 1941.
Cortesía de PMA-B.

256

—Kazik, haz algo —susurró con voz ronca Jaster desde el asiento trasero.[32]

Kazik sacó la cabeza por la ventana y gritó al alemán que les abriera el paso. Un guardia con aire avergonzado apareció y fue trotando despreocupadamente hasta la barrera de metal para levantarla. Eugeniusz contuvo la urgencia de pisar el acelerador y condujo lentamente. Pasaron por delante del subcomandante Aumeier, montado en su caballo, y Eugeniusz lo saludó con un «*Heil Hitler*». Aumeier le devolvió el saludo y después ya eran libres.[33]

Witold esperaba ansiosamente el sonido de la sirena en el campo. Cada momento transcurrido le daba esperanzas. Los SS solo averiguaron que los cuatro hombres faltaban en el recuento de la tarde. Aumeier soltó un torrente de injurias contra los reclusos reunidos cuando comprendió que lo habían engañado como a un tonto. Luego tiró su gorra al suelo y de repente estalló en una carcajada.[34]

Pero no llegaron noticias de Varsovia. A principios de julio, los alemanes trasladaron a Rawicz a otro campo. Tras su partida, Witold volvía a ser el líder *de facto* de la resistencia, y la decisión sobre la sublevación recayó en él. El inten-

Kazimierz Piechowski, hacia 1941.
Cortesía de PMA-B.

to fallido en Birkenau confirmaba los temores de Witold de que una sublevación en el campo principal sin ayuda externa terminaría en una masacre. Tendrían que esperar, incluso si eso implicaba soportar más ejecuciones.[35]

Mientras los alemanes transformaban Auschwitz, que dejó de ser un centro de exterminio regional para constituir el núcleo de la Solución Final. La primera orden dada por Himmler de llenar Birkenau de trabajadores judíos planteó la cuestión de qué hacer con los parientes de estos judíos en sus países de origen. Himmler decidió que, en lo sucesivo, traerían también a sus familias al campo. Al llegar harían una selección de trabajadores.

Al resto —madres e hijos, enfermos y ancianos— los gasearían. Cuando junio dio paso a julio, las SS se prepararon para deportar a 125 000 judíos de Eslovaquia, Francia, Bélgica y los Países Bajos al campo. Una segunda casa de campo en los bosques de Birkenau fue acondicionada como cámara de gas en junio (a la que bautizaron como la «casa blanca» por su pintura). Junto con la otra cámara, las SS tenían ahora la capacidad de exterminar un transporte entero de dos mil judíos de una sola vez.[36]

El primer transporte judío en ser sometido a esa selección llegó de Eslovaquia al terminal ferroviario que distaba un kilómetro y medio de la entrada principal de Birkenau el 4 de julio. La rampa de descarga estaba celosamente custodiada. Sacaron del tren al millar de judíos amontonados en su interior, los despojaron de sus pertenencias y los formaron en filas para su inspección. Los médicos de las SS juzgaron que solo 372 eran aptos para trabajar. Empleados reclusos polacos se los llevaron a pie a Birkenau para su registro. El resto enfiló hacia el bosque.[37]

El líder de la célula de Witold en Birkenau, Jan Karcz, pronto informó de la llegada casi diaria de transportes de toda Europa. Witold comprendió el puro horror de la empresa.[38]

«Uno se pregunta en qué estaban pensando verdaderamente los SS —escribió más tarde—Había una gran cantidad de mujeres y niños en los vagones. A veces los niños iban en cunas. Todos ellos iban a terminar sus vidas aquí juntos. Los traían como si fueran una manada de animales, ¡al matadero!»[39]

Witold hablaba de una «nueva pesadilla» y veía el crimen en términos existenciales, como una crisis de la humanidad. «Nos hemos extraviado, amigos míos, nos hemos extraviado tremendamente... Diría que nos hemos convertido en animales... pero no, estamos a un nivel infernal mucho peor que los animales.»[40]

Mientras los asesinatos en masa se incrementaban ese mes de julio, la resistencia recibió un mensaje en clave de Napoleon que pedía pruebas de los crímenes nazis. Encargaron a Stanisław Kłodziński, un enfermero con gafas de culo de vaso y pinta de empollón, que lo descifrara. Witold tenía que decidir qué responder. Es probable que Witold sea el autor de una carta que describe el programa nazi de asesinatos sistemáticos en Auschwitz ese julio. La carta empezaba con una descripción del intento fallido de sublevación de la unidad penal y las ejecuciones diarias que siguieron. Luego abordaba el gaseamiento masivo de judíos. «En Birkenau, los SS no saben qué hacer con todos los muertos que están produciendo. Los cuerpos son apilados fuera de las cámaras de gas para ser enterrados en fosas.»[41]

La carta describía el estado de abatimiento entre los prisioneros. «La vida en el campo es muy difícil en este momento, la gente se prepara para lo peor. La gente está diciendo que, si vamos a morir, que no muramos como corderos; dicen que deberíamos hacer algo.»

La carta volvía luego al tema de la sublevación. No vinculaba la operación de acabar con el exterminio masivo de judíos directamente, pero el imperativo de actuar era claro. Una sublevación en el campo «tendría un gran eco en todo el mundo», concluía la carta. «Solo hay un pensamiento que me frena: que crearía una tremenda represión contra el país.»

Stasiek también concluyó su último informe sobre la mortalidad de los prisioneros en torno a esta época, y es posible que lo enviara con la carta. El informe incluía un desglose mensual sobre las muertes de polacos y soviéticos y ponía de relieve que treinta y cinco mil judíos habían muerto en Birkenau desde mayo. Los transportes llegaban cada pocos días con familias judías para gasearlas, y podían des-

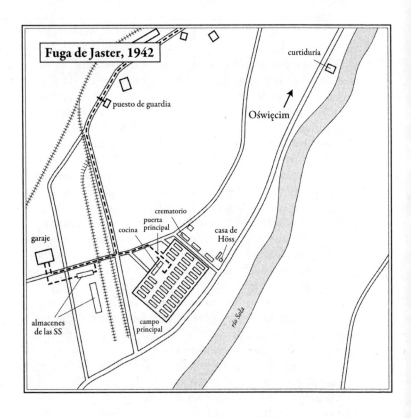

Separación de familias y *al gas*, dibujos de un artista anónimo.
Cortesía de PMA-B.

hacerse de 3500 personas en dos horas, observó. Las cifras sugerían que Auschwitz se había convertido en un «campo de muerte», escribió.[42]

Justo cuando la resistencia se disponía a enviar la información a través de los supervisores o uno de los destacamentos de jardinería, el *Reichsführer* de las SS Heinrich Himmler hizo su segunda visita a Auschwitz. Los prisioneros del campo principal recibieron uniformes limpios y les permitieron lavarse; la orquesta ensayó la «Marcha triunfal» de *Aida*, de Verdi, una de las favoritas de Himmler. El 18 de julio, los reclusos que tenían el aspecto más sano formaron filas bajo el primer sol rutilante de la mañana.

Stanisław Kłodziński,
antes de la guerra
Cortesía de PMA-B.

Una inspección de último minuto reveló que a uno de los prisioneros le faltaba un botón, y el culpable, uno de los pocos cientos de judíos del campo principal que se llamaba Yankiel Meisel, murió de una paliza de los kapos detrás del bloque. Su muerte fue lenta y ruidosa, sus irregulares alaridos llenaban el aire estático. Entonces la trompeta de la orquesta entonó las primeras notas, un sedán negro cruzó las puertas y el *Reichsführer* de las SS salió de él, pestañeando y sonriendo bajo el sol.[43]

Himmler tenía razones para estar contento. El ejército alemán había lanzado otra importante ofensiva contra la Unión Soviética ese mes de junio para cruzar las líneas rusas en el sur y tomar los yacimientos petrolíferos del Cáucaso. El progreso inicial era bueno y Himmler podía soñar otra vez con la expansión de las colonias alemanas hasta Crimea. Entretanto, quedaba el asunto de librar a Europa de los judíos. Quería ver

Heinrich Himmler durante su visita
a Auschwitz, 17-18 de julio de 1942.
Cortesía de PMA-B.

con sus propios ojos el proceso del exterminio en Birkenau. Le reservaron un transporte de judíos holandeses especialmente para su llegada. Observó cómo apeaban del tren a las familias judías, les quitaban sus pertenencias y luego las procesaban. Seleccionaron a un grupo de 449 hombres, mujeres y niños para gasearlos en la casita blanca. Los siguió para observar cómo los desvestían y sellaban las puertas, y a continuación escuchó los chillidos y después el silencio.[44]

«No se quejó de nada», recordó el comandante Höss. Himmler asistió luego a una cena en Katowice, celebrada por el *gauleiter* local. Allí se permitió un puro y una copa de vino y reveló al selecto grupo los planes de Hitler de exterminar a los judíos de Europa, confiado de que el secreto del campo, acaso el mayor de la burocracia nazi, estaba a salvo. Unos días después la resistencia sacó clandestinamente su paquete de documentos del campo.[45]

13

Papeleo

Osiek, agosto de 1942

Ocultos bajo el uniforme a rayas de prisionero, escondidos en un campo y luego trasladados por contrabandistas, los informes de la resistencia que pormenorizaban el principio del asesinato masivo de judíos llegaron al piso franco de Osiek donde Napoleon Segieda, el agente entrenado por los británicos, esperaba las pruebas de los crímenes nazis. Napoleon se había pasado dos semanas intentando investigar los alrededores del campo, pero la férrea seguridad había frustrado sus planes. Había presenciado suficiente violencia como para hacerse una idea de su brutalidad. Cerca de la estación de ferrocarril vio a un prisionero demacrado tropezar y caer cuando marchaba con su brigada. Un guardia de las SS movió al hombre con el pie y luego le pisó el cuello hasta que dejó de moverse. El resto de la brigada siguió adelante cantando «como si vinieran del inframundo».[1]

Pero Napoleon no había visto la magnitud de los horrores descritos en la carta a partir de las últimas estadísticas de mortalidad de Witold y Stasiek, que revelaban un programa de exterminio a escala industrial mucho más grande de lo que había imaginado. Luchaba por entender algunas de sus referencias. Stasiek aludía al método de asesinato *Hammerluft*, o «martillo de aire», que era una referencia a la pistola de cerrojo con la que ejecutaban a los prisioneros. Pero Napoleon interpretó que *Hammerluft* era una especie de cáma-

Cartel que prohíbe la entrada al área del campo.
Cortesía de Mirosław Ganobis.

ra sellada que usaba súbitas caídas de presión para matar a la gente. No está claro de dónde sacó la idea. Una explicación podría ser que viera planos clandestinos del nuevo crematorio en Birkenau y concluyera que su elaborada ventilación era una especie de sistema de exterminio presurizado. Según parece, también creyó que algunas de sus cámaras estaban cableadas para producir electrocuciones mortales.[2]

A pesar de estos errores, Napoleon concluyó acertadamente que estaba en posesión de un importante secreto nazi: Auschwitz se había convertido en un lugar importante de asesinatos masivos de judíos y, a diferencia de otros centros de gaseamiento que se cebaban principalmente con los judíos polacos, la extensión del campo era la de un continente.[3]

Wojciech arregló nuevos documentos para el viaje de Napoleon a Londres; cada agente cruzaba a Polonia con una identidad falsa, pero a veces era prudente cambiar de seudónimo.

Wojciech encontró la tapadera perfecta: un pastor polaco llamado Gustaw Molin, de la vecina localidad de Cieszyn, al que presionaron para que firmara en un registro especial de personas de ascendencia alemana y fue reclutado posteriormente para el ejército. Molin consintió que la resistencia usara sus documentos para moverse entre Polonia y su unidad en la Francia ocupada; si Napoleon se hacía pasar por un soldado alemán, le sería posible viajar con los controles mínimos.[4]

El 6 de agosto de 1942, Napoleon partió a Varsovia con un montón de informes para que Rowecki diera el visto bueno final. Encontró la capital presa de un nuevo desastre. El 22 de julio, las autoridades alemanas habían anunciado que los cuatrocientos mil residentes del gueto iban a ser deportados a fábricas del este del país. El jefe del Consejo Judío del gueto, Adam Czerniaków, se enteró de la espantosa verdad durante

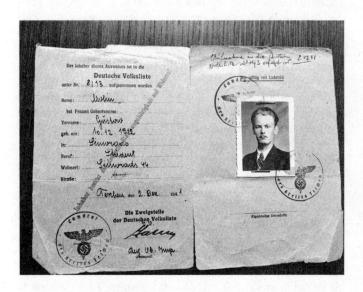

Documento de identidad de Gustaw Molin.

267

las negociaciones con las SS a propósito del transporte de niños huérfanos: cada judío de Varsovia sería exterminado. Poco antes de que empezara la deportación el 23 de julio, Czerniaków se tomó una pastilla de cianuro. «Me exigen que mate a niños de mi nación con mis propias manos —rezaba su nota de suicidio—. No me queda más que morir.»[5]

Oficiales alemanes y auxiliares ucranianos sellaron entonces las entradas del gueto y, bajo la amenaza de deportarlos si no obedecían, obligaron a su policía judía a ir de puerta en puerta y sacar a rastras a la gente de su casa. Luego hicieron desfilar a hombres, mujeres y niños hasta una línea de ferrocarril en el extremo del gueto, donde los hacinaron en un patio abierto y después los cargaron en vagones de ganado. El primer día deportaron a seis mil judíos, y en los días sucesivos siguieron cantidades similares.

Nadie sabía adónde se dirigían los trenes, y al día siguiente la organización judía Bund envió a un espía del gueto, Zalman Friedriech, a rastrear secretamente su ruta. Zalman supo por ferroviarios polacos que los prisioneros eran descargados en un campo cerca de Treblinka, ochenta kilómetros al noreste de Varsovia. El recinto con alambre de espino oculto en el bosque era demasiado pequeño como para acomodar a los millares de personas que iban llegando. Sin embargo, nadie salió de allí jamás. Lo más probable era que estuvieran exterminándolos. Rowecki recibió informes similares de sus propias fuentes que confirmaban el asesinato de judíos de Varsovia a una escala sin precedentes.[6]

«Los alemanes han comenzado la masacre del gueto de Varsovia —anunció el primer mensaje que la resistencia envió a Londres sobre el exterminio el 26 de julio—. Hasta ahora se han llevado dos trenes cargados de gente, para encontrarse con la muerte, claro.»

Circulaban rumores de que los campos de la muerte albergaban fábricas que hacían jabón con la grasa de los cuerpos de los judíos asesinados, un eco de la propaganda antialemana de la Primera Guerra Mundial. Esta vez, esto explicaba más racionalmente los asesinatos de los nazis que el hecho de que estuvieran simplemente erradicando a un pueblo.[7]

En esta atmósfera confusa y caldeada, Napoleon entregó sus descubrimientos sobre Auschwitz. Es improbable que Rowecki se reuniera con Napoleon en este momento, pero parece ser que aprobó la partida inmediata de Napoleon a Londres con la advertencia de que tuviera cuidado: los arrestos masivos de agentes polacos que trabajaban en Francia habían puesto nervioso a todo el mundo.[8]

Napoleon partió a Varsovia al día siguiente, el 9 de agosto, con una actualización sobre el suicidio de Czerniaków y las últimas cifras de asesinatos en el gueto: cien mil en los primeros dieciocho días de la operación. También llevaba microfilms de informes y mensajes de partidos políticos en Varsovia. No había tiempo para microfilmar la carta, probablemente de Witold, o los últimos datos de Stasiek, pero Napoleon memorizó las frases y los datos fundamentales. Tenía fe en que llegaría a Gran Bretaña en el plazo de dos semanas.[9]

Napoleon planeaba viajar a Londres a través de Suiza. Hizo transbordo de trenes en Cracovia, donde es posible que se subiera a uno de los transportes militares que comunicaban a diario Viena y el frente, con su disfraz del soldado de la Wehrmacht Gustaw Molin. Los trenes circulaban principalmente de noche, y los vagones oscurecidos iban de bote en bote, con hombres que dormían acurrucados contra las ventanas o tirados por el suelo con sus mochilas. Los hombres se irritaban con frecuencia; el gran empuje de Hitler para hacerse con los yacimientos petrolíferos del Cáucaso en el sur de Rusia empezaba a quedarse en agua de borrajas, y los soldados se enfrentaban a la perspectiva de otra campaña de invierno extenuante. La Gestapo entraba rara vez en los vagones por temor a despertar la ira de los soldados.[10]

Napoleon llegó al alba del 10 de agosto a Viena, donde soportó una espera ansiosa hasta la tarde y entonces embarcó en el tren que conectaba con Zúrich. Alcanzó la estación fronteriza de Suiza y Liechtenstein en Feldkirch, en la madrugada del 11 de agosto. Los pasajeros se vieron forzados a desembarcar para un control de visado en la aduana. Las luces de la estación iluminaban el cartel que rezaba sobre la puerta «EIN VOLK, EIN REICH, EIN FÜHRER», y la alambrada de casi

Napoleon en Varsovia, hacia 1942.
Cortesía de Yaninka Salski.

dos metros de altura se extendía más allá de las vías en todas direcciones. Judíos que huían de las redadas en Eslovaquia en busca del santuario de la Suiza neutral intentaban cruzar el cercano Rin, que constituía la frontera entre ambos países. Estas carreras desesperadas hacia la seguridad ocurrían la mayoría de las noches, y hasta ese mes los suizos habían permitido entrar a más de cien mil extranjeros, incluidos unos diez mil refugiados. La amenaza de que se produjera una afluencia de judíos huidos de las redadas nazis en cualquier punto de Europa había convencido a las autoridades, que empezaron a entregar a quienes apresaban a los alemanes.[11]

Este fue el momento más peligroso del viaje para Napoleon, pero la policía fronteriza alemana y los guardias auxiliares locales solo le hicieron un cacheo superficial y lo despacharon en la penumbra que precedía al amanecer. Tuvo que contemplar con deleite el despunte del alba sobre las altas laderas de las montañas de Appenzell. En Zúrich, hizo trasbordo para ir a la capital suiza, Berna, que alcanzó poco antes del mediodía del 12 de agosto. Desde la estación apretó el paso por las calles adoquinadas del casco antiguo hasta la legación polaca, en el número 20 de Elfenstrasse, manteniendo la cabeza gacha.

La antaño soñolienta ciudad de Berna se había convertido en el núcleo del espionaje en Europa. Apenas unos centenares de metros separaban las oficinas de las agencias de información alemana, británica, estadounidense y soviética, lo que significaba que un agente podía visitarlas todas en una mañana, posibilidad que algunos aprovechaban con frecuencia, jugando a complicados juegos de dobles y triples traiciones. Los bares y los restaurantes eran un hervidero de figuras misteriosas vendiendo secretos al mejor postor u ofreciéndose de intermediarios. Los alemanes toleraban semejantes actividades porque apreciaban el valor de mantener los canales abiertos, incluso si las vías de comunicación eran complejas. Se decía que Wilhelm Canaris, el jefe de la Abwehr, la inteligencia militar alemana, tenía una aventura con una agente polaca llamada Halina Szymańska, a la que usaba a su vez para sondear a los británicos.[12]

La cantidad de información útil intercambiada en los humeantes cafés o las pintorescas callejuelas de Berna era secundaria, en buena parte simples chismorreos y reciclaje de noticias antiguas, mientras que las recompensas ofrecidas significaban un perverso incentivo para inventarse historias. Ciertamente, pocos agentes, si es que había alguno, llevaban encima la carga útil de información que llevaba Napoleon, y él era consciente del peligro que corría. La legación era célebre por su porosidad; interceptaban sus mensajes y les pinchaban las líneas de teléfono. Una sola revelación descuidada, y la Gestapo se le echaría encima.

Sin embargo, sucedió que Napoleon no era la primera fuente que había llegado ese verano a Suiza con noticias del programa de exterminio de los nazis. Un industrial alemán de

Breslavia llamado Eduard Schulte sabía, por sus contactos con los líderes nazis, de los planes de Hitler para exterminar a los judíos, y viajó a Zúrich a finales de julio para transmitir información sobre el complot a un amigo suyo abogado judío. A continuación, las noticias se abrieron paso gracias a una organización sionista hasta llegar a las legaciones británica y estadounidense en Ginebra y fueron despachadas por telegrama a los líderes judíos en el oeste. La información de Schulte fue crucial para comprender la naturaleza sistemática de los asesinatos y su extensión por toda Europa. No obstante, solo Napoleon traía noticias de que Auschwitz había desempeñado un papel protagonista en la creciente campaña de exterminio.[13]

Napoleon cruzó deprisa el puente Kirchenfeld, elevado sobre el impetuoso río Aare, y ascendió el cerro hasta la legación para reunirse con el encargado de negocios, Aleksander Ładoś. El procedimiento habitual para los correos era informar a Ładoś y compartir con él sus informes, los cuales, si eran urgentes, se enviaban en clave por un transmisor de radio que la legación había instalado secretamente para evitar que los suizos y los alemanes los detectaran. Napoleon se abrió paso con dificultad entre la multitud de refugiados en la entrada, casi todos judíos en busca de ayuda financiera o documentos para impedir que los expulsaran del país.[14]

Hicieron entrar a Napoleon a una de las estancias traseras de la legación, pero una vez allí los empleados le informaron de que Ładoś estaba pasando un fin de semana largo en la turística ciudad alpina de Bex. Napoleon tenía prisa por reanudar su viaje y no quería hablar con nadie que no fuera Ładoś, de modo que el especialista en asuntos judíos de la legación, Juliusz Kühl, dispuso el coche de la legación para acompañarlo personalmente a Bex.[15]

Los tres hombres se reunieron en el Grand Hôtel des Salines de Bex al día siguiente. El hotel tenía varios salones ornamentados con vistas a la montaña Dents du Midi y una sala de billar en una esquina para conversaciones más discretas. Ładoś era un hombre de cincuenta años que fumaba como un carretero, con una disposición liberal, pero taciturna. Simpatizaba con la situación de los judíos y permitía regularmente a grupos judíos que usaran el radiotransmisor de la legación para enviar informes a Gran Bretaña y América. Había creado asimismo un sistema de pasaportes falsos con su equipo para ayudar a los refugiados judíos a llegar a Suiza y huir de Europa. Kühl, él mismo judío ortodoxo del este de Polonia, era también un importante conducto para el conocimiento sobre el asesinato masivo de judíos gracias a su trabajo con refugiados, y había entablado amistad con el representante jefe del Vaticano en Suiza, Filippo Bernardini, al que Kühl informaba regularmente durante sus partidos de ping-pong en el patio cubierto de la residencia del nuncio papal.[16]

En breve, los dos hombres con los que Napoleon habló eran capaces de percibir cabalmente la relevancia de sus noticias y tenían los medios para difundir la información. No obstante, Napoleon, receloso de las filtraciones, fue cauto en

Juliusz Kühl, hacia 1943.
Cortesía del Amud Aish
Memorial Museum.

su relato. Reveló lo que sabía de la eliminación del gueto de Varsovia y el suicidio de Czerniaków. Ładoś posiblemente había oído algo de la historia en los mensajes transmitidos por radio de Varsovia a Londres, pero Napoleon supo convencerle de la magnitud de la operación, el papel del campo de la muerte de Treblinka y el rumor de que estaban transformando los cadáveres judíos en jabón y fertilizante.[17]

En cuanto a Auschwitz, Napoleon guardó silencio. En la versión de Kühl sobre esta charla, Napoleon habló del destino de los deportados judíos de Europa Occidental, explicando que no iban a enviarlos a los campos de trabajo en el Este, como aseguraban los nazis, sino que lo más probable era que los mataran. Pero eso es todo lo que reveló.[18]

Aleksander Ładoś, hacia 1935.
Cortesía de Narodowe Archiwu, Cyfrowe.

Napoleon y Kühl volvieron a Berna después de la reunión con Ładoś. Kühl descendió de inmediato el cerro para ver a Bernardini y le dejó un recado a su secretario, monseñor Martilotti. Luego anotó lo que había dicho Napoleon para remitírselo a un abogado de Ginebra, Abraham Silberschein, que tenía estrechos contactos con las mismas organizaciones sionistas que habían recibido las primeras informaciones de Schulte.[19]

Napoleon, entretanto, se preparó para reanudar su viaje. Pensó en partir ya al día siguiente utilizando sus documentos alemanes, que le permitirían llegar a Francia. Pero aconsejado por Ładoś, aceptó quedarse hasta obtener los visados necesarios para su viaje posterior a España o Portugal, desde donde podría viajar en avión a Londres, o coger un barco. Mientras esperaba el papeleo, se mantuvo ocupado con su plan inicial de transportar mensajes a través de la red de ferrocarriles alemana, pero no podía ahondar mucho en el proyecto sabiendo que sus documentos de viaje llegarían en cualquier momento.[20]

Agosto se alargó, y sus frustraciones aumentaron. La prensa publicaba esporádicamente artículos sobre la liquidación del gueto de Varsovia, pero eran confusos y tenían escasas repercusiones. Las deportaciones de judíos de Europa Occidental concitaban más interés y detonaron el debate sobre su destino final. El *Times* de Londres informó el 8 de agosto que a niñas judías de los Países Bajos las «subían a trenes y las enviaban a un campo... no se sabe a qué clase de campo». De hecho, más de treinta mil judíos fueron deportados a Auschwitz en agosto. Pero la función del campo seguía siendo un secreto.[21]

«¿Cuáles son las dificultades de obtener un visado a Portugal para Wera [el nombre en clave de Napoleon]? —preguntaba una misiva desde Londres a la legación polaca de Berna el 17 de septiembre. Y unos días más tarde, de nuevo—: ¿Qué hay de lo de Wera?»[22]

Otro cable observaba que era una lástima que Napoleon no hubiera enviado un informe breve y encriptado. La legación respondió que organizar la documentación válida estaba llevando más tiempo del esperado, pero que Napoleon partiría pronto. Napoleon comprendió que las informaciones que había recabado fuera de Auschwitz eran importantes. Sin embargo, era uno de tantos agentes formados por los británicos que trabajaban en secreto y por su cuenta en Polonia, y nunca habría adivinado que estaba en poder de la única información que podría proporcionar a Occidente la clave de los verdaderos planes de los nazis y un objetivo procesable capaz de convencer a los Aliados de la necesidad de una intervención militar. Por el contrario, Napoleon esperó en Berna con creciente frustración unos documentos que nunca llegaron mientras el verano daba paso al otoño.[23]

14

Fiebre

Auschwitz, agosto de 1942

𝒰no tras otro, los trenes traqueteaban con adormecida eficiencia hasta los aparcaderos próximos a Birkenau en el transcurso del verano de 1942. El 1 de agosto llegaron 1007 judíos holandeses y alemanes del campo de tránsito de Westerbork; a doscientos los gasearon de inmediato; a 807 los admitieron en el campo. Al día siguiente, 1052 judíos franceses llegaron de Pithiviers; gasearon a 779. Luego llegó un segundo tren cargado de judíos polacos del gueto de Będzin; gasearon en torno a 1500. Dos días más tarde, de otro tren con 1013 judíos provenientes de Westerbork gasearon a 316. El comandante Höss visitó los otros campos de la muerte en Polonia durante esa época y señaló con orgullo que el más eficiente era este.[1]

Witold no podía ver las columnas harapientas que marchaban hacia el bosque, ni los cuerpos amontonados. Pero tenía un método tosco de calcular las muertes. Cada día llegaba un camión al patio de la curtiduría en la que trabajaba, cargado con las pertenencias de piel de los muertos: tirantes, cinturones, bolsos, zapatos y maletines que llevaban etiquetas identificativas para ser clasificados. Después los quemaban o los distribuían a familias alemanas. Los pares de zapatos formaban líneas fantasmales en el patio: pulidos *brogues* y gastados mocasines, elegantes zapatos de tacón y zapatillas de verano, botines y, a veces, enormes carritos de hierro para niños.[2]

Los prisioneros sabían qué significaban los zapatos; algunos reaccionaban con pavor, otros procuraban mostrarse impasibles. Sin embargo, a medida que esta visión se hizo común, el calzado y otros artículos empezaron a presentar una oportunidad. Los objetos de valor eran escondidos en botas de tacón y en los forros de las maletas: lingotes de oro, bolsos de pedrería, gruesos rollos de billetes de banco en distintas divisas. En principio debían entregarse a los SS para las arcas del Reich, pero pronto el campo se llenó de saqueos, o «Canadá», como lo llamaban los prisioneros, en alusión a la riqueza imaginada de este país.

El dinero perdió todo su significado. El precio de una hogaza de pan en el mercado negro se puso en cien y doscientos dólares, y luego en mil, mientras que los francos franceses perdieron todo su valor; los prisioneros los usaban de papel higiénico.[3]

Las SS tenían órdenes de combatir el contrabando con mano dura, pero los guardias querían su parte del pastel. Se creó una forma de comercio, unilateral y peligroso, pero que tenía su utilidad para los prisioneros. Como apuntó un residente de Birkenau: «Intentábamos sistemáticamente ablandar a los SS y les dábamos relojes, anillos y dinero. Si estaban en el ajo, dejaban de ser tan peligrosos». Höss también quería sacar tajada. Empezó a frecuentar la curtiduría, aparentemente para que le lustraran las botas, pero Witold lo espiaba desde su puesto de observación en el desván del taller mientras el comandante repasaba las mercancías. «[Höss] se llevaba oro, joyas, objetos valiosos», recordó Witold, lo que significaba que «tenía que hacer la vista gorda con las infracciones de sus subordinados».[4]

El campo entero fue presa del frenesí. «Una vez que uno ha cogido algo que todavía está caliente y se regocija haciéndolo, la dicha de la posesión empieza a afectarle como el hachís», escribió un prisionero. Se crearon almacenes especiales para «Canadá», a menudo atendidos por mujeres elegidas por su aspecto físico y a quienes los kapos e incluso algunos hombres de las SS colmaban de regalos y exigían favores sexuales a cambio. Los rincones ocultos de los almacenes se transformaron en auténticos burdeles, forrados de sábanas de seda y edredones de plumas.[5]

Witold se negaba a tocar el botín. Entendía que los propietarios estaban muertos, pero no podía superar la aversión por cosas que consideraba «manchadas de sangre». La comida encontrada en las maletas era otra cosa: chocolates, quesos holandeses, ristras de higos, limones, sobres de azúcar y pequeños tubos de mantequilla; calorías que unos meses antes habrían supuesto la diferencia entre la vida y la muerte. «En esa época comíamos sopas dulces, que contenían trozos de galletas y pasteles —escribió—. A veces olían a perfume cuando les añadían despreocupadamente unas escamas de jabón.»[6]

Desde la decepción de la sublevación, Witold procuraba mantener alta la moral de sus hombres. El silencio de Varsovia al respecto significaba que no había perspectivas inminentes de una revuelta, pero Witold se negaba a renunciar a la idea. Tras la partida de Rawicz el mes precedente, Witold encontró un reemplazo para liderar la parte militar de la resistencia, un coronel bienintencionado de las fuerzas aéreas llamado Juliusz Gilewicz, que siguió adelante con el plan. Lo cierto era que necesitaban creer que tenían cierto control sobre su destino.[7]

Witold y Stasiek siguieron recabando datos sobre el desbocado número de víctimas. No tenían noticias de Wojciech en Osiek sobre la misión de Napoleon, pero preveían repercusiones en breve. Entonces, una mañana de agosto, leyeron en voz alta el número de Stasiek durante el recuento. Witold se temió lo peor, pero el caso es que Stasiek recibió simplemente un lote de alimentos; Höss había relajado recientemente las normas para los prisioneros políticos, y podían recibir paquetes. Esa tarde, Stasiek compartió felizmente las latas de sardinas que había recibido con sus amigos, que quisieron saber qué había sentido al oír su número.[8]

—Quise salir con la cabeza bien alta —les dijo—, ¡porque sabía que me estabais mirando![9]

Pero entonces, al día siguiente, Grabner, el jefe de la Gestapo, fue a buscar a Stasiek a su trabajo en una planta de hormigón gestionada por el campo. Al parecer, el paquete había recordado a Grabner la presencia de Stasiek. Le pegaron un tiro media hora después.[10]

Witold no escribió sobre su muerte posteriormente, pero tuvo que ser un duro golpe para él, tanto en lo personal como en lo relativo a sus informes. Había perdido a uno de sus colaboradores más estrechos y tendría que asumir el trabajo de Stasiek hasta que encontraran un relevo.

Witold devolvió el golpe de la única forma que sabía. Tras meses de búsqueda, su experto en radios, Zbigniew, encontró finalmente las piezas que necesitaba para terminar de ensamblar el transmisor de onda corta. Con el envío de señales se arriesgaban a revelar su posición a los furgones de rastreo alemanes que patrullaban la zona, y los mensajes eran breves por esta razón. No se han conservado registros de las transmisiones, pero lo más probable es que enviaran datos recientes recopilados por Stasiek. Además de los 35 000 judíos gaseados en Birkenau ese verano, alrededor de 4000 reclusos murieron de tifus y otros 2000 de ejecuciones e inyecciones de fenol. Witold no tenía forma de averiguar si alguien oía sus transmisiones, pero era un estímulo saber que llegaban al exterior y que alguien podía estar oyéndolas.[11]

Al mismo tiempo, la resistencia buscaba aliviar el sufrimiento en el hospital e introducía clandestinamente en el campo cantidades cada vez mayores de medicinas. El recluso jardinero Edward Biernacki estimó haber reunido al menos el equivalente a ocho litros de inyecciones de glucosa, antibióticos y analgésicos en el curso del verano de 1942, así como suficientes vacunas para tratar a unos cuantos prisioneros. Dering insistía en que Witold se vacunara; era demasiado valioso como para que la organización lo perdiera, y el riesgo de infectarse era cada vez mayor. En el bloque de Witold, la mitad de los prisioneros había enfermado de fiebre, incluido su compañero de litera. Los últimos miembros de la resistencia que habían contraído el tifus eran el boxeador Teddy y Edward.[12]

Dering también procuraba proteger a los pacientes enfermos desordenando sus historias médicas para que pareciera que acababan de ingresarlos —una estancia prolongada en el hospital se traducía en una candidatura segura para el fenol—. Incluso aquellos que habían sido elegidos podían salvarse a veces en el último minuto intercambiando sus historias médicas por las de alguien que ya hubiera muerto ese día. Dering había trabajado asiduamente para cultivar la amistad de uno de los médicos nuevos, el *Hauptsturmführer* Friedrich Entress, y lo ayudaba a mejorar sus habilidades cirujanas a cambio de que eximiera a sus pacientes de las selecciones; subterfugio que Dering aprovechó rápidamente ese verano.[13]

Sin embargo, ver a Dering llevándose en apariencia tan bien con un médico de las SS despertó suspicacias sobre su

Edward Biernacki, hacia 1941.
Cortesía de PMA-B.

lealtad. Incluso quienes estaban al corriente de su estrategia se sentían intimidados ante sus maneras cada vez más bruscas y arrogantes. La gota que colmó el vaso tuvo que ver con el uso de medicinas clandestinas. Dering se vio en la imperiosa necesidad de utilizar un alijo de morfina de la resistencia para sobornar al kapo de la construcción para que alicataran y pintaran el quirófano. Gienek Obojski, el trabajador de la morgue, fue un día a ver al equipo de albañiles una mañana y encontró al kapo alemán mezclando suplementos de glucosa en el té. Gienek se fue a buscar a Dering hecho una furia.[14]

Los dos hombres tenían mal genio, pero Dering sabía que no convenía provocar a Gienek, el cual, según los rumores, le había machacado los sesos a un kapo en la morgue del hospital y se había deshecho de su cadáver en el crematorio. Cuando Gienek echaba humo, no se sabía de lo que era ca-

Friedrich Entress, hacia 1946.
Cortesía del USHMM.

paz. Dering intentó explicárselo, pero Gienek era duro de mollera. Ya no confiaba en Dering y dejó de entregarle medicamentos clandestinamente.[15]

A finales de agosto, Dering supo por Entress que estaban planeando una selección de todo el hospital para detener la epidemia. Aquello pintaba mal. Dering fue a alertar a Witold, y los dos hombres se pusieron manos a la obra para sacar de allí al máximo posible de hombres. Witold encontró a Teddy yaciendo en el bloque de los enfermos convalecientes esa tarde.

—¡Levántate! —le susurró.[16]

Teddy apenas podía moverse, así que Witold volvió con dos enfermeros para que lo ayudaran a llevarlo de vuelta a su bloque.

Dering y Witold procuraron rescatar a tantos enfermos como pudieron, pero el papeleo del alta para cada paciente llevaba su tiempo. Como resultado, fueron capaces de rescatar a solo una fracción de los pacientes antes del toque de queda.

A la mañana siguiente, Dering se despertó antes del alba y recordó que había un pabellón entero de convalecientes al que no había llegado. Entre los pacientes había un conocido suyo, el judío Stanisław Taubenschlag, que estaba registrado en el campo como ario. Dering tenía el tiempo justo, antes del toque de diana, de vestirse, cruzar a hurtadillas la calle y sacudir a Stanisław y a los otros para despertarlos.

—Salid del hospital enseguida —siseó Dering, y les prometió que se encargaría de sus altas.[17]

En ese momento oyeron el sonido de pesados camiones acercándose. Dering vio a Entress y a Klehr que venían por la calle y corrieron hacia ellos. El médico de las SS estaba pálido como un espectro a la luz del alba, el rostro inexpresivo.

—Van a someter a selección al hospital entero —dijo.

Dering supuso lo que eso significaba. Protestó, asegurando que muchos de los pacientes que mejoraban podrían recuperarse del todo, especialmente los enfermos de tifus cuya fiebre había remitido. Pero Entress lo despachó con un gesto. Empezarían por el bloque de convalecientes.[18]

Entress ordenó a los enfermeros que reunieran a los pacientes en la acera para lo que llamó el «traslado a Birkenau» en los camiones que aguardaban. No todo el mundo comprendió el significado, y muchos de los que sí lo comprendieron estaban demasiado débiles como para quejarse. El ordenanza Fred Stössel llevaba una larga lista de números que empezó a leer en voz alta. Los seleccionados treparon por las rampas al interior de los camiones o, si estaban demasiado enfermos como para caminar por su propio pie, los lanzaban dentro.[19]

Dering logró colocarse en la rampa y, a pesar del peligro evidente, sacó a algunos que sabía que estaban prácticamente recuperados hasta que Entress lo vio.

—Pero, hombre, ¿estás loco? —exclamó—. Son órdenes de Berlín.[20]

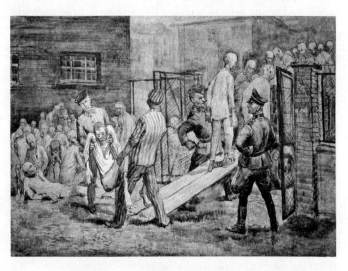

Llevándose a los prisioneros enfermos, dibujo de Tadeusz Potrzebowski, posguerra.
Cortesía de PMA-B.

De camino al gas, dibujo de Tadeusz Potrzebowski, posguerra.
Cortesía de PMA-B.

—Están sanos —repuso Dering.[21]

—¡Idiota! —espetó el médico. Pero aun así le dejó bajar a algunos más antes de que los camiones se llenaran y se dispusieran a partir. Entress pasó al siguiente bloque. Pero Klehr estaba comprobando los números. No cuadraban. Echó un vistazo hacia la plantilla de enfermeros del bloque, reunida en grupo, y localizó a un sospechoso al fondo. Lo señaló con el dedo.

—¿Cuál es tu número? —inquirió—. No eres un ordenanza de enfermería.[22]

El grupo de enfermeros se separó, dejando a la vista al paciente escondido, que se llamaba Wiesław Kielar.

—Estoy sano, *Herr Oberscharführer*, puedo trabajar —insistió Wiesław.[23]

Klehr lo arrastró a la pared del bloque y esperó el regreso

de los camiones. El rugir de los motores no se hizo de esperar. Dering pasó corriendo por delante de los camiones que se detenían.

—¡Doctor, doctor! —gritó Wiesław—. ¡Sálveme! ¡Quiero vivir![24]

Dering lo vio y se encogió de hombros. Fred ya estaba leyendo la siguiente lista de nombres, y los primeros pacientes estaban embarcando. Pero entonces Dering pareció cambiar de opinión.

—No te muevas —le dijo—. Voy a hablar con el doctor Entress.[25]

Para cuando volvió, Klehr tenía cogido a Wiesław por el cogote y lo empujaba hacia el vehículo más cercano. Dering dio un paso delante de él.

—¡Para! ¡Para! —gritó—. Entress lo quiere. —Señaló a Wiesław. Klehr miró ferozmente a Dering, pero soltó a su víctima.

—Corre —le dijo Dering a Wiesław—. Corre todo lo rápido como te lo permitan tus piernas y preséntate ante el doctor Entress.

La mañana transcurrió de esta manera. Dering calculó que había salvado a 112 pacientes. Pero, aun así, gasearon a 756, casi una cuarta parte de la población del hospital, incluido todo aquel que hubiera permanecido en el bloque de convalecientes. Era un golpe demoledor para la resistencia. Esa noche, los bloques del hospital estaban casi vacíos. Solo los sollozos de los enfermeros rasgaban el silencio.[26]

Entre los que se habían salvado estaba el jardinero Edward Biernacki, que escribió un mensaje secreto a Wojciech en Osiek relatando los sucesos del día.

«Tanto trabajo, tantas noches en vela —relató—. Tanta gente como salvamos de la cruel enfermedad y ahora todo se ha echado a perder.»[27]

Witold empezó a tener jaqueca unos días después del gaseamiento de los pacientes del hospital. Se había buscado un trabajo en el campo principal pintando imágenes instructivas de la vida en el campo en las paredes. Los pigmentos flotaban ante sus ojos, las articulaciones le dolían y tenía una sed espantosa que ninguna cantidad de agua podía saciar. Sospechaba que la vacuna había fallado y que había contraído el tifus.[28]

Se despertó al día siguiente con la piel ardiendo y el colchón empapado. Se forzó a levantarse para acudir al recuento. Hacía calor y bochorno, pero temblaba convulsivamente. El líder de su bloque aceptó que permaneciera en su dormitorio, pero le avisó de que habían programado otro despioje en todo el campo esa misma mañana. Sus compañeros de dormitorio pronto se marcharon para sumergirse en tinas de solución de cloro. Witold se quedó en su litera, demasiado débil como para moverse.[29]

Los kapos empezaron a buscar enfermos fingidos en el bloque. De repente, Dering apareció junto a su litera. Comprobó el pulso de Witold y luego le levantó la camisa. Estaba cubierto de pústulas rojas: tifus. Dering ayudó a Witold a levantarse y le pasó el brazo por el hombro, y caminaron a duras penas por delante de los prisioneros desnudos que hacían cola junto a las tinas. Dering le buscó a su amigo una litera en el quirófano mientras Witold tan pronto perdía la conciencia como la recuperaba.[30]

Esa noche Witold oyó gritos y sintió una fuerte vibración en los oídos.

—¡Ataque aéreo! —gritaba alguien—. ¡Ataque aéreo!

Witold trató de organizar sus pensamientos. ¿Podría ser cierto? ¿Los Aliados estaban atacando el campo? ¿Era esta la señal que estaba esperando? La habitación se oscureció cuando los proyectores viraron de los bloques al negro cielo. Los prisioneros se apiñaron en la ventana.

Witold tenía que poner en alerta a los suyos, pero no había tiempo de organizar una sublevación. Sintió como si un gran peso lo clavara al camastro. El suelo tembló con la primera explosión, que sonó como si viniera de cerca de Birkenau. ¿Estarían bombardeando las cámaras de gas? Otro ruido sordo. En algún punto las llamas iluminaron el negro cielo. Witold luchó por mantenerse consciente, pero se descubrió flotando en un sueño, alejándose.[31]

Permaneció en estado febril el resto de la semana. Su sarpullido era tan pronunciado que Dering no podía esconderlo en el bloque del quirófano sin que Entress lo viera e inquiriese por qué no estaba en aislamiento. A regañadientes, Dering encontró una litera para Witold en el bloque de los enfermos en cuarentena, donde lo hacinaron junto a una masa de prisioneros que se retorcían. Dering administró una inyección a Witold para reducirle la fiebre, y el enfermero Stanisław Kłodziński le dio unas cucharadas de zumo de limón con azúcar y lo ayudó a esconderlo en una de las literas durante las selecciones.[32]

Witold tenía momentos de lucidez. «En este gran mortuorio de los moribundos —escribió más tarde del bloque—, donde cerca de ti alguien exhalaba su último aliento… uno luchaba por salir de su cama para acabar cayendo al suelo, el otro vomitaba en las sábanas, o hablaba enfebrecido con su querida madre, chillaba, insultaba a alguien, se negaba a comer o pedía agua, era presa de la fiebre e intentaba saltar por la ventana, discutía con el médico o preguntaba algo, yo yacía pensando que aún me quedaban fuerzas para entender lo que estaba ocurriendo y de tomármelo todo con calma.»[33]

Pero la fiebre aún no había llegado a su pico. A la semana de caer enfermo, la temperatura de Witold se desplomó a treinta y cinco grados centígrados, su presión sanguínea disminuyó y estuvo a punto de sufrir un paro cardiaco. Witold pugnaba por respirar, y le pareció que el aire se había llenado de humo, un humo negro y asfixiante, como si las llamas de su conflagración interna se hubieran propagado más allá de él y el campo entero estuviera ardiendo. Los enfermeros le enjugaron la frente y le humedecieron los labios con una esponja, pero era poco lo que podían hacer, aparte de esperar a que la crisis remitiera.

La fiebre desapareció finalmente después de diez días. Muchos de los supervivientes de tifus señalan el éxtasis particular que sigue a la recuperación. Pero en lo único en lo que Witold podía pensar era en huir del pabellón de aislamiento. Se irguió hasta tenerse en pie y avanzó a tientas, apoyándose en la pared, hasta que uno de los enfermeros lo engatusó para que volviera a la cama.[34]

Dering lo puso al corriente del bombardeo: aviones soviéticos habían atacado los campos cerca de Rajsko por razones desconocidas. Dering también explicó que los sueños que Witold había tenido sobre el humo habían sido reales. Los SS habían dejado de enterrar a las víctimas que gaseaban en fosas comunes, porque los cuerpos estaban contaminando las aguas subterráneas y el hedor empezaba a alarmar a los ciudadanos de fuera del campo. Ahora pensaban construir otros dos crematorios para Birkenau, pero como quedaban meses para su finalización, habían ordenado que encendieran piras gigantescas para quemar los cadáveres recientes directamente; también estaban desenterrando y quemando a los ya sepultados. Los fuegos rugían día y noche, iluminando el cielo nocturno y emitiendo enormes nubes de humo que flotaban por encima del campo mientras ellos hablaban.[35]

Witold se enteró de más detalles sobre los incendios en los días que siguieron gracias a la célula de Jan Karcz en Birkenau. Cuando llegó septiembre de 1942, Karcz había establecido un contacto regular con los trabajadores judíos de la brigada especial que operaba las cámaras de gas. Los más de trescientos hombres habían sido trasladados recientemente de un estricto aislamiento en el campo principal a Birkenau, donde solo una valla de tela metálica los separaba del resto de prisioneros. La entrada a sus barracones daba a una garita, pero en la parte de atrás los miembros de la brigada podían reunirse sin ser observados. La mayoría de las noches había una línea de ascuas de cigarrillos junto al muro trasero «como luciérnagas», recordó Andrey Pogozhev, uno del centenar de prisioneros de guerra soviéticos supervivientes, que vivía en un barracón vecino.[36]

Un joven judío francés llamado Steinberg empezó a colarse por debajo de la valla para asistir a las reuniones de la resistencia que Karcz organizaba en el bloque del hospital de Birkenau, donde las pilas de cadáveres fuera de la entrada de los barracones mantenían alejados de los guardias. Un representante de los prisioneros de guerra soviéticos también asistía a las reuniones y acordaron colectivamente coordinar actividades y compartir información. De Steinberg recibieron los detalles completos sobre lo que sucedía fuera de la vista en los bosques de abedules: cómo los judíos conducidos a las cámaras de gas con frecuencia veían las llamas de las piras cercanas a través de los árboles y comprendían que ellos serían los siguientes, pero bien fuera por los niños, bien por su propia incredulidad, se desvestían en silencio y entraban en las cámaras de gas. Después sus cuerpos eran arrojados a la vagoneta que aguardaba y que circulaba directamente a las fogatas, donde otro equipo se afanaba atizando las llamas.[37]

Las piras solían encenderse junto a una fosa común para que resultara más cómodo deshacerse de los restos. Era una escena macabra incluso para los criterios de Auschwitz: la capa superior de cadáveres podía sacarse con un gancho y una grúa, pero unos centímetros más abajo las fosas estaban anegadas de agua putrefacta, y había que pescar los cuerpos sumergidos y arrastrarlos al terraplén. A veces, los SS daban vodka a la brigada especial para mitigar el horror y ellos también empinaban el codo, pero algunos se negaban a trabajar y les pegaban un tiro; otros enloquecían y gritaban y deliraban en los barracones de noche, asegurando que unos seres sobrenaturales iban a resca-

Jan Karcz, hacia 1941.
Cortesía de PMA-B.

tarlos del campo y elevarlos al cielo. El suicido era común. Por la mañana a veces había una cortina de cuerpos colgando en la letrina. Todos sabían que ya habían visto demasiado y que los nazis terminarían por matarlos a todos.[38]

La mañana del 17 de septiembre, Karcz se enteró de que el centenar de supervivientes soviéticos en Birkenau habían sido despojados de su ropa y encerrados en sus barracones. Poco después llegó Steinberg para decirle que habían ordenado un gaseamiento especial esa noche, a las dos de la madrugada, y que les darían un trago de vodka para la ocasión. Él y Karcz concluyeron que el objetivo eran los soviéticos.[39]

Steinberg le dijo que los hombres de su brigada estaban dispuestos a intentar una revuelta y que, si se hacía esa noche, daría la oportunidad de huir a los soviéticos. Karcz dijo que estaba preparado para reunir a los polacos en Birkenau, pero que era necesario explicarle la operación a Witold y al resto en el campo principal para su visto bueno.[40]

El plan de la célula de Birkenau era rudimentario en el mejor de los casos. Los hombres de Karcz atacarían las garitas de los guardias mientras los soviéticos iban a la puerta de la entrada. Steinberg y el batallón especial podrían aprovechar el desorden para escabullirse en el bosque. Muchos de ellos morirían, pero al menos estarían tomando las riendas de su destino.

Esa tarde, Steinberg y el resto de su unidad se fueron temprano al turno de noche. La neblina flotaba desde el río. Los soviéticos se habían pasado el día en su bloque confeccionando armas rudimentarias con trozos de madera y estaban preparados. Karcz y sus hombres aguardaban nerviosos en sus literas.[41]

Hacia la medianoche oyeron un tren que se detenía en los apartaderos, a un kilómetro y medio de distancia. Entonces llegó el sonido de los camiones. Miraron por las grietas de la pared de madera y vieron a un pequeño grupo de judíos que estaban siendo conducidos a la cámara de gas. Esperaron. Poco a poco empezó a clarear y comprendieron que el peligro había pasado. Esa mañana, misteriosamente, la ropa de los soviéticos fue devuelta y ellos liberados para reanudar el trabajo. Nunca se supo si los SS habían intentado gasearlos o si simplemente se habían divertido asustándolos.[42]

Witold no dejó escrito qué pensaba de este amago de tentativa. Pero unas semanas más tarde, su convicción de que los condenados tenían derecho a defenderse se puso de nuevo a prueba. El 28 de octubre, leyeron en voz alta los nombres de 280 prisioneros durante el recuento. El campo los observó mientras formaban filas. Witold estaba dispuesto a unirse a ellos si se movilizaban. En cambio, entonaron el himno nacional polaco y se dejaron conducir.[43]

Esa tarde, Witold y los demás pudieron ver y oler el reguero de sangre que los cadáveres habían dejado de camino al crematorio. Birkenau relucía como una brasa a lo lejos. La resolución de Witold empezaba a flaquear. Llevaba preso dos años y había perdido casi a un centenar de hombres en ejecuciones, inyecciones de fenol y enfermedades durante el último año, entre ellos sus colaboradores más cercanos, como Stasiek. No estaba preparado para promover una sublevación y se arriesgaban a una sangría, pero al mismo tiempo las atrocidades de los nazis escalaban a un ritmo inimaginable. Era obvio que los alemanes pretendían matar a cualquier judío al que pudieran ponerle las manos encima. Sus hombres tenían la moral por los suelos, y habían aflorado pequeñas rivalidades y rencillas. No sabía cuánto tiempo más podría mantener unida a la resistencia.

15

Declaración

Londres, agosto de 1942

Churchill recibió testimonios terroríficos de la redada contra los judíos a escala europea durante el verano y el otoño de 1942. En el sur de Francia, el Gobierno de Vichy del mariscal Pétain ayudó a los alemanes a vaciar los centros de internamiento de judíos. El *Times* de Londres informó desde la frontera franco-española que un tren había partido de Lyon cargado con 4000 niños judíos no acompañados a un lugar sin especificar de Alemania. Churchill se vio en la tesitura de condenar la deportación nazi de familias en la Cámara de los Comunes como «la más bestial, la más vil y la más insensible de todas sus ofensas». Lo que desconocía era que la gran mayoría de esos hombres, mujeres y niños iban a ser enviados a Auschwitz. Por el contrario, pareció aceptar la explicación alemana de que estaban enviando a los judíos de Europa a campos de trabajo en el Este.[1]

Que los Aliados no entendieran el papel de Auschwitz como epicentro del Holocausto permitió a los oficiales sostener que el ataque alemán contra los judíos era un fenómeno difuso que solo podía frenarse derrotando a los alemanes en la guerra. Esta postura empujó a los altos funcionarios de ambos gobiernos a minimizar el genocidio y desaconsejar mayores investigaciones. Cuando el aviso del industrial alemán Eduard Schulte sobre los planes de Hitler de exterminar a los judíos de Europa llegó a Londres y a Washington a finales de agosto, los oficiales aliados respondieron con incredulidad. «No tenemos otras fuentes que confirmen este informe», señaló un diplomático británico. «Un rumor disparatado basado en miedos judíos», concluyó un funcionario estadounidense. El Departamento de Estado norteamericano intentó entonces —en vano— impedir que el telegrama con la información de Schulte llegara a su destinario en Estados Unidos, el influyente rabino Stephen Wise. Incluso entonces, los funcionarios estadounidenses convencieron a Wise y a otros líderes judíos para que se mantuvieran a la espera hasta que pudieran confirmar las acusaciones.[2]

El Departamento de Estado, por su parte, abrió una modesta investigación que implicaba enviar a un único representante a Roma en septiembre para contrastar la información con el Vaticano. Es casi seguro que, en el verano de 1942, el Papa Pío XII supiera de los asesinatos en masa de los judíos y del probable destino de los deportados desde sus oficinas del obispado en Polonia y del nuncio apostólico en Berna. Pero era cauto y, como no quería provocar la ira de Hitler contra la Iglesia, declinó hacer comentarios sobre la situación.[3]

Parecía que los estadounidenses habían pasado la pelota a los polacos. A mediados de octubre, el Gobierno polaco en el exilio envió una petición urgente a Varsovia sobre las últimas informaciones del exterminio de judíos. Este tuvo que ser el momento en el que Rowecki, el líder de la resistencia, revelara lo que sabía del campo. Stanisław Jaster, el correo de Witold, entregó su informe sobre el gaseamiento de judíos en Birkenau a mediados de agosto, y el informe final de Stasiek, que calculaba el número de muertos judíos en treinta y cinco mil, fue recibido y estaba listo para su envío. Sin embargo, Rowecki no dijo nada del exterminio en Auschwitz. Sí que mencionó el campo en un mensaje a Sikorski fechado el 3 de octubre, pero solo para describir este y otros campos de concentración como «la manifestación de una política de extermino dirigida contra los polacos».[4]

No queda claro por qué Rowecki no identificó el nuevo papel de Auschwitz como campo de exterminio de judíos. Ciertamente, la nula respuesta a sus esfuerzos por atraer el interés sobre las masacres tuvo que frustrarle. «El mundo entero calla mientras que [nosotros] estamos presenciando el rápido asesinato en masa de varios millones de personas», se quejó a Londres en septiembre. Rowecki debió de calcular que, teniendo en cuenta el aparente desinterés que Occidente mostraba en los asuntos judíos, necesitaba centrarse en la grave situación de los polacos de nacimiento, que podían ser el siguiente objetivo nazi. También es posible que a Rowecki le preocupara enfadar a los ultranacionalistas que consideraban Auschwitz un símbolo del sufrimiento polaco; es decir, cristiano.[5]

Mientras la investigación estadounidense se prolongaba, finalmente el papel de Auschwitz como campo de la muerte salió a la luz el 20 de noviembre, pero no gracias a los agentes de inteligencia británicos, estadounidenses o polacos que hubieran recompuesto las piezas de los informes de Witold, sino a una modesta organización sionista conocida como la Agencia Judía. Su oficina en Jerusalén había recabado el testimonio de 114 sujetos palestinos, 69 de ellos judíos, liberados por los alemanes en un intercambio de prisioneros. Una mujer de Sosnowiec, en Polonia, describió la existencia de tres cámaras de gas en Auschwitz usadas para gasear judíos. Un corresponsal del *New York Times* en Londres se hizo eco de su testimonio y escribió un breve artículo al respecto que publicaron en la edición del 25 de noviembre, en la página 10, bajo el titular DETALLES QUE LLEGAN A PALESTINA. La referencia a Auschwitz se limitaba a una sola línea: «La información recibida sobre los métodos con que los alemanes en Polonia están masacrando a judíos incluye testimonios de trenes llenos de adultos y niños que son llevados a grandes crematorios en Oswiencim [*sic*], cerca de Cracovia».[6]

Esta fue la primera referencia a Auschwitz como campo de la muerte en la prensa occidental. Sin embargo, no le dieron seguimiento. Ese mismo día, la atención se desvió a una conferencia de prensa del rabino Wise en Washington. El Departamento de Estado concluyó finalmente su investigación y dio permiso para publicar la información de Schulte sobre los planes de exterminio de Hitler. Wise reveló que ya se habían perdido dos millones de vidas.[7]

Sus declaraciones atrajeron el interés internacional y el 8 de diciembre él y otros tres rabinos fueron recibidos en el Despacho Oval, donde encontraron al presidente fumando en su desordenado escritorio. Roosevelt se mostró amable y aceptó la bendición rabínica. Wise leyó una declaración que llevaba preparada y le entregó un resumen pormenorizado de los asesinatos masivos, que también incluía una referencia a Auschwitz. Sin embargo, Roosevelt mostró poco interés en estos detalles.[8]

«El Gobierno de Estados Unidos está muy familiarizado con la mayoría de los hechos que están poniendo ahora en nuestro conocimiento», dijo al grupo en el Despacho Oval. Explicó que era demasiado pronto para pronunciarse públicamente al respecto y se preguntó si sería eficaz hacerlo. Roosevelt no dejó traslucir su temor a atizar el antisemitismo en casa si se centraban en el sufrimiento judío. El hecho de que su Gobierno incluyera a varios judíos notorios ya había llevado al régimen nazi a acusarlo reiteradamente de actuar en concierto con ellos. Menos de media hora más tarde, la delegación judía fue amablemente conducida a la puerta.[9]

La tarea de intentar convertir las crecientes atrocidades en acción aliada recayó una vez más sobre Sikorski, que captó el interés de la información de Schulte para exigir una declaración formal de los Aliados que condenara los crímenes nazis. El 2 de diciembre, el ministro de Exteriores en funciones de Polonia, Edward Raczyński, se reunió con su homólogo británico, Anthony Eden, para pedirle que convocara una conferencia sobre el programa genocida nazi.[10]

Eden se mostró escéptico al principio. Los polacos, escribió uno de sus diputados, «siempre aprovechan cualquier oportunidad para 1) Causar revuelo a expensas de sus Aliados menores y 2) Mostrar que no son antisemitas». Pero la presión de los grupos judíos, las preguntas incómodas en el Parlamento y el flujo constante de información sobre los asesinatos que provenía del Gobierno polaco y otras fuentes dieron paso a un replanteamiento. Como observó un funcionario, el Gobierno se vería en «una posición deplorable» si se demostraba la verdad de las atrocidades y ellos no habían hecho nada. Eden deseó que la declaración enterrara el asunto hasta después de la guerra.[11]

El 15 de diciembre, Eden presentó un borrador de declaración a su gabinete en la sala de reuniones subterránea de Whitehall, conocida como «el hoyo». Churchill, que había leído una nota preparada por el Gobierno polaco sobre los asesinatos masivos con mención a los campos de la muerte como Bełżec, pero no Auschwitz, preguntó a su secretario de asuntos exteriores si los informes sobre la «matanza en masa de judíos» por «métodos eléctricos» eran ciertos.[12]

Eden respondió: «Están sacando a judíos de Noruega y enviándolos a Polonia, para tales propósitos, evidentemen-

El ministro de Exteriores británico Anthony Eden (izquierda) conversa con el secretario de Estado estadounidense Cordell Hull. Departamento de Estado de Estados Unidos.

te». Eden, no obstante, fue incapaz de «confirmar el método» de asesinato o su destino. De hecho, 529 judíos noruegos habían llegado a Auschwitz la semana anterior, 346 de los cuales fueron gaseados a su llegada.[13]

El 17 de diciembre, Eden declaró llanamente ante una Cámara de los Comunes abarrotada que Alemania se había embarcado en una «política bestial de exterminio a sangre fría». Describió cómo transportaban a los judíos desde toda Europa hasta Polonia, el «principal matadero» nazi, y que «nunca se volvía a saber nada más de aquellos a los que se llevaban». El diputado judío James Rothschild, que abrió el turno de preguntas, deseó que las palabras de Eden ofrecieran «cierta leve esperanza y valentía» a quienes se encontraban en las garras de los alemanes. Luego la Cámara se puso de pie para guardar un minuto de silencio.[14]

La declaración finalmente instaló el asesinato masivo de judíos en la conciencia pública. El *New York Times* publicó la noticia en portada, con el titular ALIADOS CONDENAN GUERRA NAZI CONTRA JUDÍOS, y reimprimió la declaración en su totalidad. Edward R. Murrow, de CBS News, declaró: «La expresión "campo de concentración" está obsoleta… Ahora es posible hablar únicamente de "campo de exterminio"». El servicio de noticias europeo de la BBC retransmitió la declaración varias veces al día durante una semana. Se indicó a los presentadores que incluyeran «al menos un mensaje de ánimo para los judíos». En Alemania, el jefe de propaganda, Joseph Goebbels, hizo cuanto pudo para interferir las señales, sin éxito. En su diario, lamentó el «torrente de sensiblería» que había oído en el Parlamento británico.[15]

El alcance de la cobertura mediática y las protestas públicas subsiguientes pillaron por sorpresa al Gobierno británico. El Ministerio de Asuntos Exteriores se inundó de peticiones para ayudar a los judíos a huir a países neutrales y socorrer a los ya internados en campos de refugiados en países como Suiza. La diputada Eleanor Rathbone hizo un llamamiento a que se ejerciera presión sobre los satélites alemanes como Hungría y Rumanía para que retiraran su cooperación con los nazis o entregaran sus judíos a los Aliados; una «perspectiva espantosa», señaló un funcionario británico después de que Rumanía se ofreciera a liberar, de hecho, a setenta mil judíos ese diciembre. El Ministerio de Asuntos Exteriores no tenía deseos de ocuparse de miles de refugiados judíos, especialmente si eso significaba un flujo de entrada a la Palestina controlada por los británicos.[16]

El Gobierno británico también tuvo que afrontar los nuevos llamamientos polacos a una campaña de bombardeos en represalia, motivados por las recientes noticias de una operación de las SS contra los polacos en la región de Zamość, al este de Polonia. Rowecki informó de que los alemanes estaban enviando a los polacos sanos a campos de trabajo y a los demás a Auschwitz. Temía, erróneamente, que aquello fuera el principio del «método judío» aplicado ahora a los polacos. De hecho, el liderazgo nazi intentó reducir drásticamente el número de polacos en sus territorios hasta un 85 por ciento, pero el exterminio total había sido descartado, según parece. Como observó un oficial alemán: «Esta clase de solución… se habría cernido sobre el pueblo alemán y nos habría privado de simpatías en todas partes».[17]

Churchill pidió al jefe de la RAF, Charles Portal, que sopesara la viabilidad de bombardear objetivos dentro de Polonia. La RAF había reforzado sus capacidades en los dos años transcurridos desde que Portal descartara bombardear Auschwitz por primera vez. Para entonces ya disponían de bombarderos Lancaster con un radio de acción de 4071 kilómetros y una carga de bombas de 3175 kilos. Es más, una dotación de Lancaster golpeó los astilleros de submarinos en Danzig durante la primavera de 1942. Destruir las vías férreas que llevaban a Auschwitz y sus centros de gaseamiento, donde ochocientos mil judíos serían asesinados en los dos años siguientes, era factible. Pero fue en este momento cuando la incapacidad británica de comprender cabalmente la magnitud de Auschwitz se reveló quizá más trágicamente. La idea de bombardear el campo no estuvo sobre la mesa esas Navidades, porque nadie vio que había pasado de ser un objetivo de una gran importancia simbólica —y escasa desde el punto de vista militar— al epicentro de un vasto genocidio mecanizado sin precedentes en la historia de la humanidad.[18]

Portal reconoció ante Churchill, en un memorándum fechado el 6 de enero de 1943, que un ataque a pequeña escala contra un objetivo en Polonia era factible, pero lo caracterizó como un gesto meramente simbólico y que no creía que fuera a disuadir a los nazis. De hecho, a Portal le preocupaba que, sencillamente, jugara a favor del discurso de Hitler: que la guerra se había declarado a instancias de una conspiración judía internacional. Le preocupaba que se tomaran represalias contra los aviadores británicos capturados si este era el caso, y se preguntaba, además, si una política de represalias explícita no pondría en cuestión las bases morales de las operaciones en curso de la RAF contra ciudades alemanas como «operaciones ordinarias de guerra contra objetivos militares (industriales incluidos, por supuesto)».[19]

Churchill podría haberlo desautorizado, pero coincidió con una clara señal de la burocracia británica en pasar discretamente a otro tema. El planteamiento oficial de cara a la opinión pública era que los judíos se salvarían cuando Europa fuera liberada, y que todos los recursos debían destinarse a este objetivo. Los estadounidenses adoptaron un planteamiento similar. El Departamento de Estado llegó hasta el extremo de instruir a la legación en Suiza que dejara de enviar material de los grupos judíos a través de vías oficiales que pudieran exacerbar a los ciudadanos. Pero justo cuando parecía que nadie iba a reconocer la importancia de Auschwitz, a mediados de febrero llegaron noticias al Gobierno polaco en el exilio, establecido en Londres, de que Napoleon estaba de camino.[20]

16

Fracaso

Auschwitz, noviembre de 1942

Witold estaba en la plaza con unos pocos hombres a media tarde mientras la primera nieve de invierno caía sobre Auschwitz cuando oyó que lo llamaban. Al volverse vio a uno de los oficiales de Rowecki, Stanisław Wierzbicki, acercándose a él a través del agua gris de la nieve derretida. Era la primera vez que Witold entraba en contacto con un miembro del círculo íntimo de Rowecki desde su ingreso en el campo. Puede que trajera noticias o incluso quizás un mensaje sobre la sublevación. Stanisław lo saludó calurosamente y le explicó que acababa de llegar al campo. Hizo un comentario sobre la buena salud de Witold. En Varsovia, dijo, la gente pensaba que todos los prisioneros eran «sacos de huesos andantes».[1]

Witold hizo una mueca. Venía de la curtiduría, donde la nueva tarea consistía en procesar el cabello cortado de los cadáveres de las mujeres judías muertas en Birkenau para usarlo de relleno de colchones y aprestos para forrar uniformes. Quiso saber cómo habían sido recibidos sus informes. ¿Cómo había respondido el mundo a las noticias de gaseamientos masivos, inyecciones de fenol y grandes cantidades de bienes saqueados a los judíos? ¿Podían esperar con seguridad ayuda coordinada para sublevarse?[2]

Stanisław confirmó que el correo de Witold, Stefan Bielecki, había logrado llegar a Varsovia; de hecho, fue él quien lo acompañó personalmente al cuartel general. Sin embargo, la operación no había dado sus frutos. Lo cierto era, explicó Stanisław, que pocas personas prestaban atención a Auschwitz. A Varsovia le preocupaba el frente oriental. Hitler alardeaba de una victoria inminente en la Unión Soviética, pero la batalla se había recrudecido. Polonia tenía que estar lista para reclamar la independencia de ciudades importantes como Varsovia y Cracovia, no Auschwitz.[3]

Witold casi se echa a reír de la conmoción. Los hombres que se enteraron se quedaron como si hubieran recibido un puñetazo. Sus informes, las atrocidades —sus vidas— desechados como si nada. Stanisław se despidió de Witold y lo dejó cavilando. No podía seguir fingiendo que la sublevación era inminente ni pedirles a sus hombres que murieran en vano sin el apoyo de Varsovia. Pero, si se cerraba a la posibilidad, surgía otro dilema. La moral ya era frágil. Sin un propósito, le preocupaba que la resistencia se fracturara.[4]

Sus temores cristalizaron unos días más tarde, cuando Fred Stössel, el operador de radio, cedió a las órdenes de los SS y empezó a administrar inyecciones de fenol a los prisioneros. Kon se enfrentó a Fred inmediatamente.[5]

—¿Por qué les haces el trabajo sucio? —inquirió.[6]

Fred se encogió de hombros. Estaba inyectando sobre todo al pequeño número de judíos ingresados en el hospital, explicó. Estaban abocados a morir de todas formas.

—¿Tú qué preferirías, morir al instante o que te molieran a palos durante varios días hasta matarte?[7]

—No estás haciendo la pregunta correcta —dijo Kon—, olvidándote convenientemente de que los alemanes han construido estos campos para exterminar a polacos, judíos y otros. ¿Por qué deberíamos nosotros, los polacos, que combatimos a los alemanes incluso aquí en Auschwitz, ayudarles en este terrible plan?

Kon no podía sacudirse la sensación de que Fred le había cogido gusto al poder de matar, pero no sabía cómo proceder. Al cabo de unos días, Witold descubrió conmocionado que Czesław Sowul, un miembro del círculo socialista de Stasiek, se había ocupado personalmente del asunto dejando una carta con el nombre de Fred en el buzón de las denuncias; una verdadera insensatez que los ponía a todos en peligro.[8]

A la tarde siguiente convocaron a Fred a los cuarteles de la Gestapo, lo interrogaron y lo mandaron al bloque penal. En los días siguientes, lo llevaron de nuevo allí para interrogarle. Ese invierno, el *Oberscharführer* de las SS Wilhelm Boger introdujo la práctica de colgar a los prisioneros de manos y pies y fustigarles los genitales para sacarles confesiones. Cada tarde, Fred volvía cojeando al bloque penal más ensangrentado y desesperado. Parecía que solo era cuestión de tiempo que se quebrara.[9]

Al cabo de una semana o así, Fred pasó un mensaje a través de los encargados de la limpieza del bloque penal, diciendo que no había traicionado a la resistencia. Pero estaba llegando a su límite y pidió una dosis de cianuro. No había ninguna vía fácil para hacerle llegar una pastilla; comprobaban hasta su comida. Al final, un recluso del destacamento de limpieza soltó piojos infectados de tifus en su celda. Pronto, Fred cayó con fiebre y lo llevaron custodiado al hospital, donde los hombres de Witold lo vigilaron. Cuando se recuperó de la infección, los SS habían perdido interés en él y le pegaron un tiro.[10]

Pero el peligro de otras divisiones que pusieran en riesgo a la resistencia no había pasado. La facción socialista amenazaba con actuar contra cualquier ordenanza sospechoso de confraternizar con los alemanes. Algunos señalaron con el dedo a Dering.[11]

Ese otoño, un nuevo médico jefe, el *Sturmbannführer* Eduard Wirths, instó a su personal a que usara el abundante material humano disponible para la ciencia. Administraban drogas experimentales a los pacientes para enfermedades como el tracoma, el tifus, la tuberculosis y la difteria. En muchos casos, infectaban deliberadamente a los reclusos y los dejaban agonizando a causa de la mezcla de fármacos no sometidos a ensayo que les administraban. Un médico de las SS estudió los efectos de la inanición en los pacientes. Después de entrevistar a las víctimas sobre su dieta, mandaba que las fotografiaran, les inyectaran fenol y luego las diseccionaban y conservaban sus hígados, bazos y páncreas en tarros.[12]

Dering se distinguía por su posición y buena disposición a comprometerse en acciones grandes y pequeñas: compartía medicinas de contrabando con los kapos y obedecía sin rechistar las órdenes nazis de realizar operaciones innecesarias. Pero también era cierto que muchos enfermeros cedían a las órdenes de los SS al mismo tiempo que, secretamente, se esforzaban por aliviar el sufrimiento que infligían con medicinas y alimentos de contrabando. Nadie podía decir con certeza qué acciones se elevaban al nivel de la colaboración y qué constituía un acto moral en un entorno donde la supervivencia dependía de la complicidad con el asesinato. A fin de cuentas, los alemanes habían reclutado directa o indirectamente a la mayoría de los prisioneros del campo para la operación de la maquinaria de la muerte.[13]

Prisioneros trabajando en la construcción de un nuevo crematorio y cámaras de gas en Birkenau, hacia 1943.
Cortesía de PMA-B.

Bernard Świerczyna, hacia 1939.
Cortesía de PMA-B.

Mientras las acusaciones de colaboración con los nazis revoloteaban alrededor de Dering, Witold reconoció su complicidad en la muerte que les rodeaba. Respondió redoblando sus esfuerzos por recabar información sobre los crímenes nazis a pesar de que sabía que sus informes seguramente serían recibidos con indiferencia. Bernard Świerczyna, uno de los hombres de Witold en el departamento de almacenaje, compiló una lista de cada una de las muertes de los prisioneros y su causa probable en el campo principal. El dosier contenía dieciséis mil nombres. Al mismo tiempo, la operación de recogida de información empezó a revelar la auténtica magnitud de los asesinatos masivos en Birkenau. Las víctimas nunca fueron registradas oficialmente en el campo, y basaron sus cálculos de los 502 000 judíos gaseados en el número de trenes que llegaban al campo (el número se alejaba algo de la cifra real de 200 000 aproximadamente).[14]

Entonces llegaron noticias de que los supervisores habían robado duplicados de los planos para los nuevos crematorios en construcción en Birkenau, que harían más eficiente si cabe la fábrica de matar nazi. El arquitecto de las SS Walter Dejaco había realizado una modificación importante de los primeros diseños. Las morgues de los dos nuevos crematorios fueron reconvertidas en cámaras de gas. En lugar de las rampas para arrojar los cuerpos a la morgue del sótano, añadieron escalones para que las víctimas judías pudieran entrar en las cámaras por su propio pie. Las nuevas instalaciones aumentarían la capacidad de exterminio en el campo a más de 4500 personas al día y la previsión era que estuvieran terminadas para Año Nuevo. La oficina de construcción se sumió en un caos calmo durante dos días cuando el arquitecto jefe de las SS, Karl Bischoff, descubrió que los planos altamente secretos habían desaparecido. Bischoff ordenó finalmente otra copia «original» y silenció el fallo de seguridad.[15]

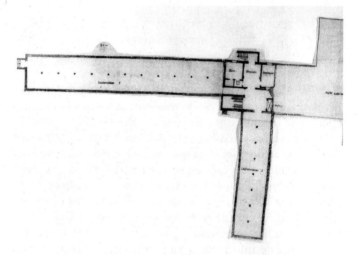

Plano del Crematorio II robado por los supervisores, que muestra los escalones que bajan hasta la morgue siguiendo su reconversión en cámara de gas.
Cortesía de PMA-B.

Witold ayudó a maquinar una fuga descarada esas Navidades para entregar los documentos a Varsovia. Su correo era Mieczysław Januszewski, un oficial naval de veinticuatro años que trabajaba en la oficina de asignación de mano de obra. Otto, el amigable kapo alemán que había ayudado a la resistencia a cambiar brigadas de trabajo, colaboró con Witold. El curtidor Jan Komski y el dentista del campo, Bolesław Kuczbara, completaban el equipo. El 29 de diciembre, Bolesław se vistió con un uniforme robado a los SS y, junto con Otto, recogieron un carro tirado por caballos con muebles del taller de carpintería para entregarlos, supuestamente, en casa de un guardia que vivía cerca. Recogieron a Mieczysław y a Jan, que se escondieron en dos armarios con los documentos. Luego salieron del campo. Los alemanes solo encontraron el carro abandonado, los uniformes a rayas de los prisioneros y una nota en una de sus chaquetas que implicaba al kapo jefe, Bruno Brodniewicz, en la fuga.[16]

Mieczysław Januszewski, Jan Komski, Otto Küsel, Bolesław Kuczbara, Andrzej Harat y su hija Władysława después de la fuga, hacia diciembre de 1942.

Cortesía de PMA-B.

Witold admiró el ingenio de los fugitivos —Brodniewicz fue enviado al bloque penal para un interrogatorio—, pero la satisfacción duró poco. Las SS pronto redoblaron esfuerzos para erradicar a la resistencia. El 25 de enero, sometieron a un interrogatorio a una docena de prisioneros. Siguieron nuevos arrestos y ejecuciones. Entre los que recibieron un tiro se encontraban el trabajador de la morgue, Gienek Obojski, el experto en radio Zbigniew Ruszczyński y el líder de la célula de Birkenau, Jan Karcz. Witold ordenó a sus hombres que redujeran sus actividades y que desconfiaran de cualquier recién llegado a sus brigadas. Corrían rumores de que los informantes de Grabner habían descubierto finalmente el complot para apoderarse del campo y que las ejecuciones masivas eran inminentes. Ese invierno lo pasaron en vilo oyendo los gritos que venían de la oficina de la Gestapo.[17]

A Witold no se le olvidaría una escena en particular. Una noche regresaba de su turno en la curtiduría cuando se sorprendió al ver a una docena de hombres, mujeres y niños a las puertas del crematorio. Hacía frío y el sol se había puesto hacía rato. Sus rostros eran grises como la carretera. Witold supuso que estaban a punto de matarlos, y ellos parecían saberlo también. Desde que habían desplazado las operaciones de gaseamiento a Birkenau, la morgue del viejo crematorio se usaba a veces para las ejecuciones de prisioneros políticos o familias judías apresadas en la zona. Witold intentó no mirarlos a los ojos. Pero le fue imposible no reparar en un niño pequeño de unos diez años, la edad de su hijo Andrzej, que miraba en torno suyo con expectación. Entonces la puerta del crematorio se abrió y la familia desapareció dentro. Siguieron unos disparos sordos.[18]

Witold permaneció esa noche en vela, pensando en el niño, con un sentimiento de vergüenza. Tanto hablar de sublevaciones y no había podido actuar para salvar a un solo niño. Pero lo peor era que sabía que este dolor desaparecería también y que la cara del niño se desdibujaría y la olvidaría. Sintió la misma negrura creciendo dentro de él cuando pensó en el exterminio de los judíos. Vivía rodeado de pruebas de la matanza en la curtiduría, pero luchaba por identificarse con las víctimas judías. «Presenciar el asesinato de personas sanas con gas te impacta fuertemente solo la primera vez que lo ves», observó.[19]

Esta sensación de distanciamiento emocional era amplificada por el hecho de que el trato a los prisioneros en el campo había mejorado en cierto modo. Los líderes nazis se enfrentaban a la escasez de mano de obra y necesitaba emplear reclusos en el sistema de los campos de concentración para la producción bélica. Además de la construcción en curso de la fábrica de IG Farben, docenas de pequeñas fábricas y campos satélites proliferaban en torno a Oświęcim. Los prisioneros del campo principal se emplearon en un número cada vez mayor de tareas administrativas. Se instalaron baños en los bloques y se abolió el recuento de la mañana. Ahora los prisioneros tenían tiempo de lavarse y afeitarse. Muchos empezaron a vestir ropa civil debido a la escasez de uniformes, y lo único que marcaba su condición de reclusos era una raya roja pintada en el brazo o en la espalda. El comandante Höss incluso dio la orden de dejar de maltratar a los reclusos. Los kapos seguían usando sus porras a veces, pero cuando lo hacían era casi como si tuvieran que ofrecer a los que miraban un recordatorio de que aquello seguía siendo un campo de la muerte.[20]

Witold empezó a pensar en una fuga. Quizá, pensó, solo él podría convencer a Rowecki de que atacara Auschwitz. Las probabilidades de éxito eran tan escasas como siempre. Se habían producido en torno a 170 intentos de fuga en 1942, y solo una docena o así habían tenido éxito. Había ayudado en diez de ellas, pero ahora se devanaba los sesos pensando un plan viable. Uno de sus colegas, fontanero, le habló de una extensa red de alcantarillas debajo del campo que podrían ser lo bastante grandes para dar cabida a un hombre. Para explorar la idea, Witold intercambió pabellones con la oficina de paquetes, que gestionaba un turno de noche y estaba cerca de una de las bocas de alcantarilla que conducían a las cloacas. El único hombre de las SS de servicio en la oficina solía quedarse dormido a eso de las dos de la mañana. Witold obtuvo una linterna y un par de monos de trabajo del departamento de la ropa y se escabulló a la calle una noche de ese mes de febrero.

La boca de alcantarilla que había identificado se encontraba entre dos bloques, fuera de la vista de las torres de vigilancia. La tapa cedió con bastante facilidad. Dentro había una rejilla metálica, asegurada con un candado que tuvo que forzar para abrirlo. Los túneles se bifurcaban en cuatro direcciones, siguiendo el trazado de las calles. Apenas medían sesenta centímetros de diámetro y estaban recubiertos de una costra de excrementos. Empezó a caminar en cuclillas, pero los residuos se habían acumulado en algunos puntos y tuvo que avanzar a cuatro patas y luego sobre su estómago. Se deslizaba centímetro a centímetro hasta que el paso se estrechó y corrió el riesgo de quedarse atascado. Luego dio marcha atrás lentamente

Cloacas del campo principal.
Cortesía de Katarzyna Chiżyńska.

hasta que emergió a la oscuridad crepuscular y se preparó para la llamada al recuento. Repitió este ritual noche tras noche. Pero finalmente concluyó que no había salida.[21]

A principios de febrero, los colegas de Witold en la curtiduría encontraron una pila de ropa que pertenecía, fuera de toda duda, a campesinos polacos: zuecos, guardapolvos de granjeros y unos cuantos sencillos rosarios. La noticia se confirmó esa tarde; un transporte de polacos había llegado desde el distrito de Zamość, al este de Polonia, y la mitad habían ido directamente a la cámara de gas. Era una de las primeras veces que sometían a polacos de origen al mismo proceso de exterminio que a los judíos, y Witold tuvo que preguntarse si él y los otros prisioneros polacos iban a ser el siguiente blanco del genocidio.[22]

Witold supo el 23 de febrero que treinta y nueve muchachos polacos de Zamość habían sido separados de sus familias y llevados al hospital, donde los desnudaron y los dejaron en el cuarto de baño. Varios niños imaginaron que iban a morir y empezaron a llorar. Los ordenanzas se juntaron a su alrededor, les llevaron sopa, les cantaron canciones y los niños se tranquilizaron. Un enfermero, Stanisław Głowa, empezó a gemir. «Entonces vamos a morir», dejó escapar uno de los muchachos de más edad.[23]

Stanisław fue detrás de otro de los enfermeros polacos que también había empezado a administrar inyecciones de fenol. «Como mates a estos niños, no pasarás de esta noche», le juró. El hombre corrió y se escondió en uno de los bloques. Pero, aun así, dos hombres de las SS pincharon a los niños unas horas más tarde. El hospital estalló en gritos de «¡Mamá, papá, ayudadme!» y «Jesusito mío, ¿por qué tenemos que morir?».[24]

«Ya habíamos visto muchas montañas de cuerpos en el campo —recordó Witold—, pero esta... nos impresionó incluso a los reclusos más veteranos.» Una semana después pincharon a otros ochenta muchachos polacos. Tenía que salir de allí, pero ¿cómo?[25]

⋎

Entonces, una mañana de marzo, se le ofreció a Witold un medio improbable de salir del campo. Corrió la voz de que iban a transferir a cinco mil prisioneros polacos, casi la mitad del total del campo principal, a otros campos de concentración en el Reich y a sustituirlos por judíos. Witold se figuró que estaba en la lista, pero se sintió indeciso. Estaba desesperado por irse, pero sabía que la transferencia a otro campo solo retrasaría su misión en Varsovia. En un nuevo campo le costaría meses construir su red e idear un plan de fuga. Aun así, le tentaba.[26]

La primera deportación se programó para el 10 de marzo a los campos de concentración de Buchenwald, cerca de la ciudad de Weimar, en el centro de Alemania, y de Neuengamme, fuera de Hamburgo. Los SS sospechaban claramente que los prisioneros que podían perder destacamentos de trabajo deseables y sus posiciones en la jerarquía del campo intentarían resistirse al traslado. El jefe de la Gestapo, Grabner, guardó secretamente la lista final de nombres y ordenó una selección vespertina para atajar las posibilidades de que los reclusos se escurrieran entre los barracones o se cambiaran los números. El bloque de Witold fue uno de los primeros que visitaron. Los prisioneros esperaron en sus literas a que el kapo leyera la lista. Unos se quejaban de tener que aprender las reglas de otro campo. Otros pensaban que ningún otro sitio podía ser peor que Auschwitz. «Esto significa que se han hartado de atormentarme aquí», murmuró uno de los vecinos de Witold que fue seleccionado.[27]

Tal como había sospechado, el número de Witold figuraba en la lista. El alivio que sentía ante la idea de irse seguía sorprendiéndole. Lo enviaron a un bloque especialmente designado con otro millar de hombres para esperar el traslado. Su amigo Edek, que integraba el personal de enfermería solo recientemente, lo encontró a la mañana siguiente temprano en uno de los dormitorios. Ninguno de los ordenanzas había sido seleccionado, puesto que los habían clasificado como trabajadores esenciales necesarios para mantener el funcionamiento del campo. Edek le susurró a Witold que había encontrado la manera de que se quedara. Habría una selección médica final, le explicó. Witold podría bajarse del transporte si fingía discapacidad. Esa noche, los enfermeros habían fabricado una tablilla para que se la pusiera alrededor de la cintura y simulara una hernia; una estrategia arriesgada, pero Witold aceptó que se la pusieran.[28]

Con la primera luz, los que iban a ser transportados fueron reunidos a lo largo de la *Birkenallee* para la revisión final. Había bruma, como en la primera mañana de Witold en el campo. Los médicos recorrieron lentamente la fila, inspeccionando a cada prisionero. Witold repasó en silencio los nombres de sus camaradas caídos para un saludo final, y supo que permanecer en el campo y concluir su misión era algo que les debía.

Era pasada la media noche cuando los médicos llegaron a su fila. El equipo médico echó un vistazo al estómago aparentemente hinchado de Witold y lo despachó de vuelta al campo. Witold intercambió una mirada de despedida con Kon, que había sido seleccionado para Buchenwald.[29]

Cuatro mil polacos fueron embarcados en los tres días siguientes. Witold volvió a evitar su deportación cuando transfirieron a otros 2500 polacos una semana después, porque se había clasificado a sí mismo como trabajador indispensable. Pero habían destripado su red de colaboradores, y no se hallaba más cerca de encontrar una ruta de escape.[30]

A principios de marzo se inauguraron dos de los nuevos crematorios y cámaras de gas en Birkenau y pronto se pusieron en uso para el exterminio de judíos del gueto de Cracovia. En el campo principal, uno de los bloques fue reconvertido en laboratorio médico, donde los SS iniciaron experimentos químicos y de radiación en los órganos sexuales de la mayoría de hombres y mujeres judíos para estudiar la viabilidad de un programa de esterilización masiva para las personas de razas no deseables.[31]

«Condenado mundo», murmuraba Witold para sus adentros una tarde en la oficina de paquetes cuando el joven prisionero Edmund Zabawski lo interrumpió.[32]

Edmund Zabawski, h. 1942.
Cortesía de PMA-B.

Entablaron conversación, siendo Edmund el que más hablaba. A Witold le agradaba este muchacho serio de treinta años. Durante el curso de varias conversaciones, Edmund reveló que uno de sus amigos planeaba fugarse desde la panadería que había fuera del campo y que estaba pensando en huir con él. Witold conocía al amigo de Edmund de vista, un profesor de primaria de un metro noventa y cuatro llamado Jan Redzej que había llegado en el mismo transporte que él y trabajaba en un pabellón que repartía pan en el campo. Edmund organizó un encuentro entre ambos después del recuento una tarde a finales de marzo.[33]

Lloviznaba en la plaza cuando se reunieron. Jan llegó empapado de su trabajo, la calva reluciente bajo la lluvia, pero les dedicó una sonrisa y les explicó su plan. Él recogía pan de una panadería que tenía la ubicación perfecta para una fuga, a un kilómetro y medio del campo y a las puertas del campo abierto. La panadería la administraban panaderos civiles y un destacamento de prisioneros. Jan había observado que los civiles dejaban apoyadas en la pared las bicicletas que usaban para ir al trabajo. Su plan consistía sencillamente en que cada uno cogiera una bici y «a por todas».[34]

A Witold no le pareció una buena idea, pero veía el poten-

Jan Redzej, hacia 1941.
Cortesía de PMA-B.

cial. Si se colaban en el turno de noche de la panadería, pensaba, podrían escabullirse al amparo de la oscuridad. Jan aceptó estudiar la panadería con más detalle y sobornó a su kapo para que le permitiera cambiarse a la brigada de panaderos.[35]

Jan volvió a informales unos días después. Las buenas noticias eran que solo había dos guardias en el lugar. No obstante, los obstáculos eran colosales. Los guardias cerraban la puerta con doble cerrojo durante el trabajo. El turno saliente también la cerraba por fuera. No había otras entradas y todas las ventanas tenían rejas. Jan creía que quizá pudieran robar una de las llaves de la puerta; una colgaba del cinturón del guardia todo el tiempo, pero guardaban una copia detrás de una vitrina en una antesala. El caso es que, aunque consiguieran la segunda llave y abrieran la puerta, aún les quedaría el cerrojo por fuera.

El «maldito cerrojo» hacía la empresa imposible, concluyó Jan. Witold urgió a Jan que estudiara el problema de nuevo. Entretanto, Edmund pidió participar en la fuga y sugirió que se dirigieran a casa de la familia de su mujer en Bochnia, una pequeña ciudad al sur de Cracovia, a unos ciento sesenta kilómetros del campo. Tardarían varios días en llegar y tendrían que viajar de noche para no ser detectados.[36]

Al día siguiente, Jan volvió con mejores noticias. El cerrojo se apoyaba en un gancho que traspasaba la puerta con una tuerca que se introducía por dentro. Si pudieran medir el tamaño de la tuerca, les sería posible desenroscarla y soltar el cerrojo. En los días siguientes, Jan hizo una impresión de la tuerca utilizando un trozo de masa, que Witold le entregó a un amigo metalúrgico para que diera con la llave de tuerca acertada. La llave tenía sus complicaciones, pero Jan consiguió sacar la de la vitrina en la pared cuando los guardias le dieron la espalda e hizo otra impresión con la masa. Witold tenía un molde hecho, que Jan probó en el cerrojo. Funcionaba.

La fuga estaba en marcha.[37]

CUARTA PARTE

17

Impacto

Ginebra, noviembre de 1942

 apoleon finalmente se hartó de esperar a que la legación en Suiza solucionara el asunto de sus visados y el 7 de noviembre viajó a Ginebra, en la frontera con Francia, para reunirse con un contrabandista que le juró que tenía los documentos necesarios. Pero el hombre cogió su dinero y desapareció. Napoleon cruzó la frontera esa noche por su cuenta y riesgo y los gendarmes franceses lo detuvieron unas horas más tarde. La policía francesa lo soltó una semana después sin cargos, quizá creyendo su relato de que era un soldado de la Wehrmacht que volvía a su unidad. Pero durante su encarcelamiento, Hitler había avanzado para ocupar el resto de Francia y sellar la frontera con España en respuesta a la invasión aliada del Norte de África. Las tropas alemanas habían ocupado las calles de las ciudades del sur de Francia y la Gestapo iba a la caza de judíos y resistentes.[1]

Napoleon consiguió llegar a un piso franco en Perpiñán, en las faldas de los Pirineos, donde el guía de la región le pidió el doble para pasarlo clandestinamente a través de los puertos de montaña hasta España. No tuvo elección y pagó, pero este hombre también desapareció con su dinero. Napoleon atravesó como pudo las montañas él solo hasta que finalmente llegó a Barcelona una semana después, el 24 de noviembre. Pensaba permanecer unas horas en la ciudad y luego dirigirse al sur, al protectorado británico de Gibraltar. Pero la ciudad vivía bajo un férreo control policial y volvieron a arrestarlo. Oficialmente, España no era un país aliado de Alemania, pero el general Francisco Franco, que era fascista, simpatizaba con la causa nazi. Esta vez no lo liberaron tan rápido.[2]

La policía española encerró a Napoleon dos meses en una celda y luego lo trasladó al campo de concentración de Miranda de Ebro, en Castilla, donde retenían a otros ciudadanos extranjeros detenidos mientras cruzaban la frontera. Napoleon llegó al campo a principios de enero de 1943 para incorporarse a los cinco mil reclusos pobremente vestidos y desnutridos que pasaban sus días levantando rocas de un lecho cercano para construir una carretera. Napoleon sopesó varios planes de fuga, pero terminó optando por iniciar una huelga de hambre en protesta por las condiciones del campo. Convenció a un contingente de varios cientos de reclusos polacos para que hicieran huelga con él, y juntos exigieron una visita consular de los británicos, que supervisaban los asuntos polacos en España. Tras dos semanas de ayuno, las autoridades españolas convocaron al embajador británico en Madrid para negociar. Parece ser que Napoleon consiguió reunirse con el diplomático y lo convenció de que era un agente entrenado por los británicos, garantizándose así su liberación.[3]

Napoleon llegó a Gibraltar el 3 de febrero de 1943, pero después de que saltara la noticia de la catastrófica derrota de Alemania en Stalingrado: en torno a noventa mil soldados alemanes se habían rendido en el Volga, y otros cien mil habían desaparecido y los daban por muertos. Las fuerzas soviéticas recuperaron todo el terreno ganado por los alemanes en los dos años anteriores y estaban preparadas para lanzar una contraofensiva importante. La suerte de la guerra estaba cambiando.[4]

Napoleon se embarcó en uno de los buques mercantes que navegaban regularmente entre el enclave británico y el fiordo de Clyde, en Escocia, uno de los ejes principales de la flota aliada, y pasó una semana tensa esquivando patrullas de submarinos alemanes. Finalmente llegó al Reino Unido el 19 de febrero. El viaje que Napoleon había calculado que le llevaría un par de semanas había durado más de seis meses.

«Desgarradora», así describió Napoleon la demora. Los nazis habían asesinado a casi un cuarto de millón de judíos en Auschwitz durante ese tiempo.[5]

Napoleon fue probablemente interrogado por los británicos en el Royal Victoria Patriotic Schools, un inmenso edificio gótico en el distrito de Wandsworth, al sur de Londres, donde se hacían los interrogatorios a los extranjeros que llegaban a la ciudad. Un agente de la inteligencia apacible pero firme, el comandante Malcolm Scott, realizaba la mayoría de las entrevistas en un fluido polaco (su madre era polaca). No se ha localizado ningún documento en el que haya constancia de la información que Napoleon pudo divulgar.[6]

Napoleon pidió que lo registraran en los archivos policiales con un nuevo nombre, el de Jerzy Salski, para poder ocultar mejor su identidad, acaso ya con un ojo puesto en su siguiente misión. Uno de los agentes de policía que llevaba su caso, el comandante J. D. O'Reilly, señaló la petición a sus superiores.[7]

La respuesta fue seca: «Como probablemente sabrá, financiamos a la SOE polaca hasta el tope de 600000 libras y sus actividades son *nuestras* actividades».

Finalmente entregaron a Napoleon a funcionarios del Ministerio del Interior polaco a finales de febrero. En los días sucesivos, Napoleon reveló cuanto sabía de los asesinatos masivos de judíos en el campo, incluidas sus conclusiones sobre las cámaras de gas y sus erradas teorías sobre el uso de la presión atmosférica y la electrocución para matar a los prisioneros. El informe no especifica si Sikorski envió un mensaje a Varsovia. Pero el procedimiento de actuación habitual era confirmar la llegada de correos, que a veces conducía a un intercambio. Está claro que la llegada de Napoleon marcó un flujo de información de Varsovia a Auschwitz. El 3 de marzo, Rowecki comunicó a Londres por radio los informes de Witold sobre los 502000 judíos que ya habían muerto en el campo en 1942. Luego, el 12 de marzo, Rowecki describió la apertura de los dos crematorios en Birkenau, cada uno con capacidad para quemar dos mil cuerpos en un día. La misma información volvió a enviarse a Londres el

23 de marzo. Una semana más tarde, Rowecki envió el mensaje de que el Gueto de Cracovia había sido liquidado y cuatro mil de sus residentes enviados a Auschwitz.[8]

El Gobierno polaco se estremeció ante la magnitud de las muertes, que coincidía con las noticias de que apenas quedaban doscientos mil judíos en el país. Szmul Zygielbojm, uno de los dos únicos judíos de los treinta y un hombres que formaban parte del consejo nacional, pidió al ministro del Interior polaco que verificara que las cifras eran correctas. Tanto su mujer como sus dos hijos vivían en lo que quedaba del gueto de Varsovia.[9]

«No sé cómo nos juzgará la historia —dijo en una reunión del consejo en marzo—, pero siento que hay millones de personas en Polonia que no pueden creer, no pueden concebir, que no estemos en posición de cambiar la opinión mundial o de hacer algo para terminar con este sufrimiento inhumano.»[10]

Zygielbojm hizo un llamamiento a otra declaración de los Aliados a la luz de las revelaciones, pero las oportunidades eran mínimas. Los británicos y los estadounidenses no tenían interés en alimentar el debate sobre los asesinatos en masa o apoyar medidas de rescate que pudieran desviar recursos del esfuerzo bélico. En Estados Unidos, el Departamento de Estado propuso una conferencia internacional para tratar la difícil situación de los judíos y otras personas desplazadas en una jugada cínica para demorar la acción militar y diplomática, y los británicos no tardaron en respaldarlos. Cuando el líder polaco Sikorski siguió presionando a favor de alguna forma de ataque, un funcionario del Ministerio de Asuntos Exteriores escribió: «Les hemos dicho reiteradamente a los polacos que este tipo de represalias están descartadas». Otro diplomático apuntó: «Los polacos están siendo muy irritantes con este asunto».[11]

A pesar de la falta de interés de los británicos, Napoleon escribió un resumen de sus hallazgos que seguramente compartió con el funcionario del Ministerio de Asuntos Exteriores Frank Savery, excónsul en Varsovia, encargado de los asuntos polacos y guardián fundamental de las decisiones sobre el tratamiento que debía darse a la información. Según parece, Savery habló del papel de Auschwitz al Political Warfare Executive (PWE) del

Gobierno británico, el departamento del Gobierno que supervisaba la cobertura de noticias de la BBC y un conducto esencial tanto para las instancias normativas como para la opinión pública británica. A principios de abril, el PWE se reunió para decidir si incluían el gaseamiento de judíos en Auschwitz en la agenda informativa. Este fue el primer debate en que altos funcionarios británicos reconocieron abiertamente la importancia del campo en el gaseamiento de población judía. No obstante, se negaron a retransmitir el informe a nivel nacional y optaron por limitar la cobertura a su servicio en lengua polaca.[12]

El 11 de abril, el servicio polaco de la BBC se preparó para transmitir noticias sobre Auschwitz. Las paredes y el techo del estudio improvisado en el sótano de la sede de la BBC dañado por las bombas fueron cubiertos con lonas para mejorar la acústica, y se dejó una lámpara de aceite en la puerta por si se iba la luz durante un ataque aéreo. La sala solía estar a reventar de productores que caminaban presurosos arriba y abajo con guiones escritos en múltiples lenguas que se emitían desde el mismo estudio. El texto que leía el locutor polaco siempre era cuidadosamente revisado por funcionarios británicos, uno de los cuales se sentaba al lado de un interruptor durante cada retransmisión, preparado para cortar la alimentación si alguien se desviaba del guion o «de repente gritaba un hurra por Hitler», como recordó un empleado de la BBC.[13]

En este caso, la retransmisión transcurrió sin contratiempos, aunque se habían colado varios errores en el texto, quizá reflejando el hecho de que había pasado por muchas manos. El informe arrancó con el anuncio de que los alemanes habían liquidado el gueto de Cracovia de quince mil habitantes en marzo. Luego explicaba que sus residentes habían sido enviados a «campos de la muerte» para ser asesinados. El informe concluyó que «al resto los enviaron en camiones al campo de concentración de Oświęcim, que, como es sabido, tiene instalaciones especiales para asesinatos en masa; es decir, cámaras de gas y suelos de hierro que conducen corriente eléctrica». Este último detalle pudo provenir de las suposiciones erróneas de Napoleon sobre las instalaciones en Birkenau.[14]

El impacto de la transmisión fue limitado. Rowecki probablemente oyó el informe o, al menos, oyó hablar de él, lo mismo que los alemanes. Antes de que los funcionarios polacos pudieran presionar más sobre el asunto, otras noticias procedentes de Berlín desviaron su atención: habían descubierto una fosa común en los bosques de Katyń, al oeste de Rusia. Los alemanes afirmaron que la fosa contenía los cuerpos de tres mil oficiales polacos fusilados por los soviéticos en 1940 (en realidad, alrededor de 22 000 oficiales fueron asesinatos por órdenes de Stalin y luego enterrados en fosas comunes). El furor que provocó esta noticia acaparó la atención polaca y, una vez más, el destino de quienes habían muerto o iban a morir en Auschwitz pasó a ser un problema secundario.[15]

Los acontecimientos siguieron desviando la atención de Auschwitz. El 19 de abril, las SS y unidades de la policía alemana iniciaron una operación para liquidar a los sesenta mil judíos que quedaban en el gueto de Varsovia. Esta vez la resistencia judía contraatacó y se desató una batalla sumamente desigual: los combatientes judíos tenían unas pocas ametralladoras, armas cortas y granadas caseras. Los alemanes, por el contrario, llegaron con tanques y artillería pesada para demoler sistemáticamente el gueto bloque por bloque.

El desastre lentamente desatado fue retransmitido en Londres a través de la radio clandestina. El Gobierno polaco o los grupos judíos pudieron hacer poco más que seguir presionando para la acción. El político Zygielbojm elevó una súplica desesperada a los Aliados para que bombardearan las unidades de las SS en el gueto de Varsovia y Auschwitz. Nombrar el campo en conexión con los asesinatos masivos de judíos había permitido, por fin, que lo consideraran un objetivo para el ataque. A estas alturas, Zygielbojm sabía que elevar una petición a los británicos era inútil, de manera que presentó sus ruegos a los estadounidenses a través de un amigo en el servicio de inteligencia de Estados Unidos. Pero el ejército estadounidense pareció haber sacado la misma conclusión que la RAF sobre el valor y la eficacia de bombardear Auschwitz, y la petición de Zygielbojm fue desoída.[16]

El 11 de mayo, tras la demolición del gueto, Zygielbojm ingirió una sobredosis de barbitúricos en su apartamento de Londres. Junto a su cuerpo hallaron una nota: «Con mi muerte quiero expresar mi más profunda protesta contra la inacción con que el mundo contempla y permite la destrucción del pueblo judío». Tanto su mujer como su hijo perecieron en el gueto.[17]

Pero la muerte de Zygielbojm pasó sin pena ni gloria, y las penalidades de los judíos empezaron a desaparecer paulatinamente de la agenda internacional otra vez. La conferencia que británicos y estadounidenses habían organizado en las Bermudas para tratar la crisis de los refugiados a mediados de abril se celebró sin que se adoptara una resolución. La inminente invasión de Italia acaparó la atención de los Aliados. En el frente oriental, las fuerzas alemanas y soviéticas se enzarzaron en la mayor batalla de tanques de la guerra en Kursk. Entretanto, los trenes seguían rodando hacia Auschwitz desde

Szmul Zygielbojm, hacia 1941.
Cortesía del USHMM.

Yugoslavia, Italia, Grecia, Francia y los Países Bajos. Cuando llegó mayo de 1943, el campo de la muerte de Chełmno había cerrado y otros estaban a punto de hacerlo, lo que hizo de Auschwitz el foco singular de la obsesión genocida nazi. En la primavera de 1943, dos tercios de su eventual millón de víctimas seguían vivos.

Napoleon quería regresar a la Europa ocupada, pero Paweł Siudak, del Ministerio del Interior del Gobierno polaco en el exilio, vio poco valor en la propuesta.

«[Napoleon] nos ha alimentado de rumores increíbles tras su regreso al país —transmitió Siudak por radio a Varsovia en junio—. Hemos desoído estos rumores. Dejará de ser un correo.»[18]

Tras este veredicto condenatorio, no volvieron a asignar a Napoleon más funciones para difundir su informe. Al mismo tiempo que retiraban a Napoleon, otro correo llamado Jan Karski se preparaba para una misión diplomática en Estados Unidos. Había llegado de Polonia en noviembre de 1942 con testimonios oculares convincentes sobre la liquidación del gueto de Varsovia y una estación de tránsito cerca del campo de la muerte de Bełżec. Pero tenía poco que decir de Auschwitz. El campo había caído en una zona gris, conocida pero no reconocida.[19]

18

Fuga

Auschwitz, abril de 1943

Witold y Jan fijaron el Lunes de Pascua para la fuga, cuando la mitad de la guarnición estaría de permiso o borracha. Edmund se retiró del plan porque le preocupaba la seguridad de su familia. Esto dejó a Witold la organización de los últimos detalles durante los días siguientes: ropa civil escondida en la panadería, dinero, una navaja, tabaco molido que esparcirían por el camino para que los perros perdieran su rastro, sobornos para los panaderos, manzanas, jamón, miel y un saco de azúcar, así como cápsulas de cianuro de potasio por si los atrapaban.[1]

La siguiente tarea de Witold era conseguir un puesto en la brigada de trabajo de los panaderos, pero esto presentaba dificultades. Lo habían clasificado como trabajador indispensable en la oficina de los paquetes para evitar que lo deportaran a otro campo. Intentar que lo cambiaran de pabellón otra vez parecería sospechoso. En vez de eso, tendría que hacerse el enfermo para conseguir que lo ingresaran en el hospital y luego acercarse al kapo de los panaderos y engañarlo para que pensara que lo habían autorizado a cambiar de brigada. Tendría unas horas para escapar antes de que descubrieran su treta.

Había llegado la hora de informar al resto de líderes de la resistencia de su inminente partida. Intentó que su razonamiento fuera sencillo.

—Tenía un trabajo que hacer aquí. Últimamente no he recibido instrucciones —les dijo a sus mandos—. No veo la razón para seguir.[2]

—¿Así que crees que puedes decidir cuándo sales y entras de Auschwitz? —repuso uno jocosamente ante el riesgo que Witold estaba corriendo.[3]

El Sábado Santo, 24 de abril, amaneció con calor y nublado. En cuanto llegó a la oficina de los paquetes, Witold empezó a quejarse de una gran jaqueca. Esa tarde se quedó en su bloque y se aseguró de que el kapo lo oyera hablar de sus dolores en articulaciones y pantorrillas, clásicos síntomas de tifus. El kapo ordenó a Witold que informara al hospital cuanto antes. Los enfermeros le hicieron algunos comentarios irónicos cuando llegó asegurando que tenía fiebre. Un par señaló que Witold ya había pasado el tifus. Pero no lo echaron. Su amigo Edek lo ayudó a registrarse sin pasar una inspección.

Witold no quiso ponerse en contacto con Dering; un signo, quizá, del creciente distanciamiento del médico. Lo que Witold no sabía era que en torno a esa época la jerarquía de las SS estaba presionando a Dering para que participara en la radiación y los experimentos químicos con órganos sexuales de reclusos usando sus habilidades quirúrgicas para realizar histerectomías y castraciones. Dering no había decidido todavía cómo reaccionar, pero ya había realizado una operación secreta para extraerle los testículos a un homosexual alemán, y su mala reputación entre los prisioneros le hacía sentirse cada vez más vulnerable.

Un nuevo kapo, Ludwig Wörl, había tomado las riendas del hospital y sentía un claro desprecio hacia la plantilla mayoritariamente polaca, que pretendía despedir o despachar a Birkenau. Los sustituyó por los primeros enfermeros judíos a raíz de una decisión que permitía tratar a los judíos en el hospital. Dering mantenía su cargo, pero lo atacaban desde todos los frentes.[4]

A la mañana siguiente, 25 de abril, Witold se despertó al oír a Edek y le hizo seña de acercarse a él. Le explicó su plan y que necesitaba su ayuda para preparar el alta.[5]

—Edek, no voy a andarme con rodeos —dijo Witold—. Voy a salir de aquí. Como tú me has ingresado en el hospital evitando las formalidades habituales y vas a prepararme el alta, ¿a quién van a pescar cuando me haya fugado? A ti. Así que te sugiero que vengas conmigo.[6]

—Cuento con usted, señor —dijo Edek sin preguntar nada sobre el plan.[7]

Witold informó a Jan de la inclusión de Edek cuando visitó el hospital por la tarde. Jan hizo una mueca. Si ya iba a ser difícil encontrar una vacante para Witold entre los panaderos, no quería ni pensarlo para una segunda persona. Pero Witold dijo que la decisión ya estaba tomada.

—Pues no hay más que hablar —dijo Jan encogiéndose de hombros.[8]

Por la tarde, Edek hizo una escena. Se puso a gritarle a Wörl que estaba harto de ver cómo trataban a los polacos en el hospital y que quería irse. El kapo estalló: «¡Pues vete donde quieras, pedazo de idiota!». Witold oyó la discusión desde su dormitorio en la siguiente planta y comprendió que Edek había tomado la decisión. Un poco después oyó una refriega y gritos, que resultó ser el sonido de Edek golpeando uno de los odiosos inyectores de fenol.[9]

A la mañana siguiente, 26 de abril, Edek fue por los papeles del alta para él y para Witold. No era cosa fácil, teniendo en cuenta que Witold padecía tifus supuestamente y debía permanecer en el bloque de la cuarentena dos semanas como mínimo. Al final, Edek improvisó la excusa de que habían diagnosticado erróneamente a Witold y que en realidad se había emborrachado con alcohol de contrabando. Enfilaron hacia el bloque de los panaderos y encontraron a Jan sentado a una mesa junto a la ventana en una de las habitaciones, jugando a las cartas con el kapo de la panadería, un alemán de los Sudetes, a quien Jan había estado dorando la píldora. Había una botella de vodka a medio terminar en la mesa. Witold anunció que los habían enviado allí porque eran panaderos. El kapo pareció sorprendido. Jan se inclinó y le susurró al oído.[10]

—Kapo, menudo par de zoquetes que han fichado; piensan que se van a atiborrar de pan en la panadería y que nuestro trabajo es coser y cantar. Deja que me los lleve al turno de noche para enseñarles lo que es bueno.[11]

Había llegado la hora de la verdad. En el momento justo, Witold sacó una manzana y un poco de azúcar, y un pequeño tarro de mermelada que había recogido de la oficina de los paquetes. Al kapo le brillaron los ojos.

—Vale, vale, veamos qué clase de panaderos sois —dijo.[12]

Ya estaban dentro del equipo. Lo siguiente era convencer a dos de los panaderos para que les cambiaran los turnos. La mayoría de los hombres descansaban en sus literas antes del turno de la tarde, que empezaba a las seis. Witold y Edek se tumbaron en las suyas y se pusieron a hablar ruidosamente de los paquetes que habían recibido por Pascua. Esto atrajo el interés general. Entregaron algunas manzanas y finalmente convencieron a un par de panaderos para que les cedieran los turnos.

Caía la tarde, apenas quedaba tiempo para sacar algunas prendas civiles para Edek del departamento de almacenaje. Se las puso apresuradamente debajo del uniforme de rayas. Unos minutos después sonó el grito que llamaba a formar filas a la brigada de trabajo de la panadería.[13]

Cruzaron la puerta de la entrada cuando el sol se ponía detrás de las nubes y la luz naranja atrapaba las letras del cartel ARBEIT MACHT FREI. «El trabajo os hace libres.» Se avecinaba una tormenta desde el sur. La vieja chimenea del crematorio humeaba en la entrada: treinta y tres cadáveres habían llegado ese día para su eliminación y, en algún punto cerca de Birkenau, se avivaban fuegos para la llegada de 2700 judíos de Salónica, en Grecia.[14]

Cuatro guardias de las SS los custodiaron durante la marcha hasta la panadería. Habían designado a un destacamento nuevo para las festividades, y Witold confió en que su falta de familiaridad con el equipo disimularía el hecho de que ellos eran nuevos y había que vigilarlos. Desafortunadamente, los guardias nuevos estaban especialmente alerta, e incluso el del puesto de la entrada advirtió al equipo que «tuvieran cuidado».[15]

«Bajo ninguna circunstancia debo volver a cruzar esta puerta», pensó Witold cuando salió del campo.[16]

El río junto a la carretera que discurría del campo a la panadería era gris y caudaloso. Tres de los guardias que acompañaban a los reclusos del turno de noche se separaron del resto en el puente que llevaba a la ciudad, probablemente para celebrar las fiestas con un trago. Esto dejó a dos SS para supervisarlos. Witold y sus compañeros llegaron a la panadería cuando anochecía, justo cuando el cielo se abrió y empezó a llover. Se pararon delante de un edificio grande de ladrillo rojo que estaba junto a un molino, y uno de los guardias se sacó una llave de la pelliza para abrir la puerta. Mientras aguardaban bajo la lluvia, los trabajadores del turno de día salieron cubiertos de harina. Se quejaron del aguacero mientras Witold y los otros recién llegados entraban por un vestíbulo hasta el vestuario. El guardia cerró la pesada puerta tachonada al salir, y oyeron que encajaban el cerrojo desde fuera.[17]

Los panaderos profesionales habían empezado la faena temprano y sus ropas ya estaban colgadas. Witold y los otros prisioneros se desvistieron rápidamente hasta quedarse en ropa interior y se pusieron los mandiles blancos de los colgadores junto a la puerta. Pasaron por una sala de calderas y por un corto pasillo hasta el vestíbulo principal. Los guardias habían puesto una mesa y sillas junto al horno abierto de la caldera, y había un catre estrecho junto a la pared. Witold se fijó en el teléfono en la pared del pasillo, que los guardias utilizaban cada hora para controles con los cuarteles del campo principal. Llevaba encima un cortaplumas para cortar los cables que recorrían el techo.[18]

El vestíbulo principal era una sala rectangular larga con una hilera de hornos abiertos en el último tramo. Los panaderos asignaron rápidamente las tareas al equipo de noche. La tarea de Witold era mezclar la masa en una batidora eléctrica grande colocada en el suelo y luego amasar hogazas de pan en bandejas de horno. Pronto estuvo empapado en sudor

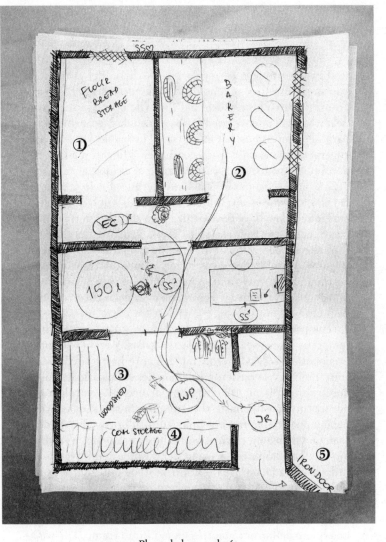

Plano de la panadería.
1. Almacén de harina; 2. Panadería; 3. Leñera;
4. Almacén de carbón; 5. Puerta de hierro

Cortesía de Marta Goljan.

y esforzándose por aguantar. Edek paleaba carbón en el horno para la primera hornada de quinientas hogazas y luego vaciaba los rescoldos con un palo. Después de quemarse varias veces, soltó un grito y cayó al suelo.

Jan fue corriendo.

—No te preocupes... no tengo nada —le susurró Edek—. Estoy fingiendo para evitar el trabajo duro.[19]

Un alemán rubicundo, de la edad de Edek, se acercó.

—¿Cuántos años tienes? —preguntó el guardia.[20]

—Diecisiete —dijo Edek. En verdad tenía veintiuno.

—¿Cuánto tiempo llevas aquí?

—Más de dos años.

—¿Y sigues vivo?

El alemán se apiadó de él y le dijo que cogiera un saco de harina vacío y se tumbara en el pasillo.

El turno de noche cocía cinco hornadas. El plan era irse después de la primera o segunda hornada, en torno a las diez de la noche. Witold estaba a punto de dar la señal a los otros para actuar cuando Jan le lanzó una mirada inquieta; había visto a un hombre de las SS fuera de servicio y a su novia por la ventana de una despensa. Se estaban guareciendo de la lluvia bajo los aleros del tejado. Tendrían que esperar a que el chaparrón escampara.

Jan no le quitaba ojo a la pareja, que cada vez parecía más agitada.

Edek, tumbado boca arriba en el pasillo, hacía la cuenta atrás de los minutos mientras las hornadas iban y venían y sus probabilidades de huir disminuían. Fue casi un alivio cuando el guardia le ordenó que hiciera unas cuantas sentadillas y que luego fuera a buscar carbón para la caldera.

La lluvia remitió por fin alrededor de la medianoche y los amantes se fueron. A esas alturas solo quedaba cocer una hornada más y el ritmo de trabajo aflojó. El guardia rubicundo estaba asando una salchicha sobre el horno de la caldera. El otro alemán escribía una carta en la mesa. Los panaderos hicieron una breve pausa. Era ahora o nunca.

Witold y Jan comunicaron a los panaderos que iban por combustible para tenerlo listo y salieron de la sala de almacenaje. Edek se sumó a ellos con una carretilla para el carbón. Jan ya iba vestido con su ropa de paisano y había sacado la llave de tuerca del cuarto del carbón, donde la había escondido unos días antes. En el momento justo, Witold empezó a cortar leña armando ruido mientras Jan se escabullía hacia la entrada.

La primera tarea era desatornillar la tuerca que aseguraba el candado exterior. La tuerca cedió bajo su presión, y fue capaz de desenroscarla y sacar el perno. A continuación, se ocupó de los dos cerrojos. Estos eran más difíciles de mover. Witold y Edek armaron mucho ruido para poder amortiguar el roce de los cerrojos cediendo.

Justo en ese momento el guardia rubicundo asomó la cabeza por el cuarto de almacenaje.

—¿Dónde está el otro? —preguntó.[21]

Se quedaron helados.

El alemán se encaminó hacia la entrada. Parecía inevitable que pillaría a Jan, pero este tuvo el tiempo justo de meterse corriendo en el baño y bajarse los pantalones, y así es como lo encontró el hombre de las SS.

—Vaya, aquí estabas —dijo el guardia, todavía con la mosca tras la oreja. Se acercó a la puerta y encendió su linterna para inspeccionarla. De alguna manera, no vio que habían sacado los pernos y que faltaba la tuerca del cerrojo. Volvió donde la caldera a seguir asando la salchicha.

La siguiente tarea fue inutilizar el teléfono del pasillo. Para entonces ya eran casi las dos de la mañana. Los guardias tenían que hacer la comprobación de rigor con sus cuarteles. Witold entregó apresuradamente el cortaplumas a Edek y se fue con la carretilla hacia el horno. El guardia rubicundo estaba de cara al pasillo que tenía el teléfono, pero parecía absorto en las llamas y su salchicha. El de la carta dormía en la cama. Edek dejó la carretilla con tanto cuidado como pudo, se subió al saco de harina sobre el que había estado tumbado, se aupó y cortó el cable revestido de goma en dos puntos. Cogió el trozo de cable sobrante, corrió al horno, lo tiró a las llamas e inmediatamente se dio cuenta de su error, porque el olor de la goma quemada inundó el cuarto. El guardia rubicundo se acercó enseguida y quiso saber qué había echado al fuego, pero al no ver nada, maldijo a Edek y volvió a la caldera. Edek se disponía a volver a la entrada cuando uno de los panaderos le ordenó que fuera a buscar agua para la masa. Edek vaciló, porque sabía que los guardias podrían llamar a los cuarteles en cualquier momento y descubrir el sabotaje. Pero no tenía elección. Se puso a rellenar cubos de agua del grifo en la sala de la caldera hasta que un Witold exasperado apareció.

—Nos vamos de la panadería inmediatamente —siseó—. Cada segundo cuenta.[22]

Edek dejó el cubo al lado de la caldera y pasó con Witold por delante de los guardias de vuelta al vestuario. Witold y Edek hicieron un fardo con la ropa —no había tiempo de cambiarse— y se posicionaron en la puerta junto a Jan, que tenía la copia de la llave en el cerrojo. El cerrojo no se movió. Jan lo intentó de nuevo y después lanzó su cuerpo contra la puerta. Witold y Edek lo imitaron. La puerta pareció combarse y luego cedió súbitamente, dejando entrar la corriente de aire frío. Witold vislumbró las estrellas y luego vio como Jan desaparecía en dirección al río. Tanto él como Edek corrieron tras su compañero.[23]

Sonaron disparos. Ninguno se volvió a mirar y, cuando hubieron recorrido doscientos metros, la oscuridad los protegió. Witold le gritó a Jan que se detuviera. Su plan era cruzar el Soła por el puente de la ciudad y luego regresar pasando por el campo desde la otra orilla del río antes de virar al este hacia Cracovia, una línea de fuga que, con suerte, los SS no sospecharían jamás. Pero Jan había emprendido la huida en dirección contraria, alejándose del campo.

—¿Dijiste que tenías una ruta planeada? —preguntó Jan, agachado hacia delante y resollando, cuando por fin le dieron alcance.[24]

—Sí —dijo Witold. Pero ya era demasiado tarde para volver. Tendrían que cruzar por otro punto. Avanzaron deprisa en fila india por la orilla del río, alejándose de la ciudad. Mientras corrían, se pusieron los pantalones y las camisas de paisano. La bolsa de tabaco que habían preparado se había

Puente sobre el río Soła.

partido. Más arriba oyeron el traqueteo de un tren y luego vieron una línea de vagones iluminados cruzando un puente sobre el río. Era la línea principal a Cracovia.[25]

El puente estaría custodiado casi con seguridad.

—No hay otro camino —contestó Witold dirigiéndose hacia el armazón de acero—. Tenemos que tomar la ruta más corta.[26]

Pronto avistaron el perfil de una garita en el terraplén ferroviario y se tiraron al suelo mojado, atentos. No se movió nada. Al cabo de unos minutos se acercaron un poco más hasta que vieron que la cabina estaba vacía.

Witold empezó a cruzar el puente, seguido de cerca por sus compañeros. A su derecha se perfilaba el castillo de Oświęcim; a su izquierda, el campo abierto y el curso sinuoso del río. La única vía de hierro que siguieron cruzaba un negro vacío. ¿Cuántos prisioneros habrían viajado en dirección contraria para no regresar nunca jamás?[27]

Llegaron al otro extremo y bajaron por el terraplén a los campos embarrados. El Soła serpenteaba junto a la vía férrea durante unos tres kilómetros antes de desembocar en el Vístula. Tanto el río como las vías discurrían al este, en la dirección deseada. Planearon cruzar de nuevo las aguas para alcanzar la boscosa orilla norte antes del alba. Era trabajoso orillar el río, una maraña de juncos muertos y ortigas empapadas de lluvia.

La orilla olía a ajos silvestres y les llegó el sorprendente aroma de las florecientes hileras de los cerezos de racimos. Al otro lado de las vías vieron los proyectores bailando alrededor de las chimeneas de la vasta fábrica de caucho sintético de IG Farben todavía en construcción. Miles de personas habían muerto en la construcción de la fábrica, que todavía no había concluido. Se abrieron paso por entre acequias y desagües durante una buena hora hasta que por fin dejaron atrás el complejo.[28]

A esas alturas ya habían recorrido unos buenos dieciséis kilómetros desde el campo, y el cielo empezaba a clarear. En la otra orilla vislumbraron los lejanos árboles que prometían un cobijo. El río se ensanchaba aquí y la primera niebla de la mañana lo envolvía. Pequeños remolinos jugueteaban en su superficie y luego desaparecían.

—Una barca nos vendría bien ahora mismo —dijo Jan.

La suerte quiso que pronto se toparan con una embarcación llena de agua, atada a un poste junto a la orilla. Había un puñado de edificios de granjas entre los árboles cercanos. La cadena tenía un candado con un cerrojo simple. Jan sacó su llave de tuerca, que encajaba, y liberó la barca mientras Witold encontraba una lata vacía cerca para achicar el agua del interior.

Subieron a bordo y empujaron la barca, hasta que chocaron con un banco de arena y tuvieron que vadear los últimos metros de agua gélida.[29]

Witold trepó a la orilla opuesta, donde descubrió que había salido el sol, atrapando unas briznas de niebla en el campo. Un kilómetro y medio de campo abierto los separaba del bosque. Los pueblos cercanos habían sufrido una limpieza

El Vístula al amanecer.

étnica un año antes y ahora sus habitantes eran colonos alemanes. Witold sabía que los reconocerían al instante como prisioneros fugados por las cabezas rapadas y la ropa empapada. Jan se sacó un pañuelo de colores del bolsillo y lo enrolló a la cabeza de Edek. Dijo que parecía una mujer exhausta.[30]

Continuaron su camino cojeando, con las piernas entumecidas, hasta que oyeron el aullido de la sirena del campo y ruido de motocicletas a lo lejos. Jan se lanzó a una carrera cargada de adrenalina y Witold y Edek corrieron tras él para darle alcance. Jan fue el primero en llegar al bosque.[31]

Los árboles eran sobre todo pinos escoceses, plantados en nítidas hileras por un terrateniente local. Witold y Edek perdieron de vista a Jan y siguieron uno de los canales hasta que se adentraron bastante en la penumbra del bosque. De pronto, Jan salió de detrás de un árbol, con los brazos abiertos y una sonrisa magnífica.[32]

—¡Permítanme el honor de darles la bienvenida al bosque abierto! —les dijo.[33]

Bosque de Metków, donde Witold, Jan y Edek descansaron.

Lo abrazaron y le plantaron besos en las mejillas. Witold se dejó caer de espaldas sobre un lecho de musgo y agujas de pino secas y se quedó contemplando los troncos paralelos de los árboles.

«Los pinos susurraban, balanceando suavemente sus enormes copas —escribió más tarde—. Retazos de cielo azul podían verse entre los troncos. El rocío brillaba como joyas en las ramas y la hierba... En algunos puntos se filtraban los rayos de sol.»[34]

El bosque vibraba con los primeros trinos de la mañana, los gorjeos de las alondras y el ronco graznido de los cuervos y, sin embargo, lo que le impresionó más hondamente fue el silencio, «un silencio lejos del rugido de la humanidad... lejos de la maquinación del hombre... un silencio donde no había un alma... qué contraste con el campo donde tenía la sensación de haber pasado mil años».[35]

Encontró un tarro de miel y una cucharilla en su bolsillo, un resto de los paquetes, y ofreció cucharadas a Jan y a Edek.

«Estábamos encantados con todo —recordó Witold—. Estábamos enamorados del mundo... pero no de su gente.»[36]

La sensación pasó lentamente, la cautela regresó y la conversación volvió a tratar sobre la fuga. Witold tenía la vaga percepción de que la frontera entre el Reich y el Gobierno General de Polonia debía de estar cerca y que, de alguna manera, debían cruzarla y luego dirigirse al piso franco en Bochnia, a ciento sesenta kilómetros de distancia. No tenían comida, ni dinero, ni documentos, y sin duda alguna la Gestapo del campo había compartido sus datos con todos los cuarteles de policía en la zona.

Partieron por la tarde y pronto tropezaron con un guardabosque que intentó abordarlos. Lo perdieron de vista en una densa arboleda de pinos nuevos. Después se dirigieron hacia terrenos más elevados, cruzaron la carretera principal en la oscuridad creciente y después ascendieron progresivamente hasta llegar a un frondoso bosque de hayas y carpes. En lo alto de la ladera atisbaron las paredes de piedra de una fortaleza en ruinas y se dirigieron allí.

No había signos de vida, pero no se quedaron cerca del edificio. Encontraron un barranco lleno de hojas del año anterior, que usaron para taparse. El tiempo era húmedo y frío. Jan y Edek cayeron dormidos, pero el nervio ciático de Witold estaba inflamado. Permaneció allí tendido, temblando y rumiando sus próximos pasos. La frontera estaría fuertemente vigilada y necesitarían un guía que los ayudara a cruzarla, pero ¿en quién podrían confiar? Después de dos años y medio en el campo, no estaba seguro de la mentalidad de la gente que encontrarían. Witold confiaba en que la mayor parte de sus compatriotas seguirían oponiéndose a los nazis, pero ¿cuántos se habían visto obligados, por hambre, miedo o ambición, a adaptarse al ocupante? Durante mucho tiempo, los nazis ofrecieron protección a los polacos de ascendencia alemana, incluso nominal, y renovaron sus esfuerzos para ganar más polacos para su causa.

Witold medio dormitada a eso de las cuatro de la madru-

342

gada cuando se le vino a la cabeza una conversación del año anterior. Un prisionero le había dicho que tenía un tío sacerdote que vivía justo en la frontera. Witold sabía el nombre del tío y pensaba que la ciudad se llamaba Alwernia. No podía estar lejos.

Edek se revolvía nervioso, murmurando algo sobre el pan y el azúcar, y luego, súbitamente, se puso en pie de un salto y le preguntó:

—¿Y bien? ¿Trajo [Witold] el pan?[37]

Witold lo despertó dulcemente con una sonrisa.

—No tienes de qué preocuparte, amigo mío. ¿Acaso no ves el bosque, el castillo y a nosotros durmiendo en las hojas? Estabas soñando.[38]

Era hora de levantarse de todos modos y seguir avanzando mientras siguiera oscuro. Estaban agarrotados, pero entraron en calor mientras bajaban la pendiente de la boscosa ladera. Cuando clareó, vieron una carretera que atravesaba unos árboles ralos. En la siguiente colina había una iglesia y una ciudad, y los primeros signos de vida en la calle. Como Jan iba mejor vestido y su calva era natural, Witold le encomendó la tarea de pedir indicaciones. Desde cierta distancia, observaron cómo Jan llegaba a la carretera y se acercaba a una de las figuras. Hablaron un momento y luego Jan volvió con ellos. Confirmó que la ciudad era Alwernia. La frontera quedaba a menos de un kilómetro y medio, explicó, y había un puesto aduanero a la entrada de la ciudad. Miraron carretera arriba y pensaron que podrían distinguir a un guardia.

La única forma de llegar a la iglesia sin ser vistos era cruzando el bosque, pero para ello tenían que cruzar la desprotegida carretera primero. Se abrieron paso al otro lado, y de allí avanzaron de árbol en árbol hasta la iglesia. Estaban exhaustos cuando llegaron a la parte de atrás del edificio y se agacharon junto a un viejo roble. La campana de la iglesia empezó a sonar.

—No hay más remedio, querido [Jan], tienes que ir a la iglesia —dijo Witold.[39]

Jan se levantó sin una queja y se fue, dejando a Witold y

a Edek descansando. Volvió solo al cabo de unas horas. El sacerdote con el que había hablado se mostró escéptico con su historia. No creía que hubieran escapado de Auschwitz y sospechaba que Jan intentaba embaucarlo. Witold envió a Jan de vuelta con cada detalle que pudo recordar sobre la familia del sacerdote, incluido lo que su amigo les había escrito en una carta por Navidad.

Esta vez Jan volvió con el sacerdote, que parecía intranquilo hasta que vio el penoso estado de Witold y Edek y se convenció de la historia. El sacerdote se fue deprisa y regresó al poco rato con un cántaro de café con leche y unos paquetes que contenían pan, azúcar, mantequilla, jamón, huevos de Pascua y una torta de Pascua.

Los abrieron enseguida, maravillándose con cada uno.

—¡Qué no tendrán estos paquetes! —exclamó Edek.[40]

Había hasta un ungüento para frotarse las articulaciones y un cigarrillo para cada uno, que se fumaron después de comer hasta saciarse.

Resultó que no era el sacerdote al que habían estado buscando, pero conocía a la familia del amigo de Witold y prometió hacer todo lo posible por ayudar. Conocía a un guía que podría ayudarles a cruzar la frontera hasta el Gobierno General, pero tendrían que permanecer escondidos hasta que él regresara, puesto que había guardias fronterizos por todas partes.

El sacerdote fue a verlos de nuevo a la hora del almuerzo con más paquetes de comida, además de cien marcos, boinas oscuras y sobretodos. Les dijo que volvería con el guía al anochecer.[41]

Los tres hombres comieron, durmieron la siesta y aguardaron entre los árboles a que las sombras se alargaran y cayera la noche. Estaban vestidos y preparados cuando el sacerdote trajo al guía y más provisiones en torno a las diez. Era una noche clara sin luna. Partieron en fila. El guía era un hombre mayor, esbelto y taciturno, y los llevó a las colinas sin decir palabra, hasta que llegaron a una agreste hondonada de árboles talados, acequias quebradas y zarzales. El territorio del Gobierno General estaba a cien metros, al otro lado, dijo, y a la izquierda. El trío se adentró a través de la maraña y pronto llegó a la carretera, que siguieron hasta que empezó a clarear y se vieron obligados a esconderse durante el resto del día en unos arbustos por falta de mejor cobijo. El suelo estaba demasiado mojado y embarrado como para dormir, y reemprendieron la marcha de nuevo al anochecer, con alivio.

Pronto llegaron a la pálida extensión del Vístula. Vieron un monasterio benedictino en un risco, con vistas al río y a un pequeño pueblo llamado Tyniec. Un barquero aceptó cruzarlos a la otra orilla en un esquife. Los observó mientras embarcaban. Faltaba poco para el toque de queda, les avisó. Arribaron a la otra orilla y corrieron al pueblo. Los agricultores regrasaban con el ganado de los campos. Se abrió una puerta y salió un ama de casa, enmarcada por la cálida luz del interior. Jan pensó en pedirle leche y pan, pero la mujer cerró rápidamente la puerta. Lo intentaron en la otra punta del pueblo. La mujer de la casa estaba a punto de ahuyentarlos cuando su marido apareció a su lado. Desoyendo las protestas de su esposa, les ofreció una sopa de remolacha.[42]

—Debéis de venir de las obras en Alemania, ¿no? —les preguntó mientras entraban.[43]

—Sí —respondió Jan.[44]

—Pero en las obras se puede tener pelo, ¿y ninguno de vosotros tiene? —continuó.

Jan dijo que había una epidemia de tifus y habían tenido que afeitarse las cabezas, pero el hombre no se lo creyó. Más tarde mencionó Auschwitz, pero ellos no se dejaron engatusar. Les ofreció dormir en el granero, y Witold, que no había dormido en condiciones desde que salieron del campo dos noches atrás, decidió fiarse de él. A la mañana siguiente reanudaron rápidamente el camino.

Continuaron rodeando pueblos durante los días siguientes, llamando ocasionalmente a las puertas para pedir comida y agua, sin detenerse nunca demasiado tiempo. Siguieron el curso del Vístula hacia el este y rodearon Cracovia. El 1 de mayo llegaron al bosque Niepołomice, al otro lado del cual se hallaba su destino, Bochnia, donde esperaban encontrar a la familia de Edmund esperándolos.

Era una cálida mañana primaveral. No vieron a nadie, así que siguieron un camino forestal sinuoso hasta llegar a una casa de guardabosques encalada a la izquierda. Sus postigos verdes estaban echados y no había señales de vida. Pasaron por delante del jardín y de pronto vieron a un soldado alemán que caminaba hacia ellos con un rifle colgado al hombro. Ellos siguieron andando, intentando conservar la calma, y al cabo de una docena de pasos el alemán gritó: «¡Alto!».

No se detuvieron.[45]

—¡Alto! —gritó de nuevo, amartillando su rifle.

Witold se volvió hacia él, sonriendo.

—Tranquilo, no pasa nada —dijo.[46]

Un segundo soldado salió de la casa, pero el primero, que se había preparado para disparar, bajó el arma. Estaba a treinta metros de ellos y el otro, a sesenta.

—¡Muchachos, a correr! —gritó Witold, y huyó. Las balas volaron tras ellos mientras se dispersaban por el bosque. Witold saltó troncos de árboles y zigzagueó entre los arbustos mientras las balas pasaban rozándole. Un momento después, notó un impacto localizado y agudo en el hombro derecho. «Cabrón», pensó, pero no le dolió y siguió corriendo.[47]

Pudo distinguir a Edek corriendo a su izquierda y lo llamó tan pronto se adentraron en el bosque. Convergieron y se pararon finalmente. Los disparos sonaban a lo lejos. No había señal de Jan. Edek examinó el hombro de Witold: la bala le había atravesado el hombro sin tocar el hueso. Edek curó rápidamente la herida con yodo y vendas de una pequeña reserva que había traído del campo. Tres agujeros más habían perforado los pantalones y el cortavientos de Witold sin darle. Había sido increíblemente afortunado. Las posibilidades de encontrar a Jan en el bosque parecían escasas. Decidieron seguir hasta Bochnia, con la esperanza de que él también lo hiciera.[48]

Caía la noche cuando salieron del bosque. Llegaron a un pueblecito a orillas del río Raba, que cruzaron en ferri. Al otro lado vieron por fin las luces de Bochnia, una antigua ciudad con minas de sal que había prosperado en el siglo XIX como parte del Imperio austrohúngaro. Los nazis habían separado con un muro una sección del centro urbano para hacer un gueto, pero todavía no lo habían liquidado. Witold y Edek caminaron en silencio, pensando en Jan, con el alma a los pies.

Durmieron en la buhardilla de un campesino y encontraron la casa de la familia de Edmund a la mañana siguiente. Su suegro, Józef Obora, estaban trabajando en el jardín. Les dedicó una amplia sonrisa al verlos, lo que les pareció extraño, hasta que se aventuraron dentro y encontraron a Jan estirado en la cama de una de las habitaciones, ileso y profundamente dormido, con los pies sobresaliendo por debajo de la colcha. Saltaron sobre la cama para abrazarlo y pasaron unas horas felices poniéndose al día, comiendo y conociendo a los Obora. La conversación viró hacia el campo y Witold se impacientó. A pesar de la herida y el agotamiento, insistió en reunirse con alguien de la resistencia esa misma tarde y solo se sintió parcialmente satisfecho cuando un agente local con el que se reunió le dijo que llevaría tiempo ver al jefe.[49]

Al cabo de dos días, el agente recogió a Witold y partieron a la población vecina de Nowy Wiśnicz, mientras Edek y Jan se quedaban en la casa para recuperarse. Hicieron una parada en un claro del bosque bajo los relucientes rayos del sol, y Witold pensó en preguntar el nombre del comandante con el que iba a reunirse. «Tomasz Serafiński», fue la respuesta. Era el nombre real de un hombre cuya identidad Witold había estado usando en el campo en los últimos tres años.[50]

—¿Todo bien? —le preguntó el guía.[51]

—No es nada, solo estoy un poco cansado —respondió Witold—. Debemos apresurarnos.[52]

Coronaron una cumbre y vieron el viejo castillo de Nowy Wiśnicz en la boscosa ladera de enfrente y el pueblecito que se extendía a sus pies. La casa de Tomasz se hallaba al otro lado del castillo, explicó el guía. La Gestapo operaba en un monasterio cercano, de modo que debían tener cautela. Witold subió la colina, convencido de que un extraño designio lo había traído hasta allí.

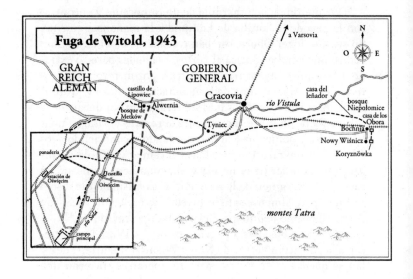

Józef Obora durante la guerra.
Cortesía de Marta Orłowska.

La casa estaba detrás de los árboles que flanqueaban la carretera. Su construcción era la de una mansión de verano de estilo rústico y toda de madera, con tejas de cedro y flores talladas alrededor de la entrada al porche. A un lado había un establo y, detrás, un campo. Un cartelito junto a la puerta rezaba «KORYZNÓWKA» en letras negras y doradas.

La esposa del comandante, Ludmiła, los recibió en la veranda que había en la parte de atrás de la casa. El terreno descendía hasta un río y había un huerto y un granero junto a una alberca.

—Estoy aquí para devolverle a Tomasz su nombre —anunció Witold.[53]

Ludmiła bromeó cuando presentó a Witold como Tomasz a su esposo, que era una persona menuda y de aspecto culto.

—Pero yo también me llamo Tomasz —dijo el hombre, perplejo. Escuchó a Witold mientras desgranaba sus detalles biográficos y luego repitió su número de Auschwitz en alemán y todos los cambios de bloques y empleos que había realizado durante los tres últimos años, como había referido tantas veces antes.[54]

Solo después de esta extraña explicación y un saludo final, Witold se explicó.

«No había forma de saber cómo reaccionaría alguien a eso», recordó Witold. Pero Tomasz sencillamente abrió los brazos de par en par, con una leve sonrisa en su rostro franco, y lo abrazó.[55]

Witold se sintió como en casa cuando se sentaron a cenar en la pequeña mesa con vistas al huerto. Tomasz era ingeniero agrícola y hacendado como él. Había estudiado derecho en Cracovia antes de establecerse para dirigir la granja familiar. De las paredes de la casa colgaban pinturas al óleo del artista Jan Matejko, un pariente. Tomasz aceptó alojarlo en una dependencia anexa y luego comieron —masa de centeno frita, que era el plato base de la familia— y Witold le habló de Auschwitz. No sería necesario un gran contingente para atacarlo, explicó. Solo una modesta distracción a las puertas del campo.[56]

Tomasz pensó que era una propuesta descabellada, pero aceptó exponer sus argumentos a la resistencia en Cracovia. Le advirtió que arreglarlo podría llevar varias semanas. La Gestapo se había infiltrado en la organización, y la mitad de sus líderes estaban en la cárcel o huidos.

Cuando Tomasz partió a la ciudad unos días más tarde, Witold se puso a escribir un informe para la resistencia de Varsovia. Era un breve panorama del campo y una descripción de la estructura y la organización de la resistencia. Su punto de vista era claro: el campo contenía una fuerza capaz de organizar una sublevación. Exigió una acción inmediata.[57]

Jan y Edek fueron a verlo una semana más tarde, y Witold les propuso que hicieran un relato de los crímenes que habían presenciado para incluirlo en el informe. Todos descubrieron con gran asombro lo poco que la opinión pública sabía de las atrocidades que los alemanes estaban perpetrando en Auschwitz. Cada día morían a centenares en el campo, pero la atención de la gente se centraba en los oficiales polacos asesinados en Katyń.[58]

«¡Nadie protesta! ¡Nadie investiga, nadie viene! ¡Silencio! Ginebra calla. No hay cambios en Occidente —escribió Jan en su informe—. Cuesta creer que el mundo, que ha reaccionado a la masacre de Katyń, siga sin comprender lo que está pasando realmente en los campos de concentración alemanes.»[59]

Tomasz presentó sus argumentos para atacar Auschwitz a los líderes de la resistencia en Cracovia a finales de junio o principios de julio. La idea fue rechazada por inviable, y algunos cuestionaron el relato de Witold. Solo unas pocas personas habían escapado del campo, razonaron, y ninguna había hablado de volver para liberarlo. En cierto momento consultaron un plano del campo, y no había ninguna panadería. El

Tomasz Serafiński, hacia 1940.
Cortesía de Maria Serafińska-Domańska.

liderazgo de Cracovia concluyó que Witold era un agente alemán y ordenó a Tomasz que rompiera todo contacto con él. Tomasz se negó, y lo amenazaron con expulsarlo.[60]

Witold se indignó cuando escuchó las conclusiones. ¿Quiénes eran esos «gigantes de la organización» en cualquier caso? Aseguraban que las penurias de los prisioneros de Auschwitz era algo que les preocupaba, pero cuando les presentaban la oportunidad de salvar a algunos de ellos realmente, ¿no hacían nada? Se negaron también a conseguirle documentos falsos, lo que significaba que Witold corría el peligro de que lo arrestaran inmediatamente en el primer punto de control con el que se encontrase. También podríamos «partirnos el cuello nosotros mismos», dijo echando humo.[61]

Jan, Witold y Edek (desde la izquierda)
fuera de Koryznówka, hacia junio de 1943.
Cortesía de Maria Serafińska-Domańska.

Witold no tuvo más elección que enviarle un mensaje a su antiguo correo Stefan Bielecki en Varsovia pidiendo que Rowecki confirmara sus credenciales. Unos días más tarde, Stefan apareció en Nowy Wiśnicz con documentos falsos para la identidad de Witold y una pastilla de cianuro. Stefan confirmó que no habían tomado ninguna decisión inminente sobre la sublevación. También traía noticias de que su familia estaba a salvo y ansiosa por verlo. De hecho, Stefan le había prometido a Eleonora que lo llevaría a casa de inmediato. Pero Witold no tenía ninguna intención de ir.[62]

Unas semanas más tarde, Tomasz organizó una reunión entre Witold y Andrzej Możdżeń, el jefe de sabotaje local, que dijo que podía movilizar a 150 hombres para atacar Auschwitz. El reto, explicó Możdżeń, era acercar lo suficiente a los hombres y las armas para atacar, lo que podría llevar semanas. Witold no estaba seguro de que la resistencia pudiera esperar. Ya temía que las SS hubieran tomado represa-

Granero donde Witold permaneció en Nowy Wiśnicz.

lias contra ellos por la fuga. El jefe de la Gestapo, Grabner, envió a uno de sus hombres de Auschwitz a Nowy Wiśnicz para que arrestara a Witold. Por fortuna, no estaba en la casa y Tomasz pudo convencer al oficial de que era un caso de identidad errónea, a lo que contribuyó el hecho de que no se parecía en nada a la foto de Witold en el campo que llevaba encima el hombre de las SS.[63]

Fue un milagro que se salvara y esto solo recalcó la necesidad de atacar rápidamente el campo. Witold le preguntó a Możdżeń si podía disponer de tres vehículos para transportar a una docena de hombres y armas al campo para un ataque inmediato. Se vestirían como los SS para entrar en el recinto y luego se las arreglarían para salir otra vez. Witold sabía que era una misión suicida, pero sentía que se lo debía a las personas que había dejado atrás.[64]

La familia Obora, con la que Jan y Edek se quedaban, seguía en contacto con Edmund Zabawski en el campo, a quien enviaban regularmente paquetes con mensajes dentro. Witold escribió su plan en clave a lo largo del borde de una servilleta que usó para envolver un paquete de cortezas de

El documento de identidad falso de Witold tras fugarse del campo.
Cortesía de PMA-B.

pan, ajo y cebollas a la atención de Edmund. «Podemos llegar en tres coches y entrar en el campo —decía el mensaje—. Dinos algo.»[65]

La respuesta llegó unas semanas después. «Los amigos de Elżunia no deberían ir a ningún sitio en coche y quedarse en casa trabajando.» Otra nota explicaba más: «Llega el otoño y hace mucho frío para que vengas, y es muy pronto para que alguien se ocupe de nosotros».[66]

La resistencia seguía funcionando claramente, pero necesitarían más de tres coches. Witold decidió viajar a Varsovia en persona para presionar a la resistencia para que actuase. Seguramente le llegaron noticias de los cambios en el liderazgo: la

Witold y Tomasz, julio de 1943, retrato de Jan Stasiniewicz.
Cortesía de Maria Serafińska-Domańska.

Gestapo había arrestado a Rowecki a finales de junio y, luego, el 4 de julio, el jefe de Estado polaco, Sikorski, murió en un accidente aéreo en Gibraltar.

Unos días antes de su partida en agosto, Witold recibió una carta de Stefan, que abrió rápidamente, pero no se mencionaba ninguna sublevación. En vez de eso, Stefan escribía que el cuartel general de la resistencia en Varsovia estaba «muy favorablemente dispuesto» a concederle una medalla por su trabajo en la resistencia. Witold tiró la carta disgustado. No quería un galardón. Quería acción.[67]

19

Solo

Varsovia, agosto de 1943

Witold regresó a Varsovia el lunes 23 de agosto, casi tres años después de haberse prestado voluntariamente a ir a Auschwitz, y encontró la ciudad paralizada por una cruenta campaña de guerrillas. La resistencia había empezado a asesinar a oficiales nazis y a sabotear comercios regentados por alemanes. En respuesta, las SS ordenaron que fusilasen a cien polacos en la calle por cada incidente. Los gritos de «¡Larga vida a Polonia!» de las víctimas se habían vuelto tan frecuentes que algunas unidades alemanas llevaban yeso para rellenar las bocas de sus víctimas. No cabía duda de que los alemanes seguían manteniendo el control, pero quizá no por mucho tiempo, a tenor de la devastadora pérdida de Stalingrado y de la invasión aliada de Italia en julio.[1]

El primer paso de Witold fue informar a Eleonora de su regreso y fijar una reunión con el liderazgo de la resistencia. En su viaje hasta el piso de Eleonora en Żoliborz, pasó por delante de lo que quedaba del gueto. Himmler había mandado arrasar los edificios del barrio que quedaran en pie después de la revuelta judía y construir en el terreno un parque que llevara su nombre. En Żoliborz, la ciudadela revelaba los agujeros producidos por los cañones antiaéreos alemanes, y Witold vio varios cráteres recientes donde habían caído las bombas soviéticas.[2]

Eleonora esperaba a Witold y se aseguró de bajar las persianas. Faltaba poco para el toque de queda y las patrullas alemanas disparaban contra cualquiera que vieran en las ventanas en cuanto se hacía de noche. Witold ansiaba tener noticias de Maria y los niños. Mientras cenaban tranquilos, Eleonora le contó lo que sabía de su vida en Ostrów Mazowiecka. Un oficial alemán había requisado recientemente la casa familiar y había obligado a Maria a mudarse a la buhardilla y ser su sirvienta. Estaban a salvo, pero era demasiado arriesgado que Witold los visitara. Eleonora sugirió que se vieran en el apartamento vacío del piso que estaba encima del suyo. Maria venía a Varsovia cada pocas semanas para recoger suministros de papelería para una librería que ayudaba a regentar en Ostrów Mazowiecka. Eleonora le dio a Witold la dirección de la papelería donde compraba Maria para que fuera a dejarle un mensaje.[3]

Entretanto, Witold tenía que convencer al nuevo líder de la resistencia, el general Tadeusz Komorowski, de que autorizara un ataque contra el campo. La apretada seguridad y la atmósfera de paranoia dificultaban fijar la fecha de un encuentro. Su mensajero, Stefan Bielecki, sugirió empezar el trabajo en el ala de operaciones de la resistencia que perpetraba asesinatos selectivos y saboteaba las líneas de abastecimiento alemanas. Era probable que este grupo planease cualquier operación en Auschwitz. Pero incluso reunirse con el jefe del ala, Karol Jabłoński, era difícil. Las credenciales de Witold debían verificarse una y otra vez, y cada mensaje pasaba por una red de pisos francos y correos.

Mientras esperaba, Witold aceptó un trabajo con el equipo que confeccionaba listas de informantes a los que había que ejecutar. La resistencia había creado un tribunal para juzgar a los sospechosos de confabulación. La idea era crear una apariencia de proceso legal, pero se cometían errores con frecuencia. El propio correo de Witold, Stanisław Jaster, que había entregado las primeras noticias del gaseamiento en Birkenau, había sido ejecutado por informante. Fue un tiempo de frustración para Witold. El liderazgo del campo en Auschwitz corría peligro, y miles de personas perecían cada día. No obstante, las discusiones de Witold en Varsovia confirmaban lo que ya había captado en Nowy Wiśnicz: pocos parecían saber que existía una resistencia en Auschwitz capaz de rebelarse. Incluso pocos hablaban del papel del campo en los asesinatos masivos de judíos. La prensa clandestina de derechas seguía publicando artículos antisemitas, y bandas de extorsionistas rondaban las calles en busca de cualquiera de los veintiocho mil judíos que se estimaba estaban escondidos. Los nazis ofrecían cuantiosas recompensas a cambio de cualquier información y disparaban contra los judíos cuando los atrapaban, junto con las familias polacas que les procuraban cobijo.[4]

La resistencia condenó oficialmente a estos chantajistas y lanzó una operación de socorro importante para encubrir a las familias judías, conocida como Żegota. Pero, por lo general, su liderazgo rehuía hacer frente a los elementos antisemitas de la resistencia por temor a desestabilizar la frágil alianza que veía necesaria para reclamar la independencia de Polonia. No había nada que Witold pudiera hacer salvo esperar a Jabłoński y desear convencerle de la necesidad de una operación en Auschwitz.[5]

Entretanto, Witold se reunió finalmente con Maria. En vez de dejarle un mensaje en la papelería, decidió sorprenderla en persona. Le llevó algunos regalos: un vestido azul marino adornado con pequeñas mariposas, un delicado camisón y un pequeño frasco de perfume. Durante varios días merodeó por la calle, esperando verla aparecer. Por fin lo hizo, y se la llevó al piso de arriba de Eleonora. ¿Cuántas veces habría imaginado este momento o deseado compartir sus experiencias con ella? Cuando finalmente estuvieron el uno en brazos del otro, no habló del campo o de la guerra. Por lo pronto, procuró olvidar.[6]

A la mañana siguiente, Witold escribió cartas a sus hijos, Andrzej y Zofia, para que Maria se las llevara. Eran cartas formales y hablaban de la necesidad de los buenos modales. Pero antes de que Maria se fuera, parece ser que garabateó una nota más despreocupada para Zofia. Quería escribirle un poema, le dijo, pero no había tiempo suficiente. Maria le había hablado de un jardín que Zofia había plantado ella sola. Witold le pidió que tuviera cuidado y que no «volara como una pequeña mariposa» en el frío.[7]

Maria volvió un par de semanas más tarde con la respuesta de Zofia y una flor de su jardín. «Me alegra ver que eres tan buena granjera —respondió Witold—. Y que amas los gusanos, los escarabajos, los guisantes, las alubias y todo lo que vive.» Cualidades que compartía con ella, escribió. Andrzej no había escrito. «Estoy seguro de que puedo encontrar algo en común con [Andrzej]... Si se decidiera a escribir», añadió. Maria y Witold hablaron de traer a los niños de visita a Varsovia, pero ambos sabían que podría resultar imposible en medio de la escalada de violencia.[8]

En septiembre de 1943, el nombramiento de un nuevo jefe de la policía alemana anunció una nueva campaña de terror. El 1 de octubre, veintidós hombres y mujeres fueron ejecutados en las ruinas del gueto. Dos días más tarde, las unidades de las SS acorralaron a 370 hombres y mujeres en Żoliborz. Su ejecución fue anunciada con altavoces por toda la ciudad. «No hay un solo día sin fusilamientos en diferentes partes de la ciudad —escribió Ludwik Landau en su diario—. El tableteo de las ametralladoras y las pistolas automáticas no cesa.» La resistencia contraatacó con más asesinatos y bombas. Las calles quedaron desiertas durante días enteros.[9]

Witold consiguió reunirse finalmente con Jabłoński el 29 de octubre. Confiaba, cuando expuso sus argumentos, en que su plan era sólido desde un punto de vista militar. Un ataque de distracción contra Auschwitz por parte de la unidad de resistencia fuera de sus puertas, seguido de un levantamiento en todo el campo, permitiría huir a una proporción considerable de prisioneros. Probablemente destacó el urgente imperativo moral de atacar el campo.[10]

Jabłoński aseguró a Witold que lo sabía todo de Auschwitz.

—Cuando termine la guerra, te enseñaré lo gruesos que

son los ficheros de Auschwitz en nuestros archivos —dijo—.
Todos los tuyos también están ahí.[11]

Witold respondió que el grosor de los ficheros no procuraba alivio alguno a los que estaban en el campo.

Pero Jabłoński fue terminante: no habría ningún ataque. Desde su punto de vista, la resistencia tenía que concentrar sus fuerzas en una revuelta a escala nacional. Los alemanes reculaban ante el avance soviético y parecía inevitable que terminarían echándolos de Polonia. Ese era el momento de que la resistencia saliera de su escondite y declarara la independencia polaca. A Jabłoński le inquietaba también la amenaza que planteaban las fuerzas soviéticas. Stalin había roto relaciones diplomáticas con el Gobierno polaco en el exilio después de que se conociera la masacre de Katyń, insinuando que los soviéticos pretendían suplantar a los alemanes como nueva fuerza ocupante. Y lo que era más importante, no había indicios de que los Aliados fueran a apoyar a los polacos contra los soviéticos. Cada arma en poder de la resistencia tenía que reservarse para las futuras batallas cruciales.

Jabłoński dejó abierta la posibilidad de dirigir una operación fuera del campo, pero solo después de haber tomado las ciudades principales. «Puedo asegurarle que nos pondremos en contacto con usted tan pronto como se active este asunto», concluyó Jabłoński.[12]

La única esperanza de Witold era pasar por encima de la cabeza de Jabłoński para llegar a Komorowski. Pero el líder de la resistencia no lo recibió y el miembro del personal con quien sí habló le confirmó lo que Jabłoński había dicho. Pasaron la petición de Witold a un comandante de la resistencia para que el distrito correspondiente al campo emitiera su valoración final. La conclusión fue que la resistencia podría mantener las puertas abiertas durante media hora, el tiempo suficiente para que solo una fracción de los prisioneros pudiera escapar. Teniendo en cuenta las probables represalias contra los que quedaran dentro, la acción solo merecía el esfuerzo si los alemanes proyectaban liquidar el campo durante su repliegue.[13]

Witold no tenía otra elección que la de aceptar el veredicto de la resistencia. Poco después de la reunión, envió otra carta al campo, probablemente a través de la familia Zabawski, explicando el rechazo al plan de sublevación. En torno a esta época, se enteró de que la mayoría de los líderes de la resistencia en el campo habían sido apresados y fusilados. Se sentía desolado por lo que entendía como su incapacidad personal de convencer a la resistencia para que actuara. Comprendía las objeciones prácticas a la misión planteadas por Jabłoński, pero tenía la certeza de que los argumentos morales justificaban un ataque contra el campo. A fin de cuentas, el imperativo para enfrentarse a este mal era lo que había alimentado la lucha de sus hombres y constituido la base de sus informes.[14]

Sin embargo, a la gente le costaba conectar con su historia. Witold quería que sintieran la justificada rabia que él había sentido al llegar al campo. Pero, cuando relataba los horrores del campo a sus amigos ese otoño, ellos se cerraban en banda o cambiaban de tema o, peor aún, intentaban compadecerlo. Él no quería compasión, sino comprensión. A Witold le costaba conectar con la gente común. Sus ideas se le quedaban pequeñas. «Ya no puedo relacionarme con mis amigos u otras personas —escribió más tarde—. No quería ser diferente, pero lo era, después de aquel infierno.»[15]

Buscó a antiguos prisioneros —«Gente de Oświęcim», los llamaba—. A Sławek, su primer compañero de cama, lo habían liberado del campo en 1941 y vivía en el mismo edificio que Eleonora. Sławek cumplió su vieja promesa y preparó el plato con el que había soñado aquel primer invierno en el campo: pasteles de patata con nata agria. Witold no tenía que justificarse con Sławek, como tampoco se enfurruñaba por pequeñeces.[16]

Witold también se encontraba con otro exprisionero, Aleksander Paliński, Olek para abreviar, que vivía en un bloque de pisos en Żoliborz, con su mujer, Ola, y su hija de dieciséis años. La familia regentaba una pequeña cocina en su apartamento de dos habitaciones en la segunda planta. Ola cocinaba caldos de hueso y sopa de repollo tradicional, que servía con patatas fritas. Ocasionalmente compraba cerdo o ternera picada para hacer escalopes.

Witold y Olek hablaban durante horas. Antes de la guerra, Olek era una persona sociable y dirigía un teatro de marionetas para niños para el que construía elaborados escenarios y tocaba música. Pero, desde que lo habían liberado del campo un año antes, no había recuperado su antigua chispa. Él y Ola pasaban apuros. Hablar con Witold del campo era un alivio.[17]

Juntos, rastrearon a las familias de amigos que habían muerto en Auschwitz. Pero las familias con frecuencia se negaban a creer que sus seres queridos estaban muertos y quienes lo hacían hallaban poco consuelo en el hecho de que hubieran muerto al servicio de la resistencia. A veces Witold tenía que explicar cómo era posible que él hubiera sobrevivido.[18]

En torno a esa época, Witold empezó a trabajar en un nuevo informe sobre Auschwitz para plasmar la evolución de sus ideas. Empezó con una apreciación del tamaño y la fuerza de la resistencia e indicó el número de asesinados, incluidos los últimos datos de judíos muertos. Por primera vez contó la historia de su experiencia a través de sus pensamientos e impresiones. A veces recurría a la jerga militar, pero luego volvía a los momentos de valentía individual que había presenciado. Su deseo era conectar al lector con el universo moral del campo. «Quizás algunas familias puedan encontrar imágenes de sus seres queridos en mi relato —escribió en la introducción—. E s t o e s p o r l o q u e e s c r i b o [El doble espacio es de Witold].»[19]

Witold siguió trabajando para la resistencia durante el otoño y el invierno de 1943, y extrajo algunos fondos de los cuarteles para ayudar a antiguos prisioneros y sus familias. Entre aquellos a quienes dio dinero se encontraba la vecina de Olek, Barbara Abramow-Newerly, cuyo esposo, Igor, estaba en el campo. La mujer necesitaba el dinero tanto para pagar los paquetes de cuidados para Igor como para apoyar a varias familias judías que ella e Igor protegían. La propia Barbara era judía, pero vivía bajo la protección del nombre católico de su esposo. Guardaba celosamente su secreto y no había contado nada de sus orígenes mixtos a su hijo de siete años, pero todas sus amistades sabían que se había criado en un orfanato llamado Dom Sierot.[20]

Witold se enteró de que Barbara estaba en apuros un día de otoño. Ella le pidió que se acercara a su piso, claramente angustiada y al borde de las lágrimas. Una semana antes o así, explicó Barbara, habían llamado a la puerta de su apar-

Barbara Abramow-Newerly.
Cortesía de Jarosław
Abramow-Newerly.

tamento. Era un hombre que afirmaba ser amigo de uno de los judíos a los que Igor había rescatado antes de su arresto. El hombre dijo que había ido a recaudar dinero en nombre de este conocido mutuo. Barbara le dio algo de dinero y el hombre se fue. Pero, entonces, unos días más tarde, volvió y dijo que el amigo de Igor estaba muerto, pero que aun así quería dinero. Él también era judío, explicó, y lo necesitaba. Luego la amenazó con denunciarla a la Gestapo si no pagaba. Ella le dio lo poco que tenía, pero él quería más y prometió volver.[21]

—Barbara, tranquilízate, por favor —le dijo Witold—. Nos ocuparemos de esto. De momento, recibirás el dinero y luego veremos.[22]

El chantajista recibió su dinero, pero esa fue la última vez que se le vio el pelo. Su destino no está claro, pero, según parece, Witold arregló su ejecución.[23]

El comienzo del invierno trajo un período de calma en las redadas y los fusilamientos, y los pensamientos de Witold se volvían cada vez más hacia su familia y las ganas de verla. A finales de noviembre o principios de diciembre, Maria subió a Andrzej y a Zofia a un autobús con destino a Varsovia. Witold los estaba esperando en casa de Eleonora. Para la ocasión, Eleonora había hecho gelatina roja en moldes, que introdujo en la tina llena de agua fría para que cuajara. Habían transcurrido más de tres años desde la última vez que Witold había visto a sus hijos. Andrzej tenía once años, era alto y desgarbado. Zofia, un año más joven y todavía una niña, era jovial y guapa. Se abrazaron.

Andrzej se había traído una pequeña pistola de juguete para enseñársela a Witold, pero pronto corrió al jardín a jugar a «alemanes y polacos» con Marek, el hijo de Eleonora. Zofia se rezagó. Encontró a su padre más delgado y viejo, y en un punto lo pilló con la mirada pensativa y enredando con algo en el bolsillo. Cuando le preguntó qué era, Witold sacó una pequeña corteza de pan. Le explicó que la llevaba por si acaso.[24]

Era de noche cuando cenaron. Los niños tenían un colchón en el suelo de la cocina, mientras que Witold y Maria se retiraron al piso de arriba. A la mañana siguiente, Witold se los llevó temprano a dar un paseo para «enseñarles algunos trucos». Les mostró cómo utilizar el reflejo de los escaparates para ver si alguien los seguía o hacer como que se ataban los cordones de los zapatos para poder vigilar la calle. Witold lo presentó como un juego, y lo era, pero los niños detectaron cierta seriedad en la enseñanza.

Andrzej quería preguntarle qué había estado haciendo todos estos años, pero intuyó que era un tema del que no se hablaba.[25]

No está claro si volvieron a verse en casa de Eleonora por Navidad, pero es improbable. Después de la tregua, la ciudad volvió rápidamente al caos. La resistencia lanzó ochenta y siete ataques en diciembre, lo que obligó a los alemanes a atrincherarse en edificios de oficinas y a no pisar las calles a menos que fueran armados o se desplazaran en grupos. Del andamio de una obra en el centro de la ciudad, colgaron un muñeco gigante de Hitler para deleite de los residentes. Las represalias de las SS eran sangrientas. «Nosotros seguimos temiendo a los alemanes —escribió un historiador—. Pero ahora los alemanes nos temen a nosotros.»[26]

Witold siguió redactando su informe. En diciembre, Edek regresó de Nowy Wiśnicz con las últimas noticias del campo. El liderazgo de la resistencia en el campo se había reconstituido en torno a varios comunistas austriacos y polacos y, si bien varios amigos de Witold conservaban posiciones influyentes en el campo, la organización se había reducido mucho. Incluso si tenía el apoyo para una sublevación, Witold no sabía con seguridad si los nuevos líderes serían capaces de llevarlo a cabo, ni si estaban comprometidos con la idea.[27]

A medida que los vínculos de Witold con el campo se desgastaban, sus prioridades empezaron a cambiar. A principios de 1944, le presentaron al jefe del ala de sabotaje de la resistencia en Varsovia, Emil Fieldorf, que estaba preparando a un grupo para resistir el avance soviético y su ocupación del país, como parecía cada vez más probable. En este punto, el liderazgo polaco seguía creyendo que tenía aliados que respaldaban su independencia. Pero, entonces, en febrero llegaron noticias de un discurso de Churchill al Parlamento británico anunciando que había aceptado efectivamente ceder gran parte del este de Polonia a Stalin en una aparente concesión al líder soviético por las reiteradas demoras de la invasión aliada de Francia. «Siento una intensa simpatía por los polacos —dijo Churchill al Parlamento—, esa heroica raza cuyo espíritu nacional no pueden apaciguar siglos de infortunio, pero también siento simpatía por la postura rusa.» Añadió que confiaba en que Stalin respetaría la independencia de lo que quedaba de Polonia y esperaba que polacos y rusos seguirían siendo capaces de luchar juntos contra su enemigo común.[28]

«Una traición vergonzosa e inmoral», declaró el principal periódico de la resistencia en Varsovia.[29]

En torno a marzo de ese año, Fieldorf se puso en contacto con Witold para que participara en una célula antisoviética. Witold se mostró reticente al principio. Acababa de volver a reunirse con su familia. Los alemanes estaban a un paso de la derrota y, en cierto grado, anhelaba la paz. Pero también sintió esa oleada de emoción que le producía la llamada a la acción. Incluso si lo hubiera querido, la vida había sido de determinada manera y no había vuelta atrás. Prestó juramento en nombre de Dios y de Polonia para luchar hasta la muerte si fuere necesario.[30]

Poco después, se vio con Maria y Eleonora en la pequeña ciudad de Legionowo, veinticuatro kilómetros al norte de Varsovia, donde vivían algunos parientes de Maria. Fueron de pícnic. Era un paseo corto al bosque y el Vístula quedaba cerca. El sol había salido pero seguía haciendo frío. Maria llevaba puesto el vestido azul con mariposas que Witold le había comprado en Varsovia, mientras que Witold llevaba una camisa blanca abotonada hasta el cuello y unos pantalones bombachos de lana.

Alguien había llevado una cámara y Witold aceptó que les sacaran una foto a Maria y a él.

367

Witold y Maria en Legionowo, hacia mayo de 1944.
Cortesía de la familia Pilecki.

Witold no le dijo nada a Maria de su nuevo juramento. Pero cuando ella volvió a su casa en Ostrów Mazowiecka, encontró una foto del pícnic en el bolsillo de su chaqueta. Witold había revelado la bobina y la había escondido ahí como un recuerdo para cuando ya no estuviera.[31]

20

Levantamiento

Varsovia, julio de 1944

En julio de 1944, Witold terminó su décimo informe sobre el campo en cuatro años, seguro de que la mayoría de sus camaradas estaban muertos. Los alemanes habían ocupado Hungría en primavera y se dedicaban a deportar a la mitad de los ochocientos mil judíos del país a Auschwitz. Gaseaban hasta cinco mil judíos al día, sobrepasando la capacidad de sus crematorios. Las autoridades del campo volvían a quemar cuerpos en piras funerarias gigantescas.[1]

Witold creía que había fracasado, pero en verdad Occidente reconocía finalmente la importancia del campo. Dos prisioneros eslovacos judíos habían escapado del campo en abril de 1944 y prepararon un informe mientras se escondían en Eslovaquia. El informe describía la operación de las cámaras de gas en Birkenau y la destrucción inminente de los judíos húngaros. Llevaron este material a Suiza, donde fue publicado y enviado a las capitales aliadas. Este informe fue reconocido por captar el interés de los líderes occidentales. Pero la información que Witold había sacado clandestinamente de Auschwitz sentaba las bases de su aceptación. Churchill leyó el testimonio eslovaco el 5 de julio y escribió a Eden al día siguiente: «¿Qué puede decirse? ¿Qué puede hacerse?». Apremió a la RAF a bombardear el campo. El ejército estadounidense consideró una operación propia para atacar Auschwitz en nombre del War Refugee Board, que Roosevelt había creado tardíamente para coordinar los esfuerzos de rescate.[2]

El peso acumulativo de las pruebas se tradujo en que, llegado el mes de julio, ya había suficientes personas en Occidente sabedoras de los asesinatos masivos para que naciera un sentimiento colectivo de que había que hacer algo. Incluso así, los Aliados finalmente rechazaron la propuesta de bombardear el campo por dificultosa y costosa. Algunos grupos judíos quisieron alistarse en la resistencia polaca para atacar el campo —la misma estrategia que Witold había estado anticipando—, pero los oficiales estadounidenses juzgaron que los polacos carecían de la capacidad necesaria para preparar una ofensiva. A la postre, Churchill y compañía redundaron en sus primeras razones sobre la necesidad de centrarse en la derrota de los alemanes, cuyo hundimiento creían inminente a raíz de los desembarcos aliados en las playas de Normandía en junio y el avance soviético en Bielorrusia y a través de Polonia en julio.[3]

Witold garantizó una reunión con los líderes de la resistencia el 25 de julio para presentar su informe junto con las declaraciones de Edek, Jan y varios de sus antiguos correos cuya pista había seguido en Varsovia. Quiso presentar un testimonio de su misión, pero el material se interpretó como una crítica a la resistencia por la dejación de sus funciones y la negativa a abatir el campo. Komorowski estaba demasiado ocupado para reunirse y delegó la entrevista en un diputado, Jan Mazurkiewicz, que le dijo a Witold que tendría su oportunidad de luchar contra los alemanes en la inminente batalla por Varsovia.[4]

Se esperaba que los soviéticos llegaran a la orilla oriental del Vístula y cercaran Varsovia el día menos pensado. Komorowski había planeado inicialmente levantamientos contra los alemanes en las ciudades más importantes como una muestra de independencia. Pero Stalin no mostraba ningún interés en hacer concesiones a la soberanía polaca. Desde la perspectiva de Stalin, Rusia se había llevado la peor parte de la guerra y debía establecer las condiciones del pacto de posguerra, que incluía a Polonia como un estado cliente. De hecho, cuando la resistencia polaca se alzó finalmente, fueron posteriormente arrestados por la policía secreta soviética.[5]

Komorowski se enfrentaba ahora al dilema de rendirse a los soviéticos o intentar tomar la ciudad con la esperanza de conseguir el apoyo de los Aliados y cierta ventaja sobre Stalin. Era fundamental esperar el momento oportuno. Debían esperar a tener a los soviéticos prácticamente encima y a que los alemanes estuvieran a punto de huir. Puede que solo contaran con unas horas para asegurar la ciudad antes de que entraran los soviéticos. Sin embargo, si atacaban demasiado pronto, tendrían que enfrentarse a una guarnición alemana de trece mil hombres contando únicamente con suministros y municiones para unos pocos días de combate.[6]

Ese mes de julio las tropas alemanas regresaron a Varsovia. Al principio fueron unas pocas y, después, un flujo constante de hombres sucios y desaliñados que cargaban a cuestas con los heridos. Multitudes de polacos se reunieron con un calor de treinta y ocho grados centígrados en la avenida Jerozolimskie para observarlos.[7]

«Fue un espectáculo inolvidable —recordó Stefan Korboński—. El sol de julio proyectaba tanta luz sobre esta procesión de miseria que podías ver cada agujero en los uniformes, cada mancha en las fajas, cada punto de óxido en los fusiles.»[8]

Algunas chicas agitaban pañuelos y gritaban con fingida tristeza: «¡Adiós, adiós, nunca volveremos a veros!». Los policías que las oyeron no hicieron nada por intervenir.[9]

La autoridad alemana pareció desintegrarse cuando las tiendas y las oficinas cerraron y el ladrido de los altavoces cesó. Los SS y los soldados fuera de servicio bebían en la calle y dijeron a un transeúnte que estaban «¡hartos de esta guerra!». Los furgones de mudanza y los camiones atestados de muebles obstruían las calles en dirección al oeste. Se extendieron los rumores de que la capitulación era inminente.[10]

El supervisor de Witold le ordenó que se olvidara de combatir y se preparara para la ocupación soviética. Pero Witold estaba decidido a combatir contra los alemanes. A la mañana siguiente metió una copia del informe en una caja hermética y la enterró en el jardín de un amigo en Bielany, en el extremo norte de la ciudad, y luego se preparó para la batalla.[11]

Los aviones de reconocimiento soviéticos empezaron a sobrevolar Varsovia hacia finales de julio. Las autoridades anunciaron que mujeres y niños debían salir de la ciudad, desatando el pánico en los barrios alemanes. Las carreteras estaban atestadas de familias a la fuga y el gobernador nazi, Ludwig Fischer, huyó en su avión privado. Los prisioneros de la cárcel de Mokotów fueron liberados. La estación de radio respaldada por los comunistas urgió a los polacos a sublevarse.[12]

Entonces, tan repentinamente como había empezado, la retirada se detuvo. Hitler, que había sobrevivido a un intento de asesinato el 20 de julio, declaró que Varsovia sería ocupada a cualquier coste y envió a ocho mil soldados de vanguardia y doscientos Panzer para lanzar una contraofensiva. En los días siguientes, nuevas tropas alemanas desfilaron por el centro de la ciudad y se agruparon en la orilla oriental del Vístula. Las autoridades de la ciudad regresaron y las tiendas reabrieron. Los altavoces zumbaron de nuevo, ordenando a todos los polacos en edad de trabajar que se presentaran en la plaza central para construir zanjas antitanques. Komorowski, por consejo del jefe de la inteligencia, el coronel Kazimierz Iranek-Osmecki, decidió posponer el levantamiento.[13]

La contraofensiva alemana contra los soviéticos arrancó el 31 de julio. La ciudad vibraba bajo los estallidos de la artillería y el fuego de mortero a lo lejos. El liderazgo de la resistencia estaba sobre ascuas, sin saber cómo terminaría la batalla. En medio de la confusión, Komorowski recibió informaciones falsas de que los soviéticos ya habían aplastado a los alemanes y de que el fuego de artillería anunciaba la llegada inminente del Ejército Rojo. Impulsivamente, envió mensajeros por toda la ciudad para movilizar a la resistencia para sublevarse al día siguiente. Iranek-Osmecki, que regresaba de una misión de investigación, se enteró de la orden y corrió a alertar a Komorowski de que, en realidad, los alemanes no estaban huyendo y habían puesto en jaque al Ejército Rojo.[14]

—Demasiado tarde —dijo Komorowski, y se hundió en una silla, agotado.[15]

Quedaba una hora para el toque de queda, y por la mañana cada comandante ocuparía sus posiciones.

—No podemos hacer nada más —dijo, y se puso de pie.

Witold se despertó el 1 de agosto y oyó el fragor del combate en la otra orilla del Vístula. Había arreglado un encuentro con su compañero fugitivo Jan cerca de los cuarteles de Komorowski hacia mediodía. Escondió su pistola y balas de repuesto bajo la chaqueta ligera y partió. Las calles estaban llenas de aspirantes a insurgentes, que llevaban pistolas y suministros escondidos debajo de pesados abrigos o en mochilas y maletas de viaje mientras se abrían paso hacia sus posiciones. Los alemanes pararon a un grupo, y estalló un fuego cruzado que resonó por el barrio y luego se apagó en la distancia.[16]

Witold y Jan seguían abriéndose paso entre las calles lluviosas cuando, en torno a las cinco, un vivo tiroteo dio comienzo al levantamiento. Muchos combatientes no habían llegado a sus unidades a tiempo y simplemente atacaron el objetivo más cercano. Los que no tenían armas usaron piedras para romper los escaparates de los comercios alemanes. Unos adolescentes que estaban cerca de Witold sacaron a un alemán de un coche y hurgaron en el vehículo. Hubo un grito de emoción cuando un chico de catorce años levantó una granada en alto.[17]

Witold y Jan atajaron por el gueto parcialmente desmantelado y se pusieron a cubierto entre montones de ladrillos mientras los gendarmes alemanes les disparaban desde una comisaría de policía cercana. Un pequeño grupo de combatientes se estaba reuniendo para atacar, pero apenas tenían armas.[18]

Un par de francotiradores alemanes les dispararon desde los tejados y el grupo se dispersó. Witold y Jan se dirigieron hacia un restaurante cercano en la calle Twarda, cobijándose entre portales. Los cadáveres sembraban la calle. Encontraron a un oficial, el comandante Leon Nowakowski, rodeado de su personal en la planta baja del edificio. Witold no reveló ni su nombre ni su rango a Nowakowski, y el comandante no hizo muchas preguntas. Les dijo a Witold y a Jan que formaran un pelotón.[19]

El combate se aquietó cuando cayó la noche. Habían pillado desprevenidas a las tropas de Hitler, y el centro de Varsovia y el casco antiguo se hallaban prácticamente en manos de los insurgentes, junto con los suburbios al sur de Czerniaków y Mokotów. También se habían hecho con el control de la central eléctrica de Powiśle y los depósitos de suministros alrededor de Umschlagplatz, el que fuera el punto de recogida para deportar a los judíos de Varsovia.[20]

Pero en contra de las esperanzas polacas, los alemanes no habían huido y en verdad retenían el control de los cuarteles de la policía, la oficina del gobernador y las vías ferroviarias principales y las comunicaciones por carretera sobre el Vístula.

Leon Nowakowski, hacia 1944.
Cortesía del Museo del
Levantamiento de Varsovia.

De hecho, el comandante local en la zona ni siquiera se tomó el levantamiento lo bastante en serio como para desviar tropas de su contraofensiva contra los soviéticos; en cambio, dejó a las SS la tarea de sofocar la revuelta. Himmler fue informado de los «disturbios» a las 17:30 horas. Su primera providencia fue telefonear al campo de concentración de Sachsenhausen, donde tenían preso al líder de la resistencia Stefan Rowecki desde su captura, y ordenar su ejecución. A continuación, informó a Hitler.

«El momento es desafortunado —admitió el *Reichsführer* de las SS—, pero desde una perspectiva histórica lo que los polacos están haciendo es una bendición. Después de cinco o seis semanas deberíamos marcharnos. Pero para entonces Varsovia habrá sido liquidada; y esta ciudad, que es la capital intelectual de una nación de 16 o 17 millones..., dejará de existir.» Por la tarde Himmler anunció que arrasarían la ciudad y que «cada uno de los ciudadanos de Varsovia será ejecutado, incluidos hombres, mujeres y niños».[21]

A la mañana siguiente, el 2 de agosto, Witold y Jan se unieron a un grupito de hombres en el centro de la ciudad para dar caza a los francotiradores alemanes. Fue un trabajo lento, pero al cabo de varias horas de recorrer a hurtadillas los tejados, los mataron a todos. La radio de la resistencia estaba informando, erróneamente, de que los soviéticos estaban a las puertas de la ciudad, y la gente salió eufórica a las calles. Las banderas polacas asomaron en las ventanas y, en las esquinas, los altavoces reproducían el himno nacional por primera vez en casi cinco años.

La música se elevaba por encima del estruendo de las explosiones y la metralla. «La gente estaba loca de alegría —recordó un hombre—. Se abrazaban unos a otros llorando de la emoción y estaban muy conmovidos.» Los comandantes de la resistencia alertaron de que la situación seguía siendo peligrosa. «Puede que sea necesario escribir propaganda para enfriar el entusiasmo y recordar a la gente que los alemanes siguen en la ciudad», señaló un oficial. Se erigieron barrica-

375

das apresuradamente con adoquines, ladrillos, baldosas, maderas, mobiliario pesado y un carrito de bebé.[22]

Al tercer día del levantamiento, Nowakowski ordenó a Witold y a una docena de hombres que atacaran el principal centro de distribución de correo en la esquina de la calle Żelazna y la avenida Jerozolimskie, una de las vías públicas más importantes que conducía a uno de los puentes sobre el Vístula. Si tomaban esta esquina, podrían disparar directamente a los convoyes alemanes que intentaran sitiar sus cuarteles o las tropas que combatían a los soviéticos sobre el Vístula. La línea principal a Cracovia también discurría paralela a la carretera hasta la cercana estación de ferrocarril.

Witold hizo salir rápidamente a los defensores del edificio y se preparó para tomar un hotel al otro lado de la avenida Jerozolimskie a fin de bloquear la calle por completo. Las balas pasaban volando por la calle Żelazna mientras Witold se preparaba para cruzar. Antes de que pudieran salir corriendo oyeron el chirrido de los piñones de los Panzer y vieron una columna de tanques que se acercaba. El que iba a la cabeza había apiñado a un grupo de civiles aterrorizados delante del convoy y hacían las veces de escudos humanos. Los alemanes bombardearon el centro de distribución de correo, pero nadie replicó. ¿Qué podían hacer? Witold esperó a que pasaran y luego se lanzó a la carga por la avenida Jerozolimskie e irrumpió en la puerta de entrada al hotel, pero los alemanes ya habían salido corriendo por la parte trasera del edificio. Uno de los hombres de Witold corrió al tejado e izó una bandera polaca, lo que atrajo inmediatamente un aluvión de balas desde otros edificios de la misma calle.[23]

Witold siguió atacando la avenida Jerozolimskie en la dirección que los tanques habían tomado hacia el casco urbano. Unas puertas más abajo, los alemanes bloquearon la entrada a un edificio que albergaba un instituto cartográfico militar. Witold cargó contra la pared de sacos de arena vociferando a pleno pulmón, y los defensores huyeron. En un patio trasero había un par de vehículos aparcados que contenían pistolas y municiones.[24]

La bandera izada sobre el hotel administrado por el Gobierno tomado por Witold.
Cortesía del Museo del Levantamiento de Varsovia.

Los hombres de Witold encontraron una resistencia más férrea en el siguiente edificio, una oficina de distrito local donde los alemanes se habían atrincherado en la tercera planta. Los insurgentes trataron de huir por la escalera, pero se toparon con una granada que mató a dos e hirió a tres más, obligándolos a retroceder al instituto con los cuerpos.[25]

Descansaron brevemente, pero pronto oyeron el retumbar de los tanques que se dirigían hacia ellos desde el río. Witold observó el firme progreso de los vehículos hacia su posición a través de una granizada de bombas caseras de los insurgentes. No había tiempo de construir una barricada, pero Witold había encontrado una habitación llena de barriles de Sidol, un producto químico para la limpieza. La sustancia no tenía propiedades explosivas, pero era posible que los alemanes no lo supieran. Él y Jan los sacaron rodando, los colocaron en una línea que abarcaba el ancho de la calle y observaron cómo tres tanques se paraban a una distancia segura. Los alemanes dispararon contra los barriles, pero pronto se resignaron y se fueron.[26]

Witold había logrado controlar una parcela de territorio, pero sospechaba que eso era todo el logro al que podrían aspirar. Los alemanes habían fortificado los edificios de los hospitales junto a un parque cercano, lo que les daba claras líneas de tiro a la posición de Witold. Es más, habían cortado el suministro de agua de la ciudad y tenían que transportar agua de un pozo de agua salobre que habían abierto al otro lado de la calle. Sus alimentos escaseaban y, lo más preocupante, se estaban quedando sin munición. Esa noche Witold y sus hombres combatieron la sed mientras cavaban tumbas en el patio del instituto, envolvían a sus camaradas caídos en cortinas y les daban sepultura con mensajes escritos a mano.[27]

La resistencia había consolidado su control sobre grandes áreas de la ciudad aunque a un coste elevado. Dos mil combatientes murieron, una décima parte de su fuerza, sin dañar seriamente la guarnición alemana, que había perdido solo quinientos hombres. Y seguían sin tener señales de los soviéticos. Pero la moral seguía alta detrás de las barricadas construidas apresuradamente. Los comedores populares abrieron para dar de comer a los civiles y a los insurgentes fuera de servicio. En el casco urbano, se daban conciertos de Chopin en uno de los cafés de la calle Nowy Świat, y conferencias y actuaciones en el teatro Palladium. «La moral es fantástica», comunicó por radio a Londres esa misma noche Komorowski desde el centro histórico.[28]

Al cuarto día aparecieron los cazas Messerschmitt rastreando la resistencia soviética. Como no encontraron a nadie, un escuadrón de Stukas llegaron rugiendo y lanzaron varias toneladas de bombas incendiarias sobre el centro histórico, provocando varias columnas de humo negro que flotaron sobre la avenida Jerozolimskie.

Witold aprovechó la oportunidad para atacar a los alemanes parapetados en la oficina del distrito cercana. La escaramuza terminó con otra granada en las escaleras que mató a un sargento e hirió a dos hombres más. Solo tuvieron tiempo de llevarse a rastras a los heridos a su base en el instituto, cuando oyeron el grito de «¡tanques!».[29]

Esta vez los alemanes enviaron más de ochenta tanques contra la barricada de Witold. Bombardeaban edificios indiscriminadamente según avanzaban. Los soldados de infantería los seguían a ambos lados. La fachada del instituto recibió un impacto directo, expandiendo una bola de fuego por las habitaciones de la planta baja que, milagrosamente, no hirió a nadie. Jan luchó entre las llamas para devolver los disparos y vio que los tanques alemanes pasaban con estruendo por encima de la desmantelada barricada. Witold no creía que la misma treta con el líquido de la limpieza funcionara dos veces.[30]

Media docena de soldados alemanes atacaron la oficina del distrito al día siguiente y fueron repelidos de nuevo. Jan salió con algunos hombres para intentar acercarse al edificio desde atrás. Poco después, Witold vio con horror que cargaban con Jan a rastras hasta el edificio. Un francotirador le había acertado. Sangraba profusamente y le costaba respirar. Murió una hora más tarde. Hicieron falta dos hombres para llevar su cuerpo fornido hasta una fosa poco profunda en el patio.[31]

Una unidad de zapadores apareció por la tarde con suficiente dinamita para expulsar a los alemanes de la oficina del distrito. Colocaron una carga en la planta baja y su explosión arrasó el edificio. Una docena de alemanes emergieron de los escombros, entre ellos, tres hombres de las SS. El líder del grupo se pegó un tiro para no dejarse apresar. Los hombres de Witold arrojaron su cuerpo por una ventana a la calle y quisieron disparar contra el resto de los SS. Pero al final encerraron a los alemanes en los cuarteles, donde los pusieron a cavar pozos y letrinas.[32]

Witold regresó a la destrozada oficina del distrito y consiguió unas cuantas pistolas, una metralleta, una escopeta y un poco de comida, mantequilla, crema y beicon, que com-

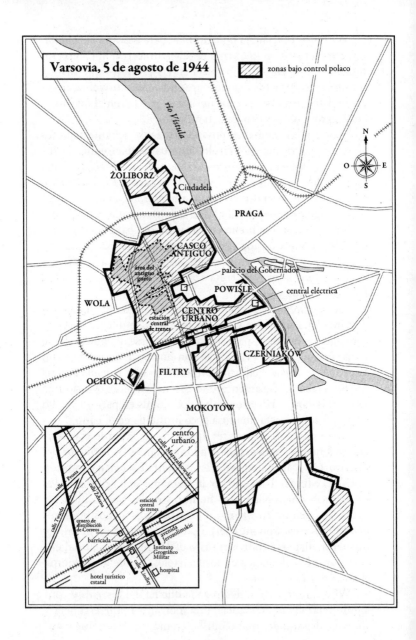

partió con sus compañeros. Los francotiradores trajeron noticias de brutales represalias alemanas: un batallón de las SS bajo el mando general del *Obergruppenführer*, Erich von dem Bach-Zelewski, había llegado esa mañana al suburbio occidental de Wola. Los SS iban de piso en piso disparando a los civiles. En pocas horas mataron a dos mil personas. Los hombres de Witold querían venganza. Pero mantuvieron encerrados a sus prisioneros alemanes en los cuarteles.[33]

Esa noche, cuatro bombarderos Liberator y Halifax tripulados por equipos polacos de las bases aéreas aliadas en Foggia, Italia, sobrevolaron la ciudad. Los proyectores alemanes captaron rápidamente a los aviones y las baterías antiaéreas abrieron fuego, pero la artillería apuntaba muy alto. Cuando finalmente se ajustaron, los aviones ya habían lanzado sus cargas con paracaídas. Hubo vítores entre los insurgentes, pero la mayoría de las cajas con armas se alejaron de sus posiciones hacia el cementerio judío.[34]

Al sexto día, Witold recibió refuerzos: ocho adolescentes llegaron vestidos con equipos de bombero de talla grande. El mayor, Jerzy Zakrzewski, de dieciocho años, llevaba una ametralladora. Witold se había afeitado esa mañana y bajó las escaleras para recibir a los recién llegados.

Jerzy se cuadró para saludarlo, entrechocando sus tacones, y anunció que tenía órdenes de continuar atacando hacia la estación de ferrocarril. Su misión era tomar una iglesia.

—Imposible —dijo Witold—. Necesitarás a todos los que tenemos.[35]

Jerzy insistió en que esas eran sus órdenes. Witold cedió y le ofreció dos hombres.

El adolescente volvió a las pocas horas informando de que no había heridos, pero tampoco avances. Witold sonrió con ironía al muchacho. Él también tenía su edad cuando sintió por primera vez ese doble sentimiento de orgullo y decepción.

Por la tarde, Witold atacó uno de los edificios en poder de los alemanes cerca del parque, pero lo obligaron a replegarse, con dos hombres muertos y tres heridos. Tenían armas pero no munición suficiente para seguir atacando. No hubo más Halifax esa noche, ni la siguiente. Llegaron más historias de Wola sobre masacres alemanas. Los SS estaban vaciando edificios y conduciendo residentes a sitios de ejecución para despacharlos en grupos grandes. En tres días, mataron a más de cuarenta mil personas. El comandante Von dem Bach-Zelewski ordenó poner fin a los asesinatos el 9 de agosto. Afirmó, después de la guerra, que lo hizo por razones humanitarias.[36]

Los hombres de Witold se atrincheraron en el instituto durante varios días y solo devolvían el fuego cuando era necesario. El humo engulló la ciudad en una bruma gris que reducía la visibilidad a una docena de metros; las noches eran negras y tórridas. La sed de los soldados era extrema. Trataron de cavar su propio pozo, pero pronto lo dejaron para preparar barricadas. Witold tomó posiciones en un edificio con vistas al parque con siete hombres, anticipándose a un ataque, pero a pesar del ominoso crujido de los tanques cercanos y los silbidos de los proyectiles, salieron indemnes.[37]

Entonces, en torno a las cuatro de la tarde del 12 de agosto, tres blindados irrumpieron súbitamente a través del humo. El primero levantó el cañón hacia la barricada y disparó. La explosión obligó a Witold a retirarse de la ventana. Cuando volvió, una fuerza alemana de mercenarios rusos corría hacia el edificio. Witold disparó, pero eso solo atrajo la atención de un tanque, que abrió fuego contra él. La fuerza de la explosión le hizo perder el equilibro. Siguió un momento de silencio, interrumpido por el estrépito de una patada contra el portal del edificio.[38]

Witold se puso de pie a duras penas y corrió hacia la escalera, pero los mercenarios rusos ya estaban dentro, y lo único que él y los demás podían hacer era resistir habitación por habitación. Lograron contener la ofensiva hasta que se hizo de noche y el asalto cesó finalmente. Para entonces, se estaban quedando sin balas. Witold envió a un mensajero a los cuarteles desde la avenida Jerozolimskie para que pidiera más municiones. En torno a las dos de la mañana recibieron la respuesta: los cuarteles no podían abastecerles y debían abandonar su posición. No había nada que hacer salvo procurar volver de dos en dos por la avenida Jerozolimskie y cruzar la pequeña entrada en la base de la barricada.[39]

Witold se reunió con los otros en el sótano de un bloque de pisos para trabajadores ferroviarios. Era el único lugar que escapaba a la amenaza de los francotiradores. Hileras de insurgentes, la mayoría niños con uniformes militares y de la policía que les venían grandes, dormitaban bajo la tenue luz. Witold intentó dormir mientras el suelo temblaba por las explosiones distantes. La mitad de los cuarenta combatientes que se habían unido a él al otro lado de la calle habían muerto. Lo máximo que lograron fue bloquear el paso de los tanques en la avenida Jerozolimskie durante unos días.

A la mañana siguiente, Nowakowski nombró a Witold subcomandante de una compañía que vigilaba la barricada que daba a la avenida Jerozolimskie. Desde lo alto del parapeto en ruinas, Witold observaba a los mercenarios rusos ocupando sus antiguas posiciones. La bandera polaca en lo alto del hotel estaba hecha trizas y habían colocado un altavoz en una de sus ventanas. A media mañana resucitó con un chisporroteo. Una voz con acento ruso les urgió en polaco a rendirse.

—Tenemos comida y agua —anunció la voz—. No les haremos daño.[40]

Después de un turno de diez horas en la barricada, Witold se retiró de la línea de tiro. Encontró civiles en algunas de las calles más protegidas. Miles de residentes se habían refugiado en el centro de la ciudad para huir de las masacres. A medida que transcurrían los días, la comida empezó a escasear, y cada vez se juntaban multitudes más numerosas en pozos improvisados para obtener agua. A principios de septiembre, un mes desde el inicio del levantamiento, ya nadie alentaba a gritos a los insurgentes; parecían más inclinados a increparles. «¡So bandidos, dejadnos en paz!», dijo una mujer.[41]

La disciplina de algunos insurgentes se vino abajo. Las borracheras, los hurtos y el pillaje se convirtieron en actos cada vez más comunes. El 12 de septiembre, una banda de hombres armados descubrió a una docena de hombres y mujeres judíos que habían estado ocultos en un refugio de la resistencia desde la liquidación del gueto de Varsovia. La banda irrumpió en el refugio, les robaron y luego mataron a tiros a varios. Dos judíos sobrevivieron y otros cuatro de su grupo presenciaron los hechos desde un patio vecino. La resistencia ordenó una investigación, pero no se tomaron medidas.[42]

La resistencia polaca logró aguantar otras seis semanas. Pero la superioridad militar alemana era abrumadora. Los barrios bajo control polaco fueron cayendo uno a uno, y rendirse parecía inevitable. Se produjo un breve frenesí cuando las fuerzas soviéticas finalmente derrotaron a los alemanes de la orilla oriental del Vístula a mediados de septiembre. Una fuerza entrenada por los soviéticos de unos 1600 soldados polacos cruzó el río en bote para unirse a los insurgentes. Pero sin ayuda de la aviación o la artillería soviética, fueron rápidamente derrotados. Hizo falta poco más que un gesto por parte de Stalin para desactivar la presión de Churchill de socorrer a los polacos. El líder soviético parecía contento de dejar que los alemanes remataran a los polacos antes de ordenar a sus tropas que entraran.[43]

Komorowski realizó una breve gira por la línea del frente el 22 de septiembre, el trigésimo tercer día de la batalla de Varsovia, y concluyó que no podían aguantar más tiempo. Los alemanes presionaban en favor de un alto el fuego y conversaciones. Komorowski finalmente aceptó un cese temporal. Un enviado e intérprete polaco con una bandera blanca cruzó la barricada en la calle Żelazna que Witold protegía. Observó como cinco oficiales alemanes en una limusina se reunían con los negociadores polacos y se los llevaban rápidamente a la villa de Von dem Bach-Zelewski, fuera de la ciudad.[44]

La delegación polaca volvió unas horas más tarde; el comandante alemán había aceptado sin rechistar las condiciones de Komorowski: concederían la consideración de combatiente a los resistentes polacos y los enviarían a campos de prisioneros de guerra soviéticos. A los civiles los procesarían en el centro de Pruszków y los enviarían a campos de trabajo. En cuanto los hombres volvieron a las barricadas, el bombardeo fue reanudado; los alemanes querían mantener la presión hasta que Komorowski firmara la capitulación.

A la mañana siguiente, el día cincuenta y cuatro, uno de los oficiales despertó a Witold al amanecer. El hombre se había hecho cargo recientemente de su compañía después de que hubieran herido en una pierna al oficial al mando.[45]

—¡Levántese, Witold, tiene un huésped![46]

Witold cogió su pistola junto al sucio colchón en el que había estado descansando cuando vio a su viejo compañero de campo, Wincenty Gawron, que corría a abrazarlo. Wincenty estaba prácticamente llorando. Se había estado escon-

Tadeusz Komorowski y Erich von dem Bach-Zelewski
se dan un apretón de manos tras la capitulación.
Cortesía del Museo del Levantamiento de Varsovia.

diendo en las cloacas desde que había escapado del combate en el casco histórico. La tregua en la batalla lo había hecho salir finalmente a la superficie.[47]

—Doy por hecho que sabes lo de la capitulación —le dijo Witold—. No quiero rendirme, pero nos hemos quedado sin comida ni municiones. Ni siquiera puedo ofrecerte un desayuno.

El 1 de octubre, se decretó un alto el fuego de veinticuatro horas para permitir que los civiles se marcharan. Al principio nadie lo creyó, pero, uno a uno, fueron saliendo de los escombros, mugrientos y desaliñados, bizqueando bajo el sol. Una multitud se abrió paso por la avenida Jerozolimskie. Algunos combatientes polacos se subieron a lo alto de las barricadas y abuchearon a los que se iban, llamándolos desertores. Dieciséis mil civiles partieron ese día y el siguiente, solo una parte de los noventa mil que seguían atrapados en el centro de la ciudad.[48]

Al día siguiente, el 2 de octubre, Komorowski firmó la orden de capitulación. El batallón de Witold fue convocado en la calle Żelazna antes del amanecer del 4 de octubre para oír el comunicado que les fue leído. No alcanzaban a verse las caras en la oscuridad.

El levantamiento contra los alemanes que Witold había planeado al principio en los emocionantes días de después de la invasión y con el que luego había soñado durante tanto tiempo en el campo finalmente terminó en derrota en los últimos días de la ocupación alemana. Más de 130 000 personas murieron en el combate, la mayor parte civiles. De los 28 000 judíos que se escondían en la ciudad, sobrevivieron menos de 5000. Varsovia quedaba en ruinas.[49]

—Haced los paces con Dios, porque nadie sabe lo que nos espera —dijo el sacerdote.[50]

Witold cayó sobre una rodilla como el resto y rezó.

21

Regreso

Varsovia, octubre de 1944

Witold siguió la larga cola de prisioneros que salían en zigzag de la ciudad destrozada. Su destino era un campo de tránsito temporal en una antigua fábrica de cables en Ożarow, donde Witold se quedó perplejo al ver a Eleonora entre la multitud reunida en la entrada. Lograron intercambiar unas palabras. Eleonora se había quedado atrapada fuera de la ciudad durante el levantamiento y buscaba desesperadamente a su hijo.[1]

Witold le pidió que le trajera ropa de paisano por si se le presentaba la oportunidad de huir. Pero esa misma noche lo subieron a un tren con destino a un campo de prisioneros de guerra soviéticos cerca de Lamsdorf, en Silesia. Una turbamulta de alemanes de la zona los recibió al grito de «bandidos» y les tiraron piedras y golpearon a varios prisioneros que desfilaban bajo la lluvia en dirección al campo.

Cuando Witold llegó a sus puertas, vio despegar dos aviones de un aeródromo vecino y colisionar, produciendo una bola de fuego espectacular. Los polacos dieron vivas, y los centinelas alemanes abrieron fuego. Algunos prisioneros cayeron al suelo; otros se escondieron en los surcos de un campo de patatas cercano hasta que dieron con ellos y los llevaron al campo, donde los dejaron en el patio toda la noche antes de registrarlos. A la mañana siguiente, los despojaron de sus pertenencias y luego los encerraron en un barracón de cemento sin ventanas, colchones ni mantas.[2]

Witold pasó una semana en el campo. Luego él y otros oficiales fueron transferidos por tren a una instalación en Murnau, al sur de Baviera. Como Baviera quedaba cerca de Suiza, la Cruz Roja los visitaba a menudo, y los alemanes dieron un trato modélico al campo. Los más de cinco mil prisioneros eran bien alimentados y no tenían obligaciones laborales. Durante el día, organizaban charlas, conferencias y partidos de fútbol en el patio. Por las tardes, representaban obras de teatro, para las cuales los guardias ayudaban con la confección de trajes, pelucas y cosméticos.[3]

Los prisioneros siguieron los últimos días de la guerra a través de varias radios en el campo. A principios de octubre, las tropas soviéticas barrieron Hungría y Eslovaquia y llegaron a las fronteras del Reich en Prusia oriental. Hitler huyó de su cuartel de guerra en Rastenberg para instalarse en Berlín al mes siguiente. En Occidente, las fuerzas estadounidenses a las órdenes del general Dwight Eisenhower se vieron frenadas brevemente por un contraataque alemán en las Ardenas durante las Navidades, pero en enero de 1945 reanudaron su avance.

Entonces llegaron las noticias que el campo había estado esperando y temiendo. El 17 de enero, las fuerzas soviéticas tomaron Varsovia, y Stalin actuó rápidamente para instalar a los comunistas polacos en la capital para que encabezaran la nueva administración. El liderazgo de la resistencia comprendió que la organización estaba demasiado débil como para oponerse a la ocupación soviética y anunció la disolución del ejército secreto. En Londres, el Gobierno polaco en el exilio se sumió en el caos cuando su líder, Stanisław Mikołajczyk, entabló conversaciones para unirse a la nueva administración con la esperanza de preservar cierta clase de autonomía polaca. El resto de exiliados siguió oponiéndose a Stalin, pero los británicos y los estadounidenses dejaron de tomarlos en serio. En la Conferencia de Yalta celebrada en febrero, Churchill y Roosevelt accedieron a los planes de Stalin de anexionar el tercio oriental de Polonia a la Unión Soviética, incluidas las históricas ciudades polacas de Leópolis y Vilna. La casa familiar de Witold estaba ahora en la República Socialista Soviética de Bielorrusia. Como recompensa, Polonia recibiría parte de territorio alemán. Seis millones de polacos y once millones de alemanes tuvieron que abandonar sus casas a la fuerza; una limpieza étnica de una magnitud que superaba cualquier cosa vista en la guerra hasta entonces.[4]

El comandante de un contingente polaco en Italia, el general Władysław Anders, hizo un llamamiento a los polacos para que se opusieran al control comunista y se unieran a él. Pero la mayoría de los prisioneros querían dejar la guerra atrás y volver a casa en cuanto fueran liberados. Sin embargo, Pilecki se debía a su juramento y a su inquietud interior.

En marzo, las fuerzas estadounidenses y británicas cruzaron el Rin en múltiples puntos. Colonia cayó, seguida de Fráncfort. Entonces, el 29 de abril, les despertaron los disparos que venían directamente del norte del campo, en dirección a Múnich. Los prisioneros se reunieron en la plaza del recuento y observaron como un avión de reconocimiento estadounidense los sobrevolaba en círculos y hacía oscilar las alas. A primera hora de la tarde, el comandante de la guardia, el capitán Oswald Pohl, ordenó a sus hombres que apilaran sus armas y colocaran banderas blancas en el patio. Luego informó a los prisioneros de que los guardias pensaban rendirse, pero les avisó de que una unidad irreductible de las SS estaba en camino para liquidar el campo.[5]

Oyeron el rechinar de tres tanques M5 americanos que se acercaban. Pronto les llegó el ruido de motores de media docena de vehículos de las SS provenientes de la dirección contraria. Los alemanes llegaron antes a las puertas, pero los tanques se les echaron encima inmediatamente. El oficial nazi del primer vehículo sacó su pistola y comenzó a disparar. El tanque que iba en cabeza respondió con su cañón de 76 milímetros, haciendo volar al alemán y a su conductor. Los prisioneros alemanes corrieron a la verja para ver el combate, pero se diseminaron en cuanto las balas empezaron a silbar. Los SS huyeron, ante los vítores de los prisioneros, que tumbaron la puerta. Entró un tanque y un artillero sacó la cabeza. Era originario de Polonia.

—Compañeros, sois libres —dijo en polaco.[6]

Alemania se rindió ocho días más tarde, el 7 de mayo, para júbilo general del campo. Unos días más tarde, el líder del Levantamiento de Varsovia, Komorowski, recién liberado por los alemanes, fue a visitarles y les dijo que no se movieran de allí y esperaran instrucciones. Las fuerzas aliadas se las veían y deseaban para ocuparse de los millones de trabajadores forzosos y prisioneros que estaban siendo liberados en Alemania. A medida que pasaron los días y las semanas, algunos de ellos se escabulleron con las multitudes que pasaban por delante del campo. Witold esperó.[7]

No fue hasta julio cuando uno de los oficiales de Anders apareció con órdenes para Witold y varias docenas más de acompañarlo a Italia. Primero viajaron al puerto de Ancona, donde estaba estacionada una parte del Segundo Cuerpo Polaco de Anders, que había combatido bajo mando británico durante la campaña aliada en el Norte de África e Italia. Los británicos querían desmovilizar la fuerza, que ascendía a quinientos mil hombres. Furioso, Anders informó a los británicos de que la mayoría de sus hombres provenían de Polonia oriental, en el territorio ahora incorporado a la Unión Soviética, y que quienes sí regresaron habían sido arrestados por el régimen comunista.[8]

En Ancona, Witold se reunió con el coronel Marian Dorotycz-Malewicz, jefe de la inteligencia del Segundo Cuerpo del Ejército. Discutieron la idea de crear una red de inteligencia clandestina en Polonia. El coronel informó a Witold de que necesitaría el visto bueno de Anders y le pidió que aguardara en Porto San Giorgio, una localidad un par de horas al sur en la costa adriática, que servía de puesto de descanso y recreo para los polacos. En cuanto Witold llegó, lo condujeron a una villa en la playa.

Una vez instalado, se unió a un grupo de soldados polacos que paseaban por la arena. Se quitó los zapatos y sintió el agua cálida en los dedos de los pies y la suave brisa del este en la cara. Intentó saborear el momento, pero pronto volvió a pensar en Auschwitz. Espontáneamente, se le venían a la cabeza escenas evocadas por las cosas más pequeñas: una cara en la calle, el giro de una frase, las estrellas de noche. Todo parecía girar alrededor del campo y no había forma de librarse de los sentimientos que cada recuerdo traía: furia, remordimientos y sentimiento de culpa.

Finalmente, se procuró un cuaderno y empezó a escribir otro informe. Intentó que este, como los anteriores, sirviera como un documento imparcial de su tiempo en el campo, pero también estaba dispuesto a dar rienda suelta a sus emociones.

«Así que voy a escribir los hechos más áridos, que es lo que mis amigos quieren que haga —escribió en la introducción—. Bueno, pues ahí voy... pero no nos hicieron de madera, ni menos aún de piedra... aunque a menudo lo envidié;

La playa en Porto San Giorgio.

uno seguía teniendo un corazón latiendo, a veces en la boca, y ciertamente rondándote la cabeza estaba el extraño pensamiento que a veces capté con dificultad.»

Aquel agosto tuvo pocas tareas más que desempeñar y escribía en las mañanas frescas y luminosas. Un soldado amigo suyo de Varsovia, Jan Mierzanowski, fue a visitarle desde los barracones en la localidad de Imola. Recordaba a Witold apareciendo en la playa por las tardes con una pila de papeles bajo el brazo, cada una de las páginas marcadas con su letra redonda. Por un puñado de liras los dos hombres alquilaban un patín, un artilugio bicasco que tenía una red fijada en la parte delantera y un asiento para remar que se movía hacia delante y atrás con cada palada. Jan tomaba los remos mientas Witold se sentaba en lo alto de la silla y

Maria Szelągowska, la más cercana
a la cámara, preguerra.
Cortesía de la familia Woyna-Orlewicz.

leía en voz alta sus papeles. Witold también reclutó a una agente de inteligencia que había conocido en Varsovia y con la que había vuelto a conectar en Murnau, Maria Szelągowska, para que pasara a máquina su manuscrito. Era inteligente, con formación universitaria y estaba comprometida con la causa polaca. Su trabajo los vinculó emocionalmente y parece que Maria ayudó a Witold a abrirse sobre sus experiencias en el campo en sus escritos. Es posible que tuvieran una aventura.[9]

Por fin, a principios de septiembre, Anders llamó a Witold a Roma para hablar de sus propuestas. Witold le propuso que Maria participara en su misión como secretaria y que Bolesław Niewiarowski, un amigo de Witold del levantamiento, fuera su correo con Anders. El general aprobó su misión y fijó una fecha de partida a finales de octubre. Unos días más tarde, Witold estaba de vuelta en Porto San Giorgio y escribiendo con renovado vigor. «Tengo que usar la taquigrafía debido a la decisión que he tomado», anotó en el texto.[10] Los preparativos del viaje ocupaban cada vez más tiempo a Witold. Era preciso organizar la ruta; había que falsificar documentos. Estaba claro que esta vez tendría que abordar su trabajo clandestino de otra forma. Para combatir contra los alemanes sabía que podía contar con el apoyo casi universal de la gente, pero contra los comunistas polacos no las tenía todas consigo. Witold planeó operar en pequeños círculos de conocidos para solicitar informaciones. No reclutaría a nadie y no revelaría su función a menos que fuera necesario. De esta forma evitaría implicar directamente a sus amigos al tiempo que los involucraba en la causa.[11]

A medida que se acercaba la fecha de su partida, Witold iba completando varias páginas del manuscrito al día mientras, simultáneamente, verificaba línea por línea lo que Maria había mecanografiado. No había tiempo para pasarlo a una copia limpia, de manera que, después de una edición rudimentaria, recortaron los márgenes para eliminar los comentarios de Witold y pegaron las páginas. Para cuando volvió a Roma para recibir las últimas instrucciones, el 21 de octubre, Witold llevaba 104 páginas mecanografiadas en su bolsa, que entregó oficialmente al embajador polaco en el Vaticano, Kazimierz Papée, para su salvaguarda.[12]

Unos días después, él, Maria y Bolesław marcharon a Polonia. Cruzaron los Alpes hasta Alemania en autobús o en tren. Parece ser que Bolesław se lo pensó mejor en la frontera alemana y Witold y Maria continuaron sin él hasta territorio checo controlado por los soviéticos en su camino a Praga. La milicia checa había procedido a la limpieza étnica de su población de mayoría alemana en la región fronteriza de los Sudetes, y pasaron ante una procesión aparentemente

Marian Szyszko-Bohusz, Maria
Szelągowska y Witold en Italia.
Cortesía de la familia Pilecki.

interminable de cabezas gachas. Algunos alemanes llevaban brazaletes con la letra N, que correspondía a la palabra checa «Alemán». Soldados soviéticos con varas los conducían como si fueran ganado, insultándolos y bebiendo vodka. A veces cogían a una mujer para violarla junto a la carretera.[13]

Witold y Maria se quedaron unos días en Praga y luego siguieron hasta la frontera polaca, donde encontraron colas de polacos pidiendo la reentrada. Una vez en la frontera, consiguieron documentos sellados en la oficina de repatriación más próxima, bajo el ojo vigilante de la nueva policía secreta polaca, conocida como la Urząd Bezpieczeństwa o UB. De allí siguieron hasta la estación de montaña de Zakopane, donde Maria tenía amigos y podrían organizarse.[14]

El país estaba agitado. Las fuerzas soviéticas y la policía patrullaban las calles durante el día, pero de noche los últimos flecos radicales de la resistencia salían de los bosques. Atacaban a oficiales polacos del nuevo régimen comunista y quemaban comisarías y coches. Se produjeron más de quinientos asesinatos al mes en todo el país y una insurrección en toda regla hizo estragos en algunas zonas. Un informe policial de un distrito de Silesia captó la magnitud del desgobierno durante una quincena ese otoño: 20 asesinatos, 86 robos, 1084 casos de allanamiento de morada, 440 crímenes políticos, 92 incendios provocados y 45 delitos sexuales.

Entretanto, se estaba incubando una crisis de salud pública. La hambruna era generalizada. Las fuerzas soviéticas habían requisado la mayor parte de los cultivos y obstaculizaban el trabajo de distribución de suministros de toda organización de ayuda internacional. Las hordas desesperadas saqueaban tiendas y almacenes en busca de comida o artículos que trocar. El tifus y la disentería eran endémicos, y se registraron más de 250 000 casos de enfermedades venéreas, la mayoría como resultado de las violaciones cometidas por los soldados soviéticos.[15]

Witold y Maria partieron unos días más tarde a Nowy Wiśnicz, donde Witold había permanecido después de su fuga, pero la pequeña cabaña de madera de los Serafiński estaba abandonada. En la vecina Bochnia, Witold habló con la

395

familia Obora, que había alojado a Jan y a Edek, y se hizo una idea del reto al que se habían enfrentado. Józef, el padre, era contrario al comunismo, pero tenía poco trabajo. Muchos de sus amigos estaban empleándose con el nuevo régimen. Estaba cansado de luchar.

Llegaron a Varsovia a principios de diciembre. Esta fue la primera oportunidad que Witold tuvo de apreciar el grado de destrucción. Después del levantamiento, Hitler ordenó la demolición de la ciudad, y los zapadores alemanes dinamitaron los escasos edificios que seguían en pie después del levantamiento, dejando el 90 por ciento de la ciudad derruida. Algunos oficiales del nuevo régimen hablaron sencillamente de dejar Varsovia en ruinas como un símbolo de la guerra, pero Stalin concluyó que reconstruir la ciudad servía mejor a sus propósitos.[16]

La ciudad había perdido más de la mitad de su millón de residentes durante la guerra, y los supervivientes estaban regresando en tropel. Pequeñas señales de habitabilidad eran visibles allí donde una familia se había hecho un hueco: una cuerda para tender la ropa entre paredes rotas, un hilo de humo que salía del último piso de una vivienda sin techo, un juguete fuera de una abertura entre escombros. Incluso en el frío de diciembre, el hedor de los cuerpos insepultos y las letrinas y las cloacas abiertas era muy fuerte. Una imagen gigante de Stalin colgaba del único puente intacto sobre el Vístula.[17]

Witold intentó localizar a miembros de la organización antisoviética en la que él había participado antes del levantamiento, pero casi todos estaban muertos, habían sido desplazados o detenidos. De hecho, la policía secreta soviética y sus subalternos polacos habían detenido a cuarenta mil antiguos miembros de la resistencia desde el final de la guerra y habían deportado a la mayoría a los gulags de Siberia. Finalmente localizó a un antiguo recluta, Makary Sieradzki, que aceptó alojarlo en su apartamento, asombrosamente intacto, de la calle Pańska, en el centro de la ciudad.[18]

En las semanas que siguieron Witold convirtió el apartamento en su base de operaciones. Adquirió una máquina de escribir en el mercado negro para los informes y buscó a un carpintero para que le construyera un compartimento secreto en el suelo. Otro edificio vecino conservado albergaba una tienda de fotografía que aceptó producir microfilmes. Con la ayuda de Maria, empezó a localizar a amigos y conocidos que se habían empleado en varios ministerios del Gobierno y, con delicadeza, les sonsacó información útil. Intermitentemente, escribió informes para Anders que captaban las disonancias de vivir bajo el régimen soviético.[19]

Witold había vuelto pensando que encontraría una república soviética, pero descubrió con asombro lo mucho que Polonia aguantaba y parecía prosperar con el nuevo orden. Las iglesias abrían sus puertas a las personas sin hogar, grupos de mujeres regentaban comedores populares y grupos de *scouts* ayudaban a los soldados a despejar escombros. El exlíder polaco Stanisław Mikołajczyk urgió al país a unirse en pro de la reconstrucción. Witold sentía que su oposición al régimen se suavizaba.[20]

Como era de esperar, sus pensamientos volvieron a Auschwitz. Pensaba en publicar sus memorias y habló de ello con un antiguo compañero de su bloque en el campo, Witold Różycki, con quien tropezó por casualidad en el tranvía ese mes de marzo. Los dos hombres convinieron en visitar de nuevo Auschwitz con la esperanza de encontrar consuelo. Después de su liberación, el campo se había usado para albergar prisioneros alemanes, pero en marzo de 1946 el régimen polaco anunció que lo convertiría en un monumento a la memoria permanente.

Antes de partir, Witold visitó a su familia en Ostrów Mazowiecka. El contacto con su mujer, Maria, se había limitado a unas pocas cartas. La familia compartía una casita de madera con la hermana de Maria y su marido, Bolesław Radwański, a las afueras de la ciudad. La mayoría de los Radwański o habían conseguido trabajo con el régimen comunista o se habían unido al partido. Witold jugó con Zofia y Andrzej en el jardín, pero ya tenían doce y catorce años y no eran unos niños. La guerra le había costado a Witold, y a ellos, su vínculo. No le dijo nada a Maria de su última misión, pero ella sabía que estaba trabajando para la resistencia y que no podría convencerle para que la dejara. No hablaron de que Witold se fuera a vivir con ellos.[21]

Witold y Różycki partieron unos días después hacia Auschwitz. Miles de personas hicieron el peregrinaje esa primavera de 1946. Algunos iban en busca de sus seres queridos o para rendir sus respetos a los muertos. Otros eran exprisioneros que querían ver el lugar que había consumido sus pensamientos. Unos pocos se quedaron en las barracas e hicieron las veces de guías turísticos oficiosos. Uno de los bloques contenía artículos rescatados del campo. Su sótano se dividía en dos pequeños nichos: una pila de pantuflas de niño en uno, cabello humano en otro y prótesis en un tercero. El hecho de que estos artículos habían pertenecido a judíos asesinados, que comprendían la vasta mayoría de las víctimas del campo, no se ocultaba, pero como buena parte de los visitantes eran polacos, las explicaciones destacaban sobre todo el sufrimiento polaco y se enmarcaban en términos cristianos; el mismo bloque que contenía los artículos judíos tenía una cruz iluminada en el pasillo. El bloque penal también estaba abierto. Habían dispuesto montones de flores y velas en jarros a los pies de la pared donde habían fusilado a tantos amigos de Witold.[22]

En Birkenau, Witold vio lo que quedaba de las cámaras de gas y los crematorios sobre los que había informado. Los nazis habían volado los edificios en un intento por ocultar sus crímenes, pero las estructuras en ruinas eran claramente discernibles. Casi todos los establos habían sido desmantelados para usarlos de alojamiento temporal en otra parte y los montones de ropa judía en los almacenes se habían distribuido entre los necesitados. Una pareja de guardias espantaba a los saqueadores que venían a escarbar en las fosas comunes del bosque en busca de oro.[23]

Witold observó la escena sin comentarios. Había ido en busca de respuestas, pero no halló ninguna.

Υ

Witold volvió a Varsovia y empezó a escribir la primera parte de sus memorias, que recorrían sus primeros años y que tituló provisionalmente: «Cómo me encontré a mí mismo en Auschwitz». Se había instalado en un pisito en la calle Skrzetuskiego, en las afueras del sur de la ciudad. El lugar estaba vacío durante el día. Witold tecleaba en su máquina de escribir portátil junto a la ventana y pronto se perdió en recuerdos de Sukurcze: el tronco hueco de un tilo caído, donde jugaba de niño; el dormitorio de su bisabuela, que había permanecido intacto desde el día que murió, como una pieza de museo polvorienta. A veces Witold iba al centro de la ciudad para ver a su hijo, Andrzej, a cuyo grupo *scout* de Ostrów Mazowiecka enviaban en autobús a la ciudad los fines de semana para quitar escombros. Witold no se acercaba; se limitaba a observar desde lejos a los chicos que arrastraban carretillas de escombros.

Siguió viendo a Maria Szelągowska por trabajos de la resistencia, pero no habían recibido más instrucciones e informó poco. Entonces, una mañana de junio, estaban en el piso cuando uno de sus mensajeros, Tadeusz Płużański, asomó por la puerta. Venía de Roma y estaba nervioso. Los cuarteles tenían información de que la policía secreta andaba detrás de Witold y que una emisaria de Anders, Jadwiga Mierzejewska, había venido a Varsovia para elegir a su sucesor.[24]

Witold se quedó perplejo, pero no tenía sentido discutir con Tadeusz. Witold dijo que necesitaba tiempo para pensar. Tadeusz dijo que le cubriría y que le diría al emisario de Anders que Witold estaba en el bosque reunido con los partisanos. La siguiente vez que Witold vio a su mujer tuvo la idea de marchar a Italia. Eso significaría una vida de exilio. Witold confesó que huir sería como traicionar su juramento de luchar por Polonia. Maria estaba de acuerdo con él. Este era su hogar, incluso si ya no vivían bajo el mismo techo.[25]

Pero, para quedarse, Witold tenía que demostrarle a Jadwiga su valía. Ese verano presentó varios informes, incluido uno sobre un pogromo en la localidad sureña de Kielce, donde una turba y varios oficiales de la zona habían asesinado a treinta y siete judíos y herido a treinta y cinco más. Trescientos mil judíos polacos de la comunidad de más de tres millones sobrevivieron a la guerra. Los que quedaron o volvieron a casa fueron sometidos a abusos y violencia por parte de un numeroso contingente de polacos que acusaba a los judíos de la ocupación comunista del país. Witold se reunió con Jadwiga en septiembre en la trastienda del local de fotografía. Ella se mostró inflexible en su decisión de que Witold abandonara el país, pero él la convenció para que lo dejara quedarse hasta que le encontraran un sustituto, y le prometió que le enviaría informes sobre el cerco cada vez más estrecho de los comunistas.[26]

Esas Navidades vivieron un nuevo nivel de terror, cuando Stalin impuso a los comunistas polacos que atajaran cualquier resquicio de oposición a su gobierno con vistas a las elecciones programadas para enero de 1947. Miles de personas fueron encarceladas y los oficiales de los partidos rivales, golpeados. En las elecciones fraudulentas, los comunistas y sus aliados captaron el 80 por ciento del voto, después de lo cual Polonia se convirtió efectivamente en una dictadura de un único partido.[27]

Witold nunca había considerado seriamente utilizar medios violentos para combatir a los comunistas, pero su correo, Tadeusz Płużański, era de otro parecer y empezó a recabar material sobre los operativos de la policía secreta. Ese invierno, Tadeusz propuso que asesinaran al jefe de la policía secreta, Józef Różański. Tadeusz había conseguido su dirección, número de teléfono y programa diario para planificar un ataque. Witold se mostró escéptico y solo dijo que necesitarían el permiso de Londres para actuar. Algunas semanas más tarde, Witold se apercibió de un coche camuflado fuera del apartamento donde trabajaban. La policía secreta con frecuencia ponía a ciertas personas bajo vigilancia; lo que por lo general significaba que no tenían suficiente información para arrestarlas, y usaban esta táctica como advertencia.[28]

Witold se olvidó del asunto y volvió a sus informes y la conclusión de sus memorias. Esa primavera escribió una breve introducción en la que reflexionaba sobre su trabajo para hacer que el mundo comprendiera lo que había presenciado en Auschwitz. Había culpado a algunas personas por no haber tenido en cuenta sus mensajes. Pero hay, implícita en la torturada prosa que sigue, un reconocimiento de que los horrores del campo acaso nunca lleguen a ser comprensibles, ni siquiera para un prisionero como él, que sufrió entre sus muros. Quizás esto le proporcionó cierto alivio. Lo que aflora en estos pasajes es la sensación de que la orientación de Witold había cambiado. Ya no necesitaba que sus lectores entendieran un mal que desafiaba todo entendimiento. En su lugar, les pidió que buscaran en su interior qué podían compartir con los demás.

«He escuchado numerosas confesiones de mis amigos antes de morir —escribió entonces—. Todos reaccionaron de la misma manera inesperada: se arrepentían por no haber dado suficiente a otras personas, de sus corazones, de la verdad... lo único que quedó de ellos en la Tierra, lo único que fue positi-

Witold, hacia 1946.
Cortesía de la familia Pilecki.

401

vo y tuvo un valor duradero, fue lo que pudieron dar de sí mismos a los demás.» ¿Estaría pensando en su familia cuando escribió estas palabras?[29]

Witold a veces pasaba semanas sin ver a sus colaboradores. Pero a principios de mayo se reunió con Tadeusz en el apartamento. Dos días después regresó. Era de noche y las luces estaban encendidas. Subió las escaleras y llamó a la puerta. Respondió Makary, así que Witold abrió la puerta y entró. Makary y su mujer estaban en su dormitorio con unos hombres de traje negro de pie junto a ellos. Entonces notó que lo cogían de los brazos y, antes de darse cuenta, dos hombres se lo llevaron escaleras abajo a un coche que esperaba en la calle. Lo llevaron a un edificio de oficinas anodino en el centro de la ciudad, y lo condujeron a una sala pequeña de blancas paredes en la primera planta, que contenía un escritorio y dos sillas. Sobre el escritorio había una pluma y papel. Lo invitaron amablemente a tomar asiento y sus captores se fueron, cerrando con llave la puerta al salir.[30]

No hay registros de qué ocurrió a continuación, pero es probable que recibiera la visita de Różański, el jefe de la policía secreta. La táctica habitual de Różański era decir que estaba al corriente de todos los crímenes del sujeto en cuestión y que sus posibles compinches ya estaban delatándolo. Es posible que Witold se enterara en ese momento de que habían detenido a Tadeusz el día antes. La pluma y el papel eran para su confesión.

Después de Różański llegó un hombre esbelto y apuesto llamado Eugeniusz Chimczak, el interrogador jefe. Hasta entonces, sus captores habían sido atentos, corteses incluso. El trabajo de Chimczak consistía en doblegar el espíritu de la víctima. Su instrumento favorito era una sencilla regla revestida de metal, que usaba para dar golpetazos y pinchar. Otros métodos incluían «desplumar al ganso» —arrancando pelo, arrancando uñas—, apagar cigarrillos en la comisura de la boca y los ojos, y apretar lentamente una banda de metal ceñida alrededor de la cabeza hasta que la víctima se desmayaba. Witold fue transferido pronto a otra prisión en el distrito de Mokotów, donde la tortura continuó.[31]

El 12 de mayo, el ministerio público acusó a Witold de traición. Witold intentó negociar información y ofreció sus informes y escritos a cambio de la seguridad de su familia. En su desesperación, Witold escribió una confesión que tomó la forma de un poema para Różański, en el que se comparaba con un portador de plagas que merodea por la ciudad infectando a la gente a su paso.

«Escribo esta petición, / para ser el único castigado / por la suma de todas las sanciones / porque incluso si pierdo la vida / prefiero eso a vivir con esta herida en mi corazón.»[32]

Los días iban y venían, luz y luego oscuridad, dolor y luego el recuerdo del dolor. Entre mayo y noviembre de 1947, Witold fue interrogado más de ciento cincuenta veces. Les contó verdades, les contó mentiras, les contó lo que pensaba que querían oír. Luego firmó lo que le dijeron que firmara y lo devolvieron a su celda.

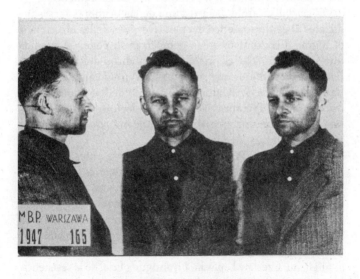

Foto del arresto de Witold, mayo de 1947.
Cortesía de la familia Pilecki.

No vio a nadie más. Ocasionalmente oía gritos de una celda lejana. Poco después de las Navidades, lo sacaron de su cuarto para que se presentara como testigo en el juicio de un sacerdote con el que había trabajado. Lo llevaron a rastras a la sala del tribunal, incapaz de levantar la cabeza, probablemente porque le habían roto las clavículas. De pie, con la cabeza gacha, los brazos flácidos a los costados, dijo unas palabras y lo devolvieron a su celda.[33]

En febrero se presentaron acusaciones formales contra él y contra siete de sus cómplices, entre ellos, Maria Szelągowska, Tadeusz Płużański y Makary Sieradzki. La fecha del juicio se fijó el 3 de marzo. El Estado le asignó un abogado defensor simbólico. El hombre era bienintencionado y aceptó ponerse en contacto con la familia de Witold en su nombre. Witold no tenía derecho a visita, pero el abogado le dijo que su mujer, Maria, podría asistir a las partes del juicio que estaban abiertas al público y hablar con Witold antes de las audiencias.

El caso de Witold iba a ser una de las primeras farsas judiciales al estilo soviético del país. Después de las elecciones, el régimen comunista quiso demostrar su poder. A medida que se aproximaba el juicio, los periódicos del régimen se llenaron de titulares que señalaban a Witold como el cabecilla de la «banda de Anders» y a sueldo de los imperialistas occidentales. «Traidores —declaró un locutor de la radio estatal— que son una amenaza para nuestra sociedad y nuestros maravillosos jóvenes.»[34]

Permitieron a Witold afeitarse y lavarse antes del juicio, que iba a ser grabado y retransmitido por radio. Llegó al tribunal militar de distrito en la calle Koszykowa vestido con un traje negro y corbata, bajo una fuerte custodia policial. En la sala del tribunal no cabía ni un alfiler. Se sentó en un banco de madera junto a otros siete acusados. Vio a su mujer y a Eleonora entre el público.

El fiscal, Czesław Łapiński, un antiguo oficial de la resistencia bien afeitado, leyó la lista de acusaciones contra él: traición al Estado, complot para asesinar a agentes de la Urząd Bezpieczeństwa, omisión de denunciarse a sí mismo a las autoridades, uso de documentación falsa y posesión ilegal de armas de fuego.

Celda de Witold en la prisión de Mokotów.

Witold miraba hacia delante, impasible. Cualquiera de estos cargos acarreaba una dura sentencia de cárcel; la traición se castigaba con la pena de muerte. Finalmente, el juez pidió a Witold que se levantara para responder a los cargos. En voz baja, apenas audible, reconoció haber escondido armas y usado documentos falsos. Pero negó trabajar para una potencia extranjera, o haber planeado asesinar a agentes de policía secretos.

Durante una pausa, permitieron a Maria y a Eleonora acercarse a él brevemente. Eleonora le preguntó si había algo que pudieran hacer.[35]

—Auschwitz fue solo un juego comparado con esto —les dijo—. Estoy muy cansado. Quiero una conclusión rápida.[36]

El juicio se prolongó una semana más y consistió básicamente en que Łapiński leyera en voz alta las confesiones firmadas. Pero el último día le dieron a Witold la oportunidad de responder. Se puso en pie lentamente, escondiendo sus maltratadas manos para que no las vieran Maria y Eleonora. Su abogado solía aconsejar a sus clientes que imploraran perdón al tribunal. Pero Witold se negó. «He procurado vivir mi vida de tal manera —dijo a la sala del tribunal— que, en mi última hora, me sintiera feliz y no temeroso. Hallo felicidad al saber que la lucha mereció la pena.» Reiteró el hecho de que era un oficial polaco que cumplía órdenes.[37]

Cuatro días más tarde, Witold fue sentenciado a pena de muerte. Su abogado presentó una apelación y aseguró a Maria que sería posible reducir la pena a cadena perpetua si convencían a los líderes del país. La apelación fue rechazada diez días después. Algunos de los antiguos amigos de Witold en Auschwitz se juntaron para firmar una petición dirigida al primer ministro polaco, Jósef Cyrankiewicz, él mismo exprisionero. Aludieron al extraordinario trabajo y patriotismo de Witold. Pero Cyrankiewicz no se conmovió, y el hombre que había organizado la petición, Wiktor Śniegucki, fue pronto despedido de su trabajo.[38]

Maria también escribió directamente al presidente,

Witold en el banquillo, marzo de 1948.
Cortesía de Narodowe Archiwum Cyfrowe.

Bolesław Bierut, suplicándole en nombre de sus hijos que le perdonara la vida a Witold.

«Hemos vivido con la esperanza de una vida en paz juntos durante mucho tiempo —imploró—. No solo le queremos, sino que le adoramos. Él ama a Polonia y este amor hizo sombra a todos los demás.»[39]

Bierut también ratificó el veredicto. Fueron a buscar a Witold a su celda el 25 de mayo, una hora después de la puesta de sol. Los carceleros leyeron la sentencia en voz alta, lo amordazaron con un pañuelo blanco y luego lo sacaron fuera sujetándolo de los brazos. Había llovido esa mañana, pero empezaba a despejar y el cielo seguía iluminado en el oeste. Lo llevaron a un edificio pequeño de una sola planta en los terrenos de la prisión. Cuando se acercaron al edificio débilmente iluminado, Witold insistió en caminar sin ayuda.

El verdugo, Piotr Śmietański, aguardaba dentro. Un sacerdote y un médico en bata estaban a un lado. Ordenaron a Witold que se pusiera contra la pared. Entonces Śmietański levantó su pistola y le pegó un tiro en la nuca.[40]

Epílogo

El Gobierno comunista de Polonia arrestó a ochenta mil miembros de la resistencia durante los cuatro años siguientes. El régimen consideró a la familia de Witold enemiga del Estado, y Maria se refugió en las sombras como limpiadora en un orfanato de la iglesia. El régimen selló los documentos de Witold en los archivos del Estado, y el primer ministro Józef Cyrankiewicz fabricó una historia oficial de Auschwitz que presentaba a los reclusos comunistas como él como héroes de una lucha mundial contra el fascismo y el imperialismo. El Holocausto se mencionaba de pasada en su relato, y el grupo de Witold era caracterizado como una nota fascistoide al margen.[1]

Tadeusz Pełczyński, que había sido líder de la resistencia, llevó a Londres el informe que Witold había escrito, y entre los exiliados hablaron de buscar una editorial. Pero encontraron escaso interés en su publicación. La conmoción ciudadana que había seguido a la liberación aliada de los campos de concentración en 1945 se había desvanecido y la Guerra Fría dominaba el debate político. Witold había sido borrado eficazmente de la historia.

Su relato permaneció oculto hasta la década de 1960, cuando Pełczyński compartió el informe con el historiador polaco y compatriota exiliado Józef Garliński, cuyo libro de 1975, *Fighting Auschwitz*, finalmente dio fe del papel de Witold en la creación de la resistencia en el campo. Pero no fue hasta la caída de la Unión Soviética en 1989 y la apertura de los archivos del Estado en Varsovia cuando el investigador académico Adam Cyra y el hijo de sesenta años de Witold, Andrzej, obtuvieron acceso a un maletín de piel grande que contenía su informe de 1943-1944, las memorias de su juventud, notas adicionales, archivos de interrogatorios y la clave crucial de sus referencias codificadas. Era la primera vez que la familia tenía la oportunidad de leer acerca de la misión de Witold en sus propias palabras.[2]

Cyra publicó una de las primeras biografías de Witold en polaco en el año 2000, basada en el material y nuevos testimonios de Eleonora, Wincenty y Kon. El libro ayudó a que se reconociera a Witold como un héroe nacional en Polonia. Pero los escritos de Witold no se tradujeron por completo, y su historia siguió siendo prácticamente desconocida en Occidente, donde Auschwitz era más conocido por su papel central en el Holocausto y como el escenario de uno de los actos más oscuros de la humanidad.[3]

Sin embargo, la historia de Witold es esencial para comprender cómo llegó a existir Auschwitz. Witold ingresó en Auschwitz antes de que los alemanes comprendieran en qué iba a convertirse el campo. Esto significó que Witold tuvo que

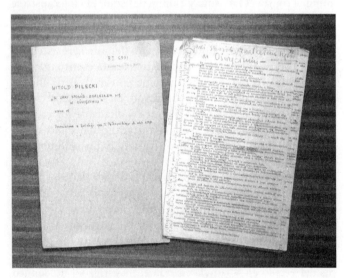

El informe de Witold escrito en Italia en 1945.

asimilar el Holocausto a medida que el campo se transformaba en una fábrica de la muerte ante sus propios ojos. A veces luchaba por encontrarle sentido a los acontecimientos y recurría a situar las extraordinarias atrocidades en el contexto de lo familiar. Pero Witold, a diferencia de la mayoría de los prisioneros o de la larga cadena de personas que manejaron sus informes entre Varsovia y Londres, se negó a apartar la mirada de lo que no podía entender. Él se comprometió y, con ello, sintió que su deber era arriesgar la vida y actuar.

La historia de Witold demuestra el valor que se necesita para distinguir los nuevos males de los viejos, nombrar la injusticia y no desentenderse de las desgracias ajenas. Pero me parece importante señalar que la empatía de Witold tenía límites. Witold nunca llegó a entender el Holocausto como el acto definitorio de la Segunda Guerra Mundial, o el sufrimiento de los judíos como un símbolo de la humanidad. Él permaneció centrado en la supervivencia de sus hombres y de su país. En la actualidad, un patriotismo firme podrá parecernos desfasado o,

Marek Ostrowski y Andrzej Pilecki en el apartamento en el que Witold fue apresado, 2017.

preocupantemente, de dominio exclusivo de la extrema derecha. Sin embargo, Witold trazó una línea entre el amor al país y la retórica nacionalista. Para él, la segunda le hacía el juego a los nazis. El patriotismo, por el contrario, le proporcionó el sentido del servicio y la brújula moral necesarios para sostener su misión en el campo. Al final no pudo salvar a sus camaradas o a los judíos. Witold no se disculpa por este hecho. Al contrario, en sus últimos escritos sugiere que tenemos que entender nuestros límites, incluso si nos exhorta a trascenderlos.

Por encima de todo, nos pide que confiemos los unos en los otros. La cualidad que define a Witold fue su habilidad de depositar su fe en otras personas. En el campo, donde el objetivo de las SS era derrumbar a los prisioneros y despojarlos de sus valores, la idea de la confianza tenía un potencial revolucionario. Mientras los prisioneros tuvieran fe en un bien mayor, no serían derrotados. Los hombres de Witold perecieron de las maneras más horribles e insoportables, pero lo hicieron con una dignidad que los nazis no lograron destruir.

Witold murió creyendo que su misión había fracasado. Yo he intentado demostrar que no fue así. Contra todo pronóstico, consiguió comunicar sus mensajes desde Auschwitz. Fueron los Aliados quienes no escucharon.

Existen muchas razones que explican este fracaso colectivo. En su núcleo reside un dilema humano básico que hoy podemos reconocer: la mayoría de la gente no acude instintivamente al rescate de otras personas, sobre todo si ellas mismas corren peligro o se sienten amenazadas. Los nazis contaban con que el mundo desconocería sus crímenes. El cazador de nazis Simon Wiesenthal relata que, cuando llegó a Auschwitz en 1944, un guardia de las SS le dijo: «Acabe esto como acabe, hemos ganado la guerra contra vosotros; no quedará ninguno de vosotros para dar testimonio, pero aunque alguno sobreviviera, el mundo no le creería».[4]

Witold nos recuerda que, por muy espantoso que sea el asunto, por muy difíciles que sean nuestras circunstancias personales, nunca dejamos de intentar comprender el sufrimiento ajeno. Mi deseo es que este libro nos ayude a escucharlo.

Agradecimientos

Este libro no habría sido posible sin Geoff Shandler, el director de Custom House, cuyo apoyo, amable consejo y paciencia ayudaron a sacar a la luz la historia de Witold. Liate Stehlik, mi editora, ha compartido mi pasión por la historia de Witold durante los últimos tres años y le agradezco a ella y al equipo de HarperCollins la plataforma que me proporcionaron. Muchas gracias a Vedika Khanna, editora adjunta, a Nyamekye Waliyaya, jefa de producción, y a David Palmer por convertir el manuscrito en un libro. Mi editor británico en Ebury, Jamie Joseph, ofreció revisiones inteligentes y ánimos. El libro fue concebido gracias a la ayuda de mis magníficos agentes Larry Weismann y Sascha Alper. Vaya mi agradecimiento a Clare Alexander, mi agente en el Reino Unido, por su apoyo durante toda mi carrera. Jacob Levenson editó (y reeditó) cada borrador del manuscrito, siempre dispuesto a corregir mi prosa, y me ayudó a descubrir la humanidad de Witold.

Marta Goljan encabezó mi equipo de investigación y me acompañó tras los pasos de Witold de Krupa al campo y más allá. Ella y Katarzyna Chiżyńska pasaron dos años en Oświęcim rastreando y traduciendo cientos de testimonios y memorias de prisioneros. Junto con Luiza Walczuk en Varsovia, ayudaron a localizar y entrevistar a docenas de supervivientes del campo y sus familias, y en el proceso me introdujo en los placeres de la cultura polaca. Me siento especialmente en deuda con Katarzyna por su impresionante trabajo en las etapas finales del libro. Ingrid Pufahl fue mi sabia y brillante investigadora en Washington, y siempre encontró respuestas a mis numerosas y oscuras peticiones. Muchas gracias también al resto del equipo: Hannah Wadle, Irina Radu, Alexandra Harrington, Karianne Hansen, Iga Bunalska del Auschwitz Study Group, y Anna Łozińska y Paulina Wiśniewska y la plantilla del Pilecki Institute. Filip Wojciechowski ofreció sus percepciones y numerosos paseos por Varsovia.

Me siento inmensamente agradecido a Piotr Cywiński y Andrzej Kacorzyk por abrir las puertas de mi investigación al Museo Estatal de Auschwitz-Birkenau. Piotr Setkiewicz, del departamento de investigación, satisfizo mis interminables peticiones con buen humor y me aconsejó en cada fase del manuscrito. Adam Cyra fue mi primer guía en la historia de Witold y compartió generosamente su investigación y descubrimientos conmigo. Wojciech Płosa y Szymon Kowalski se aseguraron de que nunca me perdiera en los archivos. Gracias asimismo a Jerzy Dębski, Jacek Lachendro, Agnieszka Sieradzka, Anna Walczyk, Agnieszka Kita, Sylwia Wysińska, Halina Zdziebko y Roman Zbrzeski. Mirosław Obstarczyk me ayudó a ver el campo con los ojos de Witold. Vaya mi especial agradecimiento a Krystyna Bożejewicz del Fondo de Estudio del Movimiento de Resistencia Polaco de Londres por satisfacer tantas peticiones y a Jarek Garliński por ser el primero en animarme a escribir este libro. En nombre de mi equipo de investigación también me gustaría dar las gracias a Klaudia Kieperka del Instituto Polaco y Museo Sikorski de Londres, Ron Coleman, Megan Lewis y Rebecca Erbelding del Museo Conmemorativo del Holocausto de Estados Unidos, Alla Kucherenko del Yad Vashem, Dovid Reidel del Kleinman Holocaust Education Center, Jacek Syngarski del Archivo Polonicum, Friburgo, Fabrizio Bensi del Comité Internacional de la Cruz Roja, Ginebra, Gerhard Keiper del Archivo Político, Ministerio Federal de Asuntos Exteriores de Alemania, Carina Schmidt y Peter Haberkorn del Hessian State Archive y Johannes Beermann del Fritz-Bauer Institute de Fráncfort.

Durante el curso de mi investigación tuve el gran privilegio de conocer a la familia de Witold. La enorme calidez, generosidad y franqueza de Andrzej Pilecki y Zofia Pilecka-Optułowicz me ofrecieron una primera impresión del carácter de su padre.

Andrzej me acompañó en varias etapas de la investigación, siendo memorable la noche que pasamos en el monasterio benedictino del siglo XVII de Alwernia, donde Witold, Jan y Edek fueron bien alimentados después de su fuga. Cuando Andrzej no pudo acompañarnos, se aseguró de que nos cuidaran como era debido. Marek Ostrowski también se ha convertido en un querido amigo y mentor. Vaya mi especial agradecimiento a Dorota Optułowicz-McQuaid, Beata Pilecka-Różycka por sus muchos exquisitos pasteles, Elżbieta Ostrowska, Tomasz Ostrowski, Edward Radwański, Lidia Parwa, Stanisław Tumielewicz y Krysztof Kosior. David McQuaid me ayudó a recomponer algunas de las lagunas en la historia de Witold y a comprender sus conexiones con nuestro tiempo presente.

También tuve el honor de entrevistar a quienes conocieron a Witold o compartieron su lucha de aquellos tiempos: Kazimierz Piechowski, Bohdan Walasek, Jerzy Zakrzewski, Jerzy Bogusz, Janusz Walendzik, Mieczysław Gałuszka, Zofia Zużałek, Jacek y Ryszard Stupka, Józefa Handzlik, Anna Czernicka, Stefan Hahn, Mieczysław Mastalerz, Kazimierz Albin y Zofia Posmysz. Estoy en deuda con las familias de aquellos que tuvieron conexión con la historia de Witold por compartir conmigo su tiempo, recuerdos y documentos privados: Maria y Szymon Świętorzecki, Marek y Barbara Popiel, Yaninka Salski, Jarosław Abramow-Newerly, Daniel Piechowski, Jan Tereszczenko, Piotr Woyna-Orlewicz, Ewa Biały, Adam Wojtasiak, Zofia Wiśniewska, Maria Serafińska-Domańska, Stanisław Domański, Jan Dembiński, Jan Jekiełek, Krystyna Klęczar, Wiesław Klęczar, Kazimierz Klęczar, Andrzej Molin, la familia Stupka, la familia Kożusznik, Krystyna Rybak, Robert Płotnicki, Jacek Dubois, Bożena Sławińska, Henryk Bleja, la familia Harat, Beata Ciesielska-Mrozewicz, Felicjan Świerczyna, Piotr Wielopolski, la familia Mikusz, Krzysztof Nahlik, Jan Chciuk-Celt, Stefan Pągowski, Tadeusz M. Płużański, Marta Orłowska, Wanda Janta, Ryszard Stagenalski y Stanisław Mróz.

Gracias a las siguientes personas por echar un vistazo al manuscrito en sus distintas fases: Anthony Polonsky, Robert Jan van Pelt, Nikolaus Wachsmann, Dariusz Stola, David Engel, Bernard Wasserstein, Yehuda Bauer, Wojciech Kozłowski,

Hanna Radziejowska, Rafał Brodacki, Jeffrey Bines, Staffan Thorsell, Wojciech Markert, Kate Brown, Magdalena Gawin, Anna Bikont, Francis Harris, Rufus y Cherry Fairweather, Adam Fairweather y Suzannah Lipscomb. También quisiera agradecer las percepciones y la ayuda de las siguientes personas: Mikołaj Kunicki, Krzysztof Szwagrzyk, Andrzej Kunert, Wojciech Frazik, Wiesław Jan Wysocki, Zygmunt Stanlik, Mieczysław Wójcik, Anna Początek, Jadwiga Kopeć, Olga Ivanova, Aliaksandr Paskievic, Leon Lauresh, Francois Guesnet, Wojciech Hałka, Małgorzata Zalewska, Elżbieta Przybysz, Marek Księżarczyk, Piotr Cuber, Mirosław Ganobis, Artur Szyndler del Auschwitz Jewish Center, Bolesław Opaliński, Krzysztof Kredens, Alfred Wolfsteiner, Annett Bresan del Sorbian Cultural Archive en Bautzen, Melaney Moisan, Martin Lohman, Bob Body, Heidi Rosskamp, Rolph Walker, Joan y Tom Fitzgibbon y Michal Teital.

En mi recreación de la ruta de la fuga de Witold me ayudaron Bogdan Wasztyl, Mirosław Krzyszkowski, Zbigniew Klima y Marcin Dziubek de Stowarzyszenie Auschwitz Memento, Piotr Grzegorek a las orillas del Soła, Bolesław Opaliński en Alwernia, Zbigniew Kumala en el bosque Niepołomice y Stanisław Kobiela en Bochnia. Gracias especialmente a Ales Hitrun y Piotr Kubel por enseñarme la casa de Witold en Krupa; Łukasz Politański, la escena de la batalla en Wolbórz; Jacek Szczepański y Jacek Iwaszkiewicz, la casa de vacaciones familiar en Legionowo; y George Dernowski y Maria Radożycka Paoletti, la gloriosa playa de Porto San Giorgio. Gracias también a Jacek Zięba-Jasiński, que nos introdujo a mi hermano Adam y a mí en las rutas de los correos en los montes Tatra.

Nada de esto habría sido posible sin mi mujer, Chrissy, que aguantó mis largas ausencias sin tirar la toalla, prestó oído a mis historias sobre los archivos con diligencia y me ayudó a profundizar en mi comprensión de Witold con sus revisiones. Ella y mis tres maravillosas hijas, Amelie, Marianna y Tess, son un recordatorio constante de aquello por lo que luchó Witold.

Personajes

Abramow-Newerly, Barbara (1908-1973). Profesora de música en Varsovia a la que Witold salvó de un chantajista por sus orígenes judíos. Su esposo, el escritor Igor Abramow-Newerly, fue encarcelado en Auschwitz, y Witold suministró fondos a Barbara para su apoyo.

Bach-Zelewski, Erich von dem (1899-1972). Oficial de las SS que apoyó la creación de un campo de concentración en Auschwitz. Como jefe de policía en la Bielorrusia ocupada, supervisaba el trabajo de Einsatzgruppen-B, que fue responsable del asesinato masivo de decenas de miles de judíos en 1941. En posteriores operaciones contra los partisanos en la región, sus fuerzas asesinaron a 235000 personas, según las estimaciones. En 1944, Erich von dem Bach-Zelewski supervisó la aniquilación del Levantamiento de Varsovia a costa de 185000 vidas, según las estimaciones. Eludió el castigo en los juicios de Núremberg al aceptar testificar contra sus colegas. En 1951, Bach-Zelewski fue sentenciado a diez años en un campo de trabajo por el asesinato de adversarios políticos a principios de la década de 1930. Murió en prisión en Múnich sin que se le imputaran cargos por sus crímenes en Polonia y la Unión Soviética.

Bendera, Eugeniusz (1906-1988). Mecánico polaco que entró en al campo en enero de 1941 y trabajó en el garaje de los SS. Al saber que iban a pegarle un tiro, ideó un plan con Kazimierz Piechowski para robar un coche del personal de las SS y huir del campo.

Bernardini, Filippo (1884-1954). El nuncio papal en Berna que entregó pruebas del Holocausto al Vaticano que in-

417

cluían probablemente algo del material que el correo Napoleon Segieda llevaba encima en su viaje a Londres.

Bischoff, Karl (1897-1950). Oficial de las SS y arquitecto que digirió la oficina de construcción del campo, responsable de la construcción de Birkenau y sus cámaras de gas. Se libró del castigo después de la guerra.

Bock, Hans (1901-c. 1944). Kapo alemán a cargo de las admisiones de los prisioneros en el hospital. Lo más probable es que muriera de sobredosis de morfina en Birkenau en torno a 1944.

Chimczak, Eugeniusz (1921-2012). Interrogador de la policía secreta para el régimen comunista de Polonia después de la guerra. Dirigió la investigación y la tortura de Witold tras su arresto en 1946. En 1996, fue sentenciado a siete años y medio de prisión por sus crímenes, pero evitó la cárcel por motivos de salud.

Ciesielski, Edward *Edek* (1922-1962). Arrestado cuando era estudiante de instituto y enviado a Auschwitz el 1 de abril de 1941, Edek fue reclutado por Witold para la resistencia en el verano de 1941 y después huyó del campo con él. Lo hirieron gravemente en el Levantamiento de Varsovia, pero sobrevivió, y después escribió el primer testimonio de la resistencia. Murió de un infarto antes de que fuera publicacado en 1966.

Dalton, Hugh (1887-1962). Político del Partido Laborista que ingresó en el gabinete de Churchill en 1940 como ministro de Bienestar Económico. En julio de ese año, creó una organización clandestina llamada Dirección de Operaciones Especiales (SOE) para llevar a cabo actividades de subversión y sabotaje en el continente. La SOE pasó a ser el punto de contacto principal para el Gobierno polaco en el exilio y coordinó lanzamientos aéreos de equipos y agentes como el de Napoleon Segieda en Polonia.

Dering, Władysław (1903-1965). Ginecólogo polaco cuyo arresto por actividades clandestinas en Varsovia y envío a Auschwitz en junio de 1940 fue un estímulo para la misión de Witold. Fue el primer recluta de Witold en el campo, y aprovechó su cargo en el hospital para salvar prisioneros.

En mayo de 1943, Dering participó como cirujano en los experimentos de esterilización de los nazis que utilizaban rayos X e inyecciones químicas. También participó como cirujano en 115 castraciones e histerectomías a víctimas judías. En 1944, Dering firmó el registro Volksliste para confirmar su estatus de alemán nativo y fue liberado del campo. Al término de la guerra fue a trabajar para uno de los médicos de las SS responsables del programa, Carl Clauberg, en su clínica privada de Königshütte, Silesia. En 1947, el Gobierno polaco abrió una investigación sobre él por tratarse de un posible criminal de guerra y Dering huyó a Londres. En un juicio por crímenes de guerra en 1948 fue absuelto de los posibles cargos, que él negó. El caso de Dering fue objeto de otra acción judicial en 1964, cuando demandó al escritor Leon Uris y a su editor William Kimber por un libro que aludía a un tal «Dr. Dehring», que había realizado más de 16 000 «operaciones de sexo en el campo». Durante el juicio, Alina Brewda, una médica judía que conocía a Dering de antes de la guerra y que trabajó de enfermera en el campo, contó que también le ordenaron participar en las operaciones, pero que se negó. El juez ordenó al editor el pago de medio penique a Dering por daños y perjuicios, la moneda más pequeña del reino. Dering también tuvo que pagar los costes legales de la defensa, que ascendieron a 25 000 libras.

Diem, Rudolf (1896-1986). Médico polaco que llegó al campo en febrero de 1941. Como enfermero en el hospital, se opuso a los intentos de los SS de reclutar a enfermeros polacos para realizar prácticas homicidas.

Dipont, Marian (1913-1976). Médico polaco que llegó al campo en agosto de 1940 y formó parte del personal de enfermería del hospital. Lo liberaron en septiembre de 1941, y es probable que transmitiera noticias a Varsovia del gaseamiento a antiguos prisioneros soviéticos y pacientes del hospital.

Dubois, Stanisław *Stasiek* (1901-1942). Político y escritor polaco que ingresó en el campo en septiembre de 1940 y colaboró con Witold recabando pruebas de los crímenes nazis. Sus informes sobre la mortalidad de los prisioneros en junio y julio de 1942 contenían los primeros datos sobre el Holocausto en Auschwitz que llegaron a Varsovia y Londres.

Eden, Anthony (1897-1977). Secretario de Asuntos Exteriores británico que anunció la existencia del Holocausto en nombre de los Aliados, pero que después se mostró reticente a aprobar medidas de rescate para los judíos en Europa por miedo a sus repercusiones en el esfuerzo bélico.

Entress, Friedrich (1914-1947). Médico de las SS en el hospital del campo desde diciembre de 1941, cuyo papel fue fundamental en la selección de pacientes para las inyecciones de fenol. Las fuerzas estadounidenses lo arrestaron en 1945, fue condenado por crímenes de guerra y ejecutado en 1947.

Frank, Hans (1900-1946). Gobernador de la Polonia ocupada por los alemanes después de la invasión. Fue ejecutado después de ser juzgado por crímenes de guerra en Núremberg.

Fritzsch, Karl (1903-1945). Subcomandante de Auschwitz, el primero en utilizar el pesticida Zyklon B para gasear reclusos. Se cree que murió en Berlín.

Gawron, Wincenty (1908-1991). Artista y grabador de madera polaco que Witold reclutó en el campo y utilizó para que pasara los primeros avisos sobre el inicio del Holocausto en Auschwitz. Después combatió en el levantamiento, antes de emigrar a Estados Unidos, donde trabajó de carpintero y grabador en Chicago.

Gawryłkiewicz, Mieczysław (1898-c. 1944). Comandante de Witold durante la invasión alemana de Polonia.

Goebbels, Joseph (1897-1945). Ministro alemán de propaganda, que terminó suicidándose.

Grabner, Maximilian (1905-1948). El jefe de la unidad de la Gestapo en el campo cuya tarea era eliminar a los miembros de la resistencia. Dirigió algunos de los primeros gaseamientos de familias judías en Auschwitz. En 1943, fue arrestado como parte de una investigación sobre la corrupción de las SS en el campo y posteriormente fue sentenciado a doce años de prisión por cometer asesinatos extrajudiciales en el bloque penal (una rara acusación teniendo en cuenta los asesinatos masivos de judíos en el campo). Después de la guerra fue arrestado por las fuerzas estadounidenses y entregado a las autoridades polacas para ser procesado en 1947. Lo ejecutaron en 1948.

Himmler, Heinrich (1900-1945). Jefe de la policía alemana y de las SS encargado de la supervisión del sistema de los campos de concentración. Visitó Auschwitz en marzo de 1941 para autorizar su rápida expansión, adelantándose a la invasión de la Unión Soviética, y de nuevo en julio de 1942 para observar la selección y el gaseamiento de un transporte de judíos holandeses. Se suicidó en 1945.

Höss, Rudolf (1900-1947). Comandante de Auschwitz durante el tiempo que Witold pasó en el campo. Las autoridades polacas lo juzgaron en 1947 y lo colgaron en Auschwitz en abril de ese mismo año.

Jabłoński, Karol (1903-1953). Oficial polaco y jefe de las operaciones de sabotaje en Varsovia a quien Witold propuso la idea de atacar Auschwitz.

Jaster, Stanisław (1921-1943). Bachiller que ingresó en el campo en noviembre de 1940. Se fugó del campo en un vehículo de las SS en junio de 1942 y entregó a Varsovia un informe de Witold sobre el asesinato masivo de judíos en Birkenau. Más tarde la resistencia lo ejecutó supuestamente por delator. No hay pruebas que confirmen que lo fuera.

Jekiełek, Wojciech (1905-2001). Activista social polaco en la pequeña población de Osiek, fuera del campo, que creó una red clandestina para pasar comida, medicinas y mensajes a los prisioneros. Reunió datos sobre los crímenes nazis en el campo y remitió el material al correo de Napoleon Segieda.

Karcz, Jan (1892-1943). Oficial de caballería que creó una célula de resistencia en Birkenau que informaba del exterminio de judíos en el campo.

Karski, Jan (1914-2000). Correo polaco que llevó a Londres su testimonio presencial de la liquidación del gueto de Varsovia y un punto de tránsito fuera del campo de la muerte de Bełżec. En 1943, viajó a Washington y presentó su testimonio al presidente Roosevelt.

Kielar, Wiesław (1919-1990). Estudiante polaco que llegó a Auschwitz en el primer transporte en junio de 1940. Después trabajó de enfermero en el hospital, donde presenció el gaseamiento de pacientes y prisioneros de guerra soviéticos en septiembre de 1941.

Klehr, Josef (1904-1988). Ebanista austriaco que fue suboficial en el hospital del campo. Ayudó en los primeros ensayos de las inyecciones de fenol para matar pacientes. También se empleó en la denominada unidad de desinfección que trabajaba en las cámaras de gas de Birkenau. Klehr inicialmente eludió a la justicia al terminar la guerra, pero fue juzgado en Fráncfort en 1963. El tribunal lo declaró culpable de asesinato en 475 casos, cómplice de asesinato en al menos 2730 casos y lo sentenció a cadena perpetua más quince años adicionales.

Kłodziński, Stanisław (1918-1990). Estudiante de medicina y activista que llegó al campo en abril de 1941 y se unió a la resistencia. Trabajó de ordenanza en el hospital y cuidó a Witold cuando cayó enfermo de tifus. Kłodziński descodificó los mensajes de Napoleon Segieda y de Wojciech Jekiełek que llegaron al campo en 1942.

Komorowski, Tadeusz (1895-1966). Oficial polaco que asumió el control militar de la resistencia tras el arresto de Stefan Rowecki en 1943. Komorowski tomó la decisión de iniciar el Levantamiento de Varsovia.

Korboński, Stefan (1901-1989). Líder de la resistencia y memorialista polaco.

Kosztowny, Witold (1913-?). Biólogo polaco que llegó al campo en junio de 1940 y trabajó en el hospital. A petición de los SS, estableció un laboratorio que cultivó piojos infectados de tifus para usarlos como vacuna. Después empleó los piojos para atacar a los kapos y los guardias.

Kożusznikowa, Władysława (1905-1976). Ama de casa del pueblo de Przecieszyn, cercano al campo, que colaboró con Helena Płotnicka para llevar provisiones a los prisioneros. En julio de 1942, entregó el testimonio de Napoleon Segieda sobre los crímenes nazis.

Krankemann, Ernst (1895-1941). Barbero alemán condenado a detención indefinida por abusos conyugales en 1935. Fue uno de los primeros kapos que llegó a Auschwitz, donde dirigió la compañía penal de judíos y sacerdotes católicos. Es probable que muriera a manos de los prisioneros en un transporte destinado al gaseamiento en un centro a las afueras de Dresde.

Kühl, Juliusz (1913-1985). Judío polaco y funcionario de la embajada en Berna (Suiza), que supervisaba los asuntos judíos y que probablemente acompañó al correo Napoleon Segieda a reunirse con el jefe de la legación, Aleksander Ładoś.

Küsel, Otto (1909-1984). Kapo alemán en Auschwitz a cargo de las asignaciones de las tareas. Salvó la vida de Witold al ofrecerle un empleo arreglando estufas. Ayudó a la movilidad de la resistencia entre brigadas e intentó dispensar a los prisioneros enfermos de los peores trabajos. Participó en una de las fugas en 1942 que sacó clandestinamente del campo material sobre el Holocausto. Otto era un vagabundo de Berlín cuando la policía alemana lo arrestó por robar y terminó en el sistema de los campos de concentración. Fue uno de los primeros kapos que llegó al campo en mayo de 1940.

Ładoś, Aleksander (1891-1963). Diplomático polaco y jefe de la legación en Berna, Suiza, durante la guerra. Lo más probable es que el correo Napoleon Segieda le informara de la liquidación del gueto de Varsovia. Ayudó a falsificar pasaportes de países latinoamericanos para los judíos que huían.

Norrman, Sven (1891–1979). Correo judío para la resistencia polaca que llevó informes sobre los primeros experimentos con gas con prisioneros de guerra soviéticos y pacientes de hospital en Auschwitz de Varsovia a Estocolmo. Norrman trabajaba en Varsovia antes de la guerra como director nacional de la empresa de ingeniería ASEA. En mayo de 1942, sacó clandestinamente el primer informe importante sobre los asesinatos masivos de judíos en los territorios del Este ocupados por los nazis.

Nowakowski, Leon (1908-1944). Oficial polaco que dirigió la unidad de Witold durante el Levantamiento de Varsovia.

Obojski, Eugeniusz *Gienek* (1920-1943). Aprendiz de cocinero en Varsovia antes de la guerra, llegó en el primer transporte a Auschwitz en junio de 1940 y lo pusieron a cargo del depósito de cadáveres del hospital. Fue uno de los primeros reclutas de Witold y un importante contrabandista de medicinas y suministros, incluido el efímero radiotransmisor de la resistencia.

Obora, Józef (1888-1974?). Comerciante polaco de Bochnia que dio cobijo a Witold, Edek y Jan cuando se fugaron del campo.

Ostrowska, Eleonora (1909-1995). Cuñada de Witold y su punto de contacto con Varsovia durante el tiempo que pasó preso en Auschwitz. Celebró la reunión inaugural de Tajna Armia Polska en su piso y fue miembro activo de la resistencia durante toda la guerra.

Paliński, Aleksander *Olek* (1894-1944). Oficinista y músico polaco de Varsovia que ingresó en el campo en enero de 1941, Aleksander fue reclutado por Witold y más tarde hizo de mensajero para él tras su liberación en 1942. Witold se alojó con los Paliński después de su fuga y trabajó con Olek para enviar ayuda a los prisioneros que seguían en el campo.

Palitzsch, Gerhard (1913-1944). Oficial de las SS y verdugo del campo. Su mujer murió de tifus en 1942. Mantuvo relaciones sexuales con al menos una prisionera judía y lo trasladaron del campo en 1943. Se cree que murió en las afueras de Budapest en 1944.

Piechowski, Kazimierz *Kazik* (1919-2017). Estudiante polaco y uno de los primeros prisioneros que llegó a Auschwitz en junio de 1940. Escapó del campo vestido de soldado de las SS en un coche oficial alemán, en junio de 1942, con Eugeniusz Bendera, Józef Lempart y Stanisław Jaster, que llevaba encima un informe sobre el exterminio de judíos en Birkenau.

Piekarski, Konstanty *Kon* (1913-1990). Estudiante de ingeniería y oficial polaco que llegó a Auschwitz en el mismo transporte que Witold y fue reclutado por él en la resistencia en 1940. Ayudó a Witold a robar un radiotransmisor de la oficina de construcción de las SS.

Pietrzykowski, Tadeusz *Teddy* (1917-1991). Boxeador profesional polaco y uno de los primeros reclutas de Witold en el campo. Derrotó al kapo alemán Walter Dunning en un combate de boxeo. Más tarde fue testigo de uno de los primeros gaseamientos de judíos en Auschwitz y usó piojos infectados con tifus para atacar a los oficiales de las SS y los kapos.

Pilecka, Maria (1899-1991). Esposa de Witold.

Pilecka, Zofia (nacida en 1933). Hija de Witold.

Pilecki, Andrzej (nacido en 1932). Hijo de Witold.

Płotnicka, Helena (1902-1944). Ama de casa del pueblo de Przecieszyn, cercano al campo, que colaboró con Władysława Kożusznikowa para entregar provisiones a los prisioneros. En julio de 1942, entregó el testimonio de Napoleon Segieda sobre los crímenes nazis. Más tarde la arrestaron y la llevaron a Auschwitz, donde murió de tifus.

Płużański, Tadeusz (1920-2002). Correo polaco que llevó los informes de Witold sobre la ocupación comunista de la Polonia de posguerra al líder en el exilio, el general Władysław Anders. Su plan de atacar a miembros de la policía secreta polaca condujo seguramente al arresto de Witold. Fue juzgado al mismo tiempo que Witold en 1948 y condenado a muerte, pero después la sentencia se conmutó por la de cadena perpetua. Lo liberaron de la cárcel en 1955.

Porębski, Henryk (1911-?). Electricista polaco que llegó a Auschwitz en octubre de 1940 y estableció los primeros lazos entre la resistencia en el campo principal y la brigada judía que trabajaba en las cámaras de gas de Birkenau.

Portal, Charles (1893-1971). Jefe de la Real Fuerza Aérea, sopesó y rechazó el primer llamamiento de Witold a bombardear el campo en 1941 y las posteriores peticiones del Gobierno polaco para dar más apoyo aéreo a la resistencia.

Rawicz, Kazimierz (1896-1969). Oficial polaco que llegó al campo en enero de 1941 y se integró en la resistencia a petición de Witold. En 1942, urdió un plan para preparar una sublevación que destruyera el campo y permitiera una fuga masiva.

Redzej, Jan (1904-1944). Profesor de primaria polaco que llegó al campo en el mismo transporte que Witold y después concibió la idea de la fuga desde la panadería exterior. Murió combatiendo al lado de Witold en el Levantamiento de Varsovia.

Romanowicz, Michał (?-1940). Oficial de caballería y uno de los primeros reclutas de Witold que le ayudó a pasar de un destacamento de trabajo a otro y se las ingenió para transmitir su primer informe del campo por medio de Aleksander Wielopolski.

Rowecki, Stefan (1895-1944). Oficial polaco y líder de la resistencia en Varsovia hasta su arresto en 1943. Fue él quien concibió la misión original de Witold en Auschwitz y más tarde envió al correo Napoleon Segieda al campo para investigar sus informes.

Różycki, Witold (1906-?). Oficial polaco que llegó al campo en el mismo transporte que Witold. Después de la guerra lo acompañó a Auschwitz.

Ruszczyński, Zbigniew (1914-1943). Arquitecto polaco que llegó al campo en 1941 y tramó el plan de robar un radiotransmisor de la oficina de construcción de las SS.

Savery, Frank (1883-1965). Diplomático y cónsul británico en Varsovia en la década de 1930. Como jefe en funciones del ministerio de Asuntos Exteriores que dirigió el archivo polaco durante la guerra, fue un garante crucial de la información que llegaba a Londres desde Varsovia. Fue probablemente el primer funcionario occidental en percibir cabalmente el papel central de Auschwitz en el Holocausto.

Schwela, Siegfried (1905-1942). Médico de las SS que trabajó en el hospital del campo desde 1941. Fue el primero en inyectar a los pacientes fenol y participó en los primeros experimentos con gas. Probablemente fue asesinado por prisioneros que usaron piojos infectados de tifus en 1942.

Segieda, Napoleon (1908-1988). Soldado polaco antes de la guerra, que llegó a Gran Bretaña en 1941 y fue seleccionado como correo. Tras ser entrenado como tal por la Dirección de Operaciones Especiales, se lanzó en paracaídas sobre Polonia en 1942. A continuación investigó informes de las atrocidades nazis en Auschwitz y regresó a Londres para entregar sus hallazgos en febrero de 1943. Se hizo ciudadano británico al concluir la guerra y puede que trabajara para los servicios de inteligencia.

Serafiński, Tomasz (1902-1966). Abogado, ingeniero agrícola y hacendado polaco cuyo documento de identidad utilizó Witold al registrarse en el campo. Tras fugarse, se alojó en su casa en Nowy Wiśnicz. Tomasz presentó los planes de Witold de atacar el campo a la resistencia en Cracovia, pero fueron rechazados. Más tarde, lo expulsaron de la organización por su apoyo a Witold. Los SS lo arrestaron e interrogaron en diciembre de 1943 en conexión con la fuga, pero no reveló lo que sabía.

Schulte, Eduard (1891-1966). Industrial alemán que fue una de las primeras personas en informar a los Aliados sobre el exterminio sistemático de judíos en la Europa ocupada.

Siegruth, Johann (1903-1941). Kapo alemán manco en los almacenes anexos a Auschwitz. Lo más seguro es que fuera asesinado por prisioneros en 1941.

Sieradzki, Makary (1900-1992). Funcionario polaco y miembro de la resistencia que dio refugio a Witold cuando este volvió a Polonia en 1945. Más tarde lo juzgaron junto a Witold y lo condenaron a quince años de cárcel.

Sikorski, Władysław (1881-1943). General y ex primer ministro que pasó a ser líder del Gobierno polaco en el exilio en 1940.

Staller, Alois (1905-?). Kapo alemán de Auschwitz que dirigía el primer bloque de Witold y lo seleccionó como supervisor de dormitorio. Staller había sido un obrero de fábrica en Renania y comunista. Lo arrestaron por colgar carteles antinazis en 1935 y lo detuvieron indefinidamente en Sachsenhausen un año después. Lo acusaron de criminal de guerra en 1963, pero se desestimó el caso por falta de pruebas.

Stössel, Alfred *Fred* (1915-1943). Polaco de origen alemán que trabajó de enfermero en el hospital del campo. Witold le confió la custodia del radiotransmisor de la resistencia. Más tarde, uno de ellos lo denunció falsamente a los SS porque participaba en la inyección de fenol a pacientes y fue ejecutado.

Stupka, Helena (1898-1975). Residente de Oświęcim que estableció los primeros contactos con reclusos.

Surmacki, Władysław (1888-1942). Oficial e ingeniero polaco cuyo arresto en Varsovia por colaborar con la resistencia y cuyo envío a Auschwitz en agosto de 1940 impulsó la misión de Witold. En el campo, Surmacki trabajó de supervisor-recluso en la oficina de construcción y estableció los primeros contactos de la resistencia con el mundo exterior por mediación de Helena Stupka.

Świętorzecki, Karol (1908-1991). Karol fue uno de los primeros reclutas de Witold en el campo. Llegaron en el mismo transporte y trabajaron en el mismo bloque como supervisores de dormitorio. Witold utilizó a Karol para distribuir por todo el campo las noticias que captaban con la radio ilegal de la resistencia. Karol fue mensajero de Witold tras su liberación en mayo de 1941.

Szelągowska, Maria (1905-1989). Química polaca y colaboradora de la resistencia. En 1945, ayudó a Witold a mecanografiar y editar su informe de 1945. Más tarde trabajó con él en Varsovia recabando información y preparando informes para enviarlos al líder en el exilio Władysław Anders. La juzgaron en la misma época que Witold, en 1948, y fue condenada a muerte, pero después le conmutaron la sentencia por cadena perpetua. Salió de la cárcel en 1955.

Szpakowski, Sławomir *Sławek* (1908-?). Pintor de postales de Kielce que fue arrestado al mismo tiempo que Witold. Ambos hombres compartieron colchón durante sus primeras semanas en el campo y trabajaron juntos en un equipo de demolición. Lo liberaron del campo en 1941.

Trojnicki, Ferdynand (1895-?). Oficial polaco antes de la guerra y miembro del Tajna Armia Polska, Ferdynand fue uno de los primeros reclutas y a Witold le ayudó a conseguir un empleo en la unidad de carpintería. Lo liberaron del campo en noviembre de 1941 y es probable que llevara noticias a Varsovia de los experimentos con gas contra los prisioneros soviéticos y la creación del campo de Birkenau.

Westrych, Wilhelm (1894-1943). Polaco de origen alemán que trabajó como kapo del taller de carpintería en Auschwitz. Empleó a Witold en su brigada y lo protegió de otros kapos.

Wielopolski, Aleksander (1910-1980). Ingeniero polaco y miembro de la célula de la resistencia conocida como Los Mosqueteros. Lo arrestaron en la misma redada que a Witold y lo enviaron al campo. Lo liberaron en octubre de 1940 llevando encima el primer informe de Witold sobre el campo.

Wietschorek, Leo (1899-1942). Kapo alemán que imponía ejercicios físicos de castigo a los prisioneros. Era célebre por violar a muchachos adolescentes y asesinarlos después. Murió en 1942, seguramente a manos de prisioneros, con piojos infectados de tifus.

Wise, Stephen (1874-1949). Rabino judío estadounidense que recibió un aviso temprano sobre la orden de Hitler de exterminar a los judíos de Europa en agosto de 1942. Aceptó no hacer pública la información hasta que una investigación del Departamento de Estado estadounidense pudiera confirmar los detalles. En noviembre de 1942 dio una conferencia de prensa anunciando que los alemanes habían asesinado a dos millones de judíos.

Włodarkiewicz, Jan (1900-c. 1942). Oficial polaco que combatió con Witold como partisano durante las semanas siguientes a la invasión alemana. En noviembre de 1939 formó una célula de resistencia en Varsovia con Witold, conocida como Tajna Armia Polska. Sugirió el nombre de Witold a los líderes de la resistencia para la misión en Auschwitz. Murió en circunstancias desconocidas en 1942 mientras dirigía una unidad de sabotaje e inteligencia con base en Polonia oriental.

Zabawski, Edmund (1910-?). Profesor de las afueras de la localidad de Bochnia, en el sur de Polonia. Presentó a Witold a su compañero de fuga y se puso en contacto con su familia en nombre de Witold para que les dieran cobijo cuando huyeran del campo. Más tarde pasó a los líderes de la resistencia los planes de Witold para atacar el campo.

Notas

Introducción

1. Ostrowski, Entrevista, 9 de marzo de 2016; Ostrowska, *Wspomnienia 1*, p. 5.
2. Ostrowski, Entrevista, 9 de marzo de 2016.

Nota sobre el texto

3. Datos cedidos por cortesía de Wojciech Płosa.
4. Pilecki, *The Auschwitz*, loc. 521; Pilecki [carta], 19 de octubre de 1945, PUMST, BI 6991, p. 2.

Capítulo 1: Invasión

1. Pilecki [Pod Lidą], Materiały, vol. 223c, APMA-B, p. 36; Dmytruk, «Z Novogo», citado en Brown, *A Biography*, loc. 954; Tumielewicz [crónica], p. 229; Lacki, «Burza», pp. 229–230; Pilecka [sucesos], vol. 223c, APMA-B, p. 104; Pilecki [W jaki], PUMST, p. 8.
2. Kochanski, *The Eagle*, p. 57; Wilmot [notas], LHCMA, LH 15/15/150/2.
3. La movilización general se inició el 30 de agosto, pero la movilización encubierta había empezado el 24 de agosto. Kochanski, *The Eagle*, p. 57; Pilecki [*op. cit.*], PUMST, BI 6991, p. 8; Лаўрэш, «13 траўня», pp. 15-19; Лаўрэш, «ЛіО` чына», p. 76; Brochowicz-Lewiński [informe], CAW, I.302.4. 466.
4. Pilecki, Entrevista, 21 de mayo de 2016.
5. Gawron, *Ochotnik*, p. 68; Pilecki, Akta sprawy, Protokół przesłuchania podejrzanego Tadeusza Płużańskiego, Materiały, vol. 223, APMA-B, p. 197; Pieńkowska [memorias], p. 12; Budarkiewicz, «Wspomnienia», en Cyra, *Rotmistrz*, p. 24.
6. Tracki, *Młodość*, p. 112; Pilecka [sucesos], Materiały, vol. 223c, APMA-B, pp. 94-96; Pilecki [currículum], Materiały, vol. 223c, APMA-B, no figuran las páginas; Tracki, *Młodość*,

pp. 178-179, p. 185. La propiedad de Sukurcze fue una herencia por parte de madre. La tierra de los Pilecki fue en buena parte confiscada por el Estado ruso tras la participación de su abuelo en el Levantamiento de Enero de 1863 contra el zar Alejandro II; Cyra, *Rotmistrz*, p. 22.

7. Para saber más sobre la cooperativa, véase AAN, 2/213/0/9/8 498 y AAN, 2/213/0/9/8499; Pilecka-Optułowicz, Entrevista, 14 de julio de 2016; Pilecki, Krzyszkowski, Wasztyl, *Pilecki*, p. 30; Pilecki, Entrevista, 1 de febrero de 2016; Pilecki, Krzyszkowski, Wasztyl, Pilecki, p. 30; Tracki, *Młodość*, p. 187, pp. 188-191.

8. Kochanski, *The Eagle*, pp. 30-32; Bikont, *The Crime*, pp. 11-26; Ringelblum, Polish, p. 11; Brzoza, Sowa, *Historia*, p. 135; Brown, *A Biography*, loc. 534; Лаўрэш, «Яўрэі», pp. 141-154; Лаўрэш, «Лідчына», p. 64; Gelman, *Jewish*, citado en Manor, Ganusovitch, Lando, *Book of Lida*, p. 83; Ярмонт, В тени, pp. 93-94, citado en Лаўрэш, «Лідчына», p. 76.

9. Pilecki [W jaki], PUMST, BI 6991, p. 7; Pilecki, Entrevista, 2 de febrero de 2016; Gombrowicz, *Polish*, p. 32. Witold desalojó a un inquilino judío que alquiló el terreno de la finca en 1922. No hay pruebas que sugieran que existía animosidad racial detrás de este incidente. Pilecka [sucesos], Materiały, vol. 223c, APMA-B, pp. 15-18. Las cooperativas polacas participaron en el estímulo de los intereses económicos de sus comunidades, que con frecuencia tenían una dimensión racial. Piechowski, *Byłem*, pp. 17-18.

10. Markert, 77, p. 53; Pilecki, Entrevista, 10 de octubre de 2017; Pilecka-Optułowicz, Entrevista, 17 de mayo de 2016.

11. Pilecki, Entrevista, 1 de febrero de 2016 y 10 de octubre de 2017.

12. Pilecki, Entrevista, 10 de octubre de 2017.

13. Pilecki, Entrevista, 21 de mayo de 2017; Pilecki [Pod Lidą], Materiały, vol. 223c, AP-MA-B, p. 26.

14. Pilecki, Entrevista, 1 de febrero de 2016. Puesto que el ejército polaco fue atrapado a medio movilizarse y nunca se movilizó del todo, fue superado en número por 1,5 a 1 en infantería; 3 a 1 en artillería y 5 a 1 en tanques. Puede que un poco más de 700 000 soldados polacos llegaran a la batalla, principalmente de modo fragmentado y desorganizado, en comparación con un millón de alemanes aproximadamente. Komisja, *Polskie*, vol. 1, parte 1, p. 191, p. 247; Kochanski, *The Eagle*, p. 46, pp. 55-57; Thomas, *German*, p. 8.

15. Pilecki [W jaki], PUMST, BI 6991, p. 2, p. 8; Gawron, *Ochotnik*, pp. 86-99.

16. Witowiecki, *Tu mówi*, p. 54, Markert, 77, p. 55; Jezierski [memorias], CAW, I.302.4.466.

17. Witowiecki, *Tu mówi*, p. 54; Naruszewicz, *Wspomnienia*, p. 177. Sobre los viajes en vagones de carga, véase también Bujniewicz, *Kolejnictwo*, p. 58.

18. Szpilman, *The Pianist*, p. 22; Richie, *Warsaw*, pp. 110-114.

19. Witowiecki, *Tu mówi*, p. 76; Gnatowski [memorias], CAW, I.302.4.466.

20. Blum, *O broń*, pp. 20-41; Jezierski [memorias], CAW, I.302.4.466. Vaya mi especial agradecimiento a David McQuaid y Łukasz Politański por cerciorarse de las fechas correctas del encuentro entre Witold y Piotrków Trybunalski.

21. Pilecki [W jaki], PUMST, BI 6991, p. 8.

22. Pilecki [W jaki], PUMST, BI 6991, p. 8; Schmidtke [memorias], CAW, I.302.4.466.

23. Stoves, *Die I.*, p. 57.

24. Stoves, *Die I.*, p. 57; Pilecki [W jaki], PUMST, BI 6991, p. 8; Blum, *O broń*, pp. 20-41; Jezierski [memorias], CAW, I.302.4.466.

25. Blum, *O broń*, pp. 20-41; Witold no da muchos detalles sobre esta escena en sus memorias. «Tanques en la carretera. Mi caballo ha muerto.» Pero el laconismo es revelador en sí. En los márgenes también escribió en lápiz azul: «He hecho un juramento esta noche, más duro para mí que cualquier otra decisión». No dice de qué juramento se trata, pero conociendo a Witold lo más seguro es que jurara luchar hasta el último aliento. Pilecki [W jaki], PUMST, BI 6991, p. 9.

26. Pilecki [W jaki], PUMST, BI 6991, p. 9.

27. Kochanski, *The Eagle*, p. 69; Wilkinson, *Foreign*, p. 72.

28. Kochanski, *The Eagle*, pp. 48-49; Pilecki [W jaki], PUMST, BI 6991, p. 9.

29. Wilkinson, *Foreign*, p. 73.

30. Pilecki [W jaki], PUMST, BI 6991, p. 10.

31. Pilecki [W jaki], PUMST, BI 6991, p. 10. Un grupo de soldados británicos de la misión militar intentaba rescatar a personas de los escombros y lograron sacar a la esposa polaca del jefe de correos de la embajada. A la delegación le costó varios días salir del país. Colin Gubbins, que desempeñaría un papel importante en la historia de Witold, se encontraba en este grupo. Wilkinson, *Foreign*, p. 77.

32. Pilecki [W jaki], PUMST, BI 6991, p. 10; Karski, *Story*, p. 11. El nombre de Karski antes de la guerra era Jan Kozielewski, pero es más conocido por su nombre de guerra, que adoptó en adelante.

33. Pilecki [W jaki], PUMST, BI 6991, p. 11.
34. Pilecki [W jaki], PUMST, BI 6991, p. 11.
35. Kochanski, *The Eagle*, pp. 76-79.
36. Kochanski, *The Eagle*, pp. 89-90.
37. Pilecki [W jaki], PUMST, BI 6991, p. 11; Pilecki, Entrevista, 11 de marzo de 2016.
38. Pilecki [W jaki], PUMST, BI 6991, p. 13.
39. Pilecki [W jaki], PUMST, BI 6991, p. 13.
40. Pilecki [W jaki], PUMST, BI 6991, p. 13.
41. Widelec, *Diary*, citado en Margolis, *Memorial*, p. 422; Lewitt, *When*, citado en Margolis, *Memorial*, p. 442; Nejmark, *The Destruction*, citado en Margolis, *Memorial*, p. 445; Dekel [Browar], p. 15, p. 101; Hodubski, Protokół, Ostrów Mazowiecka, 5 de agosto de 1947, IPN, Bl 407/63, K 296/47, GK 264/63, SOŁ 63, pp. 0343-44; Słuchoński [memorias], IP, 019 Sluchonski_Artur_2_skan_AK; Pilecki, Entrevista, 11 de marzo de 2016.
42. Pilecki, Entrevista, 11 de marzo de 2016.
43. Pilecki [W jaki], PUMST, BI 6991, p. 14.

Capítulo 2: Ocupación

1. Pilecki [W jaki], PUMST, BI 6991, p. 14.
2. Nowak, *Courier*, p. 58; Richie, *Warsaw*, p. 147; Goebbels, *Diaries*, p. 37; Landau, *Kronika*, vol. I, p. 48; Korboński, *Fighting*, p. 7; Bryan, *Warsaw*, p. 19, p. 25; Goebbels, Diaries, p. 37. Bryan calculó que entre 10 000 y 30 000 obuses caían a diario en la ciudad. Bryan, *Warsaw*, p. 24; Goebbels, *Diaries*, p. 37.
3. Frank, *Extracts*, p. 368, citado en O'Connor, *Butcher*, loc. 2008.
4. Olsson, *For Your*, p. 203.
5. Snyder, *Black*, loc. 423; Lukas, *Forgotten*, loc. 72. El primer grupo de trabajos forzados en Alemania se componía de prisioneros de guerra soviéticos. Herbert, *Hitler's*, pp. 61-94. El uso de prisioneros de guerra soviéticos como mano de obra se prohibió de conformidad con la Convención de Ginebra, pero tras el desmantelamiento alemán del Estado polaco, se «liberó» a los prisioneros de su estatus. Tooze, *Wages*, loc. 6701. Doscientos mil trabajadores más llegaron de Polonia a Alemania en la primavera de 1941; Frank, *Extracts*, p. 110, citado en Kochanski, *The Eagle*, p. 98.
6. Snyder, *Black*, loc. 196; Hilberg, *The Destruction*, pp. 64-74; Winstone, Dark, loc. 1693.

7. Pilecki [W jaki], PUMST, BI 6991, p. 14; Bartoszewski, *1859*, p. 91; Sobolewicz, *But I*, p. 70; Lukas, *Forgotten*, loc. 942. Los intentos de envenenamiento polacos se volvieron sofisticados con el tiempo. Véase Rowecki [Meldunek], 13 de agosto de 1941, en Iranek-Osmecki *et al.*, *Armia*, vol. II, p. 36; Ostrowska, *Wspomnienia 1*, p. 2; Malinowski, *Tajna*, p. 27; Nowak, *Courier*, p. 59; Frank, *Extracts*, p. 5896; Bartoszewski, 1859, p. 99.

8. Ostrowska, *Wspomnienia 1*, p. 2; Ostrowski, Entrevista, 1 de mayo de 2016; Ostrowski, Entrevista, 10 de octubre de 2017.

9. Ostrowski, Entrevista, 1 de mayo de 2016; Tereszczenko, *Wspomnienia*, p. 83.

10. *Znak* [declaración], AAN, 2/2505/0/-/194, p. 3; Tereszczenko, Entrevista, 1 de noviembre de 2016; Ostrowska, *Wspomnienia 1*, p. 3.

11. Pilecki [W jaki], PUMST, BI 6991, pp. 14-15.

12. Pilecki [W jaki], PUMST, BI 6991, p. 14; Malinowski, *Tajna*, p. 29.

13. Garliński, *Fighting*, p. 43; Nowak, *Courier*, p. 71; Korboński, *Fighting*, p. 11, p. 157; Thorsell, *Warszawasvenskarna*, p. 134; Szarota, *Okupowanej*, pp. 223-225.

14. Korboński, *Fighting*, p. 183; Szpilman, *The Pianist*, p. 48; Garliński, *Fighting*, p. 43; Nowak, *Courier*, p. 71; Korboński, *Fighting*, p. 11.

15. Korboński, *Fighting*, p. 219; Gistedt, *Od operetki*, p. 92.

16. Pilecki [W jaki], PUMST, BI 6991, p. 14; autor desconocido [principios de conspiración], AAN, 2/2505/0/-/194.

17. Rablin, Testimonios, vol. 29, APMA-B, p. 82.

18. Rablin, Testimonios, vol. 29, APMA-B, p. 82.

19. Pilecki [W jaki], PUMST, BI 6991, p. 14; autor desconocido [principios de conspiración], AAN, 2/2505/0/-/194.

20. Ostrowska, *Wspomnienia 1*, pp. 3-4; Pilecki [W jaki], PUMST, BI 6991, p. 14.

21. Malinowski, *Tajna*, p. 100.

22. Szpilman, *The Pianist*, p. 54; Dwork, van Pelt, *Auschwitz*, p. 144.

23. Tooze, *Wages*, loc. 6789; Szpilman, *The Pianist*, p. 54; Szarota, *Okupowanej*, p. 203. Véase *Ziemniaki na pierwsze...*, *na drugie...*, *na trzecie* (Patatas para la primera comida... para la segunda comida... para la tercera comida) por Zofia Serafińska o *Sto potraw z ziemniaków* (Cien platos de patatas) por Bolesława Kawecka-Starmachowa; Pilecki [informe 1945], PUMST, BI 874, p. 5.

24. Allen, *The Fantastic*, loc. 212. Varios guetos se habían creado ya en Polonia en este punto, el primero en Piotrków Trybunalski en octubre de 1939. Winstone, Dark, loc. 1856; Frank, *Extracts*, p. 5896.
25. Pilecki [W jaki], PUMST, BI 6991, p. 14; Bartoszewski, *1859*, p. 70.
26. Malinowski, *Tajna*, p. 53, p. 100; Nowak, *Courier*, p. 63.
27. Malinowski, *Tajna*, p. 39; Zwerin, *Swing*, p. 64.
28. Zwerin, *Swing*, p. 64.
29. Pilecki, Entrevista, 17 de mayo de 2016; Pilecka-Optułowicz, Entrevista, 17 de mayo de 2016; Łapian, Entrevista, 15 de mayo de 2017.
30. Pilecki, Entrevista, 16 de mayo de 2016.
31. Szwajkowski [testimonio], IPN, S/139/12/Zn, pp. 137-142; Zawadzki [testimonio], IPN, S/139/12/Zn, pp. 124-128; Roth, *Murder*, citado en Zalc, Bruttman, *Microhistories*, p. 227; véase la nota 55 para saber más sobre las actitudes antisemitas; Gutman, Krakowski, *Unequal*, p. 48; Zimmerman, *The Polish*, p. 74, p. 83.
32. Gross, *Polish*, p. 254; Tereszczenko, *Wspomnienia*, p. 85; Tereszczenko, Entrevista, 1 de noviembre de 2016.
33. *Znak*, 06.05.1940/6-7, citado en Malinowski, *Tajna*, pp. 12–15. Una edición posterior de *Znak* rechazó el brutal trato que los nazis dispensaban a los judíos, que para los escritores era ajeno a la cultura polaca. No obstante, «nada cambia el hecho de que, en Polonia, los judíos son un elemento indeseado e incluso perjudicial, y la eliminación de sus influencias de nuestra vida nacional seguirá siendo nuestro principal propósito». *Znak*, 1940/27, AN, 1925, pp. 3-4.
34. Pilecki [W jaki], PUMST, BI 6991, p. 15; Tereszczenko, Entrevista, 1 de noviembre de 2016; Nowak, *Courier*, p. 39. Nowak, que terminó siendo uno de los correos más célebres de la guerra, fue uno de los primeros colaboradores de *Znak*, pero dejó de trabajar para ellos debido a su postura política. En un punto de sus memorias anota: «Los motivos ideológicos genuinos se mezclaban frecuentemente con las ambiciones de individuos que miraban por su futuro personal y político después de la guerra» (Nowak, *Courier*, p. 67). Las ideas de Jan Włodarkiewicz sobre los judíos no están documentadas, pero es probable que coincidieran estrechamente con las promulgadas en *Znak*.
35. *Znak*, 6-7 de mayo de 1940, citado en Malinowski, *Tajna*, pp. 12-15; Faliński, «Ideologia», pp. 57-76; Kochanski, *The Eagle*, p. 97; Pilecki [W jaki], PUMST, BI 6991, p. 15; Pilecki, Recuerdos, vol. 179, APMA-B, p. 312.

36. Pluta-Czachowski, ... *gdy przychodzi...*, citado en Szarota, *Stefan*, p. 91, p. 86; Rakoń [Meldunek n°. 15], en Czarnocka *et al.*, *Armia*, vol. I, p. 194. El correo Jan Karski señala algo similar en su informe a la Resistencia en 1940 (Karski, citado en Zimmerman, *The Polish*, p. 73).

37. Zimmerman, *The Polish*, p. 67.

38. Favez, *The Red*, pp. 136-37; Zimmerman, *The Polish*, p. 67; Fleming, *Auschwitz*, p. 32; Wood, Karski, loc. 1109; Winstone, *Dark*, loc. 1244.

39. Pilecki [W jaki], PUMST, BI 6991, p. 14.

40. Pilecki [W jaki], PUMST, BI 6991, p. 15; Pilecki, Recuerdos, vol. 179, APMA-B, p. 313.

41. Pilecki [W jaki], PUMST, BI 6991, p. 15.

42. *Znak*, 15.07.1940/14, citado en Malinowski, *Tajna*, pp. 173-175; *Znak* [declaración], AAN, 2/2505/0/-/194, pp. 2-3. La declaración de Jan no aludía específicamente a los judíos, pero su lenguaje es típico de los nacionalistas de la época; buscaba definir la identidad polaca en líneas religiosas y sectarias. Pilecki [W jaki], PUMST, BI 6991, p. 15; Pilecki, Recuerdos, vol. 179, APMA-B, p. 313.

43. Malinowski, *Tajna*, p. 70.

44. Winstone, *The Dark*, loc. 1329; Lasik *et al.*, *Auschwitz*, vol. I, pp. 49–50; Bartoszewski, *1859*, p. 157; Cyra, *Rotmistrz*; Pieńkowska, *Wspomnienia 1*, AAN, 2/2505/0/-/194, p. 2.

45. Malinowski, *Tajna*, p. 88; Cyra, «Dr Władysław», p. 74; Kantyka, Kantyka, *Władysław*, en ídem, Oddani, p. 266. Solo se conoce el nombre de pila de la mujer, Żurawska.

46. Malinowski, Tajna, p. 54, p. 88; Ostrowska, *Wspomnienia 1*, p. 4; Wachsmann, *KL*, pp. 7-9; Tabeau [reporte], en *Zeszyty* (1991), p. 105; Wachsmann, *KL*, p. 191.

47. Wachsmann, *KL*, pp. 6-9. Auschwitz se concibió originalmente como un centro de tránsito para los trabajadores polacos que viajaban al Reich, pero según parece el campo se reconvirtió rápidamente en un campo de concentración más convencional. Rees, *Auschwitz*, loc. 643; Steinbacher, *Auschwitz*, p. 22; Dwork, van Pelt, *Auschwitz*, p. 166.

48. Malinowski, *Tajna*, p. 54, p. 88; Ostrowska, *Wspomnienia 1*, p. 4. No está exactamente claro cuántos prisioneros habían muerto en Auschwitz a finales de agosto. Los registros son incompletos y solo se ha conservado el nombre de un recluso asesinado.

49. Pilecki [W jaki], PUMST, BI 6991, p. 15; Malinowski, *Tajna*, p. 100. Malinowski dice que la reunión se celebró a finales de agosto, pero eso contradice la cronología.

50. Pilecki [W jaki], PUMST, BI 6991, p. 15.

51. Pilecki [W jaki], PUMST, BI 6991, p. 15; Ostrowska, *Wspomnienia 1*, p. 4; Gawron, *Ochotnik*, p. 114; Pilecki, Akta sprawy, Zeznanie w śledztwie Witolda Pileckiego, ASS MON, vol. 1, p. 74.
52. Pilecki [W jaki], PUMST, BI 6991, p. 15.
53. Malinowski, *Tajna*, p. 54; Gawron, *Ochotnik*, p. 114.
54. Pilecki [W jaki], PUMST, BI 6991, p. 15.
55. Pilecki [W jaki], PUMST, BI 6991, p. 15; Pilecki, Entrevista, 1 de febrero de 2016.
56. Winstone, *The Dark*, loc. 1371; Pilecki [W jaki], PUMST, BI 6991, p. 15; Landau, *Kronika*, vol. I, pp. 635-636; Ostrowska, *Wspomnienia 1*, p. 3.
57. Pilecki [W jaki], PUMST, BI 6991, p. 15; Pilecki, Recuerdos, vol. 179, APMA-B, p. 313.
58. Dering [Recuerdos], p. 11; Malinowski, *Tajna*, p. 33.
59. Pilecki [W jaki], PUMST, BI 6991, p. 15; Pilecki, Entrevista, 1 de febrero de 2016.
60. Pilecki, Entrevista, 1 de febrero de 2016; Ostrowski, Entrevista, 9 de marzo de 2016.
61. Pilecki [Informe 1945], PUMST, BI 874, p. 46.
62. Cyra, *Rotmistrz*, p. 45; Ostrowska [*Wspomnienia 1*], p. 5.
63. Ostrowski, entrevista, 9 de marzo de 2016; Ostrowska [*Wspomnienia 1*], p. 5.
64. Ostrowska [*Wspomnienia 1*], p. 5.
65. Ostrowska, Recuerdos, vol. 179, APMA-B, p. 148; Gorzkowski, *Kroniki*, p. 51.
66. Pilecki [Informe 1945], PUMST, BI 874, p. 1; Bartoszewski, *Mój*, pp. 12-14.

Capítulo 3: Llegada

1. Czech, *Auschwitz*, p. 29; Bartoszewski, *Mój*, pp. 14-16; Korboński, *Fighting*, p. 49; Pilecki [Informe 1945], PUMST, BI 874, p. 1; Bartoszewski, *Mój*, pp. 16-17; Kowalski, *Niezapomniana*, pp. 154-58; Ptakowski, *Oświęcim*, pp. 12-13; Redzej [Informe 1943], AAN, 202/XVIII/1, p. 34.
2. Pilecki [Informe 1945], PUMST, BI 874, p. 1.
3. Pilecki [Informe 1945], PUMST, BI 874, pp. 1-2; Piekarski, *Escaping*, pp. 8-12; Redzej [Informe 1943], AAN, 202/XVIII/1, p. 34; Bartoszewski, *Mój*, p. 18; Nowacki, Recuerdos, vol. 151, APMA-B, p. 133.
4. Pilecki [Informe 1945], PUMST, BI 874, p. 2; Kowalski, *Niezapomniana*, p. 161; Bogusz, entrevista, 19 de diciembre de 2015; Pilecki [Informe 1945], PUMST, BI 874, p. 4.

5. Pilecki [Informe 1945], PUMST, BI 874, p. 3.
6. Pilecki [Informe 1945], PUMST, BI 874, p. 3; Kowalski, *Niezapomniana*, p. 163; Stapf, Recuerdos, vol. 110, APMA-B, p. 75-81.
7. Pilecki [Informe 1945], PUMST, BI 874, p. 3.
8. Pilecki [Informe 1945], PUMST, BI 874, p. 4; Stapf, Testimonios, vol. 29, APMA-B, p. 89; Albin, Entrevista, 21 de mayo de 2016; D-Au-I-2, *Häftlings-Personal-Karte*, v. 7, APMA-B, p. 234; Pilecki [Informe 1945], PUMST, BI 874, p. 4.
9. Pilecki [Informe 1945], PUMST, BI 874, p. 4; Bartoszewski, *Wywiad*, p. 46; Kowalski, *Niezapomniana*, pp. 164-165.
10. Lasik *et al.*, *Auschwitz*, vol. I, pp. 66-68; Nowacki, Recuerdos, vol. 151, APMA-B, p. 133.
11. Pilecki [Informe 1945], PUMST, BI 874, p. 4; Piekarski, *Escaping*, p. 16.
12. Siedlecki, *Beyond*, p. 149; Pilecki [Informe 1945], PUMST, BI 874, p. 4; Redzej [Informe 1943], AAN, 202/XVIII/1, p. 36a; Ciesielski [Informe 1943], AAN, 202/XVIII/1, p. 55; Bartoszewski, *Mój*, p. 20; Świętorzecki, Testimonios, vol. 76, APMA-B, p. 95; Nowacki, Recuerdos, vol. 151, APMA-B, p. 65.
13. Kowalski, *Niezapomniana*, p. 166; Fejkiel, *Medycyna*, en Bidakowski, Wójcik, *Pamiętniki*, p. 412; Pilecki [Informe 1945], PUMST, BI 874, p. 4.
14. Dering [Recuerdos], p. 9; Piekarski, *Escaping*, p. 23; Kowalski, *Niezapomniana*, p. 166.
15. Gawron, *Ochotnik*, p. 17; Paczyński, Testimonios, vol. 100, APMA-B, p. 95; Piekarski, *Escaping*, p. 22; Głowa, Recuerdos, vol. 94, APMA-B, p. 117.
16. FBI, FAP 1, HA 29, Bl. 4908-14; NRW, W, GSTA Hamm 3369,3367 Q 211 a.
17. Fejkiel, *Medycyna*, en Bidakowski, Wójcik, *Pamiętniki*, p. 413; Świętorzecki, Testimonios, vol. 76, APMA-B, p. 95.
18. Wachsmann, KL, pp. 60-63.
19. Rees, *Auschwitz*, loc. 425.
20. Iwaszko *et al.*, *Auschwitz*, vol. II, p. 66; Szczepański, colección de vídeos, 14 de julio de 1995, APMA-B, V-246.
21. Pilecki [informe 1945], PUMST, BI 874, p. 4.
22. Pilecki [informe 1945], PUMST, BI 874, p. 19; Redzej [informe 1943], AAN, 202/XVIII/1, p. 45a; Piekarski, *Escaping*, loc. 325; Piekarski, *Escaping*, p. 25; Siedlecki, *Beyond*, p. 155. Fritzsch supervisaba el recuento en su papel de *Schutzhaftlagerführer*, o Líder de la Custodia Preventiva del Campo.

23. Fejkiel, *Medycyna*, en Bidakowski, Wójcik, *Pamiętniki*, p. 419.
24. Bartoszewski, *Mój*, p. 20; Fejkiel, *Medycyna*, en Bidakowski, Wójcik, *Pamiętniki*, p. 419.
25. Bartoszewski, *Mój*, pp. 21–22.
26. Szczepański, colección de vídeos, 14 de julio de 1995, AP-MA-B, V-246; Iwaszko *et al.*, *Auschwitz*, vol. II, p. 70; Kowalski, *Niezapomniana*, p. 223; Siedlecki, *Beyond*, p.155; Ciesielski [informe 1943], AAN, 202/XVIII/1, p. 7; Redzej [informe 1943], AAN, 202/XVIII/1, p. 34, p. 34a; Piekarski, *Escaping*, p. 27.
27. Siedlecki, *Beyond*, p. 155; Kowalski, *Niezapomniana*, p. 233; Langbein, *People*, p. 133; Langbein, *People*, p. 65; Siedlecki, *Beyond*, p. 155; Pilecki, *The Auschwitz*, loc. 563; Pilecki [informe 1945], PUMST, BI 874, p. 3.
28. Langbein, *People*, p. 70; Wachsmann, *KL*, p. 501. Véase Gawron, Recuerdos, vol. 48, APMA-B, pp. 9-13 y p. 38 para más detalles sobre la descripción de los prisioneros judíos que fueron denunciados por compañeros polacos.
29. D-Au1-2, 1-5, APMA-B, citado en Czech, *Auschwitz*, p. 373; Iwaszko *et al.*, *Auschwitz*, vol. II, p. 372, p. 374.
30. Iwaszko *et al.*, *Auschwitz*, vol. II, pp. 371-380.
31. Kowalski, *Niezapomniana*, p. 188, p. 191; Siedlecki, *Beyond*, p. 152.
32. Wachsmann, *KL*, p. 497; Bielecki, *Kto ratuje*, p. 130; Smoleń, «Czarna», p. 4; Kowalski, *Niezapomniana*, p. 175.
33. Müller, *Eyewitness*, p. 5; Langbein, *People*, p. 70.
34. Piekarski, *Escaping*, p. 85; Świętorzecki, Entrevista, 14 de febrero de 1972.
35. Piekarski, *Escaping*, p. 33; Ziółkowski, *Byłem*, p. 31; Kowalski, *Niezapomniana*, p. 234.
36. Kowalski, *Niezapomniana*, p. 233; Szpakowski, Entrevista, 31 de enero de, 2017; Wachsmann, *KL*, p. 501.
37. Iwaszko *et al.*, *Auschwitz*, vol. II, pp. 294-296; Favez, *The Red*, p. 27, pp. 137-141.
38. Lasik *et al.*, *Auschwitz*, vol. I, pp. 66-68; Nosal, Testimonios, vol. 132, APMA-B, p. 165; Bartys, Testimonios, vol. 63, APMA-B, p. 135.
39. Piekarski, *Escaping*, p. 21.
40. Piekarski, *Escaping*, p. 21.
41. Piekarski, *Escaping*, pp. 30-32.
42. Piekarski, *Escaping*, p. 30.
43. Iwaszko *et al.*, *Auschwitz*, vol. II, p. 311; Diem, Recuerdos, vol. 172, APMA-B, p. 11, p. 14, p. 30.

44. Iwaszko *et al.*, *Auschwitz*, vol. II, p. 61; Bartoszewski, *Mój*, pp. 36-38; Fejkiel, *Medycyna*, en Bidakowski, Wójcik, *Pamiętniki*, p. 461; Kowalski, *Niezapomniana*, pp. 172-173.
45. Szczepański, colección de vídeos, 14 de julio de 1995, APMA-B, V-246.
46. Urbanek, Testimonios, vol. 44, APMA-B, p. 8; Ciesielski, *Wspomnienia*, p. 40; Pilecki [informe 1945], PUMST, BI 874, pp. 5-6; Dering [Recuerdos], p. 70; Dembiński [informe], PUMST, A. 680, p. 593.

Capítulo 4: Supervivientes

1. Kowalczyk, *Barbed*, p. 112; Pilecki [informe 1945], PUMST, BI 874, p. 11.
2. Iwaszko *et al.*, *Auschwitz*, vol. II, pp. 312-315; Fejkiel, *Więźniarski*, pp. 46-49; Piekarski, *Escaping*, p. 36; Strzelecka, *Voices*, vol. 3, p. 10; Dering [Recuerdos], p. 24; Diem, Recuerdos, vol. 172, APMA-B, p. 45, p. 77, p. 122.
3. Iwaszko *et al.*, *Auschwitz*, vol. II, p. 216; Langbein, *People*, pp. 50-84; Fejkiel, *Więźniarski*, p. 216.
4. Dering [Recuerdos], pp. 11, 14 y 41.
5. Pilecki [informe 1945], PUMST, BI 874, p. 20; Czech, *Kalendarz*, p. 19. Según parece, un prisionero judío, Dawid Wongczewski, murió durante el recuento y es la primera víctima judía en el campo de la que se tiene conocimiento. Este dato es de un estudio de las SS realizado por el doctor Hans Münch entre 1943 y 1944, aunque solo escribió los resultados en 1947 mientras esperaba el juicio en Polonia por crímenes de guerra. Münch, *Analyzis*, Estudios, vol. 19, APMA-B, pp. 5-47; Collingham, *The Taste*, loc. 293.
6. Pozimski, Recuerdos, vol. 52, APMA-B, p. 165; Dering [Recuerdos], p. 14; Wachsmann, *KL*, p. 209; Piekarski, *Escaping*, pp. 37-38; Redzej [informe 1943], AAN, 202/XVIII/1, pp. 34a-35, p. 37; Albin, *List*, p. 54; Świętorzecki, Testimonios, vol. 76, APMA-B, p. 96; Pilecki [informe 1945], PUMST, BI 874, p. 35; Bartoszewski, *Mój*, p. 32; Piątkowska, Recuerdos, vol. 66, APMA-B, pp. 116-119; Butterly, Shepherd, *Hunger*, p. 134.
7. Lasik *et al.*, *Auschwitz*, vol. I, p. 171; Piekarski, *Escaping*, pp. 23 y 28; Świętorzecki, Entrevista, 14 de febrero de 1970.
8. Pilecki [informe 1945], PUMST, BI 874, p. 6; Dering [Recuerdos], p. 70.
9. Piekarski, *Escaping*, p. 35.
10. Iwaszko *et al.*, *Auschwitz*, vol. II, pp. 378-380; Świętorzecki,

Testimonios, vol. 76, APMA-B, p. 96; Piekarski, *Escaping*, p. 35; Kowalski, *Niezapomniana*, p. 177; Ciesielski [informe 1943], AAN, 202/XVIII/1, p. 6; Radlicki, *Kapo*, pp. 64-65; Siciński, «Z psychopatologii», pp. 126-130; [Krankemann], HHStAW Fonds 430/1, n°. 9402.

11. Pilecki [informe 1945], PUMST, BI 874, p. 6; Ciesielski [informe 1943], AAN, 202/XVIII/1, p. 7.
12. Pilecki [informe 1945], PUMST, BI 874, p. 6.
13. Pilecki [informe 1945], PUMST, BI 874, p. 7. Existieron otras dos graveras en 1940; una junto al matadero del campo y la otra anexa al bloque penal.
14. Pilecki [informe 1945], PUMST, BI 874, p. 7; Piekarski, *Escaping*, p. 143.
15. Dwork, van Pelt, *Auschwitz*, pp. 177-181.
16. Pilecki, *The Auschwitz*, loc. 814; Pilecki [informe 1945], PUMST, BI 874, p. 7.
17. Pilecki [informe 1945], PUMST, BI 874, pp. 7-8.
18. Pilecki, *The Auschwitz*, loc. 833; Pilecki [informe 1945], PUMST, BI 874, p. 8.
19. Pilecki, *The Auschwitz*, loc. 866; Pilecki [informe 1945], PUMST, BI 874, p. 8.
20. Pilecki [informe 1945], PUMST, BI 874, p. 8.
21. Pilecki [informe 1945], PUMST, BI 874, p. 8.
22. Pilecki [informe 1945], PUMST, BI 874, p. 8.
23. Pilecki, *The Auschwitz*, loc. 7794; Pilecki [informe 1945], PUMST, BI 874, p. 9.
24. Pilecki [informe 1945], PUMST, BI 874, pp. 6 y 27; Kielar, *Anus Mundi*, p. 34; Kłodziński, «Rola», pp. 113-126; Ciesielski [informe 1943], AAN, 202/XVIII/1, p. 3; Pilecki [Zamiast], Materiały, vol. 223c, APMA-B, p. 1.
25. Pilecki [Zamiast], Materiały, vol. 223c, APMA-B, p. 2-3.
26. Pilecki [informe 1945], PUMST, BI 874, p. 9; Ciesielski [informe 1943], AAN, 202/XVIII/1, p. 5; Redzej [informe 1943], AAN, 202/XVIII/1, p. 36; Radlicki, *Kapo*, p. 87; Dobrowolska, *The Auschwitz*, loc. 1687; Albin, *List*, p. 53; Urbanek, Testimonios, vol. 44, APMA-B, p. 3; Wolny, Testimonios, vol. 33, APMA-B, p. 17; Białas, Testimonios, vol. 94, APMA-B, vol. 94, p. 24; Kowalski, *Niezapomniana*, pp. 245-247. La mayoría de los prisioneros afirman que solo había una apisonadora gigante, pero que también había unas cuantas pequeñas.
27. Gutheil, *Einer*, pp. 79-92; Albin, *List*, p. 49; Bernacka, «Otto», pp. 8-9; Pilecki [informe 1945], PUMST, BI 874, p. 10.

28. Pilecki, *The Auschwitz*, loc. 929; Pilecki [informe 1945], PUMST, BI 874, p. 10.
29. Pilecki, *The Auschwitz*, loc. 929; Pilecki [informe 1945], PUMST, BI 874, p. 10.
30. Pilecki [informe 1945], PUMST, BI 874, p. 10.
31. Lasik *et al.*, *Auschwitz*, vol. I, pp. 70-71.
32. Filip, *Żydzi*, p. 51, pp. 139-143; Steinbacher, *Auschwitz*, p. 9; Dwork, van Pelt, *Auschwitz*, p. 205.
33. Pilecki [informe 1945], PUMST, BI 874, pp. 10-11.
34. Pilecki [informe 1945], PUMST, BI 874, p. 11.
35. Pilecki [informe 1945], PUMST, BI 874, pp. 10-11.

Capítulo 5: Resistencia

1. Pilecki [informe 1945], PUMST, BI 874, p. 11.
2. Höss, *The Commandant*, loc. 200; Pilecki [informe 1945], PUMST, BI 874, p. 12; Dwork, van Pelt, *Auschwitz*, p. 188.
3. Pilecki [informe 1945], PUMST, BI 874, p. 11.
4. Pilecki [informe 1945], PUMST, BI 874, p. 13.
5. Pilecki [informe 1945], PUMST, BI 874, p. 13.
6. Siedlecki, *Beyond*, p. 151.
7. Pilecki, *The Auschwitz*, loc. 2418; Pilecki [informe 1945], PUMST, BI 874, p. 12.
8. Świętorzecki, Entrevista, 14 de febrero de 1970; Pilecki [informe 1945], PUMST, BI 874, p. 6; Radlicki, *Kapo*, pp. 68-71 y 87.
9. Świętorzecki, Entrevista, 14 de febrero de 1970; Pilecki [informe 1945], PUMST, BI 874, p. 6.
10. Pilecki [informe 1945], PUMST, BI 874, p. 8. Había otro miembro más, llamado Roman Zagner, sobre el que se sabe poco. Kielar, *Anus Mundi*, p. 44; Kowalski, Recuerdos, vol. 96, APMA-B, p. 242; Pilecki [llave], Recuerdos, vol. 183, APMA-B, p. 79; Cyra, *Rotmistrz*, p. 50.
11. Iwaszko *et al.*, *Auschwitz*, vol. II, p. 69.
12. Fejkiel, *Medycyna*, en Bidakowski, Wójcik, *Pamiętniki*, p, 472; Iwaszko *et al.*, *Auschwitz*, vol. II, p. 61; Dobrowolska, *The Auschwitz*, loc. 3310, loc. 3356, loc. 3363; Ziółkowski, *Byłem*, pp. 45-46; Smoleń, «Czarna», p. 4. También funcionaba una tienda en el campo que vendía cigarrillos y artículos de papelería. A los prisioneros se les permitía recibir una pequeña cantidad de sus familias.
13. Nowacki, Recuerdos, vol. 151, APMA-B, p. 139; Piekarski, *Escaping*, p. 46.
14. Piekarski, *Escaping*, p. 45.

15. Piekarski, *Escaping*, p. 45.
16. Piekarski afirmó que Witold le dijo que Auschwitz se convertiría en «un campo de exterminio muy grande que albergaría a los combatientes polacos por la libertad», pero es más probable que estuvieran aplicando la función última del campo a su recuerdo de la conversación con Witold. Piekarski, *Escaping*, p. 44.
17. Siedlecki, *Beyond*, p. 154; Pilecki, *The Auschwitz*, loc. 1011; Pilecki [informe 1945], PUMST, BI 874, p. 11.
18. Stupka, Testimonios, vol. 68, APMA-B, p. 124, p. 127; Stupka, Entrevista, 21 de septiembre de 2016; Pilecki [Informe 1945], PUMST, BI 874, p. 29; Kajtoch, Recuerdos, vol. 27, APMA-B, pp. 6-7; Plaskura, Testimonios, vol. 105, APMA-B, p. 42.
19. Iwaszko *et al.*, Auschwitz, vol. II, pp. 419-26; Ostrowska, *Wspomnienia 1*, p. 5; Pilecki [informe 1945], PUMST, BI 874, p. 29; Wysocki, *Rotmistrz*, p. 47.
20. Czech, *Auschwitz*, pp. 29-39; Kowalczyk, *Barbed*, p. 35; Langbein, *People*, p. 70.
21. Fejkiel, *Więźniarski*, p. 120; Pilecki, Entrevista, 17 y 19 de mayo de 2016; Pilecka-Optułowicz, Entrevista, 1 de febrero de 2016; Szpakowski, Entrevista, 31 de enero de 2017.
22. Pilecki [informe 1945], PUMST, BI 874, p. 13.
23. Iwaszko *et al.*, *Auschwitz*, vol. II, pp. 429-433.
24. Pilecki [Informe 1945], PUMST, BI 874, p. 36; Iwaszko *et al.*, *Auschwitz*, vol. II, p. 430; Wielopolski, Entrevista, 18 de mayo de 2017; Rostkowski, *Świat*, p. 57; Rowecki [Wytyczne do działań sabotażowo-dywersyjnych], 19 de marzo de 1940, en Czarnocka *et al.*, *Armia*, vol. I, p. 313, Sosnkowski [carta], 28, 1940, n°. 162 [n°. 94], en Iranek-Osmecki *et al.*, *Armia*, vol. II, p. 649; Wachsmann, *KL*, p. 483. Aunque las SS ordenaron que los prisioneros no debían ser liberados normalmente en tiempos de guerra, Auschwitz tuvo una política más flexible en sus primeros meses. Cyra, *Rotmistrz*, p. 42; Garliński, *Fighting*, p. 276; Dębski, *Oficerowie*, s.v. Aleksander Wielopolski.
25. Pilecki [informe 1945], PUMST, BI 874, p. 19; Dębski, *Oficerowie*, s.v. Aleksander Wielopolski; Pilecki [informe 1945], PUMST, BI 874, p. 35; Setkiewicz, «Pierwsi», p. 16. Las cifras del recuento para octubre de 1940 no se han conservado, y no está claro si Witold tuvo acceso a ellas. Uno de los informes enviados a Londres, en parte basado en la información obtenida por Pilecki, calcula que en torno al 20 o 25 por ciento de unos 6500 prisioneros polacos habían

muerto en noviembre de 1940. Estas cifras cuadran con las del campo que tenemos para el final del año, cuando el comandante Höss aceptó la petición del arzobispo de Polonia, Adam Sapieha, de enviar paquetes a cada prisionero. El 31 de diciembre, el número de prisioneros ascendía a 7879, pero Höss pidió que se enviaran únicamente 6000 paquetes. El campo en Auschwitz-Obóz w Oświęcimiu, noviembre de 1940, en parte publicado durante la Ocupación alemana de Polonia, mayo de 1941; Carter [informe], NARS, 800.20211/924, RG 59.

26. Dembiński [informe], PUMST, A. 680, p. 593; Hastings, *Bomber*, loc. 1543; Westermann, «The Royal», p. 197.
27. Lasik *et al.*, *Auschwitz*, vol. I, p. 266; Dembiński [informe], PUMST, A. 680, p. 593.
28. Pilecki [informe 1945], PUMST, BI 874, p. 36; Czech, *Auschwitz*, p. 32.
29. Nowacki, Recuerdos, vol. 151, APMA-B, p. 145; Kozłowiecki, *Ucisk*, p. 205.
30. Dering, citado en Garliński, *Fighting*, p. 25.
31. Kielar, *Anus Mundi*, p. 40.
32. Garliński, *Fighting*, p. 25; Kielar, *Anus Mundi*, p. 40; Czech, *Auschwitz*, p. 32; Setkiewicz, *Zaopatrzenie*, p. 57.
33. Pilecki [informe 1945], PUMST, BI 874, p. 14.
34. Pilecki [informe 1945], PUMST, BI 874, p. 14.
35. Pilecki, *The Auschwitz*, loc. 1028; Pilecki [informe 1945], PUMST, BI 874, p. 14.
36. Paczuła, Testimonios, vol. 108, APMA-B, p. 72; Setkiewicz, *Voices*, vol. 6, p. 6.
37. Pilecki [informe 1945], PUMST, BI 874, p. 13; Ciesielski [informe 1943], AAN, 202/XVIII/1, p. 4.
38. Piekarski, *Escaping*, p. 51.
39. Piekarski, *Escaping*, p. 53.
40. Piekarski, *Escaping*, p. 54.
41. Iwaszko *et al.*, *Auschwitz*, vol. II, pp. 81-82.
42. Fejkiel, *Więźniarski*, p. 23; Collingham, *The Taste*, loc. 235; Russell, Hunger, loc. 234, loc. 1245, loc. 1374; Butterly, Shepherd, *Hunger*, p. 158.
43. Pilecki, *The Auschwitz*, loc. 1161; Pilecki [informe 1945], PUMST, BI 874, p. 15.
44. Pilecki [informe 1945], PUMST, BI 874, p. 24; Piekarski, *Escaping*, p. 70; Kowalski, Recuerdos, vol. 96, APMA-B, p. 190.
45. Pilecki, *The Auschwitz*, loc. 1178; Pilecki [informe 1945], PUMST, BI 874, p. 16.

46. Dering [Recuerdos], p. 17; Iwaszko *et al.*, *Auschwitz*, vol. II, p. 300.
47. Pilecki, *The Auschwitz*, loc. 1174; Piekarski, *Escaping*, p. 75.
48. Pilecki [informe 1945], PUMST, BI 874, p. 16.
49. Pilecki [informe 1945], PUMST, BI 874, p. 16.
50. Kowalski, *Niezapomniana*, p. 201; Ringleblum, *Notes*, loc. 1777.
51. Czech, *Auschwitz*, p. 40.
52. Czech, *Auschwitz*, p. 40; Świętorzecki, Testimonios, vol. 76, APMA-B, pp. 101-2; Dobrowolska, *The Auschwitz*, loc. 3017; Bartoszewski, *Mój*, pp. 53-54.
53. Świętorzecki, Recuerdos, vol. 86, APMA-B, p. 233; Dobrowolska, *The Auschwitz*, loc. 3017.
54. Strzelecka, *Voices*, vol. 3, p. 8, p. 21; Redzej [informe 1943], AAN, 202/XVIII/1, p. 38; Tomaszewski, Recuerdos, vol. 66, APMA-B, p. 108; Ławski, Recuerdos, vol. 154/154a, APMA-B, p. 69.
55. Pilecki [informe 1945], PUMST, BI 874, p. 23.
56. Rablin, Testimonios, vol. 29, APMA-B, p. 80; Piper, *Auschwitz*, vol. III, p. 198; Dwork, van Pelt, *Auschwitz*, pp. 219–222. El olor a almendra lo añadieron los fabricantes del Zyklon B para permitir que el gas fuera detectado.
57. Strzelecka, *Voices*, vol. 3, p. 29; Pilecki [informe 1945], PUMST, BI 874, pp. 23-24; Redzej [informe 1943], AAN, 202/XVIII/1, p. 37a.
58. Pilecki [informe 1945], PUMST, BI 874, p. 25.
59. Pilecki [informe 1945], PUMST, BI 874, p. 25.
60. Pilecki [informe 1945], PUMST, BI 874, p. 25.

Capítulo 6: Comando de Bombarderos

1. Wielopolski, Entrevista, 18 de mayo de 2017.
2. Allen, *The Fantastic*, loc. 1819; Matusak, *Wywiad*, p. 32, p. 35.
3. Mulley, *The Spy*, p. 61; Leski, *Życie*, pp. 68-71; Olson, *Last*, loc. 2625.
4. El mensaje oral de Aleksander no parece haber constituido la única fuente de noticias del campo ese otoño; al parecer, algunas postales dispersas y cartas clandestinas llegaron a Varsovia. También hubo otros prisioneros liberados y unas cuantas fugas. Para saber más sobre el estatus de los prisioneros políticos polacos y las convenciones de La Haya y de Ginebra, véase Lasik *et al.*, *Auschwitz*, vol. I, pp. 43-44; Gross, Renz, *Der Frankfurter*, vol. 1, p. 598; Reisman, Antoniou, *Laws*, pp. 38-42, pp. 47-56.

5. Dembiński [informe], PUMST, A. 680, p. 593.
6. Fleming, *Auschwitz*, p. 24; Dembiński [informe], PUMST, A. 680, p. 592; Rowecki incluyó el informe de Wielopolski en su último «Informe sobre la situación interna hasta el 30 de enero de 1941», que llevó a Londres en marzo de 1941 a través de Estocolmo; la «Parte III. El campo en Oświęcim» describía las condiciones del campo y el sufrimiento de los prisioneros (PUMST, A. 441, p. 10).
7. Dembiński [informe], PUMST, A. 680, p. 592.
8. Dembiński [informe], PUMST, A. 680, p. 588, pp. 591-92; Westermann, «The Royal», p. 197.
9. Walker, *Poland*, loc. 649; McGilvray, *A Military*, loc. 649; Olson, Cloud, *For Your*, pp. 96-97.
10. Olson, *Island*, loc. 1497.
11. McGilvray, *A Military*, loc. 1957; Olson, *Last*, loc. 1532-1559.
12. Iwaszko *et al.*, *Auschwitz*, vol. II, pp. 419-26; Kochavi, *Prelude*, pp. 7-9; van Pelt, *The Case*, pp. 129-132.
13. Gardiner, *The Blitz*, p. 43.
14. Gardiner, *The Blitz*, pp. 89-90.
15. Manchester, Reid, *The Last*, loc. 3606; Roberts, Churchill, pp. 607-608.
16. Milton, *Ministry*, loc. 1640.
17. Dalton, *Diary*, pp. 132-133; McGilvray, *A Military*, loc. 1863.
18. Westermann, «The Royal», p. 197; Gardiner, *Blitz*, p. 141, pp. 230-241.
19. Overy, *The Bombing*, p. 261; Hastings, *Bomber*, loc. 1543.
20. Hastings, *Bomber*, loc. 1543.
21. Westermann, «The Royal», p. 201; Hastings, *Bomber*, loc. 1814; Westermann, «The Royal», p. 197; Bines, *The Polish*, p. 111.
22. Hastings, *Bomber*, loc. 1732; [Sprawozdanie, notatki informacyjne, raporty z okupacji sowieckiej, przesłuchanie kurierów i przybyszów z Polski, XII 1939-IV 1942], PUMST, SK.39.08.
23. Westermann, «The Royal», p. 202. Portal dijo erróneamente que Auschwitz era un campo de concentración polaco y no alemán.
24. Westermann, «The Royal», p. 204.
25. Bines, *The Polish*, pp. 31-32; Wilkson, *Gubbins*, loc. 1728.
26. Garliński, *Fighting*, p. 75; Walker, *Poland*, loc. 1031; Zabielski, *First*, p. 10.
27. Zabielski, *First*, pp. 9-10; Bines, *The Polish*, p. 40.
28. Zabielski, *First*, pp. 11-12.

Capítulo 7: Radio

1. Pilecki [informe 1945], PUMST, BI 874, pp. 24–25; Król, Testimonios, vol. 76, APMA-B, p. 204.
2. Pilecki [informe 1945], PUMST, BI 874, p. 26; Lifton, *The Nazi*, pp. 30-35, pp. 129–33.
3. Siedlecki, *Beyond*, p. 170.
4. Langbein, *People*, p. 393; Lifton, *The Nazi*, p. 266; Dering [Recuerdos], pp. 193-194.
5. Pilecki [informe 1945], PUMST, BI 874, p. 22; Siedlecki, *Beyond*, p. 170; Schwarz [informe], 17 de marzo de 1942, APMA-B, D-AuI-3a; Strzelecka, *Voices*, vol. 3, p. 15, p. 21.
6. Bartoszewski, *Mój*, pp. 50-51; Piekarski, *Escaping*, p. 79.
7. Piekarski, *Escaping*, p. 79.
8. Piekarski, *Escaping*, p. 79.
9. Piekarski, *Escaping*, pp. 77-78.
10. Dering [Recuerdos], p. 83.
11. Hahn, Entrevista, 24 de abril de 2018.
12. Fleming, *Auschwitz*, p. 59; Stargardt, *The German*, p. 66, p. 119. A finales de 1941, los oficiales alemanes calcularon que más de un millón de alemanes escuchaba las emisiones en alemán de la BBC. Breitman, *Official*, p. 156.
13. Olson, *Last*, loc. 2335.
14. Świętorzecki, Entrevista, 14 de febrero de 1972; Taul, Recuerdos, vol. 62, APMA-B, p. 36.
15. Gutheil, *Einer*, pp. 79-92; Ptakowski, *Oświęcim*, p. 97; Gliński, Testimonios, vol. 95, APMA-B, p. 6; Drzazga, Testimonios, vol. 33, APMA-B, p. 51; Pilecki [informe 1945], PUMST, BI 874, p. 35.
16. Pilecki [informe 1945], PUMST, BI 874, p. 26.
17. Świętorzecki, Testimonios, vol. 76, APMA-B, p. 97; Pilecki [informe 1945], PUMST, BI 874, p. 32.
18. Świętorzecki, Entrevista, 14 de febrero de 1972; Wachsmann, KL, p. 207; Setkiewicz, *Z dziejów*, p. 55; Dwork, van Pelt, *Auschwitz*, p. 207.
19. Frączek, Recuerdos, vol. 66, APMA-B, p. 162.
20. Pilecki [informe 1945], PUMST, BI 874, p. 30; Kowalski, *Niezapomniana*, pp. 240-265; Kowalczyk, Barbed, vol. II, p. 10.
21. Piekarski, *Escaping*, p. 83; Höss, *Commandant*, p. 121.
22. Piekarski, *Escaping*, p. 83; Pilecki [informe W], AAN, 202/XVIII/1, p. 74.
23. Pilecki, *Report W*, pp. 40-41; Pilecki [informe W], AAN, 202/XVIII/1, p. 74.

24. Pilecki, *Report W*, pp. 40-41; Pilecki [informe W], AAN, 202/XVIII/1, p. 74.

25. Iwaszko *et al.*, *Auschwitz*, vol. II, p. 83; Pilecki [informe 1945], PUMST, BI 874, p. 27; Porębski, Testimonios, vol. 102, APMA-B, p. 28. El índice de mortalidad entre los prisioneros ascendía al 50 por ciento aproximadamente. Bartoszewski, *Mój*, p. 23; Porębski, Testimonios, vol. 102, APMA-B, pp. 27-28; Dobrowolska, *The Auschwitz*, loc. 1092, loc. 1143.

26. Pilecki [informe 1945], PUMST, BI 874, p. 27.

27. Pilecki [informe 1945], PUMST, BI 874, p. 27.

28. Pilecki, *The Auschwitz*, loc. 1725; Pilecki [informe 1945], PUMST, BI 874, p. 28.

29. Pilecki [informe 1945], PUMST, BI 874, p. 29.

30. Pilecki [informe 1945], PUMST, BI 874, p. 28.

31. Pilecki [informe 1945], PUMST, BI 874, pp. 28-29.

32. Pietrzykowski, Testimonios, vol. 88, APMA-B, p. 10.

33. Pietrzykowski, Testimonios, vol. 88, APMA-B, pp. 9-10; Rablin, Testimonios, vol. 29, APMA-B, p. 97.

34. Pietrzykowski, Testimonios, vol. 88, APMA-B, p. 10; Albin, *List*, pp. 89-90.

35. Pietrzykowski, Testimonios, vol. 88, APMA-B, p. 10; Pilecki [informe 1945], PUMST, BI 874, p. 6, p. 27.

36. Pietrzykowski, Testimonios, vol. 88, APMA-B, p. 11.

37. Pietrzykowski, Testimonios, vol. 88, APMA-B, p. 11.

38. Pietrzykowski, Testimonios, vol. 88, APMA-B, p. 11.

39. Piekarski, *Escaping*, p. 99; Lasik *et al.*, *Auschwitz*, vol. I, p. 19; Gawron, *Ochotnik*, pp. 23-26.

40. Świętorzecki, Testimonios, vol. 76, APMA-B, pp. 104-5; 202/III-8, p. 21, en Marczewska, Ważniewski *et al.*, *Zeszyty* (1968), p. 6. En el informe sobre el campo que apareció en la prensa de la resistencia ese verano, la población carcelaria se estimaba en 12 500, posiblemente basándose en datos de una publicación anterior. Świętorzecki, Testimonios, vol. 76, APMA-B, p. 101; Gawron, *Ochotnik*, pp. 26-28; Kowalczyk, *Barbed*, vol. II, p. 14, p. 36; Kowalski, *Niezapomniana*, p. 218, p. 223; Setkiewicz, *Zapomniany*, pp. 61-65; Cyra, *Jeszcze raz*, no figuran las páginas; Kowalski, *Niezapomniana*, p. 228. Batko no fue el único prisionero que sacrificó su vida por otro prisionero. El monje Maksymilian Kolbe hizo lo mismo el 29 de julio de 1941. Pilecki [informe 1945], PUMST, BI 874, p. 37; Redzej [informe 1943], AAN, 202/XVIII/1, p. 40a.

41. Cywiński, Lachendro, Setkiewicz, *Auschwitz*, p. 196; Pilecki [informe 1945], PUMST, BI 874, p. 6. No se ha conservado

ningún documento sobre la respuesta de Varsovia al informe de Karol.

42. Świętorzecki, Testimonios, vol. 76, APMA-B, p. 106; Gawron, Ochotnik, p.203.
43. Świętorzecki, Testimonios, vol. 76, APMA-B, p. 105.
44. Pietrzykowski, Testimonios, vol. 88, APMA-B, pp. 19-20.

Capítulo 8: Experimentos

1. Ciesielski, Wspomnienia, pp. 45-47; Höss, Commandant, p. 157.
2. Redzej [informe 1943], AAN, 202/XVIII/1, p. 39; Kłodziński, «Dur», p. 47.
3. Allen, The Fantastic, loc. 319; Diem, Recuerdos, vol. 172, APMA-B, p. 9.
4. Wachsmann, KL, p. 246.
5. Iwaszko et al., Auschwitz, vol. II, p. 296, p. 322; Diem, Recuerdos, vol. 172, APMA-B, p. 120; Pilecki [informe 1945], PUMST, BI 874, p. 54.
6. Hill, Williams, Auschwitz, p. 63; Jaworski, Wspomnienia, p. 183.
7. En 1947, el Gobierno polaco acusó a Dering de crímenes de guerra por su participación como cirujano en los experimentos nazis con órganos de prisioneros y prisioneras judías principalmente. Dering, que estaba en Londres en esa época, fue arrestado e investigado por las autoridades británicas. Dering insistió en que era uno de los varios prisioneros que realizaron las operaciones por orden de los alemanes y que, en tanto que prisionero, no tenía más elección que obedecer. Después de una investigación de diecinueve meses, lo liberaron y le permitieron quedarse en el Reino Unido. IPN, GK_174_183_pda, BU_2188_14, BU_2188_15, GK_164_27_t1.
8. Garliński, Fighting, p. 71; Stargardt, The German, p. 158; Snyder, Black, loc. 475; Wachsmann, KL, pp. 259-260; Dwork, van Pelt, Auschwitz, pp. 258-262. El 23 de junio, Höss ordenó que mataran a palos a los judíos en la compañía penal, seguramente como una contribución simbólica al esfuerzo bélico. Hałgas, Testimonios, vol. 89, APMA-B, p. 165; Setkiewicz, «Pierwsi», p. 26; Kobrzyński, Recuerdos, vol. 129, APMA-B, p. 28.
9. Rawicz, Pobyt, p. 21.
10. Dwork, van Pelt, Auschwitz, p. 262; Wachsmann, KL, pp. 259-260, p. 279; Czech, Auschwitz, p. 74.

11. Ciesielski [Iinforme 1943], AAN, 202/XVIII/1, p. 8; Pilecki [informe 1945], PUMST, BI 874, p. 39; Redzej [informe 1943], AAN, 202/XVIII/1, p. 41a; Porębski, Testimonios, vol. 22, APMA-B, p. 59; Wolny, Testimonios, vol. 33, APMA-B, p. 19; Redzej [informe 1943], AAN, 202/XVIII/1, p. 41a; Lasik et al., Auschwitz, vol. I, p. 67.
12. Ciesielski, Wspomnienia, p. 69.
13. Ciesielski, Wspomnienia, p. 69.
14. Gawron, Ochotnik, pp. 72–99.
15. Kowalski, Niezapomniana, p. 231.
16. Kłodziński, «Pierwsza», p. 43; Cyra, «Dr Władysław», p. 75.
17. Czech, Auschwitz, p. 75; Strzelecka, Voices, vol. 3, p. 12; Ławski, Recuerdos, vol. 154/154a, APMA-B, p. 21; Hałgas, «Oddział», p. 53.
18. Kłodziński, «Pierwsza», p. 43; Czech, Kalendarz, p. 75.
19. Dering [Recuerdos], p. 81; Wachsmann, KL, pp. 243-252.
20. Wachsmann, KL, pp. 243-252. El programa T4 debe su nombre a la dirección de los cuarteles en el n.º 4 de Tiergartenstrasse en Berlín.
21. Dering [Recuerdos], p. 81.
22. Kłodziński, «Pierwsza», pp. 39-40; Rawicz, Pobyt, p. 20; Lasik et al., Auschwitz, vol. I, p. 86; Czech, Kalendarz, p. 75; Stapf, Testimonios, vol. 148, APMA-B, p. 101; Dobrowolska, The Auschwitz, loc. 3922; Gawron, Recuerdos, vol. 48, APMA-B, p. 77. De acuerdo con los testimonios, tanto Krankemann como Siegruth fueron ahorcados por prisioneros durante el viaje: Pilecki [informe 1945], PUMST, BI 874, p. 50.
23. Dering [Recuerdos], p. 28; Kowalski, Recuerdos, vol. 96, APMA-B, p. 203.
24. Dering [Recuerdos], p. 81.
25. Kłodziński, «Pierwsze», pp. 83-84.
26. Kielar, Anus Mundi, p. 61; Pilecki [informe 1945], PUMST, BI 874, p. 50; Wachsmann, KL, p. 267.
27. Wachsmann, KL, p. 267; Dering [Recuerdos], p. 80.
28. Czech, Auschwitz, p. 85; Kłodziński, «Pierwsze», p. 84.
29. Kłodziński, «Pierwsze», p. 84.
30. Kłodziński, «Pierwsze», p. 84.
31. Kielar, Anus Mundi, p. 60; Kłodziński, «Pierwsze», p. 87; Czech, Auschwitz, p. 86; Piper, Auschwitz, vol. III, p. 57, p. 117.
32. Kłodziński, «Pierwsze», p. 88.
33. Czech, Auschwitz, pp. 86–87; Diem, Recuerdos, vol. 172, APMA-B, p. 131. «[Vi] por primera vez una pila entera de cadáveres gaseados —recordó Höss ante un magistrado polaco más tarde—. Me sentí incómodo y temblé, aunque había

imaginado la muerte por gaseamiento como algo peor»,
Langbein, *People*, p. 303.

34. Pilecki [informe 1945], PUMST, BI 874, p. 39.

35. Diem, Recuerdos, vol. 172, APMA-B, p. 131; Kielar, *Anus Mundi*, p. 64.

36. Pilecki [informe 1945], PUMST, BI 874, p. 39.

37. Kłodziński, «Pierwsze», p. 89; Kielar, *Anus Mundi*, p. 66.

38. Pilecki [informe 1945], PUMST, BI 874, p. 40. En el Informe W de Witold, registra su nombre en una lista breve de prisioneros liberados del campo, junto con Aleksander Wielopolski y Czesław Wąsowicz (véase a continuación). En una segunda lista, registra prisioneros liberados del campo que llevaron informes para la organización, en la que no se menciona ni a Dipont, ni a Wielopolski, ni a Wąsowicz. Parece ser que Witold pudo trazar una distinción entre sus reclutas que llevaban mensajes y los que estaban fuera de la organización. En cualquier caso, Dipont fue testigo del gaseamiento soviético en Varsovia. Pilecki, *Report W*, p. 6.

39. Pilecki [informe 1945], PUMST, BI 874, p. 39; Rablin, Testimonios, vol. 29, p. 81; Wachsmann, KL, pp. 268-69; Höss, *Commandant*, p. 147.

40. Nowacki, Recuerdos, vol. 151, p. 107; Pilecki [informe 1945], PUMST, BI 874, p. 40.

41. Czech, *Auschwitz*, pp. 93-102; Gawron, *Ochotnik*, p. 145; Wachsmann, *KL*, p. 280; Nowacki, Recuerdos, vol. 151, APMA-B, pp. 107-109.

42. Gawron, *Ochotnik*, p. 148.

43. Gawron, *Ochotnik*, p. 148.

44. Rawicz [carta], 25 de septiembre de 1957. Cartas de Rawicz cedidas por cortesía de Andrzej Kunert a menos que se especifique de otro modo. Véase la nota anterior sobre el posible papel de Wąsowski.

45. Dwork, van Pelt, *Auschwitz*, pp. 263-268. El nuevo crematorio debía construirse inicialmente en el campo principal, pero luego desplazaron su ubicación a Birkenau.

46. Setkiewicz, *Zaopatrzenie*, p. 58.

47. Schulte, *London*, en Hackmann, Süß, *Hitler's*, p. 211; Olszowski, «Więźniarska», pp. 182-187; Höss, *The Commandant*, p. 137; por ejemplo, sobre informes memorizados, véase Rawicz [informe], fecha desconocida.

48. Rawicz [carta], 1957.

49. Rawicz, Entrevista, 5 de marzo de 2017; Rawicz, Testimonios, vol. 27, APMA-B, p. 38; Pilecki [informe 1945], PUMST, BI 874, p. 55.

50. Gawron, *Ochotnik*, pp. 103 y 131.
51. Gawron, *Ochotnik*, p. 131.
52. Gawron, *Ochotnik*, p. 131.
53. Entre los reclutas curtidores de Witold estaba Stanisław Kazuba. Piekarski, *Escaping*, p. 149; Pilecki, *The Auschwitz*, loc. 2294; Pilecki [informe 1945], PUMST, BI 874, p. 42.
54. Czech, *Auschwitz*, p. 105; Banach, Proces Załogi Esesmańskiej, vol. 55, APMA-B, pp. 102-103; Taul, Testimonios, vol. 9, APMA-B, p. 1267; Pilecki [informe 1945], PUMST, BI 874, p. 37.
55. Gawron, *Ochotnik*, p. 167.
56. Gawron, *Ochotnik*, p. 167.
57. Gawron, *Ochotnik*, p. 167.
58. Rawicz, Testimonios, vol. 27, APMA-B, p. 39; Rawicz [carta], 1957.
59. Gawron, *Ochotnik*, pp. 173-174.
60. Gawron, *Ochotnik*, pp. 173-174.

Capítulo 9: Cambios

1. Szarota, *Okupowanej*, p. 267; Bartoszewski, *1859*, p. 291; Bernstein, Rutkowski, «Liczba», p. 84; Ringelblum, *Notes*, loc. 3484; Zimmerman, *The Polish*, p. 95.
2. Un par de historias aparecieron en octubre en *Informacja bieżąca*, el periódico de la resistencia, con descripciones dispersas de los asesinatos en un búnker especial en el campo. Uno de los artículos concluía que se estaban haciendo pruebas con gas para usarlo en el frente oriental. *Informacja bieżąca* 21, 202/III-7, p. 12, en Marczewska, Ważniewski *et al.*, *Zeszyty* (1968), p. 14; 202/III-28, p. 447, en Marczewska, Ważniewski *et al.*, *Zeszyty* (1968), p. 11.
3. Lewandowski, *Swedish*, pp. 45-49; Thorsell, *Warszawasvenskarna*, p. 167; Gistedt, *Od operetki*, pp. 88-102.
4. Wyczański, *Mikrofilm*, p. 25.
5. Korboński, *Fighting*, p. 157; Thorsell, *Warszawasvenskarna*, p. 134; Lewandowski, *Swedish*, p. 62; Thugutt [carta], 19 de noviembre de 1941, PISM, A.9.III.4/14; Siudak [carta], 29 de diciembre de 1941, PISM, A.9.III.4/14; Garliński, *Fighting*, p. 58.
6. Roberts, *Churchill*, p. 651.
7. Roberts, *Churchill*, p. 652; Breitman, *Official*, pp. 89-92.
8. Terry, «Conflicting», p. 364.
9. Breitman, *Official*, pp. 92-93; Roberts, Churchill, p. 651.
10. Roberts, *Churchill*, p. 678; Laqueur, *The Terrible*, p. 91; Breitman, *Official*, pp. 92-93. Se sigue pensando que Himmler fue

testigo de que Churchill estaba recibiendo intercepciones alemanas. Poco después dijo a las unidades de policía que dejaran de enviar cifras por radio y que cambiaran los códigos, con el resultado de que las informaciones del frente oriental se agotaron prácticamente. Gilbert, *Churchill*, loc. 58. La carrera de Churchill hasta la fecha sugería una sensibilidad hacia las cuestiones judías que no siempre fue compartida por sus colegas. «Hasta Winston tenía un defecto —apuntó un parlamentario—. Les tenía demasiado cariño a los judíos.»

11. Kochavi, *Prelude*, p. 15.
12. Breitman, *Official*, p. 101; Laqueur, Breitman, *Breaking*, p. 124; Laqueur, *The Terrible*, p. 100.
13. Kochavi, *Prelude*, p. 7; Westermann, «The Royal», p. 199; Fleming, *Auschwitz*, p. 58; Ministerio polaco de la Información, *Polish Fortnightly Review*, 1 de julio de 1942 [boletín de prensa]; Breitman, *Official*, p. 102; Ziegler, *London*, p. 175. El primer periódico que mencionó Auschwitz fue *The Scotsman* en 1942. Fleming, *Auschwitz*, p. 131.
14. Breitman, *FDR*, loc. 3772.
15. Kochavi, *Prelude*, pp. 14-15.
16. Puławski, *W obliczu*, p. 180. La sección sobre Auschwitz en el Libro Negro se basaba en el «Informe sobre la situación interna hasta el 30 de enero de 1941», que llegó a Londres en marzo de 1941 a través de Estocolmo y se basaba en parte en el informe de Witold (PUMST, A. 441, p. 10).
17. Kochavi, *Prelude*, pp. 14-15; Breitman, Lichtman, *FDR*, loc. 3775.
18. Puławski, *W obliczu*, pp. 170-189; Widfeldt, Wegmann, *Making*, pp. 22-25.
19. Stafford, *Britain*, pp. 65-69; Wilkinson, *Foreign*, loc. 1730; véase Dziennik Polski, 11 de junio de 1942, citado en Engel, *In the Shadow*, p. 181, p. 209; Fleming, *Auschwitz*, p. 96.

Capítulo 10: Paraíso

1. Pilecki [informe 1945], PUMST, BI 874, p. 71, p. 47.
2. Syzdek, «W 45», p. 5; Kobrzyński, Recuerdos, vol. 129, APMA-B, p. 6; Świebocki, *Auschwitz*, vol. IV, pp. 74-77.
3. Syzdek, «W 45», p. 5; Pilecki [informe 1945], PUMST, BI 874, p. 45; Stranský, Testimonios, vol. 84, AMPA-B, p. 46; Rawicz [carta], 22 de agosto de 1957. Rawicz identifica erróneamente a Frankiewicz como Frankowski.
4. Rawicz, Testimonios, vol. 27, APMA-B, p. 37; Gawron, Recuerdos, vol. 48, APMA-B, p. 96, p. 98, p. 100; Pilecki [infor-

me 1945], PUMST, BI 874, p. 45; Pilecki, *The Auschwitz*, loc. 2262; Pilecki [informe 1945], PUMST, BI 874, p. 41.

5. Gawron, *Ochotnik*, p. 185.
6. Lasik *et al.*, *Auschwitz*, vol. I, p. 181; Rawicz, Testimonios, vol. 27, APMA-B, p. 37; Rawicz [carta], 31 de agosto de 1957.
7. 202/I-32, p. 71, en Marczewska, Ważniewski *et al.*, *Zeszyty* (1968), p. 54. En realidad, el número de prisioneros de guerra soviéticos supervivientes se aproximaba a 150. Schulte, *London*, en Hackmann, Süß, *Hitler's*, pp. 222–223.
8. Urbańczyk, Recuerdos, vol. 54, APMA-B, p. 35; Diem, «Ś.P. Kazimierz», pp. 45-47; Stupka, Testimonios, vol. 68, APMA-B, p. 124.
9. Stupka, Entrevista, 24 de septiembre de 2016.
10. Breitman, *Official*, pp. 110-116; Schulte, *London*, en Hackmann, Süß, *Hitler's*, pp. 222-223.
11. Lasik *et al.*, *Auschwitz*, vol. I, pp. 166-167; Breitman, *Official*, pp. 112-114; Pilecki [informe 1945], PUMST, BI 874, p. 51; Piekarski, *Escaping*, p. 108.
12. Hahn, Entrevista, 5 de mayo de 2018; Pilecki [informe 1945], PUMST, BI 874, p. 51.
13. Pilecki [informe 1945], PUMST, BI 874, p. 51; Piekarski, *Escaping*, p. 122.
14. Piekarski, *Escaping*, p. 123.
15. Piekarski, *Escaping*, p. 108.
16. Piekarski, *Escaping*, p. 108.
17. Piekarski, *Escaping*, p. 109.
18. Dwork, van Pelt, *Auschwitz*, pp. 263-265, pp. 295-301; Lasik *et al.*, *Auschwitz*, vol. I, pp. 80-81; Wachsmann, *KL*, pp. 294-96; Hilberg, *The Destruction*, p. 138.
19. Dwork, van Pelt, *Auschwitz*, p. 126, p. 294.
20. Wachsmann, *KL*, p. 294.
21. Molenda, «Władysław», p. 53; Nosal, Testimonios, vol. 106, APMA-B, p. 51.
22. Piekarski, *Escaping*, p. 109.
23. Piekarski, *Escaping*, p. 109.
24. Piekarski, *Escaping*, p. 114.
25. Piekarski, *Escaping*, p. 114.
26. Piekarski, *Escaping*, p. 114.
27. Piekarski, *Escaping*, p. 115.
28. Piekarski, *Escaping*, p. 115.
29. Piekarski, *Escaping*, p. 116.
30. Piekarski, *Escaping*, p. 116.
31. Piekarski, *Escaping*, p. 116; Pilecki [informe 1945], PUMST, BI 874, p. 51.

32. Pilecki [informe 1945], PUMST, BI 874, p. 35; Redzej [informe 1943], AAN, 202/XVIII/1, p. 42. En la primera fase, el nuevo campo debía construirse en un área cerca del pueblo de Rajsko. *Raj* significa paraíso en polaco, lo que pudo ser otra razón para el apodo del nuevo campo.
33. Gawron, *Ochotnik*, p. 224.
34. Czech, *Auschwitz*, p. 145; Gawron, Recuerdos, vol. 48, APMA-B, p. 13.
35. Gawron, *Ochotnik*, p. 227; Gawron, Recuerdos, vol. 48, APMA-B, p. 13.
36. Gawron, *Ochotnik*, p. 227.
37. Gawron, Recuerdos, vol. 48, APMA-B, p. 13; Pilecki [informe 1945], PUMST, BI 874, p. 53.
38. Gawron, *Ochotnik*, p. 227.
39. Gawron, *Ochotnik*, p. 227.
40. Czech, *Auschwitz*, p. 148; Gawron, *Ochotnik*, p. 247.
41. Pilecki [informe 1945], PUMST, BI 874, p. 53.
42. Wolny, Testimonios, vol. 33, APMA-B, p. 19; Porębski, Testimonios, vol. 22, APMA-B, pp. 59–60; Dwork, van Pelt, *Auschwitz*, p. 301; Czech, *Auschwitz*, p. 151. Porębski no alude específicamente a la llegada de transportes eslovacos en sus memorias de posguerra, pero es la fuente de información más probable que alcanzara el campo principal esa primavera, teniendo en cuenta su conexión con la resistencia.
43. Czech, *Auschwitz*, p. 151; Pilecki [informe 1945], PUMST, BI 874, pp. 47 y 57; Redzej [informe 1943], AAN, 202/XVIII/1, p. 41.
44. Pilecki [informe 1945], PUMST, BI 874, p. 57. Cuando describió la escena más adelante, Witold usó el término despectivo «Żydek» o «pequeño judío» para describir a las víctimas. Witold usó tanto «Żydek» como el diminutivo peyorativo «Żydki» en su informe de 1945. Usó el segundo siete veces (de un total de treinta y siete alusiones específicas a los judíos). En el polaco de antes de la guerra, «Żydzi» podía usarse en un contexto antisemita. Al parecer, Witold usó el término para enfatizar la impotencia y la debilidad de los judíos, como en esta escena, donde contrasta la grave situación de la víctima con el kapo judío homicida.
45. Pilecki [informe 1945], PUMST, BI 874, p. 48. No ha salido a la luz tal documento de las SS.
46. Lasik *et al.*, *Auschwitz*, vol. I, p. 233.
47. Lasik *et al.*, *Auschwitz*, vol. I, pp. 104-106; Pilecki [informe 1945], PUMST, BI 874, p. 50.

48. Rawicz, Testimonios, vol. 27, APMA-B, p. 40; Rawicz [carta], 23 de septiembre de 1957; Piekarski, *Escaping*, p. 132.
49. Rawicz [carta], 25 de septiembre de 1957; Pilecki [informe 1945], PUMST, BI 874, p. 50.
50. Ostańkowicz, *Ziemia*, p. 180. Mil doscientos prisioneros de guerra soviéticos y pacientes del campo principal murieron en el pabellón de aislamiento en marzo cuando los SS restringieron sus raciones a una única taza de sopa al día y los obligaban a quedarse a la intemperie día y noche. Czech, *Auschwitz*, p. 157.
51. Wachsmann, *KL*, p. 301; Pietrzykowski, Testimonios, vol. 88, APMA-B, p. 18. Teddy no pone fecha a la primera vez que presenció el gaseamiento, pero es probable que registrara el primer incidente de este tipo que vio en el campo. Su descripción también comparte elementos con Müller, Broad y Paczyński. Müller, *Eyewitness*, p. 19.
52. Broad [testimonio], citado en Smoleń *et al.*, *KL Auschwitz*, p. 129; Langbein, *People*, p. 69.
53. Müller, *Eyewitness*, p. 11.
54. Paczyński, Testimonios, vol. 100, APMA-B, p. 102.
55. Müller, *Eyewitness*, pp. 13-15.
56. Wachsmann, *KL*, pp. 291-294; Gawron, *Ochotnik*, p. 248.
57. Czech, *Auschwitz*, pp. 167-168; Müller, *Eyewitness*, p. 18.
58. Czech, *Auschwitz*, pp. 167-68; Wachsmann, *KL*, pp. 301-302; Pilecki [informe 1945], PUMST, BI 874, p. 52; Wolny, Testimonios, vol. 33, APMA-B, p. 19; Porębski, Testimonios, vol. 22, APMA-B, p. 59. Henryk dice que empezó a colaborar activamente con el Sonderkommando en junio, pero parece ser que entendió lo que hacían con los judíos desde el inicio de los gaseamientos. Su fuente probable era un miembro del Sonderkommando. La unidad fue transferida a Birkenau desde el campo principal el 9 de mayo de 1942. Czech, *Auschwitz*, p. 164; Bartosik, Martyniak, Setkiewicz, *Wstęp*, en ídem, Początki, p. 15.
59. Piper, *Auschwitz*, vol. III, pp. 181-82; Wolny, Testimonios, vol. 33, APMA-B, p. 19; Porębski, Testimonios, vol. 21, APMA-B, pp. 11-31. Para un ejemplo del tipo de información que compartían los miembros del Sonderkommando, véase Pogozhev, *Escape*, loc. 1950; Wachsmann, *KL*, pp. 307-314; Rees, *Auschwitz*, loc. 2153.
60. Gawron, *Ochotnik*, p. 223.
61. Gawron, *Ochotnik*, p. 234.
62. Gawron, Recuerdos, vol. 48, APMA-B, p. 122.
63. Gawron, *Ochotnik*, p. 248; Gawron, en Pawlicki (dir.), *Witold*. No está claro hasta qué punto conocía Witold la magnitud del

exterminio de judíos en Birkenau. Por cuenta propia, Witold envió al menos un informe sobre el «gaseamiento masivo» antes de noviembre de 1942. Pilecki, *Report W*, p. 25. Wincenty Gawron aporta información sobre su papel en el transporte de un informe oral del campo en mayo de 1942, justo cuando la casita roja empezó a funcionar. La memoria de Wincenty contiene ciertos errores fácticos, pero es precisa en muchos elementos fundamentales y ofrece una explicación de por qué se cebaban con los judíos que coincide con la de Witold en sus escritos posteriores. Stanisław Jaster llevó un segundo informe, un registro escrito de lo que se conserva desde julio de 1942. El informe describe claramente las acciones del Sonderkommando, aunque las referencias a su identidad judía han sido eliminadas. Esto ocurrió sin duda como resultado de la edición en Varsovia. Véase la nota más adelante. Por cuenta propia, Witold envió al menos un informe sobre el «gaseamiento masivo» antes de noviembre de 1942. Pilecki, *Report W*, p. 25.

64. El saqueo de las SS a los judíos que llegaban al campo estaba planeado meticulosamente, pero la riqueza total extraída no debió de superar los varios de cientos millones de reichsmarks. Wachsmann, *KL*, p. 379.

65. Wincenty menciona que los judíos llegaban al campo desde «Holanda y Bélgica»; esto debe de ser un fallo de memoria, puesto que no llegaron transportes judíos de estos países hasta julio. Es posible que le confundiera el hecho de que el primer transporte de Francia incluía un gran porcentaje de extranjeros (no franceses) y judíos apátridas.

66. Gawron, *Ochotnik*, p. 250.

67. Gawron, *Ochotnik*, p. 254.

68. Gawron, *Ochotnik*, p. 254.

69. Gawron, *Ochotnik*, p. 255.

70. Gawron, *Ochotnik*, p. 247.

71. Gawron, *Ochotnik*, p. 255.

72. Gawron, *Ochotnik*, p. 257.

73. Gawron, *Ochotnik*, p. 258.

74. Gawron, *Ochotnik*, p. 259.

75. Gawron, *Ochotnik*, p. 259.

76. Gawron, *Ochotnik*, p. 259.

77. Gawron, *Ochotnik*, p. 260.

Capítulo 11: Napoleon

1. Gawron, *Ochotnik*, p. 260.

2. Gawron, *Ochotnik*, p. 272.

3. Wood, *Karski*, loc. 1957; Bartoszewski, 1859, p. 315; Segieda [informe], PISM, A.9.III.2a t.3. En realidad, la cantidad rondaba el millón de judíos muertos.

4. Zimmerman, *Polish*, p. 146; Ringelblum, *Notes*, loc. 4337; Wood, *Karski*, loc. 2341.

5. Breitman, *FDR*, loc. 3826.

6. Zimmerman, *The Polish*, p. 130, p. 137; Breitman, *FDR*, loc. 3826; Fleming, *Auschwitz*, pp. 97-103.

7. En contraste, Churchill reaccionó a las noticias de la destrucción nazi del pueblo checo de Lidice con llamadas inmediatas a la destrucción de tres pueblos alemanes en represalia. Más tarde, le aconsejaron que desistiera de ello. Roberts, *Churchill*, p. 736; Wood, *Karski*, loc. 2404; Gilbert, *Auschwitz*, pp. 74-80; Wyman, *Abandonment*, pp. 124-126.

8. Breitman, *FDR*, loc. 3828; Stola, «Early», p. 8.

9. Los oficiales británicos y estadounidenses no se habían centrado aún en el papel del campo. En julio, el Gobierno polaco en el exilio escribió de nuevo sobre Auschwitz en su publicación principal en lengua inglesa, incluyendo un testimonio de los experimentos con gas contra los prisioneros de guerra soviéticos el año anterior. La descripción del artículo sobre la fábrica de IG Farben en construcción cerca del campo suscitó cierto interés como objetivo potencial de bombardeo. Fleming, *Auschwitz*, pp. 132-133; Rice, *Bombing*, citado en Neufeld, *Bombing*, p. 160.

10. Grabowski, *Kurierzy*, p. 188; Segieda [informe], PISM, A.9.III.2a t.3.

11. Segieda [informe], HIA, caja 28, carpeta 7; Bleja, Entrevista, 21 de septiembre de 2016; Mastalerz, Entrevista, 20 de septiembre de 2016; Frazik, «Wojenne», p. 410.

12. Iranek-Osmecki, *Powołanie*, p. 110; Milton, *Churchill's*, loc. 2227; Tucholski, *Cichociemni*, pp. 68-70.

13. Segieda [informe], PISM, A.9.III.2a t.3. Es posible que en principio ayudara a llevar el informe del 1 de junio de Stasiek a Varsovia, pero como no hay registros, no es posible establecer qué sabía Napoleon del incipiente Holocausto en el campo antes de su misión allí.

14. Segieda [informe], PISM, A.9.III.2a t.3; Lewandowski, *Swedish*, pp. 71-77. Puede que el arresto de los suecos fuera una respuesta a la publicidad en torno al informe del Bund; el viceprimer ministro de defensa polaco en Londres, Izydor Modelski, advirtió de los riesgos de hacer público el material que trajeron los correos unas semanas más tarde. Fleming, *Auschwitz*, p. 95.

15. Jekiełek, *W pobliżu*, pp. 27-28, p. 92; Kożusznik, Testimonios, vol. 12, APMA-B, p. 8; Czech, *Auschwitz*, p. 164.
16. Klęczar, Entrevista, 4 de marzo de 2017; Jekiełek, *W pobliżu*, p. 62; Paczyńska, *Grypsy*, pp. xlv–xlvi.
17. Jekiełek, Entrevista, 4 de marzo de 2017; Klęczar, Entrevista, 4 de marzo de 2017; Czech, *Auschwitz*, p. 198.
18. Segieda [informe], PISM, A.9.III.2a t.3; 202/I-32, p. 71, en Marczewska, Ważniewski *et al.*, *Zeszyty* (1968), p. 54. Las cantidades del informe de Stasiek no están completamente claras. Stasiek indicó el número de judíos y judías registrados en el campo, y que los no registrados fueron gaseados. Para determinar el número real de gaseados, la resistencia de Varsovia tuvo que añadir el número total de llegadas y restar el número total de prisioneros registrados (parece ser que Stasiek reprodujo los números que manejaban los propios SS). Para una probable autoría de los informes de junio y julio del campo, véase Rawicz [carta], 23 de septiembre de 1957.
19. 202/I-31, pp. 214-229, en Marczewska, Ważniewski *et al.*, *Zeszyty* (1968), p. 70; Segieda [informe], PISM, A.9.III.2a t.3.
20. Jekiełek, *W pobliżu*, pp. 27-28, p. 92; Kożusznik, Testimonios, vol. 12, APMA-B, p. 8; Czech, *Auschwitz*, p. 164; familia Kożusznik, Entrevista, 20 de octubre de 2017; Rybak, Entrevista, 8 de marzo de 2017; Segieda [informe], PISM, A.9.III.2a t.3. La descripción que Napoleon ofrece de algunas de las cartas que leyó permite identificar el material original en los informes que la resistencia de Varsovia envió a Londres.

Capítulo 12: Plazo

1. Höss, *Commandant*, p. 120; Pilecki [informe 1945], PUMST, BI 874, p. 48; Taul, Recuerdos, vol. 62, APMA-B, p. 27.
2. Piekarski, *Escaping*, p. 85.
3. Pilecki [informe 1945], PUMST, BI 874, p. 56; Langbein, *People*, p. 29; Redzej [informe 1943], AAN, 202/XVIII/1, p. 45; Ciesielski [informe 1943], AAN, 202/ XVIII, 1, p. 58.
4. Piekarski, *Escaping*, p. 85. El plan casi se vino abajo cuando trasladaron al espía al hospital de las SS fuera del campo, pero murió dos días más tarde por una inyección.
5. Czech, *Auschwitz*, p. 165, p. 167.
6. Rawicz [carta], 8 de agosto de 1956; Rawicz, Testimonios, vol. 27, APMA-B; Rawicz [informe], fecha desconocida.
7. Rawicz [carta], 8 de agosto de 1956; Rawicz, Testimonios, vol. 27, APMA-B; Rawicz [informe], fecha desconocida.

8. Pilecki [informe 1945], PUMST, BI 874, p. 69, p. 71, p. 111; Rawicz [carta], 8 de agosto de 1956; Lasik *et al.*, *Auschwitz*, vol. I, p. 299. Cabe mencionar que el plan de la sublevación se gestó antes del comienzo del Holocausto en el campo.
9. Pilecki [informe 1945], PUMST, BI 874, p. 54; Langbein, *People*, p. 29; Redzej [informe 1943], AAN, 202/XVIII/1, p. 45; Ciesielski [informe 1943], AAN, 202/ XVIII/1, p. 58.
10. Dering [Recuerdos], p. 89; Allen, *The Fantastic*, loc. 550; Gawron, *Ochotnik*, p. 222; Pilecki [informe 1945], PUMST, BI 874, p. 48; Motz [testimonio], 28 de agosto de 1971; Allen, *The Fantastic*, loc. 550. El uso de piojos para infectar a los alemanes se atestigua en otras cárceles y trenes. Véase Siedlecki, *Beyond*, p. 167. Varios microbiólogos fueron enviados a Auschwitz en torno a 1942 para que tramaran el envenenamiento de oficiales alemanes poniendo gérmenes de fiebre tifoidea en su comida. Allen, *The Fantastic*, loc. 1633.
11. Piekarski, *Escaping*, p. 126.
12. Pietrzykowski, Recuerdos, vol. 161, APMA-B, p. 141; Langbein, *People*, p. 240.
13. Dering [Recuerdos], p. 86, p. 141; Langbein, *People*, p. 240.
14. Dering [Recuerdos], p. 86.
15. Dering [Recuerdos], p. 86.
16. Czech, *Auschwitz*, p. 165; Kielar, *Anus Mundi*, p. 128; Dering [Recuerdos], p. 90.
17. Pilecki, *Report W*, p. 31; Czech, *Auschwitz*, p. 171; Piekarski, *Escaping*, p. 138.
18. Pilecki [informe 1945], PUMST, BI 874, p. 69; Pilecki [informe W], AAN, 202/ XVIII/1, p. 31; Rawicz [carta], 23 de septiembre de 1957; Bartosiewicz [entrevista], Ossolineum, 87/00; Bartosiewicz, Testimonios, vol. 84, APMA-B, p. 127; Rawicz [carta], 23 de septiembre de 1957.
19. Chrościcki, Testimonios, vol. 11, APMA-B, pp. 4-5; Czech, *Auschwitz*, p. 174.
20. Pilecki, *The Auschwitz*, loc. 3083; Pilecki [informe 1945], PUMST, BI 874, p. 62.
21. Rawicz [carta], 31 de agosto de 1957.
22. Szmaglewska, *Dymy*, p. 14.
23. Kowalczyk, *Barbed*, vol. II, p. 155. August no participó en las decisiones, pero recordó la orden de seguir con la fuga.
24. Chrościcki, Testimonios, vol. 11, APMA-B, pp. 4-5.
25. Kowalczyk, *Barbed*, vol. I, pp. 159–164.
26. Ostańkowicz, *Ziemia*, p. 187; Czech, *Auschwitz*, p. 178; Dering [Recuerdos], p. 77.
27. Czech, *Auschwitz*, pp. 180-181; Sobolewicz, *But I*, p. 131;

Chrościcki, Testimonios, vol. 11, APMA-B, pp. 5-6; Langbein, *People*, p. 67.

28. Sobański, *Ucieczki*, pp. 47-48; Piechowski, Entrevista, 14 de octubre de 2016.

29. [informe] n°. 6/42, PISM, A.9.III.2a.55.2a.55. En la versión del mensaje de Witold que llegó a Londres, se eliminaron las referencias al Holocausto en el informe. Véase la nota más adelante.

30. Piechowski, *Byłem*, p. 70

31. Piechowski, *Byłem*, pp. 74-75.

32. Piechowski, *Byłem*, p. 79.

33. Piechowski, *Byłem*, p. 79; Sobański, *Ucieczki*, pp. 44-50; Pilecki [informe 1945], PUMST, BI 874, p. 59; Pawłowski, Wałczek (dir.), *Jasłer*.

34. Pilecki, *The Auschwitz*, loc. 2976; Pilecki [informe 1945], PUMST, BI 874, p. 59.

35. Pilecki [informe Nowy Wiśnicz], Recuerdos, vol. 130, APMA-B, p. 111.

36. Dwork, van Pelt, *Auschwitz*, pp. 300-302; Wachsmann, *KL*, pp. 302-303.

37. Wachsmann, *KL*, p. 304; Dwork, van Pelt, *Auschwitz*, pp. 302-305; Redzej [informe 1943], AAN, 202/XVIII/1, p. 43.

38. Dwork, van Pelt, *Auschwitz*, pp. 302-305; Czech, *Auschwitz*, p. 179; Sobolewicz, *But I*, pp. 134-138; 202/I-31, pp. 95-97, en Marczewska, Ważniewski *et al.*, *Zeszyty* (1968), p. 47.

39. Pilecki, *The Auschwitz*, loc. 2890; Pilecki [informe 1945], PUMST, BI 874, p. 57.

40. Pilecki, *The Auschwitz*, loc. 2890; Pilecki [informe 1945], PUMST, BI 874, p. 57.

41. Paczyńska, *Grypsy*, p. xxxiii. Witold no reconoce la misión de Napoleon en sus últimos escritos, pero Stanisław Kłodziński fue miembro de su organización y un estrecho confidente de Stasiek. 202/I-31, pp. 214-229, en Marczewska, Ważniewski*et al.*, *Zeszyty* (1968), p. 70.

42. 202/I-31, pp. 95-97, en Marczewska, Ważniewski *et al.*, *Zeszyty* (1968), p. 47.

43. Vrba, *I Cannot*, p. 9.

44. Höss, *Death*, p. 286.

45. Höss, *Death*, p. 286.

Capítulo 13: Papeleo

1. Paczyńska, *Grypys*, pp. xlv–xlvi; Segieda [informe], PISM, A.9.III.2a t.3.

2. Segieda [informe], PISM, A.9.III.2a t.3; 202/I-32, p. 71, en Marczewska, Ważniewski *et al.*, *Zeszyty* (1968), p. 54; Taul, Testimonios, vol. 9, APMA-B, p. 1267.

3. Napoleon también llevaba una bolsita de semillas de Kok-Saghyz que habían sacado clandestinamente del centro secreto de cultivo de plantas de los nazis en el pueblo de Rajsko, fuera del campo. Himmler adquirió las semillas tras la invasión de la Unión Soviética e hizo del desarrollo de la planta de caucho una de las máximas prioridades en Rajsko, creyendo que aliviaría la escasez de caucho crónica de Alemania. El robo de las semillas fue una hábil jugada del espionaje industrial. Segieda [informe], PISM, A.9.III.2a t.3; Zimmerman, *The Polish*, p. 151.

4. Jekiełek [Konspiracja...], AZHRL, R-VI-2/547, p. 130; Molin, Entrevista, 23 de septiembre de 2017.

5. Urynowicz, *Czerniaków*, pp. 322-333.

6. Zimmerman, *The Polish*, p. 152; Stola, «Early», p. 9.

7. Engel, *In the Shadow*, p. 300; Segieda [informe], PISM, A.9.III.2a t.3. Existían, desde luego, los mismos rumores que habían circulado sobre las atrocidades alemanas en la Primera Guerra Mundial, que los oficiales británicos señalaron debidamente en cuanto las supieron.

8. Wood, *Karski*, loc. 2687; Rohleder [Bundesanschaftschaftsakten], BA, E 4320 (B) 1990/133, Bd. 67, C.12.4440, citado en la base de datos de Kamber, *Geheime*.

9. Segieda [informe], PISM, A.9.III.2a t.3; 202/I-32, p. 71, en Marczewska, Ważniewski *et al.*, *Zeszyty* (1968), p. 54.

10. Segieda [informe], PISM, A.9.III.2a t.3; Jekiełek [Konspiracja...], AZHRL, R-VI-2/547, p. 130; Nowak, *Courier*, p. 77.

11. Wanner, «Flüchtlinge», pp. 227-271; Bergier *et al.*, *Final Report*, pp. 22-23. Suiza expulsó a 24 398 personas durante los años de la guerra, y 19 495 eran judíos. Es probable que muchos más fueran repelidos en la frontera. Juliusz Kühl sugiere que hubo en torno a 7000 refugiados judíos polacos en el país. Kühl [Memorias], USHMM, RG-27.001*08, p. 31.

12. Hastings, *The Secret*, loc. 6446.

13. Breitman, *Official*, pp. 138-141. Gerhart Riegner, que trabajó para el Congreso Judío Mundial en Ginebra envió por telegrama la información de Schulte. Hasta la investigación pionera de Richard Breitman y Walter Laqueur, la identidad de Schulte se desconocía, y la atención se centró en el hecho de que Riegner envió la información y no en que Schulte la proporcionó. En las páginas que siguen me refiero de forma general a la «información de Schulte».

14. Kühl [Memorias], USHMM, RG-27.001*08, p. 32.
15. Como Napoleon no dejó ningún registro escrito de la reunión, el único testimonio proviene de Kühl, que lo escribió con cuidado de ocultar la identidad del correo que lo acompañaba. Pero, teniendo en cuenta la conversación posterior sobre la liquidación del gueto de Varsovia, es probable que fuera Napoleon. Kühl [informe], USHMM, RG-27.001*05, microficha 1, p. 1.
16. Rambert, *Bex*, pp. 62–81; Nahlik, *Przesiane*, p. 240; Kühl [Memorias], USHMM, RG-27.001*08, p. 31; Haska, «Proszę», pp. 299-309; Kranzler, *Brother's*, pp. 200-202.
17. Kühl [Memorias], USHMM, RG-27.001*05, microficha 1, p. 1; Zieliński, «List», p. 159.
18. Kühl [Memorias], USHMM, RG-27.001*05, microficha 1; Segieda [informe], PISM, A.9.III.2a t.3.
19. Kamber, Geheime, p. 577. El informe de Kühl tuvo un amplio impacto. Lo enviaron a Nueva York por medio del radiotransmisor secreto de la legación polaca y parte de su información se envió posteriormente a Franklin D. Roosevelt en la Casa Blanca (es improbable que lo leyera) y fue debatido en los altos círculos británicos y estadounidenses. Esto sugiere que, si Napoleon hubiera revelado lo que sabía de Auschwitz en aquella coyuntura, habría obligado a Occidente a confrontar los asesinatos masivos en el campo al menos dos años antes de cuando lo hicieron.
20. Segieda [informe], PISM, A.9.III.2a t.3; Fleming, *Auschwitz*, p. 111, p. 207.
21. Gilbert, *Auschwitz*, p. 54, p. 61.
22. [telegrama n.º 38], PISM, A.9.III.4; [telegrama n.º 40], PISM, A.9.III.4.
23. [telegrama n.º 38], PISM, A.9.III.4.

Capítulo 14: Fiebre

1. Czech, *Auschwitz*, pp. 208–211; Wachsmann, KL, p. 304.
2. Pilecki [informe 1945], PUMST, BI 874, p. 68; Pilecki [informe 1943], AAN, 202/XVIII/1, p. 73; Iwaszko *et al.*, *Auschwitz*, vol. II, p. 164.
3. Pilecki [informe 1945], PUMST, BI 874, p. 58, p. 68; Piekarski, *Escaping*, p. 148.
4. Langbein, *People*, p. 298; Pilecki, *The Auschwitz*, loc. 4098; Pilecki [informe 1945], PUMST, BI 874, pp. 87-88.
5. Kielar, *Anus Mundi*, p. 147; Langbein, *People*, p. 140; Setkiewicz, *The Private*, p. 121.

6. Pilecki, *The Auschwitz*, loc. 3346, loc. 3748; Pilecki [informe 1945], PUMST, BI 874, p. 68, p. 79.
7. Pilecki [informe Nowy Wiśnicz], Recuerdos, vol. 130, APMA-B, p. 111.
8. Kobrzyński, Recuerdos, vol. 129, APMA-B, p. 45; Smoczyński, «Ostatnie», no figuran las páginas.
9. Olszowski, «Więźniarska», p. 186.
10. Smoczyński, «Ostatnie», no figuran las páginas; Kobrzyński, Recuerdos, vol. 129, APMA-B, p. 46. Al parecer, las SS ya estaban al tanto de la identidad de Stasiek desde su primer interrogatorio en Varsovia. El paquete pudo ser un recordatorio para Grabner de la presencia de Stasiek y coincidió con la matanza selectiva por parte de las SS de prisioneros que hubieran colaborado con la resistencia.
11. Pilecki [informe 1945], PUMST, BI 874, p. 51; Piekarski, *Escaping*, p. 117; Ciesielski, *Wspomnienia*, p. 68. La existencia de una radio en el campo se basa en los testimonios de Witold, Edek y Kon. Otro testimonio describe el hallazgo del equipo de radio, parcialmente destruido, en el desván del bloque 17. Taul, Testimonios, vol. 9, APMA-B, pp. 1264-1271. Después de la guerra, Kazimierz Rawicz desechó la idea de una emisora de radio. «Todo es correcto, todo está bien, y solo esa desafortunada emisora de radio es un grave error en este testimonio. No sé qué diantres le hizo fantasear y añadir un detalle así, que no tuvo lugar y que yo no podría suscribir [el testimonio de WP] bajo ninguna circunstancia.» Rawicz [carta a L. Serafińskiej], 4 de agosto de 1958; Materiały, vol. 220, APMA-B, p. 25. Rawicz, sin embargo, dejó el campo antes de que la radio empezara a funcionar.
12. Biernacki [carta], Materiały Ruchu Oporu, vols. 1–2, APMA-B, p. 10; Kłodziński [carta a W. Jekiełka y T. Lasockiej], 24 de noviembre de 1942, citado en Paczyńska, *Grypsy*, p. 676: «En Krankenbau [hospital] hay unas dos mil personas. El índice de mortalidad de unas treinta personas al día era de ochenta personas hace un año. Treinta/sesenta personas (entre ellas de cuatro a seis polacos) muriendo cada día de inyecciones de fenol». Pilecki [informe 1945], PUMST, BI 874, p. 63.
13. Dering [Recuerdos], p. 29, p. 103, pp. 139–142.
14. Dering [Recuerdos], p. 139; Wierusz, Testimonios, vol. 77, APMA-B, p. 21.
15. Diem, Recuerdos, vol. 172, APMA-B, p. 141; Kielar, *Anus Mundi*, p. 128; Dering [Recuerdos], p. 104; Wierusz, Testimonios, vol. 77, APMA-B, p. 21; Radlicki, *Kapo*, pp. 104-106.

16. Pietrzykowski, Testimonios, vol. 88, APMA-B, p. 22.
17. Taubenschlag, *To Be*, p. 76.
18. Dering [Recuerdos], p. 105.
19. Dering [Recuerdos], p. 105.
20. Dering [Recuerdos], p. 105.
21. Dering [Recuerdos], p. 105.
22. Kielar, *Anus Mundi*, p. 105.
23. Kielar, *Anus Mundi*, p. 105.
24. Kielar, *Anus Mundi*, p. 108.
25. Kielar, *Anus Mundi*, p. 108.
26. Czech, *Auschwitz*, p. 229; Pilecki, *Report W*, p. 22. Witold dice que Dering también salvó a veinte prisioneros proporcionándoles uniformes de ordenanza.
27. 202/I-31, pp. 214-229, en Marczewska, Ważniewski *et al.*, *Zeszyty* (1968), p. 70. La información llegó a través de una carta enviada desde el campo de Edward Biernacki a Wojciech Jekiełek (véase Jekiełek, *W pobliżu*, pp. 116-117).
28. Pilecki [informe 1945], PUMST, BI 874, pp. 63-64; Strzelecka, *Voices*, vol. 3, p. 18.
29. Pilecki [informe 1945], PUMST, BI 874, pp. 63-64.
30. Pilecki [informe 1945], PUMST, BI 874, p. 64.
31. Pilecki [informe 1945], PUMST, BI 874, p. 66. Witold describe un bombardeo la noche que ingresó en el hospital infectado de tifus. No hay pruebas de que dicho bombardeo se produjera, pero pudo deberse a los sueños febriles de Witold durante su enfermedad.
32. Pilecki [informe 1945], PUMST, BI 874, p. 66.
33. Pilecki, *The Auschwitz*, loc. 3275; Pilecki [Informe 1945], PUMST, BI 874, p. 66.
34. Pilecki [informe 1945], PUMST, BI 874, p. 67.
35. Setkiewicz, *Zaopatrzenie*, p. 60; Redzej [informe 1943], AAN, 202/XVIII/1, p. 46.
36. Czech, *Auschwitz*, p. 164; Pogozhev, *Escape*, loc. 1950.
37. No ha sido posible identificar el apellido de Steinberg. Laurence, *Auschwitz*, loc. 2122; Pogozhev, *Escape*, loc. 1950.
38. Laurence, *Auschwitz*, p. 2122; Pilecki, *Report W*, p. 34; Pogozhev, *Escape*, loc. 2052.
39. Ostańkowicz, *Ziemia*, p. 232.
40. Ostańkowicz, *Ziemia*, p. 232.
41. Ostańkowicz, *Ziemia*, p. 233.
42. La unidad de Steinberg nunca intentó una fuga. Al parecer, los traicionó el kapo de la segunda unidad de Sonderkommando, Adolph Weiss, que supuestamente temía que cualquier acción por parte de la unidad de Steinberg terminara en la

muerte de sus hombres. Ambas unidades fueron gaseadas en diciembre de 1942. Wetzler, *Testimonios*, vol. 40, APMA-B, p. 28.
43. Pilecki, *Report W*, pp. 22-24; Ciesielski [informe 1943], AAN, 202/XVIII/1, p. 10; Langbein, *People*, p. 88; Iwaszko, Kłodziński, «Bunt», pp. 119-122.

Capítulo 15: Declaración

1. Friedenson, Kranzler, *Heroine*, p. 91.
2. Gilbert, *Auschwitz*, pp. 67-68. Los analistas de la inteligencia británica captaron el papel de Auschwitz como punto de recogida de judíos a través de los mensajes de radio interceptados, pero los datos solo hacían referencia a los prisioneros registrados en el campo como trabajadores y no a los gaseados. Schulte, *London*, p. 211, citado en Hackmann, Süß, *Hitler's*, p. 211; Breitman, Laqueur, *Breaking*, p. 125; Breitman, *Official*, p. 143. Los británicos sabían mucho más que los estadounidenses sobre la persecución alemana de judíos, a través de los mensajes de radio descodificados, que no habían compartido aún con sus homólogos estadounidenses.
3. Breitman, Laqueur, *Breaking*, p. 124; Laqueur, *The Terrible*, p. 100; Breitman, Lichtman, *FDR*, loc. 3440; Lipstadt, *Beyond*, p. 321.
4. Rowecki [telegrama n.º 803], 3 de octubre de 1942, en Iranek-Osmecki *et al.*, *Armia*, vol. VI, p. 261; Pilecki [informe 1945], PUMST, BI 874, p. 59; 202/I-31, pp. 214-29, en Marczewska, Ważniewski *et al.*, *Zeszyty* (1968), p. 70. Hay más pruebas de la manipulación de material de Auschwitz por parte de la resistencia. El informe de Jaster describe claramente la acción del Sonderkommando en Birkenau. Pero el hecho de que eran judíos y su tarea, asesinar judíos, no figura. Entretanto, la periodista de la resistencia Natalia Zarembina estaba escribiendo un libro sobre Auschwitz para su difusión masiva, inspirado en los informes de Stasiek, pero lo describió como un campo de concentración exclusivamente para polacos. Fleming, *Auschwitz*, p. 360.
5. Rowecki [telegrama n.º 803], 3 de octubre de 1942, en Iranek-Osmecki *et al.*, *Armia*, vol. VI, p. 261; Zimmerman, *Polish*, p. 103; Engel, *In the Shadow*, p. 202. Rowecki envió un informe en septiembre que mencionaba brevemente el gaseamiento de judíos en Auschwitz; se basó en las primeras informaciones de Stasiek. La referencia formaba una peque-

ña parte de un debate más amplio de las políticas de ocupación nazi y soviética, y parece que suscitó poco interés. El informe se tradujo y fue incluido en un resumen más largo que fue enviado a la legación polaca en Nueva York hacia finales de noviembre, pero parece ser que no llegó más lejos. Fleming, *Auschwitz*, pp. 135-145.

6. Gilbert, *Auschwitz*, pp. 88-92; Fleming, *Auschwitz*, pp. 157-162.

7. Gilbert, *Auschwitz*, p. 86; Wyman, *The Abandonment*, pp. 73-74; Breitman, Lichtman, *FDR*, loc. 3993. El Gobierno polaco emitió su propio informe el mismo día que el de la Agencia Judía, que enumeraba los campos de la muerte de Bełżec, Sobibór y Treblinka, pero no mencionaba Auschwitz. El Departamento de Estado se abstuvo de publicar los descubrimientos de su propia investigación.

8. Leff, *Buried*, pp. 155-156; Wyman, *The Abandonment*, pp. 73-74.

9. Breitman, Lichtman, *FDR*, loc. 4012.

10. Raczyński, *In Allied*, p. 126; Breitman, *Official*, p. 151.

11. Wasserstein, *Britain*, p. 34; Fleming, *Auschwitz*, p. 96; Breitman, *Official*, p. 145. La llegada del correo Jan Karski a Londres en noviembre de 1942 contribuyó a movilizar la respuesta del Gobierno polaco en el exilio.

12. República de Polonia, *The Mass*, diciembre de 1942, NA, FCO 371/30924, C12313; Breitman, *Official*, pp. 228-229; Manchester, Reid, *The Last*, loc. 3676.

13. Breitman, *Official*, p. 153; Czech, *Auschwitz*, p. 276; Bruland, *Holocaust*, pp. 668-671.

14. Gilbert, *Auschwitz*, pp. 96-98.

15. Breitman, *Official*, p. 157; Gilbert, *Auschwitz*, p. 99.

16. Cohen, *Eleanor*, p. 181; Breitman, *Official*, p. 170; Gilbert, *Auschwitz*, p. 109.

17. Rowecki [telegrama n.º 803], 3 de octubre de 1942, en Iranek-Osmecki *et al.*, *Armia*, vol. VI, p. 261; Rowecki [telegrama], 23 de diciembre de 1942, en Iranek-Osmecki *et al.*, *Armia*, vol. II, pp. 393-394; Rowecki [Planowanie powstania powszechnego 1940-1944], 23 de diciembre de 1942, PUMST, A.379, p. 43; Piper, *Voices*, vol. 8, p. 37.

18. Westermann, «The Royal», p. 204; Biddle, *Allied*, en Neufeld, Berenbaum, *The Bombing*, pp. 38-39. La discusión sobre el bombardeo de Auschwitz suele centrarse en el debate de los Aliados en el verano de 1944. No obstante, como muestra el impacto del primer informe de Witold sobre el campo, la propuesta de bombardearlo ya estaba encima de la

mesa en la RAF en enero de 1941. Los investigadores están divididos sobre la eficacia de un intento aliado de bombardear el campo. Rowecki [telegrama n.º 803], 3 de octubre de 1942, en Iranek-Osmecki *et al.*, *Armia*, vol. VI, p. 261; Gilbert, *Auschwitz*, p. 107; Breitman, *Official*, p. 169.

19. Breitman, *Official*, p. 169; Gilbert, *Auschwitz*, p. 107.
20. Gilbert, *Auschwitz*, p. 119; Breitman, *Official*, p. 175. Los abogados suizos Richard Lichtheim y Gerhard Riegner llevaban varios meses enviando informes mediante la legación estadounidense en Berna. El 10 de febrero de 1943, funcionarios del Estado escribieron un telegrama al embajador, en el que le desaconsejaba seguir concediéndoles acceso al transmisor de la legación. El mensaje estaba redactado en términos generales para evitar cualquier acusación de incorrección. Pero la embajada estadounidense pilló la indirecta. La siguiente vez que Riegner apareció con noticias de un intento nazi de deportar a quince mil judíos cónyuges de alemanes a Auschwitz, le instruyeron que enviara el mensaje a través de una oficina de telégrafos pública.

Capítulo 16: Fracaso

1. Pilecki, *Report W*, p. 19.
2. Iwaszko *et al.*, *Auschwitz*, vol. II, p. 409; Pilecki, *Report W*, p. 19.
3. Pilecki [informe 1945], PUMST, BI 874, p. 3; Pilecki [informe W], AAN, 202/ XVIII/1, p. 69.
4. Pilecki [informe 1945], PUMST, BI 874, p. 3; Pilecki [informe W], AAN, 202/ XVIII/1, p. 69.
5. Piekarski, *Escaping*, p. 23.
6. Piekarski, *Escaping*, p. 23.
7. Piekarski, *Escaping*, p. 23.
8. Pilecki [llave], Recuerdos, vol. 183, APMA-B, p. 79; Sowul, Testimonios, vol. 72, APMA-B, p. 16.
9. Pilecki [informe 1945], PUMST, BI 874, p. 73; Sowul, Testimonios, vol. 72, APMA-B, p. 19; Iwaszko *et al.*, *Auschwitz*, vol. II, p. 390.
10. Piekarski, *Escaping*, p. 148. Fred recibió un tiro después de recuperarse el 3 de marzo de 1943. Czech, *Auschwitz*, p. 342.
11. Wierusz, Testimonios, vol. 77, APMA-B, p. 21; Langbein, *People*, pp. 221-222; Dering [Recuerdos], p. 7; Diem, Recuerdos, vol. 172, AMPA-B, p. 9; Iwaszko *et al.*, *Auschwitz*, vol. II, p. 367; Wachsmann, *KL*, p. 341; Iwaszko *et al.*, *Auschwitz*, vol. II, pp. 361-365.

12. Piekarski, *Escaping*, p. 77; Pilecki [informe zona S], AAN, 202/XVIII/1, p. 88.
13. Piper, *Auschwitz*, vol. III, p. 159; Dwork, van Pelt, *Auschwitz*, pp. 324-325; Pilecki [informe 1945], PUMST, BI 874, p. 74; 202/II-35, p. 84, en Marczewska, Ważniewski *et al.*, *Zeszyty* (1968), pp. 79-80. Al parecer, Witold y otros miembros de la resistencia pensaban que eliminarían los cuerpos en incineradoras eléctricas (y no en los hornos de coque que usaron en realidad).
14. Frączek, Recuerdos, vol. 66, APMA-B, pp. 163-164; Pilecki, *Report W*, p. 27; Piekarski, *Escaping*, pp. 144-145; Komski, Testimonios, vol. 71, APMA-B, p. 64; Ławski, Recuerdos, vol. 154/154a, APMA-B, p. 147, p. 148; Harat, *Działalność...*, no figuran las páginas; Kajtoch, Recuerdos, vol. 27, APMA-B, pp. 1-149; Kuczbara [mensaje secreto], Materiały Ruchu Oporu, vol. X, APMA-B, p. 6, p. 9, p. 11; Dwork, van Pelt, *Auschwitz*, pp. 324-325. La fuga fue planeada por el dentista del campo, Bolesław Kuczbara.
15. Pilecki, *Report W*, p. 27; Piekarski, *Escaping*, pp. 144-145; Komski, Testimonios, vol. 71, APMA-B, p. 64; Ławski, Recuerdos, vol. 154/154a, APMA-B, p. 147, p. 148; Harat, *Działalność...*, no figuran las páginas; Kajtoch, Recuerdos, vol. 27, APMA-B, pp. 1-149. Los Harat dieron cobijo a los hombres en su casa, en Libiąż. Mieczysław, Jan y Otto fueron apresados de nuevo posteriormente y el último se colgó en el transporte que lo devolvía a Auschwitz. A Bolesław lo detuvieron en Varsovia y al parecer murió estando en custodia policial. Jan y Otto sobrevivieron a la guerra.
16. Pilecki [informe 1945], PUMST, BI 874, p. 74; Ostańkowicz, *Ziemia*, p. 266; Czech, *Auschwitz*, p. 313.
17. Pilecki [informe 1945], PUMST, BI 874, p. 75.
18. Pilecki [informe 1945], PUMST, BI 874, p. 75; Pilecki, *Report W*, p. 35; Pilecki, [informe W], AAN, 202/XVIII/1, p. 72.
19. Pilecki [informe 1945], PUMST, BI 874, p. 86. En 1943, un tercio de los prisioneros estaban empleados prestando servicios al campo: Iwaszko *et al.*, *Auschwitz*, vol. II, p. 89. Las selecciones en el hospital se restringieron también, y dejaron de enviar a los reclusos polacos para gasearlos como habían hecho con otros antes de diciembre de 1942. Wachsmann, *KL*, p. 347.
20. Pilecki [informe 1945], PUMST, BI 874, pp. 79-80.
21. Pilecki [informe 1945], PUMST, BI 874, p. 69.
22. Pilecki [informe 1945], PUMST, BI 874, p. 69; Ciesielski [informe 1943], AAN, 202/XVIII/1, p. 12; Redzej [informe

1943], AAN, 202/XVIII/1, p. 45a; Głowa, Recuerdos, vol. 94, APMA-B, pp. 138-139.

23. Głowa, Testimonios, vol. 36, APMA-B, p. 6; Dering [Recuerdos], p. 50; Głowa, Testimonios, vol. 94, APMA-B, p. 140.

24. Pilecki, *Report W*, p. 115. Witold dice que asesinaron a doscientos niños, pero la cantidad total es menor a cien.

25. Iwaszko *et al.*, *Auschwitz*, vol. II, p. 156; Pilecki, [informe W], p. 44; Pilecki [informe W], AAN, 202/XVIII/1, pp. 75-76; Ciesielski [informe 1943], AAN, 202/XVIII/1, p. 7.

26. Czech, *Auschwitz*, p. 367; Pilecki, *Report W*, p. 44; Piekarski, *Escaping*, p. 157.

27. Pilecki, *Report W*, p. 116; Ciesielski, *Wspomnienia*, pp. 101-102.

28. Pilecki [informe 1945], PUMST, BI 874, p. 83; Piekarski, *Escaping*, p. 157.

29. Czech, *Auschwitz*; Pilecki, *Report W*, p. 117; Redzej [informe 1943], AAN, 202/ XVIII/1, p. 43.

30. Czech, *Kalendarz*, p. 362, p. 370; Iwaszko *et al.*, *Auschwitz*, vol. II, pp. 349-358; Wachsmann, *KL*, p. 316; Diem, Recuerdos, vol. 172, APMA-B, pp. 134-35; Dering [Recuerdos], pp. 116-17; Ławski, Recuerdos, vol. 154/154a, AP- MA-B, p. 94.

31. Zabawski, Recuerdos, vol. 98, APMA-B, p. 83.

32. Pilecki [informe 1945], PUMST, BI 874, p. 85.

33. Pilecki [informe 1945], PUMST, BI 874, p. 85.

34. Pilecki [informe 1945], PUMST, BI 874, p. 85.

35. Pilecki, *The Auschwitz*, loc. 4049; Pilecki [informe 1945], PUMST, BI 874, p. 86.

36. Zabawski, Recuerdos, vol. 98, APMA-B, p. 90; Ostrowska, *Wspomnienia 1*, p. 5.

37. Pilecki [informe 1945], PUMST, BI 874, p. 85.

Capítulo 17: Impacto

1. Segieda [informe], PISM, A.9.III.2a t.3.

2. Segieda [informe], PISM, A.9.III.2a t.3.

3. Segieda [informe], PISM, A.9.III.2a t.3; Frazik, «Wojenne», p. 413; Avni, *Spain*, p. 106.

4. Siudak [carta], 9 de febrero de 1943, PUMST, A.9.E. t.107.

5. Segieda [informe], PISM, A.9.III.2a t.3.

6. Wood, *Karski*, loc. 2780; Fleming, *Auschwitz*, p. 129.

7. O'Reilly [Memo], 26 de febrero de 1943, NA, HS 9/1337/7.

8. Napoleon no sitúa la investigación de la brutalizad nazi en Auschwitz al principio de su informe. De hecho, figura hacia el final, después de las discusiones sobre las relaciones de va-

rios partidos políticos polacos. Esto refleja probablemente las preocupaciones de sus interlocutores en el Ministerio del Interior polaco. Fleming, *Auschwitz*, pp. 168-173. La primera mención de Napoleon a Auschwitz tiene que ver con su robo de semillas Kok-Saghyz. Enviaron rápidamente las semillas para probarlas, pero las plantas que salieron resultaron tener bajo contenido en caucho. Orkan [telegrama], 15 de noviembre de 1943, Londres, HIA, caja 52, carpeta 18.

9. Zimmerman, *The Polish*, p. 191. La cantidad era de 300000 de acuerdo con los datos nazis. Wachsmann, *KL*, p. 293.
10. Zimmerman, *The Polish*, p. 191.
11. Gilbert, *Allies*, p. 119, pp. 126-127; Breitman, *Official*, pp. 178-179; Zimmerman, *The Polish*, p. 191.
12. Fleming, *Auschwitz*, pp. 173-175. No está claro si le dieron a Savery la tasa de mortalidad de 502000, pero él ya sabía por la investigación del Departamento de Estado que dos millones de judíos habían sido asesinados. El dato de Auschwitz correspondía a lo que podía esperarse de un programa paneuropeo de exterminio. El Gobierno polaco era muy consciente de que la limitada difusión se vería restringida igualmente. Véase Fleming, *Auschwitz*, p. 123.
13. Olson, *Last*, loc. 2085.
14. Fleming, *Auschwitz*, p. 174.
15. Napoleon informó al político judío polaco Ignacy Schwarzbart el 18 de abril de 1943 o antes. En una crónica posterior del encuentro, Schwarzbart señaló que Napoleon había ido a verlo por iniciativa propia, si bien parece probable que Napoleon recibiera cuidadosas instrucciones del Ministerio del Interior polaco sobre lo que tenía que decir. Schwarzbart dispuso que las notas de la entrevista de Napoleon fueran redactadas el mismo día para distribuirlas a Berl Locker, presidente de la Agencia Judía en Londres, y a Rabbi Irving Miller, un importante sionista estadounidense que estaba de visita en Londres. «Deberíamos considerar conjuntamente cómo publicarlo», escribió Schwarzbart en una carta adjunta a ambos (YVA M2. 261). A finales de abril, Schwarzbart envió copias de su conversación a las oficinas de la sección británica del Congreso Mundial Judío en Londres y Nueva York y la Agencia Judía en Palestina. Como resultado del envío a Estados Unidos, los censores británicos y americanos también se hicieron con una copia. Fue ampliamente distribuida entre funcionarios, pero no suscitó más debate. El Gobierno polaco retomó la idea de bombardear Auschwitz en agosto de 1943, sin éxito. Schwarzbart [archivos], IPN, BU_2835_15, p. 37.

16. Laqueur, *The Terrible*, p. 96.
17. Zimmerman, *The Polish*, p. 218.
18. Sehn, *Obóz*, p. 135.
19. Siudak [carta], 22 de junio de 1943, HIA, caja 52, carpeta 15.

Capítulo 18: Fuga

1. Pilecki [informe 1945], PUMST, BI 874, p. 91.
2. Pilecki [informe 1945], PUMST, BI 874, p. 88.
3. Pilecki, *The Auschwitz*, loc. 3969; Pilecki [informe 1945], PUMST, BI 874, p. 84.
4. Pilecki, *The Auschwitz*, loc. 3969; Pilecki [Informe 1945], PUMST, BI 874, p. 84.
5. Pilecki [informe 1945], PUMST, BI 874, p. 88; Langbein, *People*, p. 75; Dering [Recuerdos], p. 23; Szarbel [testimonio], IPN, BU_2188_14, pp. 110-113; Garliński, *Fighting*, p. 175.
6. Langbein, *People*, p. 75; Pilecki [informe 1945], PUMST, BI 874, p. 88.
7. Pilecki, *The Auschwitz*, loc. 4140; Pilecki [informe 1945], PUMST, BI 874, p. 89.
8. Pilecki, *Report W*, p. 61; Pilecki [informe 1945], PUMST, BI 874, p. 89; Pilecki [informe W], AAN, 202/XVIII/1, p. 81.
9. Pilecki, *The Auschwitz*, loc. 4146; Pilecki [informe 1945], PUMST, BI 874, p. 89.
10. Pilecki, *The Auschwitz*, loc. 4152; Pilecki [informe 1945], PUMST, BI 874, p. 89; Fejkiel, *Więźniarski*, pp. 108-109.
11. Fejkiel, *Medycyna*, en Bidakowski, Wójcik, *Pamiętniki*, p. 507; Pilecki [Informe 1945], PUMST, BI 874, p. 89, p. 90.
12. Diem, Recuerdos, vol. 172, APMA-B, p. 151; Pilecki, *The Auschwitz*, loc. 4241; Pilecki [informe 1945], PUMST, BI 874, p. 90.
13. Pilecki, *The Auschwitz*, loc. 4200; Pilecki [informe 1945], PUMST, BI 874, p. 90.
14. Pilecki [informe 1945], PUMST, BI 874, p. 91.
15. Czech, *Auschwitz*, p. 33.
16. Pilecki, *The Auschwitz*, loc. 4241; Pilecki [informe 1945], PUMST, BI 874, p. 92.
17. Pilecki, *The Auschwitz*, loc. 4241; Pilecki [informe 1945], PUMST, BI 874, p. 92.
18. Pilecki [informe 1945], PUMST, BI 874, p. 92.
19. Pilecki [informe 1945], PUMST, BI 874, p. 93.
20. Ciesielski, *Wspomnienia*, pp. 115-116.
21. Ciesielski, *Wspomnienia*, pp. 115-116.
22. Ciesielski, *Wspomnienia*, p. 118.

23. Ciesielski, *Wspomnienia*, pp. 121-122.
24. Pilecki [informe 1945], PUMST, BI 874, p. 94.
25. Pilecki, *The Auschwitz*, loc. 4344; Pilecki [informe 1945], PUMST, BI 874, p. 94.
26. Pilecki, *The Auschwitz*, loc. 4364; Pilecki [informe 1945], PUMST, BI 874, p. 94.
27. Pilecki, *The Auschwitz*, loc. 4364; Pilecki [informe 1945], PUMST, BI 874, p. 94.
28. Pilecki [informe 1945], PUMST, BI 874, p. 95.
29. Pilecki [informe 1945], PUMST, BI 874, p. 95.
30. Ciesielski, *Wspomnienia*, p. 128; Pilecki [informe 1945], PUMST, BI 874, p. 95.
31. Ciesielski, *Wspomnienia*, p. 128; Pilecki [informe 1945], PUMST, BI 874, p. 95.
32. Pilecki [informe 1945], PUMST, BI 874, p. 96.
33. Ciesielski, *Wspomnienia*, p. 128.
34. Pilecki, *The Auschwitz*, loc. 4420; Pilecki [informe 1945], PUMST, BI 874, p. 96.
35. Pilecki [informe 1945], PUMST, BI 874, p. 96.
36. Pilecki [informe 1945], PUMST, BI 874, p. 96.
37. Pilecki, *The Auschwitz*, loc. 4461; Pilecki [informe 1945], PUMST, BI 874, p. 97.
38. Pilecki, *The Auschwitz*, loc. 4461; Pilecki [Informe 1945], PUMST, BI 874, p. 97.
39. Pilecki, *The Auschwitz*, loc. 4482; Pilecki [informe 1945], PUMST, BI 874, p. 97.
40. Ciesielski, *Wspomnienia*, p. 128.
41. Pilecki [informe 1945], PUMST, BI 874, p. 98.
42. Pilecki [informe 1945], PUMST, BI 874, p. 99.
43. Ciesielski, *Wspomnienia*, pp. 139-43.
44. Ciesielski, *Wspomnienia*, pp. 139-43.
45. Pilecki, *The Auschwitz*, loc. 4565; Pilecki [informe 1945], PUMST, BI 874, p. 100.
46. Pilecki, *The Auschwitz*, loc. 4565; Pilecki [informe 1945], PUMST, BI 874, p. 100.
47. Pilecki, *The Auschwitz*, loc. 4575; Pilecki [informe 1945], PUMST, BI 874, p. 100.
48. Pilecki [informe 1945], PUMST, BI 874, p. 100.
49. Pilecki [informe 1945], PUMST, BI 874, p. 100.
50. Pilecki [informe 1945], PUMST, BI 874, p. 101.
51. Pilecki, *The Auschwitz*, loc. 4622; Pilecki [informe 1945], PUMST, BI 874, p. 101.
52. Pilecki, *The Auschwitz*, loc. 4622; Pilecki [informe 1945], PUMST, BI 874, p. 101.

53. Serafiński [Ucieczka], p. 2.
54. Pilecki, *The Auschwitz*, loc. 4630; Pilecki [informe 1945], PUMST, BI 874, p. 102.
55. Pilecki, *The Auschwitz*, loc. 4637; Pilecki [informe 1945], PUMST, BI 874, p. 102.
56. Serafiński [Ucieczka], p. 3.
57. Pilecki [informe Nowy Wiśnicz], Recuerdos, vol. 130, AP-MA-B, pp. 110-113.
58. Pilecki [informe 1945], PUMST, BI 874, p. 102.
59. Redzej, Recuerdos, vol. 178, APMA-B, p. 110.
60. Serafiński [Ucieczka], p. 3.
61. Pilecki [informe W], AAN, 202/XVIII/1, p. 84.
62. Pilecki [informe 1945], PUMST, BI 874, p. 102.
63. Fejkiel, *Medycyna*, en Bidakowski, Wójcik, *Pamiętniki*, pp. 507-509; Pilecki [informe 1945], PUMST, BI 874, p. 102.
64. Możdżeń, Testimonios, vol. 3, APMA-B, p. 101.
65. Zabawski, Recuerdos, vol. 98, APMA-B, p. 95.
66. Zabawski, Recuerdos, vol. 98, APMA-B, p. 95.
67. Pilecki [informe 1945], PUMST, BI 874, p. 102.

Capítulo 19: Solo

1. Gistedt, *Od operetki*, p. 108.
2. Ostrowski, Entrevista, 9 de marzo de 2016, p. 247; Bartoszewski, *1859*, p. 564.
3. Ostrowski, Entrevista, 9 de marzo de 2016; Pilecki, Akta sprawy, Protokół przesłuchania Witolda Pileckiego, Materiały, vol. 223, APMA-B, p. 85.
4. Czarnecka, *Największa*, pp. 109-201; Pawłowski, Walczak (dir.), *Jaster*; Paulsson, *Secret*, p. 21; Zimmerman, *Polish*, pp. 291-293.
5. Paulsson, *Secret*, p. 21; 202/II-35, p. 84, en Marczewska, Ważniewski *et al.*, *Zeszyty* (1968), pp. 79-80.
6. Pilecka-Optułowicz, Entrevista, 17 de mayo de 2016; Ostrowski, Entrevista, 9 de marzo de 2016; Pilecki, Akta sprawy, Protokół przesłuchania Witolda Pileckiego, Materiały, vol. 223, APMA-B, p. 85.
7. Pilecki [carta], 19 de octubre de 1943, IPN.
8. Pilecki [carta], 19 de octubre de 1943, IPN.
9. Bartoszewski, *1859*, p. 656.
10. Pilecki [informe 1945], PUMST, BI 874, p. 103.
11. Pilecki, *The Auschwitz*, loc. 4698; Pilecki [informe 1945], PUMST, BI 874, p. 103; Pilecki [informe W], AAN, 202/XVIII/1, p. 23.

12. Pilecki, *Report W*, p. 79; Pilecki, [informe W], AAN, 202/XVIII/1, p. 33.
13. Walter-Janke, *W Armii*, p. 260.
14. Pilecki [informe 1945], PUMST, BI 874, p. 103; Albin, *List*, p. 198; Machnowski, «Sprawa», p. 127. Edward Ciesielski llegó a Varsovia en diciembre de 1943 y seguramente llevaba noticias sobre sus últimos intercambios con el campo.
15. Pilecki [Zamiast], Materiały, vol. 223c, APMA-B, p. 1.
16. Szpakowski, Entrevista, 31 de enero de 2017; Pilecki, Akta sprawy, Protokół przesłuchania Tadeusza Sztrum de Sztrema, Materiały, vol. 223a, APMA-B, p. 398.
17. Abramow-Newerly, Entrevista, 2 de octubre de 2017.
18. Pilecki [Zamiast], Materiały, vol. 223c, APMA-B, pp. 3-4.
19. Pilecki [Zamiast], Materiały, vol. 223c, APMA-B, p. 1.
20. Pilecki [informe 1945], PUMST, BI 874, p. 103.
21. Abramow-Newerly, Entrevista, 2 de octubre de 2017.
22. Abramow-Newerly, *Lwy*, pp. 153-156.
23. Marrus, *The Nazi*, Part3 5: «Public Opinion and Relations to Jews»; Abramow-Newerly, Entrevista, 2 de octubre de 2017.
24. Pilecki, Entrevista, 11 de julio de 2016.
25. Pilecki, Entrevista, 11 de julio de 2016.
26. Klukowski, *Diary*, p. 257.
27. Pilecki [informe 1945], PUMST, BI 874, p. 102.
28. Bartoszewski, 1859, p. 656; «War and Internationa [*sic*] Situation», 22 de febrero de 1944, Hansard, Parlamento del Reino Unido.
29. Bartoszewski, *1859*, p. 656.
30. Fieldorf, Zachuta, *Generał*, p. 277; Kuciński, *August*, p. 77.
31. Pilecka-Optułowicz, Entrevista, 17 de mayo de 2016.

Capítulo 20: Levantamiento

1. La cantidad de diez informes incluye los testimonios orales y escritos de Witold descritos en este libro. Es posible que el número fuera superior, si tenemos en cuenta a otros miembros de su organización que abandonaron el campo llevando instrucciones.
2. Gilbert, *Allies*; Breitman, *Official*, p. 211.
3. El 12 de junio de 1944, Emanuel Scherer y Anzelm Reiss acudieron al ministro del Interior polaco exigiendo que la resistencia atacara Auschwitz y otros campos. En julio, John Pehle, del Consejo de Refugiados de Guerra, descartó la idea de un ataque terrestre alegando que «el aparente antisemitismo fuertemente enraizado» de los polacos impediría que el

ataque ocurriera de «buena fe». No está claro si estaba respondiendo al debate en las capitales aliadas o si había sacado sus propias conclusiones. Fleming, *Auschwitz*, p. 255. Komorowski no descartó por completo la propuesta de una operación terrestre. Tenía sentido tener una fuerza preparada si se daba el peor de los casos: que los nazis decidieran liquidar el campo y matar a todos los de dentro. Pero veía con escepticismo que una fuerza pudiera desplegarse.

4. Pilecki [informe W], AAN, p. 79. A finales de julio, Komorowski despachó un correo a Auschwitz para que se pusiera en contacto con lo que quedaba de la resistencia en el campo y desarrollar un plan que incluía hacer saltar por los aires los crematorios y las cámaras de gas en Birkenau. El correo recibió un tiro y fue apresado en septiembre; posteriormente lo internaron en Auschwitz.

5. Richie, *Warsaw*, p. 164.

6. Davies, *Rising '44*, loc. 8673.

7. Bartoszewski, *1859*, p. 696; Korboński, *Fighting*, p. 345.

8. Korboński, *Fighting*, p. 345.

9. Richie, *Warsaw*, p. 133.

10. Richie, *Warsaw*, p. 133; Davies, *Rising '44*, loc. 2598.

11. Pilecki, Akta sprawy, Protokół przesłuchania Witolda Pileckiego, Materiały, vol. 223, APMA-B, p. 73.

12. Richie, *Warsaw*, p. 136.

13. Davies, *Rising '44*, loc. 2598; Richie, *Warsaw*, p. 136.

14. Richie, *Warsaw*, p. 179.

15. Iranek-Osmecki, *Powołanie*, p. 427.

16. Nowak, *Courier*, p. 240; Walasek, Entrevista, 19 de mayo de 2016.

17. Forczyk, *Warsaw 1944*, p. 38, citado en Richie, *Warsaw*, p. 193; Nowak, *Courier*, p. 240; Walasek, Entrevista, 19 de mayo de 2016.

18. Walasek, Entrevista, 19 de mayo de 2016; Hałko, *Kotwica*, p. 22.

19. Walasek, Entrevista, 19 de mayo de 2016; Sierchuła, Utracka, «Historia», pp. 216-217.

20. Nowak, *Courier*, p. 240; Davies, *Powstanie '44*, p. 329.

21. Richie, *Warsaw*, p. 244.

22. Zimmerman, *The Polish*, p. 385; Richie, *Warsaw*, p. 216.

23. Sierchuła, Utracka, «Historia», pp. 216-217; Richie, *Warsaw*, p. 242.

24. Remlein, [Recuerdos].

25. Sierchuła, Utracka, «Historia», pp. 216-217.

26. Sierchuła, Utracka, «Historia», pp. 216-217.

27. Sierchuła, Utracka, «Historia», pp. 216-217; Zalewski, Entrevista, 17 de octubre de 2016; Richie, *Warsaw*, p. 425.
28. Sierchuła, Utracka, «Historia», p. 6; Richie, *Warsaw*, p. 222.
29. Sierchuła, Utracka, «Historia», p. 218.
30. Sierchuła, Utracka, «Historia», p. 218.
31. Sierchuła, Utracka, «Historia», p. 7; Pilecki [informe 1945], PUMST, BI 874, p. 104.
32. Sierchuła, Utracka, «Historia», pp. 216-17; Remlein [Recuerdos]; Korboński, *Fighting*, p. 370.
33. Richie, *Warsaw*, p. 269.
34. Nowak, *Courier*, p. 358. Komorowski había estado pidiendo desesperadamente por radio ayuda aérea desde el comienzo del levantamiento, pero había poca disponible. Las dificultades logísticas de lanzar suministros desde el aire a 965 kilómetros más allá de los Alpes y sorteando las patrullas aéreas enemigas eran considerables. Los británicos y los estadounidenses pidieron a los soviéticos utilizar sus bases aéreas cerca de Ucrania para cargar combustible, pero no obtuvieron respuesta; un claro mensaje de que Stalin ya consideraba a Polonia dentro de la esfera de influencia de la Unión Soviética.
35. Zakrzewski, Entrevista, 17 de octubre de 2016.
36. Richie, *Warsaw*, p. 269.
37. Walasek, Entrevista, 19 de mayo de 2016.
38. Sierchuła, Utracka, «Historia», p. 218; Walasek, Entrevista, 19 de mayo de 2016. Los alemanes también habían desplegado una unidad reclutada de nacionalistas rusos opuestos al comunismo, conocida como Russkaya Osvoboditelnaya Narodnaya Armiya, o RONA.
39. Sierchuła, Utracka, «Historia», p. 222; Walasek, Entrevista, 19 de mayo de 2016.
40. Walendzik, Entrevista, 12 de octubre de 2016.
41. Bartoszewski, *1859*, p. 772, p. 787; Osęka, «Zabawa», p. 64.
42. Richie, *Warsaw*, p. 572. Para consultar una lista de víctimas del ataque al refugio, véase Cichy, «Polacy», p. 15. Henryk Bursztyn y un adolescente cuyo nombre se desconoce sobrevivieron. Abram Bursztyn, Henryk Herszbajn y Josek Tenenbaum presenciaron acontecimientos fuera del refugio. La posterior investigación de la resistencia reunió algunos de sus testimonios (véase AAN, 203/X-32, pp. 64-65). También hay entrevistas posteriores a la guerra en Willenberg, *Revolt*, p. 186. El comandante Wacław Stykowski afirmó que los asesinatos los cometieron infiltrados alemanes (véase AAN, 203/X-32, pp. 62-63). Wacław Zagórski, que trató el incidente con Stykowski, hizo una afirmación similar en su testimonio ini-

cial del incidente (véase AAN, 203/X-32, pp. 58-59). Zagórski dio a entender posteriormente que los hombres de Stykowski estaban implicados en los asesinatos. Stykowski negó la acusación. (WIH, III/43/4, p. 76; Stykowski, *Kapitan*, p. 322; Stykowski, Entrevista, 12 de septiembre de 2018.) Walasek, Entrevista, 20 de mayo de 2016.

43. Davies, *Powstanie '44*, pp. 515-517.
44. Zagórski, *Seventy*, p. 205.
45. Walasek, Entrevista, 20 de mayo de 2016.
46. Gawron [Opowiadania], p. 1.
47. Gawron [Opowiadania], p. 1.
48. Richie, *Warsaw*, p. 578.
49. La cantidad exacta de muertos se desconoce, pero se calcula entre los 130 000 y 150 000 civiles y los 17 000 insurgentes. Heydecker, *Mója*, pp. 230-238.
50. Zagórski, *Seventy*, p. 205.

Capítulo 21: Regreso

1. Ostrowska, *Wspomnienia 1*, p. 9.
2. Ostrowska, *Wspomnienia 1*, p. 9; Ostrowska, *Wspomnienia 2*, pp. 5-6; Zalewski, Entrevista, 17 de octubre de 2016; Bednorz, *Lamsdorf*, p. 24.
3. Kisielewicz, *Oflag*, p. 57, p. 111, p. 109; Wołosiuk, «Znałem», p. 1.
4. Applebaum, *Iron*, p. 104.
5. Kisielewicz, *Oflag*, p. 54, p. 170; Ollier, correo electrónico, 16 de agosto de 2001.
6. Kisielewicz, *Oflag*, p. 54, p. 170; Ollier, correo electrónico, 16 de agosto de 2001.
7. Pilecki, Akta sprawy, Protokół rozprawy głównej, Spis adresów, Materiały, vol. 223b, APMA-B, p. 659, p. 642.
8. Pilecki, Akta sprawy, Protokół rozprawy głównej, Spis adresów, Materiały, vol. 223b, APMA-B, p. 659, p. 642.
9. Pilecki, *The Auschwitz*, loc. 535; Pilecki [carta a Generała Pełczyńskiego], 19 de octubre de 1945, PUMST, BI 6991, p.1; Mierzanowski, Recuerdos, vol. 203, APMA-B, p. 85; Pilecki, Akta sprawy, Protokół rozprawy głównej, Spis adresów, Materiały, vol. 223b, APMA-B, p. 642; Mierzanowski, Recuerdos, vol. 203, APMA-B, p. 85; Radomska *et al.*, *Nasza*, p. 153.
10. Pilecki, *The Auschwitz*, loc. 2468; Pilecki [informe 1945], PUMST, BI 874, p. 47; Pilecki, Akta sprawy [reporte n.º 2], Materiały, vol. 223b, APMA-B, p. 555; Pilecki, Akta sprawy,

Protokół rozprawy głównej, Materiały, vol. 223b, APMA-B, p. 676.

11. Pilecki, Akta sprawy [reporte n.º 2], Materiały, vol. 223b, APMA-B, p. 555; Pilecki, Akta sprawy, Protokół rozprawy głównej, Materiały, vol. 223b, APMA-B, p. 676.

12. Pilecki, Akta sprawy [reporte n.º 5], Materiały, vol. 223b, APMA-B, p. 556.

13. Lowe, *Savage*, pp. 233–247.

14. Pilecki, Akta sprawy, Protokół przesłuchania Witolda Pileckiego, Materiały, vol. 223, APMA-B, p. 131.

15. Zaremba, *Wielka*, p. 340; Ostrowska, Zaremba, «Kobieca», pp. 64-69.

16. Orłowska, Entrevista, 13 de noviembre de 2018.

17. Applebaum, *Iron*, p. 248.

18. Pilecki, Akta sprawy, Protokół przesłuchania Witolda Pileckiego, Materiały, vol. 223, APMA-B, pp. 14-18; Pilecki, Akta sprawy, Protokół przesłuchania Makarego Sieradzkiego, Materiały, vol. 223a, APMA-B, p. 363, p. 372.

19. Pilecki, Akta sprawy, Protokół przesłuchania Marii Szelągowskiej, Materiały, vol. 223, APMA-B, p. 190; Pilecki, Akta sprawy, Protokół przesłuchania Makarego Sieradzkiego, Materiały, vol. 223a, APMA-B, p. 363, p. 372.

20. Pilecki, Akta sprawy [reporte n.º 2], Materiały, vol. 223a, APMA-B, p. 555.

21. Pilecki, Entrevistas, 5 de febrero de 2016 y 11 de marzo de 2016.

22. Pilecki, Akta sprawy, Protokół przesłuchania Witolda Pileckiego, Materiały, vol. 223, APMA-B, p. 78; Heuener, *Auschwitz*, p. 69.

23. Heuener, *Auschwitz*, pp. 66-69.

24. Pilecki, Akta sprawy, Protokół rozprawy głównej, Materiały, vol. 223b, APMA-B, p. 651.

25. Cyra, *Rotmistrz*, p. 158.

26. Pilecki, Akta sprawy [tragedia de Kielce], Materiały, vol. 223a, APMA-B, pp. 542-543. Witold especuló erróneamente en su informe que el ataque contra los judíos de Kielce fue una provocación deliberada de los comunistas.

27. Cyra, *Ochotnik*, p. 157; Pilecki, Akta sprawy [tragedia de Kielce], ASS MON, vol. 4, pp. 62-63; Applebaum, Iron, p. 217. Pilecki, Witold, Akta sprawy przeciwko Witoldowi Pileckiemu/innym Tragedia Kielecka, Materiały, vol. 223a, APMA-8, pp. 542-43.

28. Pilecki, Akta sprawy, Protokół przesłuchania Wacława Alchimowicza, Materiały, vol. 223a, APMA-B, pp. 403-407;

Pilecki, Akta sprawy, Protokół przesłuchania Witolda Pileckiego, Materiały, vol. 223a, APMA-B, p. 117.

29. Pilecki [Zamiast], Materiały, vol. 223c, APMA-B, p. 5.

30. Pawlicki (dir.), *Witold*; Baliszewski, Uziębło (dir.), *Rewizja*.

31. Leśniewski, «Czy przygotowano», p. 2.

32. Pilecki [Wiersz], 14 de mayo de 1947, UOP, 1768/III/9, p. 267.

33. Szejnert, Śród żywych, p. 132; Pilecki, Akta procesowe, ASS MON, vol. 5, p. 33.

34. Ostrowska, *Wspomnienia 1*, p. 12.

35. Pilecki, Akta sprawy, Protokół rozprawy głównej, vol. 5, ASS MON, pp. 25-26.

36. Ostrowska, Recuerdos, vol. 179, APMA-B, pp. 155-56; Pilecki, Entrevista, 20 de julio de 2018.

37. Pilecki, Akta sprawy, vol. 5, ASS MON, pp. 107-17; Pilecki, Akta sprawy, Protokół rozprawy głównej, Materiały, vol. 223b, APMA-B, p. 691.

38. La familia Serafiński también imploró a Cyrankiewicz que interviniera y despertara el interés del tribunal hacia el trabajo de Witold en el campo. Cyrankiewicz contestó que el asunto estaba en manos de Bierut.

39. Pilecka [carta a Bolesława Bieruta], fecha desconocida, ASS MON, vol. 5, p. 194, in Cyra, Rotmistrz, pp. 190-191.

40. Stępień, Recuerdos, vol. 179, APMA-B, pp. 176-177; Płużański, *Obława*, p 181.

Epílogo

1. Poleszak, Wnuk, *Zarys*, en Wnuk *et al.*, *Atlas*, p. 22. En un testimonio posterior, Eleonora Ostrowska acusó a Cyrankiewicz de conspirar deliberadamente para asesinar a Witold. De acuerdo con Eleonora, Witold escribió a Cyrankiewicz en 1947, molesto por la apropiación de su relato sobre la resistencia en el campo y amenazando con revelar la colaboración de Cyrankiewicz con los alemanes allí. No se ha encontrado ningún registro de la carta, aunque Witold aludió a ella una vez durante un interrogatorio, y habló dos veces de un discurso que Cyrankiewicz debía dar sobre la resistencia. No hay pruebas de que Cyrankiewicz fuera un agente de las SS. Véase Pilecki, Akta sprawy [carta de Aliny Bieleckiej], Materiały, vol. 223b, APMA-B, p. 831. La nueva exposición se adecuó crudamente a la ideología soviética al inicio de la Guerra Fría. El primer tema expuesto, titulado «Las fuentes del genocidio», comparaba las políticas genocidas nazis con el imperialismo británico y americano. Heuener, *Auschwitz*, p. 102.

2. Asombrosamente, el fiscal del estado que pidió la pena de muerte para Witold, Czesław Łapiński, seguía trabajando de abogado militar y trató fugazmente de bloquear el acceso.
3. Edek Ciesielski publicó la primera memoria sobre Witold y los comienzos de la resistencia en el campo en 1966. (Edek murió tristemente de un infarto a los cuarenta años en 1962.) Durante el curso de sus investigaciones, Edek llegó a ponerse en contacto con Kazimierz Rawicz, produciéndose una fascinante correspondencia entre ambos. Según parece, realizaron juntos un viaje de investigación a Auschwitz, donde pudieron acceder a una copia del Informe W de Witold. Ciesielski [carta], 6 de julio de 1958. A las cartas de Ciesielski accedieron por cortesía de Marek Popiel. Cyra descifró el Informe W de Witold en 1991 y lo publicó con una biografía de Witold (*Biuletyn TOnO*, 1991/12).
4. Levi, *Drowned*, p.11.

Lista de abreviaturas

AAN: Archiwum Akt Nowych [Archivos de Nuevos Registros].

AN: Archiwum Narodowe w Krakowie [Archivo Nacional de Cracovia].

APMA-B: Archiwum Państwowego Muzeum Auschwitz-Birkenau [Archivo del Museo Estatal de Auschwitz-Birkenau].

ASS MON: Archiwum Służby Sprawiedliwości Ministerstwa Obrony Narodowej [Archivo del Servicio de Justicia del Ministerio de Defensa Nacional].

AZHRL: Archiwum Zakładu Historii Ruchu Ludowego [Archivo del Departamento de Historia del Movimiento Popular].

BA: Bundesarchiv [Archivo Federal de Alemania].

CAW: Centralne Archiwum Wojskowe [Archivo Central Militar].

DGFP: Deutsche Gesellschaft für Personalführung [Sociedad Alemana de Gestión de Personal].

FBI: Fritz Bauer Institut [Instituto Fritz Bauer].

HHStAW: Hessisches Staatsarchiv Wiesbaden [Archivo Estatal de Hess en Wiesbaden].

HIA: Hoover Institution Archives [Archivo de la Institución Hoover]

IP: Instytut Pileckiego [Instituto Pilecki].

IPN: Instytut Pamięci Narodowej [Instituto de la Memoria Nacional].

LHCMA: Liddell Hart Centre for Military Archives, King's College London [Centro Liddell Hart de Archivos Militares, King's College de Londres].

NA: Archivos Nacionales en Londres.

NARS: National Archives and Records Service [Servicio Nacional de Archivos y Registros].

NRW: Archive in Nordrhein-Westfalen [Archivo de Renania del Norte-Westfalia].

PAN: Polska Akademia Nauk [Academia de Ciencias de Polonia].

PISM: Instituto Polaco y Museo Sikorski.

PUMST: Fondo de Estudio del Movimiento de Resistencia Polaco.

SPP: Studium Polski Podziemnej [Centro de Estudios del Movimiento Clandestino Polaco].

TOnO: Towarzystwo Opieki nad Oświęcimiem [Sociedad para la Protección de Auschwitz].

UOP: Urząd Ochrony Państwa [Oficina de Protección del Estado].

USHMM: Museo Conmemorativo del Holocausto de Estados Unidos.

WFD: Wytwórnia Filmów Dokumentalnych, histórica productora polaca de cine.

WIH: Wojskowy Instytut Historyczny [Instituto Histórico Militar].

YVA: Yad Vashem Archives [Archivos de Yad Vashem].

ŻIH: Żydowski Instytut Historyczny [Instituto Histórico Judío].

Bibliografía selecta

Abramow-Newerly, Jarosław, Entrevista, 2 de octubre de 2017.
Abramow-Newerly, Jarosław, *Lwy mojego podwórka*, Varsovia: Rosner & Wspólnicy, 2002.
Albin, Kazimierz, Entrevista, 21 de mayo de 2016.
Albin, Kazimierz, *List gończy. Historia mojej ucieczki z Oświęcimia i działalności w konspiracji*, Varsovia: PMA-B. Książka i Wiedza, 1996.
Allen, Arthur, *The Fantastic Laboratory of Dr. Weigl: How Two Brave Scientists Battled Typhus and Sabotaged the Nazis*, Nueva York: W. W. Norton & Company, 2014 edición Kindle.
Anders, Władysław, *Bez ostatniego rozdziału. Wspomnienia z lat 1939-1946*, Lublin test, 1995.
Apel Rady Narodowej do Parlamentów Wolnych Państw w sprawie zbrodni niemieckich w Polsce, *Dziennik Polski*, 11 de junio de 1942, citado en Engel, *In the Shadow*, p. 181, p. 209.
Applebaum, Anne, *Iron Curtain: The Crushing of Eastern Europe, 1944-1956*, Londres: Penguin Books, 2017.
Autor desconocido, Zasady konspiracji [Principios de conspiración], AAN, 2/2505/0/-/194-Fundacja Archiwum Polski Podziemnej 1939-1945, Foundation of the Polish Underground Archives, 1939-1945.
Avni, Haim, *Spain, the Jews, and Franco*, Filadelfia: Jewish Publication Society, 1982.
Bagiński, Henryk, *Zbiór drożni na terytorium Rzeczypospolitej polskiej. Dodatek statystyczny*, Cz. 3, *Obszar północno–wschodni*, Varsovia: Ministerio de Defensa, 1924.
Baliszewski, Dariusz; Uziębło, Ewa (dir.), *Rewizja nadzwyczajna-Witold Pilecki*, 1998, TV Edukacyjna.
Banach, Ludwik. [Declaraciones], Proces Załogi esesmańskiej, vol. 55, APMA-B, pp. 102-103.
Bartosiewicz, Henryk. [Entrevista], 14 de septiembre de 1970, Stagenhoe, Ossolineum, 87/00, Archivo de Józef Garliński.
Bartosiewicz, Henryk, Testimonios, vol. 84, APMA-B, pp. 117-138.
Bartosik, Igor; Martyniak, Łukasz; Setkiewicz, Piotr, *Początki obozu Birkenau w świetle materiałów źródłowych*, Oświęcim: PMA-B, 2017.

Bartosik, Igor; Martyniak, Łukasz; Setkiewicz, Piotr, *Wstęp*, en ídem, *Początki obozu Birkenau w świetle materiałów źródłowych*, Oświęcim: PMA-B, 2017.

Bartoszewski, Władysław, *1859 dni Warszawy*, Cracovia: Znak, 2008.

Bartoszewski, Władysław, *Mój Auschwitz: rozmowę przeprowadzili Piotr M. A. Cywiński i Marek Zając*, Cracovia: Znak, 2010.

Bartoszewski, Władysław; Komar, Michał, *Wywiad rzeka*, Varsovia: Świat Książki, 2006.

Bartys, Czesław, Testimonios, vol. 63, APMA-B, pp. 132-138.

Bauer, Yehuda, *Could the US Government Have Rescued European Jewry?*, Jerusalén: Yad Vashem Publications, 2018.

Bednorz, Róża, *Lamsdorf Łambinowice. Zbrodnie cierpienia pamięć*, Katowice: Muzeum Martyrologii i Walki Jeńców Wojennych w Łambinowicach, 1981.

Bergier, Jean-François; Bartoszewski, Wladyslaw; Friedländer, Saul; James, Harold; Junz, Helen B.; Kreis, Georg; Milton, Sybil; Picard, Jacques; Tanner, Jakob; Thürer, Daniel; Voyame, Joseph (eds.), *Final Report. Independent Commission of Experts Switzerland-Second World War: Switzerland, National Socialism, and the Second World War*, Zúrich: Pendo Editions, 2002.

Bernacka, Monika, «Otto Küsel. Green Triangle. On the 100th Anniversary of his Birth», Oś, 2009/5, pp. 8-9.

Bernstein, Tatiana; Rutkowski, Adam, «Liczba ludności żydowskiej i obszar przez nią zamieszkiwany w Warszawie w latach okupacji hitlerowskiej», Biuletyn ŻIH 26, 1958/2, pp. 73-114.

Białas, Stanisław. Testimonios, vol. 94, APMA-B, pp. 23-26.

Bidakowski, Kazimierz; Wójcik, Tadeusz (eds.), *Pamiętniki lekarzy*, Varsovia: Czytelnik, 1964.

Biddle, Tami Davis, *Allied Airpower: Objective and Capabilities*, en Neufeld, Berenbaum (ed.), *The Bombing*, pp. 35-51.

Bielecki, Jerzy, *Kto ratuje jedno życie... Opowieść o miłości i ucieczce z Obozu Zagłady*, Oświęcim: Chrześcijańskie Stowarzyszenie Rodzin Oświęcimskich, 1999.

Biernacki, Edward [carta], Materiały Ruchu Oporu, vols. 1-2, APMA-B, p. 10 .

Bikont, Anna, *The Crime and the Silence: Confronting the Massacre of Jews in Wartime Jedwabne*, trad. Alissa Valles, Nueva York: Farrar, Straus & Giroux, 2015.

Bines, Jeffrey, *The Polish Country Section of the Special Operations Executive 1940-1946: A British Perspective* [Disertación], Escocia: University of Stirling, 2008.

Bishop, Patrick, *Air Force Blue: The RAF in World War Two-Spearhead of Victory*, Londres: William Collins, 2017.

Bleja, Henryk, Entrevista, 21 de septiembre de 2016.

Blum, Aleksander, *O broń i orły narodowe*, Pruszków: Ajaks, 1997

Bogacka, Marta, *Bokser z Auschwitz: losy Tadeusza Pietrzykowskiego*, Varsovia: Demart, 2012.

Bogusz, Jerzy, Entrevista, 19 de diciembre de 2015.

Breitman, Richard, *Official Secrets: What the Nazis Planned, What the British and Americans Knew*, Londres: Allen Lane, 1998.

Breitman, Richard; Laqueur, Walter, *Breaking the Silence*, Nueva York: Simon & Schuster, 1987.

Breitman, Richard; Lichtman, Allan J., *FDR and the Jews*, Cambridge: Harvard University Press, 2014.

Brewda, Alina, *I Shall Fear No Evil*, Londres: Corgi, 1966.

Broad, Pery [testimonio], citado en Smoleń, *KL Auschwitz*, pp. 103-149.

Brochowicz-Lewiński, Zbigniew, [informe] CAW, I.302.4.466.

Brown, Kate, *A Biography of No Place: From Ethnic Borderland to Soviet Heartland*, Cambridge: Harvard University Press, 2009, edición Kindle.

Bruland, Bjarte, *Holocaust in Norway. Registration. Deportation. Extermination*, Oslo: Dreyers forlag, 2017.

Bryan, Julien, *Warsaw: 1939 Siege*, Nueva York: International Film Foundation, 1959. Brzoza, Czesław; Sowa, Andrzej Leon, *Historia Polski 1918-1945*, Cracovia: Wydawnictwo Literackie, 2009.

Budarkiewicz, Włodzimierz, «Wspomnienia o rtm. Witoldzie Pileckim», Przegląd kawalerii i broni pancernej [Descripción general de caballería y armaduras], 1987/127, pp. 57-61.

Bujniewicz, Ireneusz (ed.), *Kolejnictwo w polskich przygotowaniach obronnych i kampanii wrześniowej*, Cz. 1: *Opracowania i dokumenty*, Varsovia: Tetragon, 2011.

Butterly, John R.; Shepherd, Jack, *Hunger: The Biology and Politics of Starvation*, Hanover: Dartmouth College Press, 2010.

Carter, John Franklin, [informe sobre Polonia y Lituania.] NARS, RG 59, 800.20211/924.

Celt, Marek, *Raport z podziemia 1942*, Vreslavia-Varsovia-Cracovia: Ossolineum, 1992.

Chlebowski, Cezary, *Pozdrówcie góry Świętokrzyskie*, Varsovia: Czytelnik, 1985.

Chrościcki, Tadeusz Lucjan. Testimonios, vol. 11, APMA-B, pp. 1-11.

Chrzanowski, Wiesław, *Więźniowie polityczni w Polsce 1945-1956*, Dębogóra: Wydawnictwo Dębogóra, 2015.

Cichy, Michał, «Polacy-Żydzi: czarne karty powstania», *Gazeta Wyborcza*, 23 de enero de 1994.

Ciesielski, Edward, [informe 1943.] AAN, 202/XVIII/1, pp. 1-91.

Ciesielski, Edward, *Wspomnienia oświęcimskie*, Cracovia: Wydawnictwo Literackie, 1968.

Cohen, Susan, *Rescue the Perishing: Eleanor Rathbone and the Refugees*, Elstree: Vallentine Mitchell, 2010.

Collingham, Lizzie, *The Taste of Empire: How Britain's Quest for Food Shaped the Modern World*, Rochester: Vintage Digital, 2017, edición Kindle.

Cuber-Strutyńska, Ewa, «Witold Pilecki. Konfrontacja z legendą o "ochotniku do Auschwitz"», *Zagłada Żydów. Studia i Materiały*, 2014/10, pp. 474-494.

Cyra, Adam, «Dr Władysław Dering-pobyt w Auschwitz i więzieniu brytyjskim«, *Biuletyn informacyjny AK*, 2015/2, pp. 73-79.

Cyra, Adam, *Jeszcze raz o prof. Marianie Batce*: http://cyra.wblogu.pl/tag/batko [16 de mayo de 2018].

Cyra, Adam, *Rotmistrz Pilecki. Ochotnik do Auschwitz*, Varsovia: RM, 2014.

Cywiński, Piotr; Lachendro, Jacek; Setkiewicz, Piotr, *Auschwitz od A do Z. Ilustrowana historia obozu*, Oświęcim: PMA-B, 2013.

Czarnecka, Daria, *Największa zagadka Polskiego Państwa Podziemnego. Stanisław Gustaw Jaster-człowiek, który zniknął*, Varsovia: Wydawnictwo Naukowe PWN, 2016.

Czarnocka, Halina; Suchcitz, Andrzej (eds.), *Armia Krajowa w dokumentach 1939-1945*, Vol. I. CZ. 1-2. Varsovia: IPN, SPP, PISM, 2015.

Czech, Danuta, *Auschwitz Chronicle, 1939-1945*, Nueva York: Henry Holt, 1997.

Czech, Danuta, *Kalendarz wydarzeń w KL Auschwitz*, Oświęcim: PMA-B, 1992 .

Czech, Danuta; Kłodziński, Stanisław; Lasik, Aleksander; Strzelecki, Andrzej (eds.), *Auschwitz 1940-1945. Central Issues in the History of the Camp*, vol. V: Epílogo, trad. de William Brandt, Oświęcim: PMA-B, 2000.

Dalton, Hugh; (Ben Pimlott [ed.]), *The Second World War Diary of Hugh Dalton, 1940-45*, Londres: Cape, 1986.

Davies, Norman, *Powstanie '44*, Caracovia: Znak, 2004.

Davies, Norman, *Rising '44: The Battle for Warsaw*, Londres: Pan Books, 2007.

Dębski, Jerzy, *Oficerowie Wojska Polskiego w obozie koncentracyjnym Auschwitz 1940-1945. Słownik biograficzny*, Oświęcim: PMA-B, 2016.

Dekel, Mikhal [Browar Near Skater's Pond], material cedido por cortesía del autor .

Dembiński, Stanisław [informe], 28 de diciembre de 1940, Dokumentacja Oddziału VI Sztabu Naczelnego Wodza, 1940, PUMST, A. 680.

Dering, Władysław [Recuerdos], pp. 1-200, material cortesía de Adam Cyra. .

Diem, Rudolf, «Ś.P. Kazimierz Jarzębowski», Przegląd geodezyjny, 1947/2, pp. 45-47 .

Diem, Rudolf, Recuerdos, vol. 172. APMA-B. pp. 1-235.

488

Dmytruk, Nykanor, «Z novogo pobutu», *Ethnografichnyi visnyk*, 1926/2, pp. 31-37 .

Dobrowolska, Anna, *The Auschwitz Photographer*, Varsovia: Anna Dobrowolska, 2015.

Drzazga, Alojzy, Testimonios, vol. 33, APMA-B, pp. 45-56.

Duraczyński, Eugeniusz, *Rząd polski na uchodźstwie 1939-1945: organizacja, personalia, polityka*, Varsovia: Książka i Wiedza, 1993.

Dwórk, Debórah; van Pelt, Robert Jan, *Auschwitz*, Nueva York: W. W. Norton & Company, 2002.

Dziubek, Marcin, *Niezłomni z oddziału «Sosienki.» Armia Krajowa wokół KL Auschwitz*, Oświęcim: Stowarzyszenie Auschwitz Memento; Cracovia: Wydawnictwo Rudy Kot, 2016.

Engel, David, In the Shadow of Auschwitz: The Polish Government-in-exile and the Jews, 1939-194. Chapel Hill: University of North Carolina Press, 2012.

Engelking, Barbara; Libionka Dariusz, Żydzi w powstańczej Warszawie, Varsovia: Stowarzyszenie Centrum Badań nad Zagładą Żydów, 2009.

Faliński, Stanisław Sławomir, «Ideologia Konfederacji Narodu», Przegląd Historyczny, 1985/76 (1), pp. 57-76.

Favez, Jean-Claude, *The Red Cross and the Holocaust*, trad. de J. Fletcher, B. Fletcher, Cambridge: Cambridge University Press, 1999.

Fejkiel, Władysław, *Medycyna za drutami*, en Bidakowski, Wójcik, *Pamiętniki*, pp. 404-546.

Fejkiel, Władysław, *Więźniarski szpital w KL Auschwitz*, Oświęcim: PMA-B, 1994 .

Fieldorf, Maria; Zachuta, Leszek, *Generał Fieldorf «Nil» Fakty, dokumenty, relacje*, Varsovia: Oficyna Wydawnicza RYTM, 1993.

Filar, Alfons, Śladami kurierów tatrzańskich 1939-1944, Varsovia: Agencja Wydawnicza CB, 2008.

Filip, Lucyna, *Żydzi w Oświęcimiu*, Oświęcim: Scientia, 2003.

Fleming, Michael, *Auschwitz, the Allies, and Censorship of the Holocaust*, Cambridge: Cambridge University Press, 2014.

Foot, Michael, *Six Faces of Courage*, Yorkshire: Leo Cooper, 2003 edición Kindle.

Forczyk, Robert, *Warsaw 1944. Poland's Bid for Freedom*, Londres: Bloomsbury Publishing, 2009.

Frączek, Seweryn, Recuerdos, vol. 66, APMA-B, pp. 162-165.

Frank, Hans, *Extracts from Hans Frank's Diary*, Thomas J. Dodd Papers, Storrs: University of Connecticut, 10 de noviembre, 1939.

Frazik, Wojciech, «Wojenne losy Napoleona Segiedy, kuriera Rządu RP do kraju», Studia Historyczne, 1998/3 (162), pp. 407-415.

Friedenson, Joseph; Kranzler, David, *Heroine of Rescue: The Incredible Story of Recha Sternbuch, Who Saved Thousands from the Holocaust*, Nueva York: Mesorah Publications Ltd., 1984.

Ganusovitch, Itzchak; Manor, Alexander; Lando, Aba (eds.), *Book of Lida*, Tel Aviv: Irgun yotse Lida be-Yiśra'el u-Va'ad ha-'ezrah li-Yehude Lida ba-Artsot ha-Berit, 1970.

Gardiner, Juliet, *The Blitz: The British Under Attack*, Nueva York: HarperPress, 2010.

Garlicka, Aleksandra (ed.), *Zarzewie 1909-1920: wspomnienia i materiały*, Varsovia: Pax, 1973.

Garliński, Józef, *Fighting Auschwitz: The Resistance Movement in the Concentration Camp*, trad. de Józef Garliński, Londres: Julian Friedmann Publishers Ltd., 1975.

Gawron, Wincenty [relatos], material cedido por cortesía de Ewa Biały y Adam Wojtasiak (no figuran las páginas).

Gawron, Wincenty, *Ochotnik do Oświęcimia*, Oświęcim: Wydawnictwo Calvarianum, Wydawnictwo PMA-B, 1992.

Gawron, Wincenty, Recuerdos, vol. 48, APMA-B, pp. 1-331..

Gelman, Abraham, *Economic Life of Jewish Lida before World War II*, en Ganusovitch, Manor, Lando, Book, pp. 83-85.

Gilbert, Martin, *Auschwitz and the Allies*, Londres: Vintage UK, 2001.

Gilbert, Martin, *Churchill: A Life*, Nueva York: Holt Paperbacks, 1992.

Gistedt, Elna, *Od operetki do tragedii. Ze wspomnień szwedzkiej gwiazdy operetki warszawskiej*, trad. de M. Olszańska. Varsovia: Czytelnik, 1982.

Gliński, Bogdan, Testimonios, vol. 95, APMA-B, pp. 63-90.

Głowa, Stanisław, Testimonios, vol. 36, APMA-B, pp. 13-17.

Głowa, Stanisław, Testimonios, vol. 36, APMA-B, pp. p. 1-7.

Głowa, Stanisław, Testimonios, vol. 36, APMA-B, pp. 8-12.

Głowa, Stanisław, Testimonios, vol. 70, APMA-B, pp. 100-102.

Głowa, Stanisław, Testimonios, vol. 108, APMA-B, pp. 77-103.

Głowa, Stanisław, Recuerdos, vol. 181, APMA-B, pp. 1-176.

Głowa, Stanisław, Recuerdos, vol. 94, APMA-B, pp. 138-139.

Gnatowski, Leon. [informe.] CAW, I.302.4.466. Material cedido por cortesía de Wojciech Markert.

Goebbels, Joseph, *The Goebbels Diaries, 1942-1943*, trad. de Louis P. Lochner, Londres: Penguin Books, 1984.

Gombrowicz, Witold, *Polish Memories*, trad. de Bill Johnson, New Haven: Yale University Press, 2011.

Gorzkowski, Kazimierz, *Kroniki Andrzeja. Zapiski z podziemia 1939-1941*, Varsovia: Wydawnictwo Naukowe PWN, 1989.

Grabowski, Waldemar, *Kurierzy cywilni (kociaki) na spadochronach. Zarys problematyki*, en Majzner, *Si vis Pacem*, pp. 175-202.

Gross, Jan T, *Polish Society Under German Occupation: The Generalgouvernement 1939-1944*, Princeton y Guilford: Princeton University Press, 1979.

Gutheil, Jorn-Erik, *Einer, muss überleben: Gespräche mit Auschwitzhäftlingen 40 Jahre danach*, Düsseldorf: Der Kleine Verlag, 1984.

Gutman, Israel; Krakowski, Shmuel, *Unequal Victims: Poles and Jews During World War Two*, Nueva York: Holocaust Library, 1986.

Hackmann, Rüdiger; Süß, Winfried (eds.), *Hitler's Kommissare. Sondergewalten in der nationalsozialistischen Diktatur*, Göttingen: Wallstein Verlag, 2006.

Hahn, Stefan L., Entrevista, 24 de abril de 2018.

Hałgas, Kazimierz, «Oddział chirurgiczny szpitala obozowego w Oświęcimiu w latach 1940-1941», *Przegląd Lekarski*, 1971/1, pp. 48-54.

Hałgas, Kazimierz, Testimonios, vol. 89, APMA-B, pp. 161-188. .

Hałgas, Kazimierz, Testimonios, vol. 95, PMA-B, pp. 231-247 .

Hałko, Lech, *Kotwica herbem wybranym*, Varsovia: Askon, 1999 .

Hančka, Great, *Bogumił Švjela*, en Šołta, Kunze, Šěn, *Nowy*.

Harat, Andrzej; (Dęsoł-Gut, Ewa; Kowalska, Ewa [eds.]), *Działalność Armii Krajowej w Okręgu Śląskim we wspomnieniach porucznika Andrzeja Harata: działalność AK na terenie Libiąża*, Libiąż: Urząd Miejski, 2016.

Haska, Agnieszka, «"Proszę Pana Ministra o energiczną interwencję". Aleksander Ładoś (1891-1963) i ratowanie Żydów przez Poselstwo RP w Bernie», *Zagłada Żydów. Studia i Materiały*, 2015/11, pp. 299-309.

Häsler, Alfred A., *The Lifeboat Is Full. Trans. Charles Lam Markmann*, Nueva York: Funk & Wagnalls, 1969.

Hastings, Max, *Bomber Command*, Londres: Zenith Press, 2013 edición Kindle.

Hastings, Max, *The Secret War: Spies, Codes and Guerrillas 1939-1945*, Nueva York: Harper, 2016 edición Kindle.

Herbert, Ulrich, *Hitler's Foreign Workers: Enforced Foreign Labor in Germany Under the Third Reich*, Cambridge: Cambridge University Press, 1997.

Heuener, Jonathan, *Auschwitz, Poland, and the Politics of Commemoration, 1945-1979*, Athens: Ohio University Press, 2003.

Heydecker, Joe J., *Moja wojna. Zapiski i zdjęcia z sześciu lat w hitlerowskim Wermachcie*, trad. de B. Ostrowska, Varsovia: Świat Książki, 2009.

Hilberg, Raul, *The Destruction of the European Jews*, New Haven: Yale University Press, 1961.

Hill, Mavis Millicent; Williams, Leon Norman, *Auschwitz in England*, Londres: Panther, 1966.

Hodubski, Franciszek [Protokół przesłuchania świadka (protocolo de interrogatorio del testigo)] Ostrów Mazowiecka, 5 de agosto de 1947, IPN, Bl 407/63. K. 296/47, GK 264/63, SOŁ 63, pp. 0343-0344.

Hołuj, Tadeusz; Friedman, Philip, *Oświęcim*, Varsovia: Spółdzielnia Wydawnicza «Książka», 1946.

Höss, Rudolf, *Commandant of Auschwitz: The Autobiography of*

Rudolf Höss, trad. de Constantine FitzGibbon, Londres: Phoenix, 2000, edición Kindle.

Höss, Rudolf, *Death Dealer: The Memoirs of the SS Kommandant at Auschwitz*, trad. de Andrew Pollinger. Cambridge: Da Capo Press, 1996.

Iranek-Osmecki, Kazimierz; Bokiewicz, Zbigniew; Czarnocka, Halina; Garliński, Józef; Jastrzębski, Leonard; Jordanowa, Wanda; Olszewska, Jadwiga; Otocki, Włodzimierz; Pełczyński, Tadeusz; Suchcitz, Andrzej; Zawadzki-Żenczykowski, Tadeusz (eds.), *Armia Krajowa w dokumentach 1939-1945*, vols. I-VI, Breslavia-Varsovia-Cracovia: Ossolineum, 1990-1991.

Iranek-Osmecki, Kazimierz, *Powołanie i przeznaczenie: wspomnienia oficera Komendy Głównej AK 1940-1944*, Varsovia: Państwowy Instytut Wydawniczy, 1998.

Iwaszko, Tadeusz, «Ucieczki więźniów obozu koncentracyjnego Oświęcim», *Zeszyty Oświęcimskie 7*, Oświęcim: PMA-B, 1963, pp. 3-53.

Iwaszko, Tadeusz; Kłodziński, Stanisław, «Bunt skazańców 28 października 1942 r. w Oświęcimskim bloku nr II», *Przegląd Lekarski*, 1977/1, pp. 119-122.

Iwaszko, Tadeusz; Kubica, Helena; Piper, Franciszek; Strzelecka, Irena; Strzelecki, Andrzej (eds.), *Auschwitz 1940-1945. Central Issues in the History of the Camp. Vol. II: The Prisoners-Their Life and Work*, trad. de William Brandt, Oświęcim: PMA-B, 2000.

Jagoda, Zenon; Kłodziński, Stanisław; Masłowski, Jan, «Sny więźniów obozu oświęcimskiego», *Przegląd Lekarski*, 1977/34, pp. 28-66.

Jaworski, Czesław Wincenty, *Wspomnienia oświęcimskie*, Varsovia: Instytut Wydawniczy PAX, 1962.

Jaźwiec, Jan, *Pomnik dowódcy*, Varsovia: Ludowa Spółdzielnia Wydawnicza, 1971. .

Jekiełek, Jan. Entrevista, 4 de marzo de 2017.

Jekiełek, Wojciech [Konspiracja chłopska w okresie II wojny światowej w powiecie bialskim (la conspiración campesina durante la Segunda Guerra Mundial en Biała Podlaska)], AZHRL, R-VI-2/547, pp. 1-172.

Jekiełek, Wojciech, *W pobliżu Oświęcimia*, Varsovia: Ludowa Spółdzielnia Wydawnicza, 1963.

Jezierski, Alfons Sylwester. [Recuerdos.] CAW, I.302.4.466.

Jud, Ursina, *Liechtenstein und die Flüchtlinge zur Zeit des Nationalsozialismus*, Vaduz/Zúrich: Chronos, 2005.

Kajtoch, Janina, Recuerdos, vol. 27, APMA-B, pp. 1-149.

Kamber, Peter, *Geheime Agentin, Roman*, Berlín: Basis Druck Verlag, 2010.

Kantyka, Jan; Kantyka, Sławomir, *Oddani sprawie. Szkice biograficzne więźniów politycznych KL Auschwitz-Birkenau*, vols. I-II,

Katowice: Fundacja dla Wspierania Śląskiej Humanistyki. Zarząd Wojewódzki TOnO, 1999.

Kantyka, Jan; Kantyka, Sławomir, *Władysław Dering nr 1723*, en ídem, Oddani, vol. II, pp. 259-292.

Karski, Jan, *Story of a Secret State: My Report to the World*, Washington: Georgetown University Press, 2014.

Karski, Jan, *The Tragedy of Szmul Zygielbojm*, Varsovia: Warsaw, 1967.

Karwowska-Lamparska, Alina, «Rozwój, radiofonii i telewizji», *Telekomunikacja i techniki informacyjne*, 2003/3-4, pp. 20-47.

Kawecka–Starmachowa, Bolesława, *Sto potraw z ziemniaków*, Cracovia: Wydawnictwo Obywatelskiego Komitetu Pomocy, 1940.

Kielar, Wiesław, *Anus Mundi: Five Years in Auschwitz*, trad. del alemán de Susanne Flatauer, Harmondsworth: Penguin, 1982.

Kisielewicz, Danuta, *Oflag VIIA Murnau*, Opole: Centralne Muzeum Jeńców Wojennych w Łambinowicach-Opolu, 1990.

Klęczar, Krystyna, Entrevista, 4 de marzo de 2017.

Kłodziński, Stanisław, «Dur wysypkowy w obozie Oświęcim I», *Przegląd Lekarski*, 1965/1, pp. 46-76.

Kłodziński, Stanisław. «Pierwsza oświęcimska selekcja do gazu. Transport do "sanatorium Dresden"», *Przegląd Lekarski*, 1970/1, pp. 39-50.

Kłodziński, Stanisław, «Pierwsze zagazowanie więźniów i jeńców radzieckich w obozie oświęcimskim», *Przegląd Lekarski*, 1972/1, pp. 80-94.

Kłodziński, Stanisław, «Rola kryminalistów niemieckich w początkach obozu oświęcimskiego», *Przegląd Lekarski*, 1974/1, pp. 113-126.

Kłodziński, Stefan, Recuerdos, vol. 129, APMA–B, pp. 1-49.

Klukowski, Zygmunt, *Diary from the Years of Occupation 1939-44*, Champaign: University of Illinois Press, 1993.

Kochanski, Halik, *The Eagle Unbowed: Poland and the Poles in the Second World War*, Cambridge: Harvard University Press, 2014.

Kochavi, Arieh J., *Prelude to Nuremberg: Allied War Crimes Policy and the Question of Punishment*, Chapel Hill: University of North Carolina Press, 2005.

Komisja Historyczna, *Polskie siły zbrojne w drugiej wojnie światowej*, Londyn: Instytut Historyczny im. gen. Sikorskiego, 1952, vol. 1, part 1.

Komorowski, Tadeusz, *The Secret Army: The Memoirs of General Bór-Komorowski*, Barnsley, South Yorkshire: Frontline Books, 2011.

Komski, Jan, Testimonios, vol. 71, APMA-B, pp. 57-78.

Korboński, Stefan, *Fighting Warsaw: The Story of the Polish Underground State, 1939-1945*, Nueba York: Hippocrene Books, 2004.

Kotowicz, Stanisław, *Jak Napoleon Segieda szedł do Wojska Polskiego?*, Buenos Aires: Buenos Aires, 1941.

Kowalczyk, August, *A Barbed Wire Refrain: An Adventure in the*

Shadow of the World, trad. de Witold Zbirohowski-Kościa. Oświęcim: PMA-B, 2011.

Kowalski, Edward, Recuerdos, vol. 96, APMA–B, pp. 158–265.

Kowalski, Stanisław, *Niezapomniana przeszłość. Haftling 4410 opowiada*, Oświęcim: PMA-B, 2001.

Kozłowiecki, Adam, *Ucisk i strapienie*, vols. I-II, Cracovia: WAM, 1995.

Kożusznik (familia), Entrevista, 20 de octubre de 2017.

Kożusznik, Władysława, Testimonios, vol. 12, APMA-B, pp. 7-23.

Kranzler, David, *Brother's Blood: The Orthodox Jewish Response During the Holocaust*, Nueva York: Mesorah Publications, 1987.

Król, Henryk, Testimonios, vol. 76, APMA-B, pp. 191-210.

Kuciński, Dominik, *August Fieldorf «Nil»*, Varsovia: Bollinari Publishing House, 2016.

Kuczbara, Janusz [mensaje secreto], Materiały Ruchu Oporu, vol. X, APMA-B. pp. 6, 9 y 11.

Kühl, Juliusz. [memorias], USHMM, RG-27.001*08, p. 31.

Kühl, Juliusz [informe], USHMM, RG-27.001*05, informes diversos, microficha 1, p. 1.

Kunert, Andrzej Krzysztof, *Słownik biograficzny konspiracji Warszawskiej*, 1939-1944, vols. I-II, Varsovia: Ins. Wydawniczy Pax, 1987.

Lachendro, Jacek, «Orkiestry w KL Auschwitz», trad. de William Brand, *Auschwitz Studies 27*, Oświęcim: PMA-B, 2015, pp. 7-148.

Lachendro, Jacek, *Zburzyć i zaorać...? Idea założenia Państwowego Muzeum Auschwitz-Birkenau w świetle prasy polskiej w latach 1945-1948*, Oświęcim: PMA-B, 2007.

Lacki, Stanisław, «Burza nad Nowogródczyzną» (crónica), *Ziemia Lidzka-Miesięcznik krajoznawczo-regionalny*, 1939/IV (7-8), pp. 229-230: http://pawet.net/files/zl_1939_7_8.pdf [20 de enero de 2019].

Landau, Ludwik, *Kronika lat wojny i okupacji*, vols. I-III. Varsovia: PWN, 1962-1963.

Langbein, Herman, *People in Auschwitz*, trad. de Harry Zohn, Londres: University of North Carolina Press, 2004.

Łapian (familia), Entrevista, 15 de mayo de 2017.

Laqueur, Walter, *The Terrible Secret: Suppression of the Truth about Hitler's «Final Solution»*, Londres: Penguin Books, 1982.

Lasik, Aleksander; Piper, Franciszek; Setkiewicz, Piotr; Strzelecka, Irena (eds.), *Auschwitz 1940–1945. Central Issues in the History of the Camp*, vol. I: *The Establish- ment and Organization of the Camp*, trad. de William Brandt, Oświęcim: PMA-B, 2000.

Ławski, Zenon, Recuerdos, vol. 154/154a, APMA-B, pp. 1-393.

Leff, Laurel, *Buried by the Times: The Holocaust and America's Most Important Newspaper*, Boston: Northeastern University Press, 2005.

Leski, Kazimierz, *Życie niewłaściwie urozmaicone. Wspomnienia oficera wywiadu i kontrwywiadu AK*, Varsovia: Wydawnictwo Naukowe PWN, 1989.

Leśniewski, Andrzej, «Czy przygotowano proces Mikołajczyka?», *Przegląd Katolicki*,19.02.1989/8, p. 2.

Lewandowski, Jozef, *Swedish Contribution to the Polish Resistance Movement During World War Two, 1939-42*, trad. de T. Szafar, Uppsala: Acta Universitatis Upsaliensis, 1979.

Lewitt, Chana, *When the Germans Arrived in Ostrów*, en Margolis, Memorial, pp. 442-443.

Lifton, Robert Jay, *The Nazi Doctors: Medical Killing and the Psychology of Genocide*, Nueva York: Basic Books, 1988.

Lipstadt, Deborah E, *Beyond Belief: The American Press and the Coming of the Holocaust, 1933-1945*, Nueva York: Touchstone, 1993.

Lowe, Keith, *Savage Continent: Europe in the Aftermath of World War II*, Nueva York: St. Martin's Press, 2012.

Lukas, Richard C., *Forgotten Holocaust: The Poles Under German Occupation, 1939-1944*, Nueva York: Hippocrene Books, 2012 edición Kindle.

Machnowski, Jan, «Sprawa ppłk. Gilewicza», *Kultura*, Paryż, 1963/4, pp. 125-130 .

Majzner, Robert (ed.), *Si Vis Pacem, Para Bellum. Bezpieczeństwo i Polityka Polski*, Częstochowa, Włocławek: Wydawnictwo Akademii im. Jana Długosza, 2013.

Malinowski, Kazimierz, *Tajna Armia Polska, Znak, Konfederacja Zbrojna: zarys genezy, organizacji i działalności*, Varsovia: Instytut Wydawniczy PAX, 1986.

Manchester, William; Reid, Paul, *The Last Lion: Winston Spencer Churchill: Defender of the Realm, 1940.1965*, Boston: Little, Brown & Company, 2012 edición Kindle .

Marczewska, Krystyna; Ważniewski, Władysław (eds.), *Zeszyty Oświęcimskie: numer specjalny (I) opracowany przez Zakład Historii Partii przy KC PZPR przywspółpracy Państwowego Muzeum w Oświęcimiu*, Oświęcim: PMA.B, 1968.

Margolis, Arye (ed.), *Memorial Book of the Community of Ostrow-Mazowiecka*, Tel Aviv: Association of Former Residents of Ostrow-Mazowiecka, 1960.

Markert, Wojciech, *77. Pułk Strzelców Kowieńskich w latach 1918-1939*, Pruszków: Ajaks, 2003.

Marrus, Michael (ed.), *The Nazi Holocaust*. Parte 5: «Public Opinion and Relations to Jews», Berlín: De Gruyter, 1989.

Mastalerz, Mieczysław, Entrevista, 21 de septiembre de 2016.

Matusak, *Wywiad*, pp. 32 y35.

McGilvray, Evan, *A Military Government in Exile: The Polish Government in Exile, 1939-1945: A Study of Discontent*, Warwick: Helion & Company, 2013 edición Kindle.

Mierzanowski, Jan, Recuerdos, vol. 203, APMA-B, pp. 82-104 .

Mikusz, Józef. Testimonios, vol. 68, APMA-B, pp. 21-36.

Mikusz, Józef. Testimonios, vol. 99, APMA-B, pp. 156-159.

Milton, Giles, *Churchill's Ministry of Ungentlemanly Warfare: The Mavericks Who Plotted Hitler's Defeat*, Londres: Picador, 2017, edición Kindle.

Ministerio polaco de la Información, *The Black Book of Poland*, Nueva York: G. P. Putnam's Sons, 1942.

Minkiewicz, Władysław, *Mokotów. Wronki. Rawicz. Wspomnienia 1939-1954*, Varsovia: Instytut Prasy i Wydawnictw «Novum», 1990.

Mitkiewicz, Leon, *W Najwyższym Sztabie Zachodnich Aliantów 1943-1945*, Londyn: Katolicki Ośrodek Wydawniczy Veritas, 1971.

Mitkiewicz, Leon, *Z Gen. Sikorskim na Obczyźnie*, Paryż: Instytut Literacki, 1968 .

Moczarski, Kazimierz, *Conversations with an Executioner*, trad. de Mariana Fitzpatrick, Englewood Cliffs: Prentice-Hall, 1981.

Molenda, Antoni, *Władysław Plaskura (1905-1987)*, Katowice: TOnO, 1995. Molin, Andrzej. Entrevista, 23 de septiembre de 2017.

Motz, Eugeniusz [testimonio], «Apéndice a la carta de Eugeniusz Motz a Józef Garliński», 28 de agosto de 1971, Varsovia.

Możdżeń, Andrzej, Testimonios, vol. 3, APMA-B, pp. 371-376.

Müller, Filip, *Eyewitness Auschwitz: Three Years in the Gas Chambers*, Chicago: Ivan R. Dee, 1999.

Mulley, Clare, *The Spy Who Loved: The Secrets and Lives of Christine Granville*, Nueva York: St. Martin's Griffin, 2014.

Münch, Hans, *Analyse von Nahrungsmittelproben (1947)*, Estudios, vol. 19, APMA-B, pp. 5-47.

Nahlik, Stanisław Edward, *Przesiane przez pamięć*, Cracovia: Zakamycze, 2002 .

Naruszewicz, Władysław, *Wspomnienia Lidzianina*, Varsovia: Bellona, 2001 .

Nejmark, Helena, *The Destruction of Jewish Ostrów*, en Margolis, *Memorial*, pp. 445-446.

Neufeld, Michael J.; Berenbaum, Michael (eds.), *The Bombing of Auschwitz: Should the Allies Have Attempted It?*, Nueva York: St. Martin's Press, 2000.

Nosal, Eugeniusz, Testimonios, vol. 106, APMA-B, pp. 29-30 .

Nosal, Eugeniusz. Testimonios, vol. 132, APMA-B, pp. 164-191 .

Nowacki, Zygmunt. Recuerdos, vol. 151, APMA-B, pp. 65-163..

Nowak, Jan, *Courier from Warsaw*, Detroit: Wayne State University Press, 1983 .

Nowak, Jan, *Kurier z Warszawy*, Varsovia-Cracovia: ResPublica, 1989.

O'Connor, Gary, *The Butcher of Poland: Hitler's Lawyer Hans Frank*, Staplehurst: Spellmount Publishers, 2014 edición Kindle.

Ollier, Michael, correo electrónico, 16 de agosto de 2001.

Olson, Lynne, *Last Hope Island*, Nueva York: Random House, 2017, edición Kindle .

Olson, Lynne; Cloud, Stanley, *For Your Freedom and Ours: The Kosciuszko Squadron-Forgotten Heroes of World War II*, Estbourne: Gardners Books, 2004 .

Olszowski, Jan, «Więźniarska kancelaria w obozie oświęcimskim», *Przegląd Lekarski*, 1982/1-2, pp. 182-187.

Olszowski, Jan, Recuerdos, vol. 127, APMA-B, pp. 54-88 .

Orłowska, Marta, Entrevista, 13 de noviembre de 2018.

Osęka, Piotr, «Zabawa pod barykadą», *Przekrój*, 2004/8.

Ostańkowicz, Czesław, *Ziemia parująca cyklonem*, Łódź: Wydawnictwo Łódzkie, 1967.

Ostrowska, Eleonora, *Wspomnienia 1*, Varsovia: 1981/82, material cedido por cortesía de Andrzej Ostrowski.

Ostrowska, Eleonora, *Wspomnienia 2: Upadek powstania na Starym Mieście i okres popowstaniowy*, Varsovia: 1993, pp. 1-12, material cedido por cortesía de Andrzej Ostrowski.

Ostrowska, Eleonora, Recuerdos, vol. 179, APMA-B, pp. 143-158.

Ostrowska, Joanna; Zaremba, Marcin, «Kobieca gehenna», *Polityka*, 2009/10, pp. 64-66.

Ostrowski, Marek, Entrevistas, 9 de marzo de 2016; 1 de mayo de 2016; 10 de octubre de 2017 .

Overy, Richard, *The Bombing War*, Londres: Allen Lane, 2009.

Paczkowski, Andrzej, *Aparat bezpieczeństwa w latach 1944-1956. Taktyka, strategia, metody*, vol. I, Varsovia: Instytut Studiów Politycznych PAN, 1994.

Paczuła, Tadeusz, Testimonios, vol. 108, APMA–B, pp. 70–72.

Paczyńska, Irena (ed.), *Grypsy z Konzentrationslager Auschwitz Józefa Cyrankiewicza i Stanisława Kłodzińskiego*, Cracovia: Wydawnictwo Uniwersytetu Jagiellońskiego, 2013.

Paczyński, Józef, Testimonios, vol. 100, APMA-B, pp. 92-122.

Paulsson, Gunnar S., *Secret City: The Hidden Jews of Warsaw, 1940-1945*, New Haven: Yale University Press, 2013.

Pawlicki, Tadeusz (dir.), *Witold*, 1990, Studio A. Munka.

Pawłowski, Marek T.; Walczak, Małgorzata (dir.), *Jaster. Tajemnica Hela*, 2014. Polski Instytut Sztuki Filmowej.

Pęziński, Andrzej Franciszek [Ostrów Mazowiecka z dystansu], material cedido por cortesía de Michał Dekiel.

Piątkowska, Antonina, Recuerdos, vol. 66, APMA-B, pp. 116-119.

Picard, Jacques, *Die Schweiz und die Juden 1933-1945: Schweizerischer Antisemitismus, jüdische Abwehr und internationale Migrations-und Flüchtlingspolitik*, Zúrich: Chronos, 1994.

Piechowski, Kazimierz, *Byłem numerem...: historie z Auschwitz*, Varsovia: Wydawnictwo Sióstr Loretanek, 2003.

Piechowski, Kazimierz, Entrevista, 14 de octubre de 2016.

Piekarski, Konstanty, *Escaping Hell: The Story of a Polish Under-*

ground Officer in Auschwitz and Buchenwald, Toronto: Dundum Press, 2009.

Pieńkowska, Janina [*Wspomnienia 1*.] AAN, 2/2505/0/-/194-Fundacja Archiwum Polski Podziemnej 1939-1945. Foundation of the Polish Undergroud Archives, 1939-1945.

Pietrzykowski, Tadeusz, Testimonios, vol. 88, APMA-B, p. 1-38 .

Pietrzykowski, Tadeusz, Recuerdos, vol. 161, APMA-B, pp. 140-105.

Pilecka, Maria. [Dzieje rodu Pileckich. Saga (la historia de la familia Pilecki)], Materiały, vol. 223c, APMA-B, pp. 1-116.

Pilecka, Maria. [carta a Bolesława Bieruta], datos desconocidos, ASS MON. vol. 5, p. 194, en Cyra, *Rotmistrz*.

Pilecka-Optułowicz, Zofia, Entrevistas, 1 de febrero de 2016; 17 de mayo de 2016; 14 de julio de 2016.

Pilecki, Andrzej, Entrevistas, 1 de febrero de 2016; 2 de febrero de 2016; 5 de febrero de 2016; 11 de marzo de 2016; 16 de mayo de 2016; 17 de mayo de 2016; 19 de mayo de 2016; 21 de mayo de 2016; 11 de julio de 2016; 10 de octubre de 2017; 20 de julio de 2018.

Pilecki, Andrzej; Krzyszkowski, Mirosław; Wasztyl, Bogdan, *Pilecki. Śladami mojego taty*, Cracovia: Znak, 2015.

Pilecki, Witold, *The Auschwitz Volunteer: Beyond Bravery*, trad. de Jarek Garliński, Los Ángeles: Aquila Polonica, 2014, edición Kindle.

Pilecki, Witold [Klucz do raportu W z 1943 roku], Recuerdos, vol. 183, AP- MA–B, p. 79.

Pilecki, Witold [carta a sus hijas], 18 de octubre de 1943, IPN: https://pilecki.ipn.gov.pl/rp/pilecki-nieznany/listy/7108, List-do-corki-Zosi.html [20 de enero de 2019].

Pilecki, Witold [carta al general Pełczyński], 19 de octubre de 1945, PUMST, BI 6991, pp. 1-2.

Pilecki, Witold [Pod Lidą], Materiały, vol. 223c, APMA-B, pp. 26-54.

Pilecki, Witold [informe Nowy Wiśnicz], Recuerdos, vol. 130, AP-MA-B, pp. 110-120.

Pilecki, Witold [informe 1945], PUMST, BI.874, pp. 1-104.

Pilecki, Witold [informe zona S], AAN, 202/XVIII/1, p. 88.

Pilecki, Witold [informe W], AAN, 202/XVIII/1, pp. 64-87.

Pilecki, Witold, *Report W KL Auschwitz 1940-1943 by Captain Witold Pilecki*, trad. de Adam J. Koch, Melbourne: Andrzej Nowak with the Polish Association of Political Prisoners in Australia, 2013.

Pilecki, Witold [W jaki sposób znalazłem się w Oświęcimiu], PUMST, BI 6991 .

Pilecki, Witold [Wiersz do pułkownika Różańskiego (un poema al coronel Różański)], 14 de mayo de 1947, UOP, 1768/III/9, p. 267.

Pilecki, Witold [Zamiast wstępu-słów kilka do przyjaciół moich tych, którzy byli stale na ziemi (en lugar de una introducción, unas pocas palabras para los amigos de mi pueblo que están constantemente en la tierra)], Materiały, vol. 223c, APMA-B, pp. 1-5.

Pilecki, Witold [currículum], Materiały, vol. 223c, APMA-B, no figuran las páginas.

Pilecki, Witold, Akta procesowe Witolda Pileckiego [actas del proceso de Witold...], ASS MON, vol. 5, p. 33, citado en Cyra, *Rotmistrz*.

Pilecki, Witold, Akta sprawy [archivos del caso] przeciwko Witoldowi Pileckiemu i innym [carta de Aliny Bieleckiej], Materiały, vol. 223b, APMA-B, p. 831.

Pilecki, Witold, Akta sprawy przeciwko Witoldowi Pileckiemu i innym [carta al presidente de Polonia], 7 de mayo de 1948, Materiały, vol. 223b, pp. 773-775.

Pilecki, Witold, Akta sprawy przeciwko Witoldowi Pileckiemu i innym [reporte n.º 2], Materiały, vol. 223b, APMA-B, p. 555.

Pilecki, Witold, Akta sprawy przeciwko Witoldowi Pileckiemu i innym. Protokół przesłuchania Makarego Sieradzkiego, Materiały, vol. 223a, APMA-B, pp. 361-367.

Pilecki, Witold, Akta sprawy przeciwko Witoldowi Pileckiemu i innym, Protokół przesłuchania Marii Szelągowskiej, Materiały, vol. 223, APMA-B, pp. 150-165.

Pilecki, Witold, Akta sprawy przeciwko Witoldowi Pileckiemu i innym Protokół przesłuchania podejrzanego Tadeusza Płużańskiego, Materiały, vol. 223, APMA-B, pp. 184-223.

Pilecki, Witold, Akta sprawy przeciwko Witoldowi Pileckiemu i innym, Protokół przesłuchania Tadeusza Sztrum de Sztrema, Materiały, vol. 223a, APMA-B, pp. 397-402.

Pilecki, Witold, Akta sprawy przeciwko Witoldowi Pileckiemu i innym, Protokół przesłuchania Witolda Pileckiego, Materiały, vol. 223, APMA-B, pp. 10-317.

Pilecki, Witold, Akta sprawy przeciwko Witoldowi Pileckiemu i innym, Protokół rozprawy głównej, Materiały, vol. 223b, APMA-B, pp. 639-693.

Pilecki, Witold, Akta sprawy przeciwko Witoldowi Pileckiemu i innym, Protokół przesłuchania Wacława Alchimowicza, Materiały, vol. 223a, APMA-B, pp. 403-410.

Pilecki, Witold, Akta sprawy przeciwko Witoldowi Pileckiemu i innym, Protokół przesłuchania Witolda Pileckiego, Materiały, vol. 223a, APMA-B, pp. 117-121.

Pilecki, Witold, Akta sprawy przeciwko Witoldowi Pileckiemu i innym [reporte n.º 5], Materiały, vol. 223b, APMA-B, p. 556.

Pilecki, Witold, Akta sprawy przeciwko Witoldowi Pileckiemu i innym [tragedia de Kielce], Materiały, vol. 223a, APMA-B, pp. 542-543.

Pilecki, Witold, Akta sprawy przeciwko Witoldowi Pileckiemu i innym, Protokół rozprawy głównej. Spis adresów, Materiały, vol. 223b, APMA-B, pp. 639-642.

Pilecki, Witold. Akta sprawy przeciwko Witoldowi Pileckiemu i innym. Protokół przesłuchania Witolda Pileckiego przez oficera śledczego MBP Stefana Alaborskiego z 10 czerwca 1947 roku, Materiały, vol. 223, APMA-B, pp. 81-93.

Pilecki, Witold, Akta sprawy przeciwko Witoldowi Pileckiemu i innym, Protokół przesłuchania Witolda Pileckiego przez oficera śledczego MBP ppor. Eugeniusza Chimczaka z 8 maja 1947 roku, Materiały, vol. 223, APMA-B, pp. 73-76.

Pilecki, Witold, Akta sprawy Witolda Pileckiego, Protokół rozprawy głównej, vol. 5, ASS MON, pp. 25-26, citado en Cyra, *Rotmistrz*.

Pilecki, Witold, Akta sprawy Witolda Pileckiego. vol. 5, ASS MON, pp. 107-117, citado en Cyra, *Rotmistrz*.

Pilecki, Witold, Akta sprawy Witolda Pileckiego. Zeznanie w śledztwie Witolda Pileckiego, ASS MON, vol. 1, p. 74, citado en Cyra, *Rotmistrz*.

Piper, Franciszek (ed.), *Auschwitz 1940-1945: Central Issues in the History of the Camp*, vol. III: *Mass Murder*, trad. de William Brandt. Oświęcim: PMA-B, 2000.

Piper, Franciszek, *Auschwitz: How Many Perished Jews, Poles, Gypsies*, Cracovia: Poligrafia ITS, 1992.

Piper, Franciszek, *Ilu ludzi zginęło w KL Auschwitz? Liczba ofiar w świetle źródeł i badań 1945-1990*, Oświęcim: PMA-B, 1992.

Piper, Franciszek, *Voices of Memory 8: Poles in Auschwitz*, Oświęcim: PMA-B, 2011.

Piper, Franciszek; Strzelecka, Irena (eds), *Księga Pamięci. Transporty Polaków z Warszawy do KL Auschwitz 1940-1944*, Oświęcim: PMA-B, 2000.

Plaskura, Władysław, Testimonios, vol. 82, APMA-B, pp. 50-69.

Plaskura, Władysław, Testimonios, vol. 105, APMA-B, pp. 38-45a.

Plaskura, Władysław, Testimonios, vol. 115, APMA-B, pp. 131-147.

Pluta, Wacław, Testimonios, vol. 129, APMA-B, pp. 187-192.

Pluta-Czachowski, Kazimierz, «... *gdy przychodzi czastrzeba odejść.*» *Ze wspomnień o gen. Stefanie Roweckim*, en Garlicka, *Zarzewie*.

Płużański, Tadeusz M, *Obława na wyklętych. Polowanie bezpieki na Żołnierzy Wyklętych*, Zakrzewo: Replika, 2017.

Pogozhev, Andrey, *Escape from Auschwitz*, Barnsley: Pen & Sword Military, 2007, edición Kindle.

Poleszak, Sławomir; Wnuk, Rafał, *Zarys dziejów polskiego podziemia niepodległościowego 1944-1956*, en Wnuk *et al., Atlas*, pp. XXII–XXXIV.

Polonsky, Antony, *My Brother's Keeper: Recent Polish Debates on the Holocaust*, Londres: Routledge, 1990.

Porębski, Henryk, Testimonios, vol. 21, APMA-B, pp. 11-31.

Porębski, Henryk, Testimonios, vol. 22, APMA-B, pp. 59-60.

Porębski, Henryk, Testimonios, vol. 102, APMA-B, pp. 27-28.

Pozimski, Jerzy, Recuerdos, vol. 52, APMA-B, pp. 109-177.

Pszenicki, Krzysztof, *Tu mówi Londyn. Historia Sekcji Polskiej BBC*, Varsovia: Rosner and Wspólnicy, 2009.

Ptakowski, Jerzy, *Oświęcim bez cenzury i bez legend*, Londres: Myśl Polska, 1985 .

Puławski, Adam, «Kwestia sowieckich jeńców wojennych w polityce Polskiego Państwa Podziemnego», Rocznik Chełmski, 2014/18, pp. 231-294.

Puławski, Adam, *Wobec niespotykanego w dziejach mordu*, Chełm: Stowarzyszenie Rocznik Chełmski, 2018.

Puławski, Adam, *W obliczu zagłady. Rząd RP na uchodźstwie, Delegatura Rządy RP na Kraj, ZWZ-AK wobec deportacji Żydów do obozów zagłady (1941-1942)*, Lublin IPN, 2009.

Rablin, Andrzej, Testimonios, vol. 29, APMA-B, pp. 78-85.

Raczyński, Edward, *In Allied London*, Londres: Weidenfeld & Nicolson, 1962.

Radlicki, Ignacy, *Kapo odpowiedział-Auschwitz. Wspomnienia adwokata z obozu koncentracyjnego*, Varsovia: Redakcja «Palestry», 2008.

Radomska, Maria *et al.* (eds.), *Nasza niezwykła szkoła. Porto San Giorgio-Foxley 1945-1948*, Londyn: Koło Szkoły Porto San Giorgio-Foxley, 1985.

Rambert, Eugene, *Bex Et Ses Environs (1871)*, Whitefish: Kessinger Publishing, 2010 .

Rawicz (Popiel), Barbara, Entrevista, 5 de marzo de 2017.

Rawicz, Jerzy, *Kariera szambelana*, Varsovia: Czytelnik, 1971.

Rawicz, Kazimierz [Carta a L. Serafińskiej], 4 de agosto de 1958, Materiały, vol. 220, APMA-B, pp. 167-168.

Rawicz, Kazimierz [carta], 8 de agosto de 1956; [carta], 1957; [carta], 8 de agosrto de 1957; [carta], 22 de agosto de 1957; 31 de agosto de 1957; [carta], 23 de septiembre de 1957; [carta], 1957; [informe], fecha desconocida, material cedido por cortesía de Andrzej Kunert.

Rawicz, Kazimierz, Testimonios, vol. 27, APMA-B, pp. 33-41, pp. 41a-41h.

Rawicz-Heilman, Kazimierz [Pobyt w obozie w Oświęcimiu], pp. 1-64, manuscrito en posesión de Marek Popiel.

Redzej, Jan [informe 1943.] AAN, 202/XVIII/1, pp. 33-47a.

Rees, Laurence, *Auschwitz: A New History*, Nueva York: PublicAffairs, 2015, edición Kindle .

Reisman, Michael; Antoniou, Chris T., *The Laws of War: A Comprehensive Collection of Primary Documents on International Laws Governing Armed Conflict*, Nueva York: Vintage, 1994.

Remlein, Janusz [Recuerdos], https://www.1944.pl/archiwum-historii-mowionej/janusz-remlein,1137.html [27 de diciembre de 2018].

República de Polonia, Ministerio de Asuntos Extranjeros, *The Mass Extermination of Jews in German Occupied Poland*, diciembre de 1942. NA, FCO 371/30924, C12313.

Richie, Alexandra, *Warsaw 1944: Hitler, Himmler, and the Warsaw Uprising*, Nueva York: Farrar, Straus & Giroux, 2013.

Ringelblum, Emmanuel, *Notes from the Warsaw Ghetto*, San Francisco: Pickle Partners Publishing, 2015 edición Kindle.

Ringelblum, Emmnuel, *Polish-Jewish Relations During the Second World War*, Evanston: Northwestern University Press, 1992.

Roberts, Andrew, *Churchill: Walking with Destiny*, Nueva York: Viking, 2018 .

Rohleder, Joachim [Bundesanschaftschaftsakten], Schweizerisches B4, E 4320 (B) 1990/133, Bd. 67.

Romanowicz, Jerzy, «Czy W. Pilecki zostanie zrehabilitowany?» Głos Pomorza, 09-10.12.1989.

Romanowicz, Jerzy, «Zgrupowanie "Chrobry II" w Powstaniu Warszawskim», *Słupskie Studia Historyczne*, 2003/10, pp. 293-303.

Romanowski, Andrzej, «Tajemnica Witolda Pileckiego», *Polityka*, 2013/20.

Rostkowski, Jerzy, *Świat Muszkieterów. Zapomnij albo zgiń*, Varsovia: Rebis, 2016 .

Roth, Markus, *The Murder of the Jews in Ostrów Mazowiecka in November 1939*, en Zalc, Bruttman, *Microhistories*, pp. 227-241.

Rowecka-Mielczarska, Irena, *Father: Reminiscences About Major General Stefan «Grot» Rowecki*, trad. de Elżbieta Puławska, Varsovia: Presspol, 1983.

Rowiński, Aleksander, *Zygielbojma śmierć i życie*, Varsovia: Rój, 2000.

Russell, Sharman Apt., *Hunger: An Unnatural History*, Nueva York: Basic Books, 2008 .

Rutkowski, Tadeusz Paweł, *Stanisław Kot 1885-1975. Biografia polityczna*, Varsovia: Dig, 2000.

Rybak, Krystyna, Entrevista, 8 de marzo de 2017.

Sawicki, Jan (dir.), *Rotmistrz Witold Pilecki*, TVP Edukacyjna 1991.

Schulte, Jan E., *London war informiert. KZ-Expansion und Judenverfolgung. Entschlüsselte KZ-Stärkemeldungen vom Januar 1942 bis zum Januar 1943 in den britischen National Archives in Kew*, en Hackmann, Süß (eds.), *Hitler's*, pp. 183-207.

Schwarzbart, Ignacy [archivos 1943-1945.], IPN, BU_2835_15.

Segieda, Napoleon, HIA, papeles de Stanislaw Mikolajczyk, caja 28, carpeta 7 .

Segieda, Napoleon [informe], PISM, A.9.III.2a t.3.

Sehn, Jan, *Obóz koncentracyjny Oświęcim-Brzezinka Auschwitz-Birkenau*, Varsovia: Wydawnictwo Prawnicze, 1964.

Serafińska, Zofia, *Ziemniaki na pierwsze..., na drugie..., na trzecie*, Varsovia: Gebethner i Wolff, 1940.

Serafiński, Tomasz [Ucieczka skazanych (la fuga de los condenados)], Nowy Wiśnicz: 1965. Documento en posesión de Maria Serafińska-Domańska.

Setkiewicz, Piotr, Głosy Pamięci 13: Załoga SS w KL Auschwitz, Oświęcim: PMA-B, 2017.

Setkiewicz, Piotr, «Pierwsi Żydzi w KL Auschwitz», *Zeszyty Oświęcimskie 19*, Oświęcim: PMA-B, 2016, pp. 7-46.

Setkiewicz, Piotr (ed.), *The Private Lives of The Auschwitz SS.*, trad. de William Brand, Oświęcim: PMA-B, 2014.

Setkiewicz, Piotr (ed.), *Studia nad dziejami obozów koncentracyjnych w okupowanej Polsce*, Oświęcim: PMA-B, 2011.

Setkiewicz, Piotr, *Voices of Memory 6: The Auschwitz Crematoria and Gas Chambers*, Oświęcim: PMA-B, 2011.

Setkiewicz, Piotr, *Z dziejów obozów IG Farben Werk Auschwitz 1941-1945*, Oświęcim: PMA-B, 2006.

Setkiewicz, Piotr, *Zaopatrzenie materiałowe krematoriów i komór gazowych Auschwitz: koks, drewno, cyklon*, en Setkiewicz, *Studia*, pp. 46-74.

Setkiewicz, Piotr, «Zapomniany czyn Mariana Batko», *Pro Memoria*, 06.2002-01.2003/17-18, pp. 61-64.

Siciński, Antoni, «Z psychopatologii więźniów funkcyjnych. Ernst Krankemann», *Przegląd Lekarski*, 1974/1, pp. 126-130.

Siedlecki, Janusz Nel, *Beyond Lost Dreams*, Lancaster: Carnegie Publishing, 1994 .

Sierchuła, Rafał; Utracka, Katarzyna, «Historia oddziału WIG-rtm. Witolda Pileckiego», *Grot. Zeszyty Historyczne poświęcone historii wojska i walk o niepodległość*, 2015/39-40, pp. 213-223.

Słuchoński, Artur [Recuerdos], Chronicles of Terror, IP, 019 Sluchonski_Artur_2_skan_AK: www.chroniclesofterror.pl.

Smoczyński, Juliusz, «Ostatnie dni Stanisława Dubois», Kurier Polski, 03.02.1980/25, no figuran las páginas.

Smoleń, Kazimierz, «"Czarna giełda" w obozie», Wolni ludzie, 1948/3, p. 4.

Smoleń, Kazimierz; Czech, Danuta; Iwaszko, Tadeusz; Jarosz, Barbara; Piper, Franciszek; Polska, Irena; Świebocka, Teresa (eds.), *KL Auschwitz Seen by SS*, trad. de Constantine FitzGibbon, Krystyna Michalik, Oświęcim: PMA-B, 2008.

Snyder, Timothy, *Black Earth: The Holocaust as History and Warning*, Nueva York: Tim Duggan Books, 2016.

Snyder, Timothy, *Bloodlands: Europe Between Hitler and Stalin*, Nueva York: Basic Books, 2012.

Snyder, Timothy, *The Reconstruction of Nations: Poland, Ukraine, Lithuania, Belarus, 1956-1999*, New Haven: Yale University Press, 2003.

Sobański, Tomasz, *Ucieczki oświęcimskie*, Varsovia: Wydawnictwo MON, 1987 .

Sobolewicz, Tadeusz, *But I Survived*, Oświęcim: PMA-B, 1998.

Šołta, Jan; Kunze, Pětr; Šěn, Franc (eds.), *Nowy biografiski słownik k stawiznam a kulturje Serbow*, Budyšin Ludowe nakładnistwo Domowina, 1984.

Sowa, Andrzej Leon, *Kto wydał wyrok na miasto? Plany operacyjne ZWZ-AK (1940-1944) i sposoby ich realizacji*, Cracovia: Wydawnictwo Literackie, 2016.

Sowul, Czesław, Testimonios, vol. 72, APMA-B, pp. 160-181.

Stafford, David, *Britain and European Resistance: 1940-1945: A Survey of the Special Operations Executive, with Documents*, Londres: Thistle Publishing, 2013.

Stapf, Adam, Testimonios, vol. 29, APMA-B, pp. 86-94 .

Stapf, Adam, Testimonios, vol. 55, APMA-B, pp. 1-6.

Stapf, Adam, Recuerdos, vol. 110, APMA-B, pp. 75-105 .

Stapf, Adam, Testimonios, vol. 148, APMA-B, pp. 96-138.

Stargardt, Nicholas, *The German War: A Nation Under Arms, 1939-1945. Citizens and Soldiers*, Nueva York: Basic Books, 2015.

Steinbacher, Sybille, *Auschwitz: A History. Trans. Shaun Whiteside*, Londres: Harper Perennial, 2006, edición Kindle.

Stępień, Jan, Recuerdos, vol. 179, APMA-B, pp. 176-177.

Stola, Dariusz, «Early News of the Holocaust from Poland», *Holocaust and Genocide Studies*, 1997/11, pp. 1-27.

Stola, Dariusz, *Nadzieja i zagłada: Ignacy Schwarzbart-żydowski przedstawiciel w Radzie Narodowej RP (1940-1945)*, Varsovia: Oficyna Naukowa, 1995.

Stoves, Rolf O. G., *Die 1. Panzer-Division 1935-1945*, Dornheim: Podzun-Verlag, 1976 .

Stranský, Karl, Testimonios, vol. 84, APMA-B, pp. 44-58.

Strzelecka, Irena, *Voices of Memory 2: Medical Crimes: The Experiments in Aus chwitz*, Oświęcim: PMA-B, 2011.

Strzelecka, Irena, *Voices of Memory 3: Medical Crimes. The Hospitals in Auschwitz*, Oświęcim: PMA-B, 2008.

Stupka (familia), Entrevistas, 21 de septiembre de 2016; 24 de septiembre de 2016 .

Stupka, Helena, Testimonios, vol. 68, APMA-B, pp. 124-132.

Stykowski, Jacek, Entrevista, 12 de septiembre de 2018.

Stykowski, Jacek, *Kapitan «Hal». Kulisy fałszowania prawdy o Powstaniu Warsza-wskim '44*, Varsovia: Capital, 2017.

Syzdek, Włodzimierz, «W 45 rocznicę śmierci Stanisława Dubois. Był człowiekiem działania», *Za wolność i lud*, 22.08.1987/34, p. 5.

Szarota, Tomasz, *Okupowanej Warszawy dzień powszedni. Studium Historyczne*, Varsovia: Czytelnik, 2010.

Szarota, Tomasz, *Stefan Rowecki «Grot»*, Varsovia: PWN, 1985 .

Szczepański, Marian, colección de vídeos [14 de julio de 1995], APMA-B, V-246 .

Szejnert, Małgorzata, Śród żywych duchów, Cracovia: Znak, 2012.

Szmaglewska, Seweryna, *Dymy nad Birkenau*, Varsovia: Czytelnik, 1971 .

Szmaglewska, Seweryna, *Smoke over Birkenau*, trad. de Jadwiga Rynas, Varsovia: Książka i Wiedza; Oświęcim: PMA-B, 2008 .

Szpakowski, Ludomir, Entrevista, 31 de enero de 2017.

Szpilman, Władysław, *The Pianist: The Extraordinary True Story of One Man's Survival in Warsaw, 1939-1945*, trad. de Anthea Bell, Nueva York: Picador, 2000 .

Szwajkowski, Kazimierz [testimonio], IPN, Oddziałowa Komisja Ścigania Zbrodni Przeciwko Narodowi Polskiemu, S/139/12/Zn, pp. 137-142.

Świebocki, Henryk, *London Has Been Informed...: Reports by Auschwitz Escapees*, Oświęcim: PMA-B, 2002.

Świebocki, Henryk, «Przyobozowy ruch oporu w akcji niesienia pomocy więźniom KL Auschwitz», *Zeszyty Oświęcimskie 19*, Oświęcim: PMA-B, 1988.

Świebocki, Henryk (ed.), *Auschwitz, 1940-1945: Central Issues in the History of the Camp*, vol. IV: *The Resistance Movement*, trad. de William Brandt. Oświęcim: PMA-B, 2000.

Świętorzecki, Karol, Entrevistas, 14 de febrero de 1970; 14 de febrero de 1972, http://www.infopol.com/ms/070531all_restored. wav [20 de enero de 2019].

Świętorzecki, Karol, Testimonios, vol. 76, APMA-B, pp. 88-110 .

Świętorzecki, Karol, Recuerdos, vol. 86, APMA-B, pp. 232-237.

Tabeau, Jerzy [reporte], en *Zeszyty oświęcimskie. Raporty uciekinierów z KL Auschwitz*, Oświęcim: APMA-B, 1991, pp. 77-130.

Targosz, Franciszek, Testimonios, vol. 144, APMA-B, pp. 193-200, pp. 209-217 .

Taubenschlag, Stanisław, *To Be a Jew in Occupied Poland: Cracow-Auschwitz-Buchenwald*, trad. del francés de David Herman, Oświęcim: Frap-Books, 1998.

Taul, Roman, Testimonios, vol. 9, APMA–B, pp. 1264-1271, pp. 1273-1285 .

Taul, Roman, Recuerdos, vol. 62, APMA-B, pp. 26-59.

Tereszczenko, Jan, Entrevista, 1 de noviembre de 2016.

Tereszczenko, Jan B., *Wspomnienia warszawiaka egocentrysty. «JA.»*, Varsovia: Muzeum Historyczne m. st. Warszawy, 2012.

Terry, Nicholas, «Conflicting Signals: British Intelligence on the "Final Solution" Through Radio Intercepts and Other Sources», *Yad Vashem Studies*, 2004/32, pp. 351-396.

Thomas, *German*, p. 8.

Thompson, Mark Christian, *Anti-Music: Jazz and Racial Blackness in German Thought Between the Wars*, Nueva York: State University of New York Press, 2008 .

Thorsell, Staffan, *Warszawasvenskarna: De som lät världen veta*, Estocolmo: Albert Bonniers förlag, 2014, edición Kindle.

Thugutt, Mieczysław [carta], 19 de noviembre de 1941. PISM, A.9.III.4/14 .

Tomaszewski, Aleksander, Recuerdos, vol. 66, APMA-B, pp. 107-114.

Tomicki, Jan, *Stanisław Dubois*, Varsovia: Iskry, 1980.

Tooze, Adam, *The Wages of Destruction: The Making and Breaking of the Nazi Economy*, Londres: Penguin, 2008, edición Kindle.

Tracki, Krzysztof, *Młodość Witolda Pileckiego*, Varsovia: Wydawnictwo Sic!, 2014 .

Tucholski, Jędrzej, *Cichociemni*, Varsovia: Instytut Wydawniczy PAX, 1984.

Tumielewicz, Józef [crónica], material cedido por cortesía de Stanisław Tumielewicz .

Tymowski, Stanisław Janusz, *Zarys historii organizacji społecznych geodetów polskich*.

Urbanek, Jerzy, Testimonios, vol. 44, APMA-B, pp. 1-13.

Urbańczyk, Zygmunt, Recuerdos, vol. 54, APMA-B, pp. 11-50.

Urynowicz, Marcin, *Adam Czerniaków 1880-1942. Prezes getta warszawskiego*, Varsovia: IPN, 2009.

van Pelt, Robert, *The Case for Auschwitz: Evidence from the Irving Trial*, Bloomington: Indiana University Press, 2016.

Vrba, Rudolf, *I Cannot Forgive*, Vancouver: Regent College Publishing, 1997 .

Wachsmann, Nikolas, *KL: A History of the Nazi Concentration Camps*, Nueva York: Farrar, Straus & Giroux, 2016.

Walasek, Bohdan, Entrevista, 19 de mayo de 2016.

Walasek, Bohdan [Recuerdos], Muzeum Powstania Warszawskiego: https://www.1944.pl/archiwum-historii-mowionej/bohdan-zbigniew-walasek,2545.html [16 de enero de 2019].

Walendzik, Janusz, Entrevista, 12 de octubre de 2016.

Walker, Jonathan, *Poland Alone: Britain, SOE and the Collapse of the Polish Resistance, 1944*, Stroud: The History Press, 2011, edición Kindle.

Walter-Janke, Zygmunt, *W Armii Krajowej na Śląsku*, Katowice: Wydawnictwo Śląsk, 1986.

Wanat, Leon, *Apel więźniów Pawiaka*, Varsovia: Książka i Wiedza, 1976.

Wanat, Leon, *Za murami Pawiaka*, Varsovia: Książka i Wiedza, 1985.

Wanner, Gerhard, «Flüchtlinge und Grenzverhältnisse in Vorarlberg 1938-1944. Einreise–und Transitland Schweiz», *Rheticus Vierteljahresschrift der Rheticus-Gesellschaft*. 1998/3-4, pp. 227-271.

War and Internationa [*sic*] Situation, 22 de febrero de 1944, Hansard, Parlamento del Reino Unido: https://api.parliament.uk/historic-hansard/commons/1944/feb/22/war-and-international-situation [22 de enero de 2019].

Warszawa: Państwowe Przedsiębiorstwo Wydawnictw Kartograficznych, 1970.

Wasserstein, Bernard, *Britain and the Jews of Europe, 1939-1945*, Londres: Leicester University Press, 1999.

Westermann, Edward B., «The Royal Air Force and the Bombing of Auschwitz: First Deliberations, January 1941», *Holocaust and Genocide Studies*, 2001/15, pp. 70-85.

Whaley, W. Gordon; Bowen, John S. *Russian Dandelion (Kok–Saghyz): An Emergency Source of Natural Rubber*, Departamento de Agricultura de Estados Unidos, 1947.

Widelec, Jakob, *A Diary of Four Weeks with the Nazis in Ostrów*, en Margolis, *Memorial...*, pp. 421-428.

Widfeldt, Bo; Wegman, Rolph, *Making for Sweden*, Walton-on-Thames: Air Research Publications, 1999.

Wielopolski, Piotr, Entrevista, 18 de mayo de 2017.

Wierusz, Witold, Testimonios, vol. 77, APMA–B, pp. 13-37.

Wierzbicka, Agnieszka, «Żyd, Żydzi, Żydy, Żydki-Stereotypes and Judgments Ingrained in the Polish Language», *Acta Universitis Lodzensis. Folia Linguistica*, 2015/49, pp. 57-67.

Wilkinson, Peter, *Foreign Fields: The Story of an SOE Operative*, Staplehurst: Spellmount Publishers, 2013, edición Kindle.

Willenberg, Samuel, *Revolt in Treblinka*, Varsovia: ŻIH, 1992.

Winstone, Martin, *The Dark Heart of Hitler's Europe: Nazi Rule in Poland Under the General Government*, Londres: I. B. Tauris, 2014, edición Kindle.

Wiśnicka, Maria (dir.), *Sprawa szpiega Pileckiego*, 1991, WFD Warszawa Zespół Filmowy WIR.

Witowiecki, Tadeusz, *Tu mówi «Żelazo»*, Łódź: Wydawnictwo Łódzkie, 1966 .

Wnuk, Rafał; Poleszak, Sławomir; Jaczyńska, Agnieszka; Śladecka, Magdalena (eds.), *Atlas Polskiego Podziemia Niepodległościowego 1944-1956*, Varsovia-Lublin: IPN, 2007.

Wolny, Edward, Testimonios, vol. 33, APMA-B, pp. 25-26.

Wołosiuk, Bruno, «Znałem rotmistrza Pileckiego», Słowo Powszechne, 1980/49, pp. 19-26.

Wood, E. Thomas, *Karski: How One Man Tried to Stop the Holocaust*, Lubbock: Gihon River Press and Texas Tech University Press, 2014.

Wortmán, Marek (dir.), *Ucieczka z Oświęcimia*, 1998. TVP.

Wróbel, Janusz, *Na rozdrożu historii. Repatriacja obywateli polskich z Zachodu w latach 1945-1949*, Łódź: IPN, 2009.

Wyczański, Andrzej, *Mikrofilm. Nowa postać książki*, Breslavia: Ossolineum, 1972 .

Wyman, David, *The Abandonment of the Jews: America and the Holocaust 1941-1945*, Nueva York: New Press, 2007.

Wysocki, Wiesław Jan, *Rotmistrz Witold Pilecki 1901-1948*, Varsovia: Rytm, 2009 .

Zabawski, Edmund, Recuerdos, vol. 98, APMA-B, pp. 83-103 .

Zabielski, Józef, *First to Return*, Londres: Garby Publications, 1976.

Zaborowski, Leszek (ed.), *Chronicles of Terror. German Atrocities in Warsaw-Wola, August 1944*, vol. II, Varsovia: Witold Pilecki Center for Totalitarian Studies [IP], 2018.

Zagórski, Wacław, *Seventy Days*, trad. de John Welsh, Londres: Panther Books, 1959 .

Zagórski, Wacław, *Wicher wolności. Dziennik powstańca*, Varsovia: Czytelnik, 1990.

Zalc, Claire; Bruttman, Tal (eds.), *Microhistories of the Holocaust*, Nueva York: Berghahn Books, 2016.

Zakrzewski, Jerzy, Entrevista, 17 de octubre de 2016.

Zaremba, Marcin, *Wielka trwoga. Polska 1944-1947*, Cracovia: Znak, 2012 .

Zaremba, Zygmunt, *Wojna i konspiracja*, Cracovia: Wydawnictwo Literackie, 1991.

Zawadzki, Antoni [Zeznania], IPN, Oddziałowa Komisja Ścigania Zbrodni Przeciwko Narodowi Polskiemu, S/139/12/Zn, pp. 124-128

Ziegler, Philip, *London at War: 1939-1945*, Nueva York: Sinclair-Stevenson Ltd., 1995.

Zieliński, Jan, «List posła Ładosia i doktora Kühla», *Zeszyty Literackie*, 2000/4, pp. 157-167.

Zimmerman, Joshua D, *The Polish Underground and the Jews, 1939-1945*, Cambridge: Cambridge University Press, 2015.

Ziółkowski, Michał, *Byłem od początku w Auschwitz*, Gdańsk: Marpress, 2007.

Znak [Deklaracja ideowa grupy «ZNAK»], AAN, 2/2505/0/-/194.

Zwerin, Mike, *Swing Under Nazis: Jazz as a Metaphor for Freedom*, Nueva York: Cooper Square Press, 2000.

Лаўрэш, Леанід Лявонцьевіч, «Яўрэі Ліды», Маладосць, 2016/4, pp. 141-154

Лаўрэш, Леанід Лявонцьевіч, «Лідчына ў 1936-1939 гг. у люстэрку прэсы».Лідскі летапісец. 2014/66 (2), pp. 25-93

Лаўрэш, Леанід Лявонцьевіч, «13 траўня 1901 г. нарадзіўся Вітольд Пілецкі.» Лідскі Летапісец, 2016/2 (74), pp. 15-19

Лаўрэш, Леанід Лявонцьевіч, «Лідчына ў 1924-1929 гг. у люстэрку прэсы.» Ліо` скі летапісец, 2015/69 (1), pp. 25-94

Ярмонт, Евгения. Втени замка Гедимина Лида. Воспоминания детства. Grodno: КЛФ «Сталкер», 1995, pp. 93-94, citado en Лаўрэш, «Лідчына,"» p. 76.

Índice onomástico

Abramow-Newerly, Barbara, 363-365, *364*, 417
Agencia Judía, 295
Aleksander. *Véase* Wielopolski, Aleksander
Anders, Władysław, 389, 390, 393
antisemitismo
    de Estados Unidos, 237, 296
    de Gran Bretaña, 137, 195, 196, 237
    Véase asimismo antisemitismo polaco; ideología racial nazi
antisemitismo polaco
    e identidad nacional polaca, 30-31
    e ideología racial nazi, 58, 60
    relación de Witold con el, 31
    tendencias de Włodarkiewicz, 58-60, 62-63
    y población alemana, 43-44
    y resistencia polaca, 358-359
    y Tajna Armia Polska, 58-60
Aumeier, Hans, 254, 257
Auschwitz, 75-84, *77*
    apertura de, 64
    asesinatos con fenol, 169-170, 281, 303-304, 311
    ataque aéreo soviético a Rajsko, 287, 289
    ataque a profesionales polacos en, 72-73
    ataques a sacerdotes en, 78, 94, 101
    autosacrificios, 164
    ayuda alimentaria local a prisioneros, 240-241
    bloque de Witold, *75*, 94, 98, 181
    brotes de tifus, 167-169, 249-252, 280-281
    cartel de advertencia fuera, *266*
    combates de boxeo de los kapos, 161-163
    comida, 77, 84, 88, 93-94, 124, 279
    complejo de curtidurías, 186-187, 277-278
    complicidad entre reclusos, 302-305
    destacamentos de trabajo, 122
    dormir, 75, *76*, 89
    ejercicios de castigo, 99-102
    estrategias de supervivencia, 83, 149
    expansión (1940), 112-113, 156-157, 199
    experimentación médica, 168-170, 173, 303-304
    fichas de prisioneros, 159
    graveras, 96-98
    guardias de las SS, *82*
    hambruna, 73, 92-93, 113-114, 120-123
    intentos de fuga, 218-219
    letrinas, 76
    mayor seguridad, 164
    mercado negro, 109
    moral, 152, 171-173, 258-259
    música, 88, 125, 147, 167-168, 262, 263
    Navidad (1940), 124-126
    Navidad (1941), 200-201
    oficina de registros de las SS, 159-160, 184, 201-204
    paseo, 108-109, 163,
    personal oficina de construcción, 208
    plagas de piojos, 121, 125, 126-129, 167-169
    planes de infiltración, 65-69
    primer ataque contra judíos, 73-74, 78, 94-95, 101, 150

propuestas de bombardeo (dic. 1942), 299

propuestas de bombardeo (1943), 323

recuento, 79, 88, 94, 116-118,149

reglamento, 82-83

retratos de posguerra de, 398, 409

rutina matinal, 75-77

suicidios en, 172, 224, 291

taller de carpintería, 123, *124*

tortura, 303

transformación psicológica de los reclusos, 73, 81, 81-82, 83-84, 113, 308-309

traslado de prisioneros polacos (1942), 312-313

traslado de Witold a, 71-72

trazado de, 84-86, 94-95

visita después de la guerra de Witold a, 397-398

visitas de Himmler, 156-157, 262-264

y producción bélica, 309

Véase asimismo Pilecki, Witold, actividades en Auschwitz

—COMO CENTRO DE LA SOLUCIÓN FINAL: falta de atención de los Aliados a, 293-294, 327; foco primavera 1943, 327; primer gastamiento de judíos, 219-224; propuestas de bombardeo, 299-300, 325; pruebas complejo de curtidurías, 277-278; publicidad de la Agenda Judía, 295; reconocimiento aliado de (1944), 369-370; transformación (1942), 258, 262, 277; y resistencia polaca, 294, 359; y misión de Napoleon, 266-267, 272, 274-276, 322; y pira de quema de cuerpos, 290, 369; y políticas de Himmler, 208; Witold comprende, 410-411

—CREMATORIO: como morgue de campo, 80, 88, 96-97, 121; morgue en, *183*; primer uso de exterminio masivo, 180, 181-184; y primer gaseamiento de judíos, 220-223

—EXTERMINIOS MASIVOS: crematorio como ubicación, 180, 181-184; experimento en el bloque penal, 176-181; judíos soviéticos, 170-

171, 207; método Hammerluft, 265; polacos étnicos, 311; Napoleon sobre métodos homicidas, 265-266; prisioneras políticas, 213-214; prisioneros de guerra soviéticos, 171, 178-184, 184, 186, 191, *194*; prisioneros enfermos, 173-178, 283-286; uso de Zyklon B, 179-180, 181-182; y programa T4, 175, 207; y saqueo de cadáveres, 222-223, 224, 226, 277-279. *Véase asimismo* Solución Final

—HOSPITAL, 148, 174; asesinatos con fenol, 169-170, 281, 304-305; contrabando de medicinas, 280-281, 282-283; empleo de Kon en, 123; importancia de la resistencia, 147-148, 173; inspecciones de admisión, 88; papel de Dering en, 118-119, 122; rutinas en, 147-149; trabajo de operario de Witold, 123-124; y brotes de tifus, 167-168, 169; y experimento de exterminio masivo del bloque penal, 176-178; Witold busca a Dering en el, 91-92; Witold se queda en el, 128-129, 147-148. *Véase asimismo* Dering, Władysław

—ÍNDICE DE MUERTOS: dosier Swierczyna, 305; estatus (1941), 164; informes de Stasiek (1942), 202-203, 242, 259-262, 265, 294; investigación del Departamento de Estado, 294, 295; libro de cuentas Stärkebuch, 201-204; primeros meses (1940), 64; prisioneros de guerra soviéticos, 184, 203; pruebas sobre el número de prisioneros, 115; y oficina de registro de las SS, 184

—INFORMES DE: cadena de Rawicz, 186; documentos de Witold, 409-410 e intercepciones de la inteligencia británica, 204; emisión del informe del Gobierno polaco en el exilio (1941), 196; escepticismo británico, 196-197; fugas de correos, 218-219; fuga de Januszewski, 307-308; informe de Jaster, 255-257, 260, 294; informe

510

de Kłodziński, 259, 262, 264; informe eslovaco, 369-370; informe oral de Świętorzecki, 164; informe oral de Trojnicki, 184-186; informe oral de Wielopolski, 115, 118, 131-132; informes de Stasiek (1942), 202-203, 242, 259-262, 264, 265-266, 294; informes de Wojciech, 241-242; libro de cuentas Stärkebuch, 201-204; mensajes en clave de Witold a Eleonora, 112; papel de Surmacki, 93-94, 107-108; publicidad de la resistencia polaca, 123-124; radiotransmisiones, 280; y Blitz, 136-137, 139; Witold cae en la cuenta, 89; y Convenio de la Haya, 132; y crematorio de Birkenau, 306; y exterminio masivo de prisioneros de guerra soviéticos, 181-182, 183-184, 184, 186, 191-192, 194; y fuga de Stefan, 219, 224-231, 225, 228-229, 233, *234*, 235, 301-302; y propaganda de la Primera Guerra Mundial, 135-136, 195-196. *Véase asimismo* misión de Napoleon; petición de informe de bombardeos (1940)

—PLANES DE SUBLEVACIÓN: escondite en el complejo de curtidurías, 187-189; informe sobre Kłodziński, 259-262; papel de los coroneles, 163, 186; planificación (mayo de 1942), 248-249; y desafíos secretos, 248; y Gilewicz, 279; y misión de Napoleon, 242-243; y moral de la resistencia, 199; y sublevación de Birkenau, 252-255. *Véase asimismo* peticiones de apoyo a la sublevación de Auschwitz

—RESISTENCIA: auge de la, 153, 157-158, 163; campaña de infección del tifus, 249-252; conexión Stasiek, 199-200; conexiones de la resistencia polaca, 157-158; conexiones del campo, 154-155, 216-217; construcción y funcionamiento de la radio, 204-205, 206, 209-212; contactos locales externos, 93-94; creación de la primera célula, 107; denuncia de Fred Stössel, 302-303; desafíos secretos, 158-160, 247-248; desconfianza de Dering, 281-283, 303, 330; e informantes, 107; estrategia de distribución de comida, 93; fuga como inconcebible, 89, 92, 163; importancia del hospital, 147-148, 173; infiltración de la Gestapo, 247-248; infiltración del sistema de kapos, 153-155; moral, 224-225, 252, 279, 292, 302; muerte de Stasiek, 280; nuevo liderazgo de la (finales de 1943), 366; organización de células, 108; papel de los coroneles, 163-164, 186; puesto de escucha de radio, 163; reclutamiento, 87-88, 105, 107-111, 157-158; reclutamiento de Kon, 87-88; reclutamiento de Michał, 105; red de contrabando, 163; registros de la oficina de reclutas, 184; represión de las SS, 308, 361; y brutalidad del sistema de kapos, 95-96; y emisiones de la BBC, 151-152, 167, 170, 199; y selección de todo el hospital (agosto de 1942), 286; y traslado de prisioneros polacos, 313. *Véase asimismo* informes de Auschwitz

—SISTEMA DE KAPOS: brutalidad del, 78, 83, 95-96, 99-100, *100*, 119; e informantes, 93; historia de los kapos, 78; infiltración de la resistencia en el, 153-155; y estrategia de reclutamiento de la resistencia, 108; y llegada de prisioneros, 72-73. *Véase asimismo* kapos específicos

Bach-Zelewski, Erich von dem, 381, 382, 384-*385*, 417
Bartoszewski, Władysław, 81
Batalla de Inglaterra, 135
Batko, Marian, 164
BBC
emisiones de radio recibidas por la resistencia de Auschwitz, 151-152, 167, 170, 199

emisiones en alemán, 152
emisiones en polaco, 324-325
Bendera, Eugeniusz, 255-257, 417
Bernardini, Filippo, 273, 417
Biddle, Anthony Drexel, 198
Bielecki, Stefan
informe de, 235, 301-302
huida de, 219, 224-231, 233-234
y fuga de Witold, 353
y planes de sublevación de
Auschwitz, 356, 358
Biernacki, Edward, 280-281, *281*, 286
Bierut, Bolesław, 406-407
Birkenau, 253
apodo de, 213
construcción de, 184-185, 206-207
crematorio de, 184, 206, 223
experimentación médica, 313
levantamiento de (junio de 1942),
252-255
planes de sublevación (1942), 291-
292
primeros prisioneros judíos en, 214-
215, 218
prisioneras en, 213-214
prisioneros de guerra soviéticos en,
208, 213, 222, 289-290, 291-292
resistencia en, 219, 259, 289, 292
Sonderkommando, 223-224
trabajos forzados en, 226
visita de posguerra de Witold a, 398
y selección de todo el hospital de
Auschwitz (agosto de 1942), 283
Véase asimismo exterminio masivo
en Birkenau
Bischoff, Karl, 206, 306, 418
Blitz, 136-137, 139, 193
B'nai B'rith, 236
Bock, Hans (kapo), 91, 117, 128, 418
Boger, Wilhelm, 303
Brodniewicz, Bruno, 162
Buchenwald, 135, 312
Bund, 235, 237, 268

Café Bodega, 55, 63-64
campo de concentración de Miranda de
Ebro, 320
campo de la muerte de Chełmno, 327
campo de Murnau, 388
Canaris, Wilhelm, 271

catolicismo
ataques a sacerdotes en Auschwitz,
78, 94, 101
e identidad nacional polaca, 50-51
Cavendish-Bentinck, Victor, 195-196
Chełmno, 207
Chimczak, Eugeniusz, 402, 418
Nochebuena (Siwek), 126
Churchill, Winston
e informe eslovaco, 369-370
e invasión alemana de la Unión
Soviética, 192-193
y antisemitismo británico, 195
y Blitz, 137
y Gobierno polaco en el exilio, 135
y ocupación soviética de Polonia,
367, 388-389
y petición de informe de bombardeo
(1940), 139, 140
y propuestas de bombardeo, 299-300,
369-370
y Solución Final, 193, 195, 236, 293,
297, 369-370
Ciesielski, Edward (Edek), 172, 352,
418
sobre nuevo liderazgo de la
resistencia en Auschwitz, 366
Witold consuela a, 172
y traslado de prisioneros polacos,
312
Véase asimismo Pilecki, Witold, fuga
de Auschwitz
Conexiones del Campo (1941), 154-155
Conexiones del Campo (1942), 216-217
Conferencia de Saint James (1941), 198
Conferencia de Wannsee (1942), 207-
208
Conferencia de Yalta (1945), 388-389
Congreso Judío estadounidense, 236
Convenio de la Haya (1907), 132
crímenes de guerra
acusaciones contra Dering, 170
e informes sobre Auschwitz de los
prisioneros de guerra soviéticos,
132
Cyra, Adam, 409
Cyrankiewicz, Jósef, 406, 409
Czerniaków, Adam, 267-268

Dachau, 135

512

Dalton, Hugh, 138, 139, 142-143, 418
de Virion, Jerzy, 108
Dejaco, Walter, 306
Dembiński, Stanisław, 133
Dembiński, Stefan, 131
Dering, Władysław, 151, 418-419
   acusaciones de crímenes de guerra, 170
   arresto de, 64, 66
   confiscación de la radio de onda corta, 150-152
   e infiltración de la Gestapo, 247-248
   eutanasia de enfermos, 170
   inspección de prisioneros enfermos, 117-118
   papel de la resistencia, 108
   recelo de la resistencia, 281-283, 303, 330
   relaciones de las autoridades del campo, 147, 150, 282, 303
   Witold busca a, 84-85, 88, 89
   y campaña de infección de tifus de la resistencia, 251
   y desafíos secretos, 159-160
   y estado físico de Witold, 122-123, 126, 128-129, 287
   y estancia de Witold en el hospital, 128, 147
   y estrategia de distribución de comida, 93
   y experimentación médica, 169, 170, 330
   y experimento de exterminio masivo del bloque penal, 175-177, 179
   y reclutamiento de la resistencia, 108
   y selección de todo el hospital (agosto 1942), 283-286
   y transporte a Sonnenstein, 176
   y vacuna del tifus, 280-281
   y víctimas del recuento, 117, 118-119
Diem, Rudolf, 419
Dipont, Marian, 92, 181, 419
Dirección de Operaciones Especiales (SOE), 138-139, 142-144, 198, 237-239, 322
Dłuciak, Bronisława, *242*
Dorotycz-Malewicz, Marian, 390
Dubois, Stanisław (Stasiek), 200, 419
   ejecución de, 279-280

historia de, 199-200
informes de muertos, 201-203, 242, 259-262, 265-266, 294
y libro de cuentas Stärkebuch, 201-203
y misión de Napoleon, 241
Dunning, Walter (kapo), 161, 162

Edek. *Véase* Ciesielski, Edward
Eden, Anthony, 197, 198, 296-298, 420
Einsatzgruppen, 46, 170
El libro negro de Polonia (Ministerio de la Información polaco), 197
Eleonora. *Véase* Ostrowska, Eleonora
Entress, Friedrich, 281-284, 288, 420
España, 319-320
Estados Unidos
   antisemitismo de, 236-237, 296
   cuotas de refugiados de, 236-237
   e informe Schulte, 294, 295
   entrada en la guerra de, 197
   misión de Karski, 327
   no acción de, 300, 323
   y ocupación soviética de Polonia, 388-389
   y propuestas de bombardeo, 325, 369-370
exterminio masivo de judíos. *Véase* Solución Final
exterminio masivo en Birkenau
   Casa Blanca, 258
   Casita Roja, 223, 254
   construcción del crematorio, 304-307
   informes sobre, 259-262, 289, 322-323
   judíos griegos, 332
   y conferencia de Wannsee, 207
exterminios masivos. *Véase* Auschwitz, exterminios masivos; exterminio masivo en Birkenau; Solución Final

fábrica de IG, 309, 339
Fairbanks, William, 238
fenol, 169-170, 280, 303-304, 311
Fieldorf, Emil, 366-367
Fighting Auschwitz (Garliński), 409
Fischer, Ludwig, 372
Franco, Francisco, 320
Frank, Hans, 46, 49, 54, 63, 420

513

Fred. *Véase* Stössel, Alfred Friedrich,
Zalman, 268
Fritzsch, Karl, 80, 420
  e inspecciones de admisión en el
    hospital, 88
  supervisión del recuento, 80, 116,
    118
  y ejercicios de castigo, 102
  y música, 147
  y trabajo de Witold en el complejo de
    curtidurías, 187
  y transporte a Sonnenstein, 176

Garliński, Józef, 409
Gawron, Wincenty, 80, 201, 224, 420
  fuga de, 224-231
  notas de, 225
  Witold consuela a, 172-173
  y levantamiento de Varsovia, 385-
    386
  y Navidades (1941), 200
  y planes de sublevación, 188-189
  y prisioneras, 213-214
Gawryłkiewicz, Mieczysław, 36, 41, 420
Gestapo
  e intentos de fuga, 218
  ejecuciones de miembros de la
    resistencia, 158
  infiltración de la resistencia en
    Auschwitz, 247-248
  informantes, 93, 107
  y primer gaseamiento de judíos,
    220-221
  Véase asimismo Grabner, Maximilian
Gienek. *Véase* Obojski, Eugeniusz
Gilewicz, Juliusz, 279
Głowa, Stanisław, 311
Gobierno polaco en el exilio
  muerte de Sikorski, 355-356
  peticiones de información de la
    Solución Final, 294
  propuestas de bombardeo (1943),
    323, 325
  propuestas de bombardeo (diciembre
    1942), 299-300
  publicación del informe (verano
    1941), 196
  relaciones británicas con el, 135
  respuestas a la Solución Final, 323
  y masacre de Katyń, 325, 351

y misión de Napoleon, 271-274
y ocupación soviética de Polonia,
  361, 388
y petición de informe de bombardeo
  (1940), 132-133, 136, 139, 142,
  144, 196, 197
y publicidad de la Solución Final,
  236, 297
Goebbels, Joseph, 152, 298, 420
Grabner, Maximilian (jefe de la
  Gestapo), 220-221, 248, 312, 354,
  420
Gran Bretaña
  antisemitismo, 137, 195, 196, 237
  Blitz, 136-137, 139, 193
  declaración general sobre las
    atrocidades alemanas, 136
  e informes del Gobierno polaco en el
    exilio, 196, 297
  intercepciones de información, 193,
    204
  Real Fuerza Aérea, 139-141
  relaciones con el Gobierno polaco en
    el exilio, 135
  y ocupación soviética de Polonia,
    366-367, 388-389
  Véase asimismo BBC; petición de
    informe de bombardeo (1940);
    respuestas británicas a la Solución
    Final
Guerra Fría, 409
gueto de Cracovia, 313, 323, 324
gueto de Varsovia
  creación del, 55, 58-59, 131
  destrucción del, 357
  liquidación del, 267-269, 274, 275,
    325-326, 327
  número de muertos en el, 191
  organización judía en el, 235
  supervivientes del, 383-384
Gutkiewicz, Stanisław, 212

Harat, Andrzej, 307
Harmęże, 219, 224, 226-227
Heydrich, Reinhard, 49
Himmler, Heinrich, 421
  ideología nazi de, 175, 177
  visitas a Auschwitz, 156-157, 262-
    263
  y brutalidad del sistema de kapos, 78

y exterminio masivo, 175
y gueto de Varsovia, 357
y levantamiento de Varsovia, 375, 384
y prisioneros de guerra soviéticos, 177
y Solución Final, 207, 208
Holocausto. *Véase* Auschwitz, exterminios masivos; Solución Final
Höss, Rudolf (comandante), 421
caído del caballo, 165
orden de paquetes de comida, 124
órdenes de castigo con hambruna, 164
visión de Auschwitz, 105-106
y Auschwitz como centro de la Solución Final, 277
y ayuda alimentaria local a los prisioneros, 240-241
y brotes de tifus, 241-242
y experimento de exterminio masivo del bloque penal, 179
y mejora del trato a los prisioneros (1943), 309
y saqueo de cadáveres, 277-278
y trabajo de Witold en el complejo de curtidurías, 187
y traslado a Sonnenstein, 173
y visita de Himmler a Auschwitz, 264

identidad nacional polaca, 30-31
fe de Jan Włodarkiewicz en la, 50-51, 62-63
Véase asimismo antisemitismo polaco
ideología racial nazi
e informantes, 55
e invasión alemana de la Unión Soviética, 170-171
e invasión alemana de Polonia, 25
y antisemitismo polaco, 58, 60
y ocupación alemana de Polonia, 43-44, 46, 48-49, 54, 58, 102-103
y planes de colonización de Europa del Este, 105
Véase asimismo Solución Final
índice de muertos de la Solución Final
informes de Stasiek (1942), 202-203, 242, 259-262, 265-266, 294

mediados de 1942, 259
respuestas del Gobierno polaco en el exilio, 323
transmisiones de radio de la resistencia en Auschwitz (1942), 280
informe de petición de bombardeo (1940), 131-144
debate sobre el Comando de Bombarderos, 139, 141
decisión británica, 141-142
idea de Witold, 114-116
informe Rowecki, 132-133
llegada de Wielopolski a Varsovia, 131-132
mapa de correos (1940), 134
y Blitz, 136-137, 139
y estatus de la RAF, 140-141
y Gobierno polaco en el exilio, 132-133, 135, 139, 142, 144, 196, 197
y operación exilio polaco de la SOE, 142-144
Inglaterra. *Véase* Gran Bretaña
invasión alemana de la Unión Soviética
batalla de Kursk, 326
batalla de Stalingrado, 320, 357
ofensiva del Cáucaso (1942), 235, 263, 269
y moral del campo de Auschwitz, 171-173
y resistencia polaca, 302
y Solución Final, 170-171, 193, 195, 197
Véase asimismo prisioneros de guerra soviéticos
invasión alemana de Polonia
bombardeo de Łuków, 40
impacto en Varsovia, 39-40, 41-42, 45-46, 131
papel de Witold, 37-41
y movilización de la reserva polaca, 26, 31-34, 36-37
Véase asimismo ocupación alemana de Polonia
Iranek-Osmecki, Kazimierz, 372
Iwaszko, Tadeusz, *221*

Jabłoński, Karol, 358, 359, 360-361, 421
Jan. *Véase* Redzej, Jan; Włodarkiewicz, Jan

515

Januszewski, Mieczysław, 307-308, *307*
Januszewski, Władysława, *307*
Jaracz, Stefan, 164-165
Jarzębowski, Kazimierz, 202-203
Jaster, Stanisław, 169, *256*, 421
  ejecución de, 358
  informe de, 255-257, 260, 294
jazz, 55-56
Jekiełek, Wojciech, 240-241, 243, 252,
  266-267, 286, 421
judíos polacos
  abuso de posguerra de, 399-400
  e identidad nacional polaca, 31
  e invasión alemana de Polonia, 43
  masacres de, 58, 191
  y cultura de Varsovia, 34
  y ocupación alemana, 43-44, 48,
    54-55
  Véase asimismo antisemitismo
    polaco; gueto de Cracovia; gueto
    de Varsovia

Karcz, Jan, 219, 258, 289-290, 308, 421
Karol. *Véase* Świętorzecki, Karol
Karski (Kozielewski), Jan, 327, 421
Kazik. *Véase* Piechowski, Kazimierz
Keast, Francis, 143-144
Kennard, Howard, 135
Kielar, Wiesław, 285-286, 421-422
Kiliański, Jan, 69
Klehr, Josef, 149, 170, 175, 283, 285-
  286, 422
Kłodziński, Stanisław, 259, 262, 288,
  422
Koc, Adam, 135
Kołodziejczak, Aleksander, 175
Komorowski, Tadeusz (líder de la
  resistencia polaca), 422
  y final de la guerra, 390
  y levantamiento de Varsovia, 370,
    371, 372-373, 384-385, *385*, 386
  y peticiones de ayuda a la
    sublevación de Auschwitz, 358,
    361
Komski, Jan, 100, 114, 117, 202, 307,
  307
Kon. *Véase* Piekarski, Konstanty
Korboński, Stefan, 52, 53, 371, 422
Kosztowny, Witold, 250, 422
Kowalczyk, August, 254

Kozielewski, Jan. *Véase* Karski
  (Kozielewski), Jan
Kożusznik, Józef, 243
Kożusznikowa, Władysława, 240-243,
  422
Krankemann, Ernst (kapo), 95, 101,
  176, 422-423
Kuczbara, Bolesław, 307
Kühl, Juliusz, 272, *273*, 273, 423
Küsel, Otto (kapo), 101-102, 153, 307,
  423

Ładoś, Aleksander, 272, 274-275, 423
Landau, Ludwik, 66
Łapiński, Czesław, 404
Lebisz, Mieczysław, 87
Lempart, Józef, 256
levantamiento de Varsovia (1944), 370-
  386, *380*
  ayuda aérea al, 381
  bajas del, 386
  después del, 396
  fin del, 384-386, *385*
  incidente en el refugio judío, 383-
    384
  mapa, *380*
  mercenarios rusos en el, 382
  papel de Witold en el, 371-379, 381-
    383, 385-386
  respuesta alemana al, 374-375
  y ocupación soviética de Polonia,
    370-371, 384
Liga de las Naciones, 133
Lubomirska, Julia, 133
Łuków, 40

Markowski, Stefan, 174
masacre de Babi Yar, 195
masacre de Katyń, 325, 351, 361
Mazurkiewicz, Jan, 370
Meisel, Yankiel, 263
Michał. *Véase* Romanowicz, Michał
Mierzanowski, Jan, 392, 394, 399, 400
Mikołajczyk, Stanisław, 388, 397
misión de Napoleon, 265-276
  e informes Wojciech, 241-242, 243
  informe Kłodziński, 259
  informe Kühl, 275
  informe Stasiek, 259-261
  interrogatorio británico, 322-324

516

interrogatorio del Gobierno polaco
en el exilio, 322-323
mapa de la ruta, 321
órdenes para, 237, 239-240
petición de reanudación, 327
petición en clave a la resistencia en
Auschwitz, 241, 259
reuniones de las legaciones polacas,
272-274
viaje a Gran Bretaña, 319-322
viaje a Suiza, 267, 269-271
y Auschwitz como centro de la
Solución Final, 266, 271-272,
274-276, 322
y liquidación del gueto de Varsovia,
267-269, 273-274
y métodos de exterminio, 265-266,
324
y planes de sublevación, 242-243
Molin, Gustaw, 267
Mosqueteros, 115, 131-132, 429
Możdżeń, Andrzej, 353-354
Murrow, Edward R., 298

Napoleon. *Véase* misión de Napoleon;
Segieda, Napoleon
Neuengamme, 312
Niewiarowski, Bolesław, 393, 394
Norrman, Sven, 191-192, 235, 240, 423
Nowakowski, Leon, 373-374, 376, 383,
423
número de muertos. *Véase en* Auschwitz
y Solución Final

Obojski, Eugeniusz (Gienek), 108, 180-
181, 209, 282-283, 308, 423-424
Obora, Józef, 347, 349, 354-355, 395-
396, 424
ocupación alemana de Francia, 319
ocupación alemana de Polonia
ataque contra profesionales polacos,
46-48, 55
contrabando, 52-53
deportaciones, 49, 54, 57
destrucción de barrios judíos, 102-
103
e ideología racial nazi, 43-44, 46,
48-49, 54, 58, 102-103
guetos judíos, 313, 322-323, 324
hambruna, 54

informantes, 33-35
los británicos comprenden, 193
masacres de profesionales polacos,
46-48, 55
Ostrów Mazowiecka, 42-44
publicidad sobre atrocidades, 196,
198, 299
tifus, 55, 131
y judíos polacos, 43-44, 48
y población alemana étnica polaca,
39, 46, 119
Véase asimismo gueto de Varsovia
ocupación soviética de Polonia
aceptación de la Conferencia de
Yalta, 388-389
crisis de salud pública, 395
masacre de Katyń, 325, 351, 361
reconstrucción, 397
resistencia polaca, 361, 366-368
toma de Varsovia, 388
y elecciones (1947), 400
y Gobierno polaco en el exilio, 361,
388
y levantamiento de Varsovia, 370-
371, 384
y propuestas de bombardeo, 370
Véase asimismo resistencia
antisoviética polaca
Olek. *Véase* Paliński, Aleksander
O'Reilly, J. D., 322
Orpo, 170-171, 193
Ostrów Mazowiecka, 42-43, 57-58, 104
Ostrowska, Eleonora, 51, 424
mensajes en clave de Witold a, 112
papel en el plan de infiltración de
Auschwitz, 68-69, *68*
reunión de reclutamiento en
Żoliborz, 49-50
situación de guerra de, 49-50
sobre el reclutamiento de la
resistencia, 53
sobre la infiltración de Witold en
Auschwitz, 66
y encarcelamiento de Witold
posterior al levantamiento de
Varsovia, 387
y fuga de Witold, 353
y juicio de Witold, 404, 405
y visitas familiares de Witold
posteriores a Auschwitz, 365, 367

517

Ostrowska, Marek (sobrino de Witold), 49, 67-68, 411
Ostrowski, Franciszka, 42, 43
Oświęcim, 102-103, 309

Palestina, 236-237, 299
Paliński, Aleksander (Olek), 362-363, 424
Palitzsch, Gerhard, 79, 125, 251-252
Papée, Kazimierz, 393-394
Pearl Harbor, 197-198
Peirse, Richard, 139, 140
Pełczyński, Tadeusz, 409
peticiones de apoyo a la sublevación de Auschwitz
  informe de Stefan, 302
  planes de sublevación, 252
  trabajo de Witold postAuschwitz sobre, 350, 353-356, 358-362, 370
  ultimátum de Rawicz, 249
Piechowski, Kazimierz (Kazik), 255-258, 424
Piekarski, Konstanty (Kon), 87, 424
  contactos de Witold con, 87-88, 109-111, 123, 205-206
  e infiltración de la resistencia en Auschwitz, 247-248
  habilidades de contrabando de, 205-206
  reclutamiento de, 109-111
  sobre el sistema de kapos, 119
  trabajo de carpintería en Auschwitz, 120
  trabajo de enfermería, 123, 150
  traslado a Buchenwald de, 313
  y construcción y funcionamiento de la radio, 209-212
  y denuncia de Fred Stössel, 302-303
  y petición informe bombardeo (1940), 116
Pietrzykowski, Tadeusz (Teddy), 161, 424-425
  contagios de tifus, 281
  y caída del caballo de Höss, 165
  y campaña de infección del tifus, 283
  y combates de boxeo de kapos, 161-162
  y primer gaseamiento de judíos en Auschwitz, 220, 222
  y selección de todo el hospital (agosto 1942), 283

Pilecki, Andrzej (hijo de Witold), 30, 411, 425
  actividades de posguerra, 399
  nacimiento de, 29-30
  visitas de Witold posteriores a Auschwitz, 359-360, 365
  y documentos de Witold, 409-410
  y movilización de la reserva polaca, 26
  y ocupación alemana, 57-58
Pilecki, Maria (esposa de Witold), 425
  boda de, 29-30
  contactos post-Auschwitz, 358-360, 367-368
  e infiltración de Witold en Auschwitz, 67
  familia de, 29-30
  oscuridad de posguerra de, 409
  petición de Witold de, 164
  vuelo a Ostrów Mazowiecka, 57-58
  y juicio de Witold, 404-407
  y movilización de la reserva polaca, 26, 32
Pilecki, Witold, 28, 59, 67, 158, 212, 355, 401
  arresto de (1940), 69-70
  boda de, 29-30, 29
  carácter de, 26, 28
  comprensión de la Solución Final, 222-223, 226, 258-259, 410-412
  documentos de, 409-410
  e invasión alemana de Polonia, 37-41
  ejecución de, 407
  en movilización de la reserva polaca, 26, 31-34, 36-37
  estado físico en Auschwitz, 120-122, 126-129, 147
  estado mental de, 122
  estado psicológico, 308-309
  historia de, 28-29, 100-101
  llegada a Auschwitz, 71-75
  mal del tifus, 286-288
  traslado a Auschwitz, 71-72
  voluntarios para infiltrarse en Auschwitz, 65-67, 68
  y antisemitismo, 31
  y duras realidades de Auschwitz, 100-101, 104, 108, 410-411
  y muerte de Stasiek, 279-280

—ACTIVIDADES DE RESISTENCIA ANTISOVIÉTICAS, 366-368; arresto y juicio (1947-1948), 402-407; creación de la resistencia antisoviética polaca, 390; informe del pogromo de Kielce, 399-400; regreso a Polonia, 393-397, *394*

—ACTIVIDADES EN AUSCHWITZ: ampliación del reclutamiento, 157-158; búsqueda de Dering, 84-85, 89, 91-92; construcción y funcionamiento de la radio, 204-205, 206, 209-212; contactos con Kon, 87-88, 109-111, 123, 205-206; coordinación de Stasiek, 200; deseo de quedarse, 164; deseos de resistencia colectiva, 95; documentación del número de muertos, 305; e infiltración de la resistencia en la Gestapo, 247-248; ejercicios de castigo, 98-99, 101-102; estancias en el hospital, 128-129, 147-148, 167-168; estrategia de reclutamiento, 107-111; informes orales a Varsovia, 115-116, 123-124, 132, 164, 183-184; papel de la resistencia, 107-111, 123, 257-258; planes de sublevación, 187-189, 249, 252-253, 254, 257-258, 279, 301-302; toma vacuna del tifus, 280-281; y denuncia de Fred Stössel, 302-303; y desafíos secretos, 159-160; y fuga de Jaster, 255, 257-258; y fuga de Stefan y Wincenty, 224-225; y judíos franceses, 215, 218; y libro de cuentas Stärkebuch, 202-203; y moral de la resistencia, 171-173, 279, 292; y moral del campo, 152, 171-173; y petición de informe de bombardeo (1940), 115-116; y plan de sublevación de los coroneles, 163-164, 186; y radiotransmisiones, 280; y saqueo de cadáveres, 277-278, 279; y selección de todo el hospital (agosto 1942), 283

—ACTIVIDADES POST-AUSCHWITZ, 357-368; aislamiento, 362; ayuda a exprisioneros, 364-365; conexión con Eleonora, 357-358; contacto con exprisioneros, 362-363; encarcelamiento post-levantamiento de Varsovia, 387-388, 389-390; escritura de memorias, 399, 400-402; informe escrito de Auschwitz, 363, 366, 369, 391-393, 409; peticiones de ayuda a la sublevación de Auschwitz, 350, 351-352, 353-356, 358, 359, 360-362, 370; visita a Auschwitz, 397-398; visitas familiares, 359-360, 365-366, 367-368, *368*, 397-398; y levantamiento de Varsovia, 371-372, 373-374, 375-379, *377*, 381-383, 385-386

—DESTACAMENTOS DE TRABAJO EN AUSCHWITZ: complejo de curtidurías, 186-187, 277-278, 301; demolición de la granja, 106-107, 113-114; diseño de jardín, 105-106; empleo de carpintería interior, 123; empleo de mantenimiento, 125-126; proyecto de renovación de estufa, 102-105; supervisor de dormitorio, 79, 81, 84, 95-96; trabajo de almacén, 119

—FAMILIA DE, 29-30, *29*; e infiltración de Witold en Auschwitz, 66, 67; visitas post-Auschwitz, 357-360, 365-366, 367-368, 397-398; vuelo a Ostrów Mazowiecka, 57-58, 104; y fuga de Witold, 353; y visita a Ostrów Mazowiecka, 42, 44

—FUGA DE AUSCHWITZ, 329-347, 352-355; bosque Metków, 340-344; bosque Niepołomice, 345-347; búsqueda de cloacas, 309-311; búsqueda de la Gestapo, 353-354; cruce del Soła, 337-329, 338; discusiones con Zabawski, 313-314; encuentro con Serafiński, 347, 349-350; fuga de la panadería, 333-337; informes de la resistencia polaca, 350-351; mapa, 348; plan de, 314-316; preparación para la, 329-333; río Vístula, 339-340, 345; y exterminio de polacos étnicos, 311; y traslado de prisioneros polacos, 312-313

—TRABAJO DE RESISTENCIA PRE-
AUSCHWITZ: primer contacto con
Jan Włodarkiewicz, 40-41; y
formación de Tajna Armia Polska,
49-52; y fusión del grupo de
resistencia, 61-62, 65; y
reclutamiento de Tajna Armia
Polska, 52-54; y tendencias
derechistas de Jan Włodarkiewicz,
50-51, 58, 59-60, 61-63, 65
Pilecki, Zofia, 29-30, 360-361, 365,
425
Pío XII (Papa), 294
planes de asesinato de la resistencia
antisoviética polaca, 400
creación de, 390
papel de Witold en, 399, 400
regreso de Witold a Polonia, 393-397
represión comunista, 396, 409
Płotnicka, Helena, 240-243, 425
Płużański, Tadeusz, 399, 400, 402, 404,
425
Pogozhev, Andrey, 289
pogromo de Kielce, 399-400
Pohl, Oswald, 389
Polonia
cultura de entreguerras, 30-31, 34
mapa de (1939), 35
población de origen alemán, 39, 46,
119
Véase asimismo antisemitismo
polaco; Gobierno polaco en el
exilio; invasión alemana de
Polonia; ocupación alemana de
Polonia; ocupación soviética de
Polonia; resistencia polaca
Popiersch, Max, 147, 149-151, 173
Porębski, Henryk, 215, 223, 425
Portal, Charles, 140-142, 299, 300, 425
Potrzebowski, Jerzy, 76-77, 94
Potrzebowski, Tadeusz, 284-285
prisioneros de guerra soviéticos
en Birkenau, 208, 213, 222-223, 289,
291-292
exterminio masivo de Auschwitz,
171, 178-184, 186, 191, 194, 203
masacre de Auschwitz, 149
transporte de Auschwitz, 177, 191
y construcción de Birkenau, 184
programa T4, 175, 207

propaganda de la Primera Guerra
Mundial, 135-136, 195, 268

Raczynski, Edward, 296
Radziwiłł, Stanisław, 133
Rathbone, Eleanor, 298-299
Rawicz, Kazimierz, 187, 425
traslado de, 257
y fugas de correos, 219
y planes de sublevación, 186, 199,
248-249, 253, 254
Redzej, Jan, 314-316, 352, 425-426
muerte de, 379
y levantamiento de Varsovia, 373-
375, 378-379
Véase asimismo Pilecki, Witold, fuga
de Auschwitz
resistencia. Véase Auschwitz,
resistencia; resistencia polaca
resistencia polaca
acciones militares de la, 357, 360,
366
actividades de documentación de la,
60
arrestos en la red de correos sueca,
240
ataques relámpago de la, 41
caos en el liderazgo de la (1943),
355-356
documentación de la Solución Final,
37, 235, 322
documentación sobre crímenes
contra prisioneros de guerra
soviéticos, 132
e informantes, 55-56
e invasión alemana de la Unión
Soviética, 302
ejecuciones de informantes, 358-359
fusión con el principal movimiento
de resistencia, 131-132
ignorancia de la Solución Final, 191
Mosqueteros, 115, 131-132, 429
organización de Rowecki, 132
primer plan de Witold para la, 45, 46
primera ayuda a prisioneros, 364-365
primeros signos de la, 49
publicidad de Auschwitz, 124
redes de correos de la, 133
represión alemana de la, 55, 63-64,
157, 360

520

y Auschwitz como centro de la
Solución Final, 294, 358-359
y fuga de Witold, 352
y liquidación del gueto de Varsovia,
268
y ocupación soviética de Polonia,
361, 366-368, 388
y resistencia antisoviética, 361, 366-
368
Związek Walki Zbrojnej, 55
Véase asimismo Auschwitz,
resistencia; levantamiento de
Varsovia; peticiones de ayuda a la
sublevación de Auschwitz;
resistencia polaca y antisoviética;
Tajna Armia Polska
respuestas británicas a la Solución Final
y el papel central de Auschwitz, 324
declaración formal de Eden, 296-298
denuncia de Churchill, 293
e informe de Napoleon, 323-324
e intercepciones de la inteligencia
británica, 193, 195
falta de acción, 323
no reconocimiento, 193-196, 236,
300
propuestas de bombardeo (1944),
370
propuestas de bombardeo del
Gobierno polaco en el exilio (dic.
1942), 299-300
y clamor público occidental, 298-299
y Palestina, 236-237, 299
y propaganda de la Primera Guerra
Mundial, 135-136, 195-196
Roberts, Frank, 136
Romanowicz, Michał, 105-107, 114-
116, 118-119, 426
Rommel, Erwin, 152, 167
Roosevelt, Franklin D., 197, 236, 296,
369-370, 388-389
Rothschild, James, 298
Rowecki, Stefan (líder de la resistencia
de Varsovia), 61, 426
arresto de, 355-356
documentación sobre la Solución
Final, 235, 322-323
e informes de Auschwitz, 89, 93-94,
191-192
ejecución de, 375

red de correos, 60
y Auschwitz como centro de la
Solución Final, 294
y liquidación del gueto de Varsovia,
268
y misión de Napoleon, 269
y petición de informe de bombardeo
(1940), 132-133
y plan de infiltración en Auschwitz,
66
y planes de sublevación en
Auschwitz, 249
Różański, Józef, 400, 402-403
Różycki, Witold, 397-398, 426
Ruszczyński, Zbigniew, 204-205, 212,
280, 308, 426
Rybarski, Roman, 200-201

Sapieha, Adam (arzobispo de Polonia),
124
Savery, Frank, 323-324, 426
Schulte, Eduard, 271-272, 275, 293-295,
427
Schumann, Horst, 173-175
Schwela, Siegfried, 169, 170, 176-178,
228, 250, 251, 426
Scott, George, 56
Scott, Malcolm, 322
Segieda, Napoleon, 239, 270, 426-427
e informes de Wojciech, 241-242, 243
historia de, 237-239
ideas para pasar información
clandestinamente, 239
y planes de sublevación, 242-243
Véase asimismo misión de Napoleon
Segunda Guerra Mundial
Blitz, 136-137, 139, 193
invasión aliada de Italia, 326, 357
ocupación alemana de Francia, 319
norte de África, 152, 167
toma soviética de Varsovia, 388
últimos días de la, 388-390
Véase asimismo invasión alemana de
la Unión Soviética; invasión
alemana de Polonia; ocupación
soviética de Polonia
Seidler, Fritz, 73, 92, 187
Serafiński, Tomasz, 347, 349-355, 427
Siegruth, Johann (kapo), 110, 119, 176,
427

Sieradzki, Makary, 396, 402, 404, 427
Sikorski, Władysław, 136, 427
    e informes de Auschwitz, 192-193
    líderes del Gobierno polaco en el
        exilio, 132-133
    muerte de, 355-356
    propuesta de bombardeo (1943), 301
    y Auschwitz como centro de la
        Solución Final, 294
    y Conferencia de Saint James, 198
    y declaración formal aliada, 296
    y misiones SOE, 138, 142-144, 198
    y petición de informe de bombardeo
        (1940), 132-133, 136, 139, 142,
        144
    y publicación del informe (verano
        1941), 196, 197
    y publicidad de la Solución Final,
        236
Silberschein, Abraham, 275
Siudak, Paweł, 327
Siwek, Władysław, 126
Skoczyński, Jerzy, 54
Sławek. *Véase* Szpakowski, Sławomir
Słowiaczek, Tadeusz, 179-180
Śmietański, Piotr, 407
Śniegucki, Wiktor, 406
SOE. *Véase* Dirección de Operaciones
    Especiales
Solución Final
    alcance continental de la, 215, 218,
        266
    cobertura de prensa, 236, 275, 295,
        298
    conferencia de Wannsee (1942), 207
    declaración formal de Eden, 296-298
    denuncias de los Aliados, 293, 296-
        298
    documentación de la resistencia
        polaca, 235
    e invasión alemana de la Unión Sovié-
        tica, 170-171, 192-193, 195, 197
    emisión en polaco de la BBC, 324-
        325
    escalada de la (1942), 258-259, 261,
        277
    familias judías, 258, 261
    informe Bund (1942), 235, 237
    informe de Witold (1942) (vía
        Stefan), 226, 235, 237

    informe Kłodziński, 259-262
    informe Schulte, 271-272, 275, 293-
        294, 295
    judíos griegos, 332
    judíos húngaros, 369
    liquidación del gueto de Cracovia,
        313, 323-324
    liquidación del gueto de Varsovia,
        267-269, 274-275, 323, 327
    marginación polaca de posguerra de,
        398, 409
    masacre de Babi Yar, 195
    misión Karski, 327
    no acción aliada, 236-237, 300-302,
        323, 325, 351
    no acción de Estados Unidos, 300,
        323
    no reconocimiento de la resistencia
        polaca, 191
    pira de quema de cuerpos, 289-290,
        369
    precursores de la, 171
    publicidad del Gobierno polaco en el
        exilio, 236, 297
    reconocimiento aliado de (1944),
        369-370
    respuesta de grupos judíos, 235-236,
        294, 295-296, 296-297, 370
    respuesta pública occidental, 298-
        299
    respuestas de Estados Unidos, 294
    rumores sobre la, 268, 274
    Witold entiende, 222-223, 226, 258,
        410-412
    y estado psicológico de Witold, 308-
        309, 411-412
    y judíos franceses, 215, 218
    y misión de Napoleon, 265-266,
        271-272, 274, 275-276
    y propaganda de la Primera Guerra
        Mundial, 195, 268
    y refugiados judíos, 236-237, 270,
        272-273, 298-299, 326
    y saqueo de cadáveres, 226, 277-
        279
    y Treblinka, 268, 274
    y Vaticano, 294
    y visita de Himmler a Auschwitz,
        262
    Véase asimismo Auschwitz, como

centro de la Solución Final;
exterminios masivos en Birkenau;
ideología racial nazi; índice de
muertos de la Solución Final;
respuestas británicas a la Solución
Final
Sonderkommando, 223-224
Sosnkowski, Kazimierz, 135
Sowul, Czesław, 302-303
Stalin, Josef, 370, 384
Staller, Alois (kapo)
anécdotas de Kon, 120
como líder de la brigada de trabajo,
119-120
historia de, 77-79, 427
y canción del campo, 88
y puesto de Witold como supervisor
de dormitorio, 79, 81, 96, 98-99
y rutina matinal, 75-76
Stasiek. *Véase* Dubois, Stanisław
Stasiniewicz, Jan, 355
Stawarz, Aleksander, 171
Stefan. *Véase* Bielecki, Stefan
Steinberg (prisionero judío), 289-290,
291
Stössel, Alfred (Fred), 212, 284, 286,
302-303, 427
Stupka, Helena, 111-112, 203-204, 427
Stupka, Jacek, 203-204
Stupka, Jan, 111-112
Suiza, 269-272
Sukurcze, *27*, 28, 399
Surmacki, Władysław, 62, 428
arresto de, 65, 66
e informes de Auschwitz, 93, 186
reclutamiento de, 108
y estrategia de distribución de
comida, 93
y expansión del campo, 157
y Tajna Armia Polska, 62
Swierczyna, Bernard, 305
Świętorzecki, Karol, 84, 152-153, 156,
164-165, 428
Szelągowska, Maria, 392-397, 399, 404,
408
Szpakowski, Sławomir (Sławek), 48, 84,
91, 101, 340, 428
Szymańska, Halina, 271

Tadeusz. *Véase* Płużański, Tadeusz

Tajna Armia Polska
formación de, 49, 50-52, *50*
fusión con Związek Walki Zbrojnej,
60-62, 65
operaciones de inteligencia de, 54, 56
reclutamiento para, 52-54
y antisemitismo polaco, 58-60
y represión alemana, 63-64
Taubenschlag, Stanisław, 283
Teddy. *Véase* Pietrzykowski, Tadeusz
Tereszczenko, Jadwiga, 58
Tomasz. *Véase* Serafiński, Tomasz
traslado a Sonnenstein, 173-177
Treblinka, 268, 274
Trojnicki, Ferdynand, 123, 184-186,
428

Unión Soviética. *Véase* invasión
alemana de la Unión Soviética;
ocupación soviética de Polonia;
prisioneros de guerra soviéticos
Urząd Bezpieczeństwa (UB) (policía
secreta polaca), 395

Varsovia
cultura de entreguerras de, 34
e invasión alemana de Polonia, 39-
42, 45-46
mapa de (1939), 47
reclutamiento de Tajna Armia Polska
en, 51-54
regreso de Witold después de la
guerra a, 396
y movilización de la reserva polaca,
34, 36
Véase asimismo gueto de Varsovia;
levantamiento de Varsovia
Vaticano, 294
Visser 't Hooft, Willem, 196

Wąsowski, Czesław, 184
Westrych, Wilhelm, 123, 160, 428
Wielopolski, Aleksander, 115-116, 118,
131-132, 426, 429
Wierzbicki, Stanisław, 301-302
Wiesenthal, Simon, 412
Wietschorek, Leo (kapo), 99-100, 429
Wilkinson, Peter, 39
Wirths, Eduard, 303
Wise, Stephen, 294, 295-296, 429

523

Witkowski, Stefan, 131-132, 133
Witold. *Véase* Pilecki, Witold
Włodarkiewicz, Jan, 59, 429
  tendencias derechistas de, 50-51,
    58-60, 61-63, 65
  y ataques relámpago, 41
  y formación de Tajna Armia Polska,
    49-52
  y fusión de Związek Walki Zbrojnej,
    61, 65
Wojciech. *Véase* Jekiełek, Wojciech
Wolny, Jan, 178
Wörl, Ludwig, 330, 331

Zabawski, Edmund, 313-314, 329, 354-
  355, 429
Zagner, Roman, 108
Zaleski, August, 135
Zakrzewski Jerzy, 381
Zamoyski, Stefan, 139
Zbigniew. *Véase* Ruszczyński, Zbigniew
Znak (Tajna Armia Polska), 58
Związek Walki Zbrojnej, 55, 60-62, 65
Zygielbojm, Szmul, 323, 325-326, *326*
Zyklon B, 127
  y agente pesticida, 127
  uso del exterminio masivo, 179-182,
    224

Queremos compartir más momentos contigo.

Únete a la comunidad de Penguin Libros y encuentra tu siguiente lectura.